ENGLISH G

HEADLIGHT

Handreichungen für den Unterricht

mit Kopiervorlagen und
methodisch-didaktischem Glossar

4

Cornelsen

English G · Headlight · Band 4

Handreichungen für den Unterricht

Erarbeitet von:
Martin Bastkowski, Schellerten
Eugen Blumenstock, Loßburg
Annette Bondzio-Abbit, Bielefeld
Hartmut Bondzio, Bielefeld
Uwe Chormann, Einselthum
Martina Schroeder, Stedtlingen
Udo Wagner, Voerde

sowie
Wolfgang Biederstädt, Köln (Vorwort)

Redaktion:
Klaus Unger (Projektleitung);
Cornelia Frisse, Lena Posingies, Kathrin Spiegelberg
sowie Undine Griebel, Olivia Gruver, Mara Leibowitz,
Stefanie Tamke

Titelbild:
Shutterstock.com © kropic1 (s. a. S. 15)

Bildquellen:
Die Bildquellen befinden sich direkt auf den Kopiervorlagen

Umschlaggestaltung:
Cornelsen Verlag Design unter Verwendung der Entwürfe von Klein & Halm Grafikdesign, Berlin, und kleiner & bold, Berlin

Layoutkonzept (Inhalt):
Cornelsen Schulverlage

Layoutkonzept (Concept maps):
Yvonne Thron (designcollective), Berlin

Layoutkonzept (Kopiervorlagen):
zweiband media, Agentur für Mediengestaltung und -produktion GmbH, Berlin

Layout und technische Umsetzung:
Yvonne Thron (designcollective), Berlin
Klein & Halm Grafikdesign, Berlin,
zweiband media, Agentur für Mediengestaltung und -produktion GmbH, Berlin:
Sabine Theuring, Heidi Schulz (Kopiervorlagen)

www.cornelsen.de

1. Auflage, 1. Druck 2015

Alle Drucke dieser Auflage sind inhaltlich unverändert und können im Unterricht nebeneinander verwendet werden.

Druck: AZ Druck und Datentechnik GmbH, Kempten

ISBN 978-3-06-032667-9

PEFC
PEFC/04-31-2260

PEFC zertifiziert
Dieses Produkt stammt aus nachhaltig bewirtschafteten Wäldern und kontrollierten Quellen.
www.pefc.de

Inhalt

Vorwort

1 Einleitung

Angesichts einer sich stets verändernden Schullandschaft in Deutschland lösen sich die Grenzen zwischen den herkömmlichen Schulformen in zunehmendem Maße auf. Veränderte schulpolitische Zielvorstellungen, demographischer Wandel und sich veränderndes Schulwahlverhalten vieler Eltern stellen Schulen und vor allem die Lehrkräfte in Bezug auf die Weiterentwicklung des Unterrichts vor wachsende Herausforderungen. Traditionelle Schulformen werden aufgelöst, erweitert oder umbenannt, so dass es zusätzlich zu Haupt-, Real- und Gesamtschulen eine Fülle neuer mittlerer Schulformen gibt, die in den einzelnen Bundesländern unterschiedliche Namen tragen. Ob Gemeinschaftsschulen, Mittelschulen, Oberschulen, Realschulen Plus, Regelschulen, Regionale Schulen, Sekundarschulen oder Stadtteilschulen – allen ist gemein, dass sie eine größere Bandbreite an Schülerprofilen unter einem Dach versammeln und in hohem Maße die Heterogenität der Schülerschaft abbilden. Für diese Fülle von Schulformen wurde das Lehrwerk English G HEADLIGHT konzipiert.

2 Zielgruppe

Das Lehrwerk English G HEADLIGHT richtet sich an Schülerinnen und Schüler (im Folgenden: S), die in all den oben erwähnten Schulformen länger gemeinsam lernen sollen.

Die Zielgruppe umfasst im Wesentlichen
- S mit Realschulprofilen,
- S an kooperativen wie integrierten Gesamtschulen, die einen Erweiterungskurs oder Realschulzweig besuchen,
- S, die auch gymnasialen Ansprüchen gerecht werden können,
- S mit sonderpädagogischem Förderbedarf, die in zunehmendem Maße Regelschulen besuchen.

English G HEADLIGHT bietet die Möglichkeit, schwächeren Lernern genauso gerecht zu werden wie stärkeren. Im Zentrum stehen die individuelle Förderung und die Wahrnehmung und Wertschätzung von Heterogenität. Individualisierung und Differenzierung, Arbeit in Projekten und an Lernaufgaben, Methodencurriculum, veränderte Leistungsbewertung sowie eine gezielte Diagnose- und Feedback-Kultur setzen ein verändertes Verständnis der Lehrerrolle voraus. Um auf diese hohen Ansprüche angemessen reagieren zu können, bietet das Lehrwerk English G HEADLIGHT mit seinen wesentlichen Bestandteilen ein vielfältiges, aufeinander abgestimmtes und nachhaltiges Unterstützungssystem.

Das Lehrwerk English G HEADLIGHT ist so konzipiert, dass es auch in heterogener werdenden Klassen bzw. Lerngruppen als zentrale einbändige Ausgabe verwendet werden kann. Die Schulen, die sich dem längeren gemeinsamen Lernen verpflichtet haben, können mit English G HEADLIGHT ab Band 3 und 4 für die Klassen 7 und 8 nicht nur schwächere und langsamer lernende S fordern und fördern, sondern auch die gymnasial-orientierten. Wie in den ersten drei Bänden des Lehrwerks wird weiterhin grundsätzlich auf drei Kompetenzniveaus differenziert. Für die besonders lernstarken S gibt es unter der Bezeichnung *More challenge* zusätzlich eine vierte Anspruchsebene, so dass diese Zielgruppe langfristig wirksam auf den Übergang in die gymnasiale Oberstufe vorbereitet wird.
Diejenigen Schulen, die ab der Klasse 7 eine äußere Differenzierung vornehmen, können aus mehreren Optionen auswählen. Möchten diese Schulen weiterhin English G HEADLIGHT benutzen, ist es denkbar, mit den S des Grundkurses die Aufgaben, Texte und Übungen auf dem leichten und mittleren Kompetenzniveau zu bearbeiten, während in Lern-

gruppen des Erweiterungskurses die anspruchsvolleren Aufgaben bewältigt werden müssen.

Daneben kann die äußere Differenzierung auch mit zwei Ausgaben aus der English-G-LIGHT-Familie umgesetzt werden, zu der neben English G HEADLIGHT noch das (weniger fordernde) Lehrwerk English G HIGHLIGHT (z. B. für den Grundkurs) und das (in seinem Anspruch zwischen English G HIGHLIGHT und English G HEADLIGHT angesiedelte) Lehrwerk English G LIGHTHOUSE gehören.

Je nach der spezifischen Situation an der Schule können Lehrkräfte neben English G HEADLIGHT auch mit einer der beiden anderen Ausgaben arbeiten. Diese Kombinierbarkeit und Durchlässigkeit wird erreicht durch

- eine ähnliche *storyline*, gleiche Themen und gleiche inhaltliche Schwerpunkte,
- einen nahezu gleichen Einstieg und Aufbau der Units,
- gleiche Aufgabenformate („Alle machen das Gleiche, aber nicht dasselbe."),
- die gleiche systemische Differenzierung, die die Schülerbücher und sämtliche Begleitmedien umfasst,
- die gleichen Kerngrammatikschwerpunkte,
- das abgestimmte Training der kommunikativen und methodischen Kompetenzen,
- ein vielfältiges Übungsangebot,
- dieselben Filme, jedoch mit unterschiedlichen Aufgaben,
- vergleichbare, aber unterschiedlich anspruchsvolle Hörtexte und insbesondere unterschiedlich anspruchsvolle Aufgaben
- durch die *More-challenge*-Angebote in den beiden Lehrwerksausgaben English G LIGHTHOUSE und English G HEADLIGHT.

Die vielfältigen Parallelen in Aufbau, Themen und Struktur ermöglichen es den S, auch bei der Arbeit mit unterschiedlichen Ausgaben jederzeit von einem Kurs in den anderen zu wechseln.

3 Methodisch-didaktische Leitlinien

3.1 Kompetenzorientierung

Der Englischunterricht verändert sich seit einigen Jahren in vielerlei Hinsicht, ausgelöst durch die Überlegungen der Europäischen Kommission zum lebenslangen Lernen, durch die Ergebnisse verschiedener Bildungsuntersuchungen und nicht zuletzt durch den Gemeinsamen Europäischen Referenzrahmen und die Bildungsstandards der Kultusministerkonferenz. Der Paradigmenwechsel hat zu einer klaren Output-Orientierung und zu kompetenzorientierten Curricula geführt. Im Mittelpunkt aller Überlegungen stehen Kompetenzen, also „die bei Individuen verfügbaren oder durch sie erlernbaren kognitiven Fähigkeiten und Fertigkeiten, um bestimmte Probleme zu lösen, sowie die damit verbundenen ... Bereitschaften und Fähigkeiten, um die Problemlösungen in variablen Situationen erfolgreich und verantwortungsvoll nutzen zu können." (Weinert, 2001)

Die fremdsprachliche Kompetenz bzw. Diskursfähigkeit der S drückt sich darin aus,

- wie gut kommunikative Situationen bewältigt werden (Schüler-, Handlungs- und Erfahrungsorientierung),
- wie gut Texte unterschiedlicher Art verstanden werden (Verstehenskompetenz),
- wie gut sie selbst adressatengerechte Texte verfassen können,
- wie sehr ihre Fähigkeit ausgeprägt ist, grammatische Strukturen korrekt aufzubauen, anzuwenden und bei Bedarf zu korrigieren (Fähigkeit und Wissen),
- wie sehr Bereitschaft und Motivation vorhanden sind, sich offen und akzeptierend mit anderen Kulturen auseinander zu setzen.

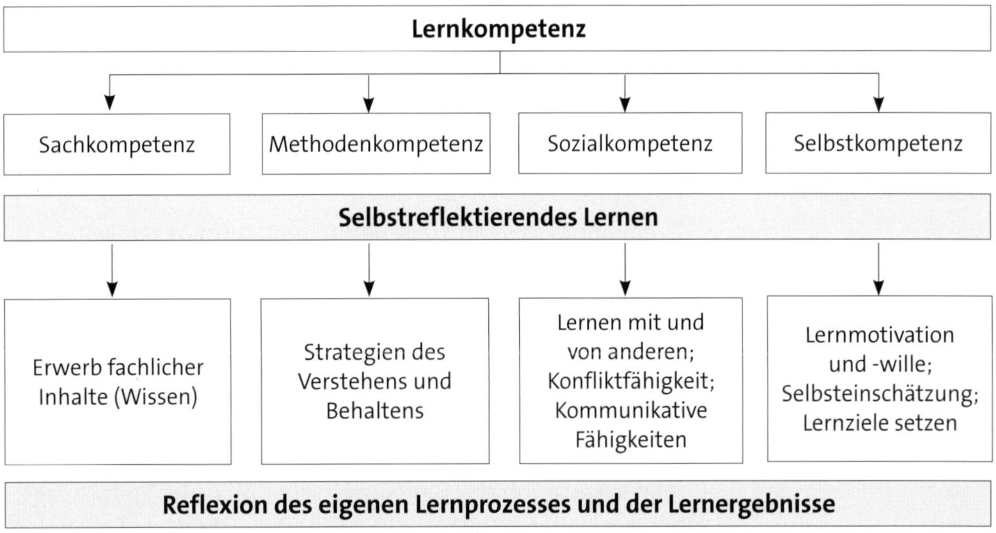

Grundlegendes Prinzip der Kompetenzschulung mit English G HEADLIGHT ist der kumulative und nachhaltige Aufbau aller Kompetenzen von Beginn an. Jede Unit schließt mit vier Seiten *Skills training* (Unit 5: zwei Seiten), auf denen alle kommunikativen Kompetenzen gezielt entwickelt werden. Die systematische Entwicklung des Hör-/Sehverstehens ist dadurch gewährleistet, dass in den Units 1–4 jeweils zwei Filmclips angeboten werden. Die unter der Überschrift PEOPLE AND PLACES flexibel im Unitverlauf verorteten, eher dokumentarischen Filmclips vermitteln primär visuelle Eindrücke und landeskundliches Wissen zu den Schwerpunktthemen der Units: *New York City*, *American high schools (in Boston)*, *California*, *the South*. Die im Stile eines TV-Jugendmagazins von zwei Moderatoren dargebotenen Folgen von *Young in the USA* greifen interkulturelle Besonderheiten auf und liefern anhand kurzer Spielhandlungen Eindrücke in die (amerikanische) Jugendkultur. Die zugehörigen Hör-/Sehverstehensaufgaben finden sich im *Skills training* am Ende jeder Unit auf einer ganzen Seite.
Unter den kommunikativen Kompetenzen kommt der Entwicklung der Mündlichkeit im Lehrwerk English G HEADLIGHT besondere Bedeutung zu. Das dialogische und monologische Sprechen wird intensiv geschult. Dadurch wird die bereits seit der Grundschule angebahnte Sprechkompetenz in der weiterführenden Schule fortentwickelt. Die S erleben die Fremdsprache als Mittel, ihre sprachlichen Bedürfnisse auf Englisch auszudrücken, was zu einer deutlichen Motivationssteigerung und Lust am Lernen führt. Ergänzend zum gezielten Ausbau der Lesekompetenz kommt in Band 4 ein über die Units 1–4 verteilter *Reading Course* hinzu. Darin werden wichtige (fremdsprachliche) Lesetechniken schrittweise vermittelt – ausgehend vom *Scanning* und *Skimming* über das *Reading for details* bis hin zum *Reading between the lines.*

Soweit möglich, nutzt English G HEADLIGHT neurowissenschaftliche Erkenntnisse in Bezug auf das Lernen allgemein und auf das Erlernen der Fremdsprache vor dem Hintergrund der Erkenntnisse über den Erstsprachenerwerb. „Die Gehirnforschung lehrt ..., dass das Allgemeine an Beispielen gelernt wird und gerade nicht durch das Auswendiglernen von Regeln." (Spitzer, 2011)

Lernen funktioniert optimal, wenn der zu lernende Stoff eine Bedeutung für die S hat (Anwendungsorientierung). English G HEADLIGHT bietet dazu viele Lerngelegenheiten. Die Lernenden setzen sich aktiv mit der Fremdsprache auseinander und sind emotional eingebunden. Aufgaben zum entdeckenden, selbstständigen und selbstbestimmten Lernen (z. B. YOUR TASK) vermitteln das Gefühl, etwas zu können, was vorher noch nicht gewusst oder gekonnt wurde.

Den Kerngedanken des methodisch-didaktischen Konzeptes des Lehrwerks English G HEADLIGHT bilden vielfältige Möglichkeiten und Angebote zur Differenzierung und Individualisierung. Nach der gemeinsamen Erarbeitung neuer Lerninhalte werden durch differenzierende Maßnahmen unterschiedliche Lernwege möglich. Dabei ist der Grundgedanke, „jedem Lerner das zukommen zu lassen, was ihn voranbringt.

Das sind
1. ein hohes Maß an Zuwendung und Aufmerksamkeit,
2. erfreuliche und beflügelnde soziale Beziehungen,
3. die Lernhilfen und -anregungen, die ihn bei seinem jeweils aktuellen Lernstand voranbringen und nicht blockieren." (Bönsch, 2011)

3.2 Vermittlung grammatischer Strukturen

Ob eine Sache gelingt, erfährt man nicht, wenn man darüber nachdenkt, sondern wenn man sie ausprobiert. Der Hirnforscher Manfred Spitzer sagt, „Gehirne sind Regelextraktionsmaschinen" (Spitzer, 2002). Sie sind nicht darauf ausgelegt, einzelne Wissenselemente wie Ereignisse oder Fakten zu speichern. Das menschliche Gehirn als Informationsverarbeitungssystem merkt sich nur bedeutsame Einzelheiten. Allgemeines, Regeln, Muster und Zusammenhänge, die immer wieder vorkommen, werden gelernt. Kinder lernen dadurch sprechen, dass sie viele Beispiele verarbeiten und aus diesen Beispielen die Grammatikregeln selbst produzieren. Dazu sind viele Lernerfahrungen notwendig, die langsam die Synapsenstärken verändern. Dabei können Regeln, die auf unterschiedliche Art und Weise vermittelt werden, den Lernprozess unterstützen und reflektierend verfestigen, jedoch nicht ersetzen.

Es gibt zahlreiche Theorien und Untersuchungen zum Fremdsprachenerwerb, jedoch keine eindeutigen Ergebnisse. Als Zwischenergebnis kann festgehalten werden, dass Grammatikunterricht den S in einem gewissen Umfang beim Spracherwerb helfen kann. Als ein wichtiges Prinzip des kommunikativen Spracherwerbs gilt *message before accuracy* (Keßler/Plesser, 2011). Werner Bleyhl weist darauf hin, dass alle Lerner zwangsläufig Phasen von Entwicklungsfehlern durchlaufen. „Gelernte grammatische Konstruktionen, wie intensiv sie auch geübt worden sind, werden nur dann produktiv, wenn sie der augenblicklich anstehenden Stufe entsprechen. Andernfalls wird das Gelernte relativ schnell wieder vergessen." (Bleyhl, 2009)

Diese Erkenntnisse der Hirnforschung sowie der Spracherwerbsforschung spielen im Lehrwerk English G HEADLIGHT eine große Rolle.

Jeremy Harmer (2007) hat ein Modell von drei Phasen für die Vermittlung von Sprache im Fremdsprachenunterricht entwickelt. Die erste Phase, *engage*, weckt das Interesse der Lernenden mithilfe von Bildern, Gesprächen, Geschichten, Spielen, Musik, *activities*, einfachen *tasks* etc. Die dafür notwendige Sprache wird situations- und textangemessen präsentiert und reproduktiv gebraucht, ohne dass neue grammatische Strukturen den Lernenden bewusst gemacht werden. Die Inhalte dominieren, die S sollen in die Sprache eintauchen. Diese Phase findet sich in den Units von English G HEADLIGHT auf den Auftaktseiten, dem *Lead-in*, sowie auf den Seiten *Theme 1* und *Theme 2*. Der integrative Grammatikansatz des Lehrwerkes auf diesen sechs Seiten einer Unit entspricht nicht nur neueren neurobiologischen Erkenntnissen, sondern kommt vor allem S mit geringerem Abstraktionsvermögen zugute.

In der zweiten Phase, *study*, geht es um das System der englischen Sprache, um das Erkennen von Gesetzmäßigkeiten und das Bewusstmachen von Regeln. Auf den Seiten *Focus on language* erkennen die S im Rahmen des entdeckenden Lernens einfache Regeln, formulieren sie nach Möglichkeit selbstständig und überprüfen sie mithilfe des *Language file*.
Im Lehrwerk English G HEADLIGHT stehen sogenannte Hauptstrukturen *(main structures)* aufgrund ihrer Bedeutung bei der Vermittlung grammatischer Strukturen im Mittelpunkt

einer Unit. Daneben gibt es weniger zentrale Strukturen *(minor structures)* sowie Aspekte, die nur lexikalisch behandelt werden. Bei der Vermittlung wichtiger Strukturen wird darauf geachtet, dass es nicht zu einer Häufung von Schwierigkeiten kommt. Die Phase der gelenkten Übungen und selbstständigen Anwendung, die Harmer als *activate* bezeichnet, schließt sich an und wird auf den Seiten *Stop! Check! Go!* ausgeweitet.

3.3 Systemische Differenzierung und individuelle Förderung im Lehrwerk English G Headlight

Das gemeinsame Lernen von S mit unterschiedlichen Lernvoraussetzungen und Begabungsprofilen in heterogenen Klassen oder Lerngruppen stellt eine große Herausforderung dar. Differenzierende Lern- und Übungsangebote, die sich an unterschiedlichen Leistungsvermögen orientieren, sollen Erfolgserlebnisse und Lernfortschritte ermöglichen, die sich positiv auf Motivation, Persönlichkeit und Lernverhalten der Lernenden auswirken. Die S sollen miteinander, aber auch voneinander lernen und sich mit ihren unterschiedlichen Stärken gegenseitig anregen und helfen. Durch unterschiedliche Lehr- und Lernarrangements gelangen sie auf unterschiedlichen Wegen zu gleichen, aber in Bezug auf Komplexität und Kompetenzniveau auch zu unterschiedlichen Ergebnissen. Eine innere Differenzierung im Unterricht ist daher unumgänglich.

Wodurch unterscheiden sich Lerner?
- Alter und Reife,
- sozialer Hintergrund,
- (inter)kultureller Hintergrund,
- muttersprachliche Kompetenz,
- intellektuelles Leistungsvermögen,
- Lerntempo, Arbeitsstil und Festigungsbedarf,
- Interessen und Bedürfnisse,
- Vorerfahrungen und Vorkenntnisse,
- Arbeitshaltung und Selbstkonzept,
- Bereitschaft und Fähigkeit zur Reflexion und Selbstständigkeit,
- soziale Kompetenz.

Das Lehrwerk English G HEADLIGHT mit seinen zentralen Bestandteilen – dem Schülerbuch, dem *Workbook*, dem *e-Workbook*, den differenzierenden Vorschlägen zur Leistungsmessung sowie den Materialien zum Differenzieren | Fördern | Fordern und zum inklusiven Unterricht – bietet ein umfangreiches und aufeinander abgestimmtes Gesamtsystem, das einer großen Spanne an Leistungsprofilen auf Seiten der S gerecht wird. Neben unterschiedlich anspruchsvollen Aufgaben wird eine soziale, methodische, qualitative, quantitative und interessengeleitete Differenzierung ermöglicht. Zusätzlich zu diesen Vorschlägen finden sich immer wieder konkrete Tipps zu weiteren Differenzierungsmaßnahmen in den Handreichungen für den Unterricht. Es werden methodische, sprachliche und inhaltliche Hinweise für schwächere wie für stärkere S gegeben.

Die Differenzierung spielt in einem Schülerbuch für heterogene Lerngruppen eine zentrale Rolle. Das Ziel ist es, allen Lernniveaus mit diesem einen Schülerbuch gerecht zu werden, Aufgaben anzubieten, die die leistungsschwächeren S fördern und die leistungsstärkeren S fordern. Daher bieten Schülerbuch, *Workbook*, Förder- und Fordermaterialien sowie die differenzierenden Vorschläge zur Leistungsmessung Übungen und Aufgaben auf drei unterschiedlichen Niveaus an (leicht, mittel, schwer), wobei es eine gesonderte Kennzeichnung von leichteren und schwierigeren Übungen und Aufgaben gibt.
Leichtere Übungen sind im Schülerbuch und *Workbook* mit einem offenen Kreis gekennzeichnet, schwierige mit einem geschlossenen Kreis. Übungen und Aufgaben ohne besondere Kennzeichnung werden als normal eingestuft.

3.3.1 Zehn Tipps zur Differenzierung im Klassenzimmer

English G HEADLIGHT bietet eine gute Materiallage, um den Aufwand zum angemessenen und vielfältigen Differenzieren für Lehrkräfte möglichst gering zu halten.
Wichtig ist, dass die Lernenden möglichst selbstständig ihren Voraussetzungen und Bedürfnissen entsprechend arbeiten können. Soziales und fachliches Lernen ergänzen sich dabei sinnvoll. So wird erreicht, dass alle im Gespräch bleiben, es stets ein Ergebnis für jeden gibt und sich keiner blamiert. Von zielgleichen und zieldifferenten Aufgaben, die zur Wahl stehen, profitieren alle S.

Im differenzierenden Unterricht sollten Lehrkräfte diese Hinweise beachten:
- Schwächere und stärkere S arbeiten für eine bestimmte Zeit zusammen.
- S werden gezielt in Helfersysteme eingebunden.
- Insbesondere schwächere S brauchen Routinen.
- Alle S werden angesprochen, alle sollen sich beteiligen können.
- Lehrkräfte sollen Geduld üben und Antworten in Ruhe abwarten.
- Übungssequenzen, die vom Einfachen zum Schwierigeren führen, werden bevorzugt.
- S brauchen Wahlmöglichkeiten.
- S bekommen unterschiedlich viel Zeit zur Bearbeitung von Aufgaben.
- Komplexere Lernaufgaben lassen alle S auf ihrem Niveau mitarbeiten.
- *Activity corners* bieten Möglichkeiten für schnellere Lerner *(fast finishers).*

3.3.2 Differenzierung im Schülerbuch English G HEADLIGHT 4

Das Schülerbuch English G HEADLIGHT bietet eine Fülle unterschiedlicher Möglichkeiten zur Differenzierung und zum individuellen Fördern: Die große Vielfalt an Aufgaben und Sozialformen berücksichtigt unterschiedliche Lernniveaus, Begabungen, Interessen, Lerntypen und soziale Hintergründe. Darüber hinaus bietet English G HEADLIGHT ein umfassendes Differenzierungskonzept, das hier genauer dargestellt wird.

//● p.122

- **Parallelaufgaben**

Parallelaufgaben ermöglichen eine zeitgleiche Arbeit an unterschiedlich schwierigen, geschlossenen Übungen, die zur gleichen Lösung führen. Die leichtere Aufgabe befindet sich vorn in der Unit selbst und die schwierigere hinten in der *Diff bank* (SB-Seiten 114–143). Dieses Differenzierungsprinzip bietet im Unterricht ein großes Maß an Flexibilität. Die S entscheiden selbst, auf welchem Niveau sie eine Aufgabe lösen möchten. Benötigen sie konkrete Hilfen und eine stärkere Lenkung für ihren Lösungsweg, bieten sich die Aufgaben in der Unit an. Es ist denkbar, dass die leichteren oder anspruchsvolleren Aufgaben den Lernern zugewiesen werden. Es ist ebenso vorstellbar, dass zunächst alle S mit der schwierigeren Aufgabe hinten im Buch beginnen. Sollte sich eine Aufgabe als zu anspruchsvoll erweisen, stehen die Hilfen vorn im Buch zur Verfügung.
Insbesondere im Anfangsunterricht und in der Phase der Routinebildung bei diesem Übungstyp erscheint eine Zuweisung durch die Lehrkraft durchaus sinnvoll.

More help p.115

- ***More-help*-Aufgaben**

Für offene, kommunikative Aufgabenformen, die von den S eine komplexere Sprech- oder Schreibleistung verlangen, gibt es das Aufgabenformat *More help,* das sprachliche, aber auch inhaltliche Hilfen bei der Lösung dieser Aufgaben bietet. Alle S können zunächst versuchen, vorn in der Unit die schwierigere Aufgabe zu lösen. Wenn sich ihnen Probleme stellen, können die S in die *Diff bank* gehen, wo sie vielfältige Anregungen finden, die ein selbstständiges Weiterarbeiten ermöglichen.

More practice 1 p.115

- ***More-practice*-Aufgaben**

Zur Vertiefung und quantitativen Differenzierung gibt es unter der Überschrift *More practice* in der *Diff bank* ein weiteres Übungsangebot. Sollten die S weiteren Übungsbedarf haben, wird auf der Unit-Seite vorn auf das Angebot in der *Diff bank* verwiesen, wo ähnliche Übungen versammelt sind, die hinreichend Gelegenheit bieten, eine bestimmte Struktur oder ein bestimmtes sprachliches Phänomen vertiefend zu üben.

More challenge 1 p. 114

- ***More-challenge*-Angebot**

Da sich nach den ersten beiden Lernjahren allmählich abzeichnet, welche S die Anforderungen zügiger und leichter bewältigen als andere, gibt es in Band 3 und 4 zahlreiche Angebote zur individuellen Förderung dieser gymnasial-orientierten Klientel. Diese Aufgaben stellen eine besondere Herausforderung dar: Sie sind grundsätzlich offener und anspruchsvoller angelegt als mit *hard* gekennzeichnete Aufgaben. Sie erfordern höhere Denk- und Verstehensleistungen und bereiten die Zielgruppe langfristig auf die Anforderungen der gymnasialen Oberstufe vor. Ziel ist es, die kommunikativen Kompetenzen allgemein zu stärken. Es geht um selbstständigeres freies, kreatives Schreiben, um das Lesen anspruchsvollerer Texte, um die Kenntnis zusätzlicher sprachlicher Mittel, um anspruchsvollere Aufgaben im Bereich der Sprachmittlung sowie um die Vermittlung spezieller grammatischer Strukturen.

Die *More-challenge*-Angebote sind an zwei verschiedenen Orten im Lehrwerk English G HEADLIGHT verankert:

- ***More-challenge*-Aufgaben in der *Diff bank*** (drei bis sieben pro Unit):
  Auf den Unit-Seiten vorn befinden sich Verweise auf weiterführende Angebote mit höherem Anspruchsniveau in der *Diff bank*. Sie sind dort farblich hervorgehoben und können punktuell zur Vertiefung genutzt werden.
- ***More-challenge*-Seiten** (acht Seiten in English G HEADLIGHT Band 4):
  Im Anschluss an die Units 1–4 sind vor den *Stop! Check! Go!*-Seiten zusätzlich vier optionale, alternierend ein- oder dreiseitige Module *More challenge* integriert. Sie können mit maximaler Flexibilität bearbeitet werden (etwa von der gesamten Lerngruppe oder nur von einigen Lernenden; in Auswahl oder in Gänze usw.). Es ist auch denkbar, dass sich die gymnasial-orientierten S mit den Angeboten der *More-challenge*-Seiten auseinandersetzen, während die anderen Lernenden Aufgaben aus dem Bereich *Stop! Check! Go!* oder aus dem Inklusionsmaterial lösen.

In welcher Weise die Arbeitsergebnisse präsentiert und gewürdigt werden, sollte von Fall zu Fall entschieden werden. Das können Kurzvorträge für die gesamte Lerngruppe sein, oder die Ergebnisse werden im Klassenraum ausgestellt. Grundsätzlich ist es im Sinne der Motivation der stärkeren S ratsam, die *More-challenge*-Aufgaben als alternative Lerngelegenheit zu nutzen und nicht so sehr als zusätzliche Anforderung nach Bewältigung der Basisaufgaben.

- **Aufgaben mit der Aufforderung *'as many as you can'***

Mit dem Appell *as many as you can* werden leistungsstärkere S motiviert, bei bestimmten Aufgaben soviel wie möglich zu sagen oder zu schreiben. Entscheidend ist, dass alle vor derselben Aufgabe stehen. Ein gewisser Wettbewerbscharakter kann bei diesen Aufgaben motivierende Wirkung zeigen.

- ***Info-gap activities***

Bei *Info-gap activities* arbeiten die S in Partnerarbeit an zwei unterschiedlichen Stellen im Schülerbuch und verfügen über unterschiedliche Informationen, sodass eine reale Austauschsituation entsteht. Es kann dabei auch eine Leistungsdifferenzierung geben. In diesen Fällen sollte der Partner anfangen, der hinten im Buch auf die anspruchsvollere Variante trifft. Durch diese klare Zuordnung wissen beide Lerner Bescheid, wer zu beginnen hat. Unabhängig davon dient die sprachliche Äußerung des stärkeren Partners als Modell für den schwächeren.

- ***Wordbanks***

Die *Wordbanks* (SB-Seiten 144–147) bieten zusätzlichen Wortschatz zu den Wortfeldern aus den Units, z. B. für freiere Aufgaben. Sie können besonders von den leistungsstärkeren S zur Erweiterung ihres Wortschatzes genutzt werden.

- **Differenzierung durch kooperatives Lernen**

Durch kooperatives Lernen können sich alle S Wissen, Kenntnisse und Fertigkeiten selbst erarbeiten und im wechselseitigen Austausch mit anderen vertiefen. Das Lehrbuch English G HEADLIGHT greift in Band 4 die aus den Bänden 1, 2 und 3 bereits bekannten kooperativen Lernformen *Walk around, Appointments, Double circle, Think–Pair–Share, Reading circle, Partner check, Jigsaw* und *Reading club (reciprocal reading)* auf, sodass sich die notwendigen Routinen entwickeln können. Als weiteres kooperatives Verfahren in Band 4 kommt der *Correcting circle* hinzu.

- **Differenzierung durch Lernaufgaben *(tasks)***

Komplexere Lernaufgaben *(tasks)* stellen eine gute Möglichkeit zur Differenzierung dar. "A task is generally described as an activity in which people engage to attain an objective and which involves the meaningful use of language. The principal focus of tasks is not on displaying learners' ability to produce pre-specified language forms. It is on communicating their own meanings. On a general level this distinguishes tasks from exercises which focus on practising individual elements of the language, i.e. words or grammar." (Müller-Hartmann/Schocker-Ditfurth, 2011)

Lernaufgaben sind in aller Regel
- inhaltsorientiert und formorientiert,
- authentisch und anwendungsorientiert,
- hierarchisch nach Schwierigkeiten geordnet,
- lernerzentriert,
- lernprozessorientiert,
- produktorientiert.

Unter dem Label YOUR TASK werden in English G HEADLIGHT 4 komplexe Lernaufgaben angeboten, die sich ausgezeichnet zur vielschichtigen Differenzierung eignen (Unit 1, SB-Seite 17: *A blog*; Unit 2, SB-Seite 35: *A day in the life of a German student*; Unit 3, SB-Seite 70: *TV and movies in your class*; Unit 4, SB-Seite 81: *A role-play: small-town life and city life*; Unit 5, SB-Seite 110: *Mapping your family*). Sie erlauben eine persönliche Schwerpunktsetzung je nach Interessenlage und Können, selbstständiges Arbeiten sowie kooperative Problembearbeitung. Insofern bieten Lernaufgaben fruchtbare Lerngelegenheiten, bei denen alle Lerner individuell nach ihren Kompetenzen arbeiten und am Ende ein Ergebnis präsentieren können, das der Aufgabenstellung entspricht, aber dennoch unterschiedlich ausgeprägt ist.

- **Differenzierung auf den Seiten *Stop! Check! Go!***

Die Seiten *Stop! Check! Go!* dienen in erster Linie der Übung, Festigung und Wiederholung sowohl sprachlicher Mittel als auch einzelner Kompetenzbereiche.
Grundsätzlich müssen nicht alle S alle Aufgaben, die hier versammelt sind, erledigen. Sie können im Sinne individueller Förderung genutzt werden. Die geschlossenen Aufgaben des Abschnitts, die meist am Anfang stehen, können je nach Entwicklungsstand der Lerner auch selbstständig gelöst und anhand eines Lösungsblattes (Kopiervorlage in den HRU) auf Richtigkeit überprüft werden.

- **Differenzieren mit Lektüren, Hörmaterialien, praktischem Lernen**

Einen guten Weg zur Differenzierung bieten unterschiedliche Lesetexte und vor allem Lektüren. Es empfiehlt sich, für *fast finishers* Lesetexte aller Art bereitzuhalten. Das können Texte aus dem *Text file*, lehrbuchunabhängige Lesematerialien oder einfache Lektüren sein, die motivierend sind und vor allem ohne fremde Hilfe gelesen werden können.
Darüber hinaus können in einer *Activity corner* im Klassen- bzw. Fachraum einfache Hörmaterialien verfügbar gemacht werden, sofern Abspielgeräte und Kopfhörer vorhanden sind. Im Einzelfall ist es ebenfalls denkbar, dass sich in einem Klassenzimmer Medienecken befinden, in denen S Zugang zu einem Computer haben. In solchen Fällen bietet es sich

an, dass sie auch Aufgaben aus dem *e-Workbook* lösen oder einfache Recherchen auf www.cornelsen.de/headlight durchführen.

Gerade für schwächere S eignen sich auch Materialien zum Basteln, zum Ausschneiden und Aufkleben, Lernspielsysteme, Spielkarten etc. Grundsätzlich sollte darauf geachtet werden, dass nicht nur schnellere Lerner die Gelegenheit erhalten, in einer *Activity corner* Aufgaben jenseits des Lehrbuches zu bearbeiten.

3.4 English G HEADLIGHT im inklusiven Unterricht

Inklusiver Englischunterricht – das gemeinsame Lernen von S mit und ohne sonderpädagogischen Förderbedarf – ist eine Herausforderung für die Lehrkraft und erfordert die Einbeziehung aller S. Die Stärkung der sozialen Kompetenz ist eine wichtige Voraussetzung für das gemeinsame Lernen von Menschen mit und ohne Behinderung. Gleichzeitig wirkt sich gelungener inklusiver Unterricht positiv auf die soziale Kompetenz der S aus und verstärkt diese.
Differenzierung innerhalb des inklusiven Unterrichts kann bedeuten, dass unterschiedliche Ziele angestrebt werden (zieldifferentes Unterrichten und Bewerten) oder dass Lernende mit sonderpädagogischem Förderbedarf bei zielgleichem Unterrichten und Bewerten einen Nachteilsausgleich erhalten (z. B. in Form von Arbeitszeitverlängerung oder von optischen oder akustischen Hilfen).
Differenzierung innerhalb des inklusiven Unterrichts kann auch bedeuten, dass die Lerngruppe gemeinsam unterrichtet wird, wobei die Lernenden unterschiedliche, ihren Begabungen entsprechende Hilfen oder Anregungen erhalten (innere Differenzierung oder Binnendifferenzierung).
Die Lerngruppe kann auch vorübergehend in kleinere Gruppen geteilt werden, um eine individuelle Förderung zu ermöglichen (äußere Differenzierung). Alle in Absatz 3.3.1 unter der Überschrift „Zehn Tipps zur Differenzierung im Klassenzimmer“ genannten Punkte gelten in besonderem Maße für den inklusiven Unterricht.

In den Klassen 5 und 6 haben die S grundlegende Wortfelder und grammatische Basisstrukturen gelernt. In Klasse 7 und 8 gilt es für S mit dem Förderschwerpunkt Lernen, dieses Basiswissen zu festigen und behutsam zu erweitern. Ihre Lernziele unterscheiden sich zum Teil stark von den Lernzielen der Regel-S. Trotz dieser tendenziell größer werdenden Heterogenität bleibt es ein wichtiges Ziel des inklusiven Englischunterrichts, allen S die Teilhabe am gemeinsamen Unterricht zu ermöglichen. Dies ist nicht nur psychologisch von großer Bedeutung für das Lernen in der Inklusion, sondern ermöglicht auch S, die zieldifferent gefördert werden, den Wechsel zu einer zielgleichen Förderung (und damit die Erreichung des Hauptschulabschlusses).

Um diesen Rahmenbedingungen Rechnung zu tragen, wurden die **Materialien für Lernende mit erhöhtem Förderbedarf im inklusiven Unterricht** ab Band 3 neu konzipiert. Das neue Lern- und Arbeitsheft kombiniert Inhalte aus dem Schülerbuch mit *Workbook*-Elementen: Es hat dieselbe Unit-Struktur und vermittelt ähnliche Themen, Kompetenzen und Strukturen wie das Schülerbuch; gleichzeitig bietet es ähnliche Aufgabenformate (abhaken, farbig markieren, Lückentexte ergänzen u. a.) wie das *Workbook*, mit dem Vorteil, dass die S direkt in das Heft hineinschreiben können.

Mit folgenden Prinzipien geht das Lern- und Arbeitsheft auf die besonderen Lernbedürfnisse von S mit dem Förderschwerpunkt Lernen ein:
- klares Layout und größere Schrift,
- reduzierter Wortschatz und reduzierte Grammatik,
- vereinfachte Lesetexte,
- vereinfachte Hörtexte bzw. vereinfachte *Listening*-Aufgaben,
- ritualisierte Aufgabenformate mit kurzen Arbeitsanweisungen (unterstützt durch Symbole),

- integriertes Methoden- und Sprachtraining mit deutschsprachigen Hinweis-Kästen direkt in den Units,
- viele Übungen zum Festigen und Vertiefen von bereits Gelerntem,
- eine Portfolio-Seite am Ende jeder Unit.

Abhängig von der Zusammensetzung der Lerngruppe und den individuellen Lernbedürfnissen der Förder-S wird die Lehrkraft entscheiden, wann gemeinsame Lernphasen und wann individuelle bzw. äußerlich differenzierte Phasen pädagogisch und organisatorisch sinnvoll sind. Das Lern- und Arbeitsheft macht Angebote zur Differenzierung für beide Unterrichtsszenarien. So bietet sich beispielsweise bei den bildgestützten *Lead-ins* ein gemeinsamer Einstieg an. Die Übungsangebote in den Unit-Teilen *Focus on language* und *Stop! Check! Go!* eignen sich hingegen besonders für individuelle Lernphasen.

Wie bereits bei Band 1, 2 und 3 macht der Lehrerkompass vielfältige Vorschläge für einen abwechslungsreichen inklusiven Englischunterricht. Das **Lehrermaterial auf CD-ROM** enthält folgende Materialien:

- einen Lehrerkompass: Unterrichtskommentar mit Vorschlägen, wie das Lern- und Arbeitsheft im inklusiven Unterricht mit dem Schülerbuch kombiniert werden kann,
- die Lehrerfassung des Lern- und Arbeitsheftes mit Lösungen (als PDF),
- editierbare Kopiervorlagen zur Lernstandsermittlung und zum unitübergreifenden Methodentraining,
- editierbare Wortschatzlisten *(Vocabulary* und *Dictionary),*
- Bild- und Wortkarten (PDF) zur weiteren Differenzierung,
- alle Tonaufnahmen im MP3-Format mit Audioskripten.

Auf diese Weise setzen die Inklusionsmaterialien das grundlegende Prinzip von Differenzierung optimal um, nach dem alle das Gleiche machen, aber nicht jeder dasselbe.

3.5 English G HEADLIGHT im bilingualen Unterricht

In jüngster Zeit hat bilingualer Unterricht enorm an Bedeutung gewonnen. *Content Integrated Language Learning* (CLIL) geht in erster Linie von den inhaltlichen, methodischen und sozialen Kompetenzerwartungen des deutschen Sachfachunterrichts aus. Die Fremdsprache soll dabei als Arbeitssprache zur Bewältigung fachspezifischer Lern- und Arbeitsprozesse dienen.

Dieser Herausforderung stellt sich English G HEADLIGHT bereits seit dem ersten Band und bietet in Form zweier bilingualer Module im *Text file* auch in Band 4 geeignete Materialien für die systematische Ausweitung des Englischunterrichts. Die beiden Module bilden Unterrichtsbeispiele aus dem Sozial- und Erdkundeunterricht ab.

Den größeren sprachlichen Herausforderungen (Fremdsprache = Arbeitssprache) im bilingualen Unterricht wird durch folgende didaktische und methodische Prinzipien Rechnung getragen:

- Anschaulichkeit der Inhalte durch verstärkte Visualisierung und Kleinschrittigkeit,
- Vorrang nonverbaler Semantisierungstechniken (siehe Glossar in den HRU),
- terminologische Zweisprachigkeit: Die Lerner kennen die wichtigsten Fachbegriffe auf Deutsch und Englisch (in English G HEADLIGHT unter der Überschrift *Key terms*).
- Unterstützung bei der fremdsprachlichen Produktion durch *prompting and bridging* sowie Bereitstellen fachspezifischer Redemittel (in English G HEADLIGHT unter der Überschrift *Activate your English*),
- höhere Fehlertoleranz *(message before accuracy).*

4 Übersicht über das Lehrwerk English G Headlight und Begleitmedien

Schülerbuch (SB)
- ausführliche Hinweise s. S. 16–17

Workbook (WB) + Audio-CD
- Übungen zu allen SB-Units in drei Schwierigkeitsstufen
- *Revision* nach jeder Unit
- *Stop and Check* als Verbindung zwischen *Stop! Check! Go!* in SB und DFF
- Ampelsystem zur Selbsteinschätzung
- *Language file* kompakt
- Audio-CD (Kurzfassung, s. Audio-CDs)
- 2 x 2 Seiten *Test preparation*

Workbook + Audio-CD + e-Workbook
- Workbookausstattung s. o.; zusätzlich:
- e-Workbook auf CD-ROM mit elektronischen Übungen zu jeder Unit in drei wählbaren Schwierigkeitsstufen
- eng verzahnt mit gedrucktem WB über Quick Code
- mit Üben- und Prüfen-Modus

Wordmaster
- Heft mit Übungen zum neuen Wortschatz aller SB-Units
- Üben der Vokabeln im Kontext (Lückentext) und spielerische Umwälzung
- herausnehmbares Lösungsheft zur (Selbst-)Kontrolle

Klassenarbeitstrainer
- Heft zur selbstständigen Vorbereitung auf schriftliche u. mündliche Prüfungen
- typische Aufgabenformate zu diversen Kompetenzen, Wortschatz, Strukturen
- mit Lösungsheft und Bewertungsschlüssel
- beigelegte CD mit Hörtexten

Lektüre: *Putting Makeup on the Fat Boy*
- von Bil Wright mit passendem Online-Angebot (Arbeitsblätter und Hilfen)

Interaktive Tafelbilder für Beamer und Whiteboard
- multimedial unterstütztes Lernen als alternativer Zugang zum SB
- anschauliche, interaktive Übungen mit vielfältigen Aufgabentypen (u. a. Sortieren, *Multiple Choice*, Zuordnen und Lückentexte)

Website www.cornelsen.de/headlight
- Online-Angebot für S: Internetprojekte und Informationen zu zentralen SB-Inhalten und Landeskunde
- Online-Materialien für Lehrkräfte

Schülerbuch – Lehrerfassung
- inhaltlich identisch mit dem SB; dazu:
- Markierungen für neuen Wortschatz und neue Strukturen
- Hinweise zu Kompetenzen
- Verweise auf Begleitmedien und Audio-CD-Tracks
- CD-ROM zur Digitalen Diagnose

Workbook – Lehrerfassung
- Workbook-Ausstattung s. WB mit e-Workbook; zusätzlich:
- eingetragene Musterlösungen

Audio-CDs
- Lehrerfassung der Audio-CD: Dialoge und Haupttexte aus diversen Unit-Bereichen, reine *Listening*-Texte und Songs
- Kurzfassung für S auf Audio-CD im Workbook: ausgewählte Unit-Texte sowie weitere *Listening*- und Ausspracheübungen

Video-DVD
- DVD zur Förderung des Hör-/Sehverstehens mit Filmclips unterschiedlicher Genres zu zentralen Themen jeder SB-Unit:
- *Young in the USA:* eine Art Jugendmagazin, das Einblicke in die Lebenswelt amerikanischer Jugendlicher bietet, mit vier unabhängig voneinander einsetzbaren Folgen (zu Units 1–4)
- *People and places*: verschiedene, eher dokumentarische Filmclips zu den Schauplätzen der Units 0–4

Unterrichtsmanager (UMA)
- digitale Variante des SB zur Unterrichtsvorbereitung und -durchführung
- UMA Vollversion mit HRU und zahlreichen Begleitmaterialien, online erhältliche Zusatzmodule

Handreichungen für den Unterricht
- didaktisch-methodische Vorschläge zur Arbeit mit dem SB mit Lösungen
- Überblick über Kompetenzschwerpunkte der Units *(Concept maps)*
- Verweise auf Begleitmedien und auf Audio-CD-Tracks
- Kopiervorlagen (KV)
- didaktisch-methodisches Glossar

Differenzieren | Fördern | Fordern (DFF)
- Ordner mit Kopiervorlagen zur Binnendifferenzierung
- Übungen zu Kompetenzschwerpunkten der SB-Units auf drei Niveaustufen mit Lösungen
- Lernlandkarten zur Einschätzung und Dokumentation des Lernfortschritts
- Audio-CD zum Hörverstehenstraining
- DVD-ROM zur Digitalen Diagnose

Differenzieren | Fördern | Fordern digital mit Digitaler Diagnose
- DVD-ROM zur Ermittlung individueller Lernstände
- Eingangstest und zwei Halbjahrestests mit automatischer Auswertung
- alle Kopiervorlagen aus Differenzieren | Fördern | Fordern in digitaler Form

Materialien für Lernende mit erhöhtem Förderbedarf im inklusiven Unterricht
- Lern- und Arbeitsheft mit Materialien für Förder-S mit Audio-CD mit inhaltlich und sprachlich angepassten Hörtexten
- eng verzahnt mit dem SB
- Lehrer-CD-ROM mit editierbaren KV, Unterrichtskommentar, alle Hörtexte im MP3-Format

Vorschläge zur Leistungsmessung
- CD-Extra mit editierbaren Word-Dokumenten zum Erstellen individueller Klassenarbeiten mit Aufgaben zu allen kommunikativen Kompetenzen sowie zu Wortschatz und Strukturen
- Differenzierungs-, Bewertungs- und Lösungsvorschläge
- anklickbare Hörtexte mit Transkripten

5 Das Schülerbuch

Die S lernen die Bestandteile des Schülerbuchs English G HEADLIGHT am besten durch eine *book rally* kennen.

- **Fünf Units**

Zur detaillierteren Beschreibung des Aufbaus und der Funktionen der einzelnen Teile einer Unit vgl. Absatz 5.2.

- ***Stop! Check! Go!***

Diese Seiten am Ende jeder Unit (außer Unit 5) dienen dem selbstständigen Überprüfen der Kenntnisse sowie dem Wiederholen und Festigen.

- ***Partner B/Diff bank***

Auf diesen Seiten befindet sich ein umfangreiches Angebot an differenzierenden Übungen und Aufgaben.

- ***More challenge***

Nach jeder Unit (außer Unit 5) gibt es alternierend ein- oder dreiseitige *More-challenge*-Aufschläge mit weiteren differenzierenden Übungen für lernstärkere S.

- ***Text file***

Das *Text file* im Anhang ist ein optionales Angebot unterschiedlicher Texte und Textsorten (Sachtexte, Gedichte, Zeitstrahl ...), die an den Interessen der Zielgruppe ausgerichtet sind. Thematisch den einzelnen Units zugeordnet, eignen sich die *Text files* sowohl für die gezielte Erweiterung der Lesekompetenz der gesamten Lerngruppe als auch für *fast finishers* als Fundgrube zum Lesen. Das *Text file* enthält auch zwei bilinguale Module aus dem Sozial- und Erdkundeunterricht, was der gestiegenen Bedeutung bilingualen Unterrichtens Rechnung trägt.

- ***Skills file***

Zur Förderung der Methodenkompetenz eignen sich die Seiten des *Skills file*, die den jeweiligen methodischen Schwerpunkten in den Units zugeordnet sind.

- ***Language file***

Der grammatische Anhang dient als Nachschlagewerk und bietet den S die Gelegenheit, selbstständig bestimmte sprachliche Phänomene und Regelhaftigkeiten zu erkennen.

- ***Wordbanks***

Um produktive Aufgaben zum Sprechen und Schreiben bewältigen zu können und ihren Wortschatz zu erweitern, nutzen die S die Sach- bzw. Wortfelder in den *Wordbanks*.

- ***Vocabulary***

Das Vokabular bildet nicht nur den Lernwortschatz chronologisch ab, sondern gibt eine Vielzahl von Lernhilfen zur Aussprache, zu grammatischen Fragen und zu sprachlichen Besonderheiten.

- ***Dictionaries***

Die beiden alphabetischen Wörterlisten (englisch-deutsch, deutsch-englisch) enthalten den gesamten Wortschatz der ersten vier Bände. Die S habitualisieren ihre in den ersten drei Bänden erworbenen Fähigkeiten im Umgang mit Wörterlisten.

- ***List of names***

Diese Listen dienen in erster Linie zum Nachschlagen der Schreibweise und Aussprache von Eigennamen und Ortsnamen.

- ***Classroom English***

Um im Klassenunterricht sowie auch in Phasen von Partner- und Gruppenarbeit auf Englisch kommunizieren zu können, sollten die Redemittel dieser beiden Seiten planvoll und systematisch erarbeitet und nach Möglichkeit im Klassenzimmer jederzeit sichtbar gemacht werden.

5.1 Handlungsort

Der landeskundliche Schwerpunkt von English G HEADLIGHT, Band 4, liegt auf den USA. Ziel ist es, den S möglichst vielfältige Eindrücke von Land, Leuten, Lebensalltag sowie landschaftlichen und kulturellen Besonderheiten zu vermitteln. Dementsprechend wechseln die Handlungsorte von Unit zu Unit. In Unit 1 geht es um New York und alltägliche Situationen und Erfahrungen von Jugendlichen in der Großstadt; Unit 2 liefert Einblicke in Leben und Besonderheiten an amerikanischen High schools; Unit 3 führt die S auf einen *road trip* durch Kalifornien. In Unit 4 lernen die S das Kleinstadtleben in den Südstaaten kennen und befassen sich mit der Geschichte der *Native Americans (Trail of Tears)* und des *Civil Rights Movement (Rosa Parks, Martin Luther King)*. In Unit 5 entdecken die S an der Seite der jugendlichen Protagonisten wichtige Stationen aus deren Familiengeschichte, vom Aufbruch in Liverpool und der Reise auf dem Auswandererschiff über die Ankunft in New York und den Aufbruch nach Westen bis hin zur Ankunft in Kalifornien.

5.2 Aufbau einer Unit

Um den besonderen Anforderungen der S, für die das Lehrwerk English G HEADLIGHT konzipiert worden ist, gerecht zu werden, folgen die einzelnen Units einem linearen Aufbau.

- ***Lead-in***
Jede Unit führt mit einer Doppelseite in das Thema der Unit ein. Die Seiten sollen die Lernenden neugierig machen und sie mit wichtigen Facetten des Unit-Themas vertraut machen. Die Seiten beinhalten jeweils viele Abbildungen, Hörtexte und schülerorientierte Aufgaben.

- ***Theme 1*** und ***Theme 2***
Auf diesen jeweils zwei Seiten (in Unit 4 gibt es zusätzlich *Theme* 3, in Unit 5 entfällt das *Theme* zugunsten der längeren *Story*) werden die Subthemen einer Unit entwickelt, die *storyline* aufgebaut sowie Übungen und Aufgaben vielfältigster Art angeboten.

- ***Focus on language***
Den Prinzipien entdeckenden Lernens folgend wird hier ein erstes Bewusstsein für die jeweils zentrale grammatische Struktur geschaffen, so dass sie in einer immer komplexer werdenden Kette von Aufgaben geübt und angewendet wird.

- ***Story***
In den Units 1–4 gibt es jeweils eine drei- bis vierseitige Geschichte. Gemäß Lehrplananforderungen handelt es sich vornehmlich um authentische literarische Texte amerikanischer Autoren (Kurzgeschichte, Romanauszüge, Reportagesammlung), die durch vielfältige, motivierende Aufgaben ausgewertet werden. In Unit 5 gibt es eine sechsseitige, fiktive Geschichte.

- ***Skills training***
In den Units 1–4 werden auf je vier Seiten (Unit 5: zwei Seiten) sowohl kommunikative Kompetenzen als auch Lern- und Arbeitstechniken kumulativ entwickelt. Es werden nicht in jeder Unit alle Kompetenzen gleichermaßen angesprochen, sondern sie werden auf das gesamte Schülerbuch verteilt – mit einer Ausnahme: Am Ende jeder Unit (außer Unit 5) steht die Kompetenz ***Viewing*** im Mittelpunkt.

- ***Stop! Check! Go!***
Nach den Units 1–4 werden auf je vier Seiten Übungen und Aufgaben präsentiert, die dem Üben und Wiederholen, aber auch dem selbstständigen Lernen dienen. Auf diesen Seiten finden sich Aufgaben zu sprachlichen Mitteln und kommunikativen Kompetenzen, *revision exercises* und komplexere Lernaufgaben bzw. *tasks*. Einen Lösungsschlüssel zu den geschlossenen Aufgaben gibt es als Kopiervorlage im Anhang der HRU (Ausnahme: in Unit 5 gibt es keinen *Stop! Check! Go!*).

6 Kompetenzraster

Kompetenzraster können im Rahmen eines kompetenzorientierten Englischunterrichts vielfältige Aufgaben erfüllen. Sie sind eine geeignete Möglichkeit der Unterrichtssteuerung in einem mehr oder weniger weitgehend von den S selbstständig gesteuerten Englischunterricht. Diese Raster enthalten Aussagen über die Kompetenzbereiche und die entsprechenden Lernfortschritte, die die S erreichen sollen bzw. erreicht haben, so dass auf diese Weise sowohl für die Lernenden als auch für die Lehrenden individuelle Lernprozesse sichtbar werden. Dadurch wird auf anschauliche Weise deutlich, in welchen Bereichen die S gefördert und gefordert werden können. Kompetenzen umfassen unterschiedliche Fähig- und Fertigkeiten sowie Strategien, die die Lernenden an ausgewählten Lerninhalten erwerben und weiterentwickeln sollen.
Dieses komplexe Wirkungsgefüge lässt sich in so genannten Lernwegelisten darstellen. „Lernwegelisten führen aus, welche Fähigkeiten und Fertigkeiten zu einer (Teil-)Kompetenz gehören, sie erlauben die Zuordnung von Lernmaterialien zu speziellen Fähigkeiten und Fertigkeiten, und sie enthalten die qualitativen Differenzierungen nach Anforderungsbereichen/Durchdringungstiefen A, B, C.“ (Landesinstitut für Schulentwicklung 2013, S. 25)

Sind die Lernwegelisten formuliert, lassen sich entsprechende Texte, Aufgaben, Übungen, Strategien etc. zuordnen, die sowohl aus der jeweiligen Unit als auch aus den Seiten *Stop! Check! Go!* im Lehrwerk English G HEADLIGHT gespeist werden. Darüber hinaus lassen sich mithilfe der Diagnoseergebnisse der in den Kompetenzrastern erkennbaren Lernfortschritte die unterschiedlich anspruchsvollen Arbeitsblätter aus dem Ordner Differenzieren | Fördern | Fordern zuordnen. Die dazugehörigen Lernlandkarten bieten eine Hilfe zur leichten Orientierung und Differenzierung. Geht es beispielsweise bei einem Lernjob darum, dass die S im Rahmen der in Band 4, Unit 2 angesiedelten *Writing*-Aufgabe einen Vergleich zwischen ihrer Schule und einer amerikanischen High school anstellen sollen, wenden sie ihre in Band 3 erworbenen Kenntnisse über die vier Schritte beim Texte verfassen gelenkt an. Gleichzeitig können sie über ihren individuellen Lernweg entscheiden und sich Unterstützung in Form von inhaltlichen Anregungen (SB-Seiten 34/35, Mindmap SB-Seite 48), sprachlichen Mitteln (*More help*, SB-Seite 126, *More Practice* 9, SB-Seite 127) oder Wortschatzhilfen (DFF, KV 2.1) holen, um ihren Fähigkeiten und Fertigkeiten entsprechende Lernleistungen zu erzielen.

Schließlich können Kompetenzraster und Lernwegelisten den Lernenden vor einer geplanten Leistungsüberprüfung helfen, sich gezielt auf eine Arbeit vorzubereiten, da konkret ausgewiesen wird, anhand welcher Materialien die jeweiligen Kompetenzbereiche erworben werden können.

7 Zeit- und Verlaufsplanung

Aufgrund der recht unterschiedlichen Rahmenbedingungen in den Schulen kann die Zeit- und Verlaufsplanung für die Arbeit mit dem Lehrwerk English G HEADLIGHT nur Vorschlagscharakter haben. Sie wird u. a. dadurch beeinflusst, nach welchem Zeitraster, beispielsweise 45 oder 60 Minuten, der Stundenplan organisiert ist. Die folgende Planung ist daher lediglich als Grobraster zu verstehen.

Ein Schuljahr umfasst ca. 39 Schulwochen. Daraus ergeben sich bei

	3 Wochenstunden	**4 Wochenstunden**
	117 Stunden	156 Stunden
Abzüglich 10 % mutmaßliche Ausfälle	12 Stunden	16 Stunden
verbleiben	**105 Stunden**	**140 Stunden**

7.1 Beispiel für eine Grobplanung des Schülerbuchstoffs

	3 Wochenstunden	**4 Wochenstunden**
Unit 1 – Unit 5	65 Stunden	80 Stunden
Stop! Check! Go!	15 Stunden	20 Stunden
Text files (optional)	12 Stunden	18 Stunden
ergeben	80–92 Stunden	100–118 Stunden
6 Klassenarbeiten	12 Stunden	12 Stunden
ergeben	92–104 Stunden	112–130 Stunden

7.2 Beispiel für eine Grobplanung einer Unit mit dem dazugehörigen Stop! Check! Go!

Unit 3	**4 Wochenstunden**
Lead-in	2 Stunden
Theme 1	2 Stunden
Theme 2	2 Stunden
Focus on language	3 Stunden
Story	2 Stunden
Skills training: *Reading course (3)*	1 Stunde
Skills training: *Information on the internet*	2 Stunden
Skills training: *Speaking*	1 Stunde
Skills training: *Viewing*	1 Stunde
ergeben	**16 Stunden**
Stop! Check! Go!	4 Stunden

Literaturhinweise

Bach, G. / Timm, J.-P. (Hrsg.): *Englischunterricht*, UTB, Francke Verlag, Tübingen und Basel 2003

Biederstädt, W. (Hrsg.): *Bilingual unterrichten*, Cornelsen Scriptor, Berlin 2013

Blaz, D.: *Differentiated Instruction. A Guide for Foreign Language Teachers. Eye on Education*, Larchmont, New York 2006

Bleyhl, W.: „'Sündhafte' Verstöße. Über den Umgang mit Fehlern", in: *Praxis Englisch*, Heft 3/2009, S. 44f.

Ders.: „Die Defizite des traditionellen Fremdsprachenunterrichts oder Weshalb – endlich – ein Paradigmenwechsel, eine Umkehr, im Fremdsprachenunterricht erfolgen muss", in: http://creativedialogues.lernnetz.de/docs/1.4Expertenstimmen.pdf (03.06.2015)

Bönsch, M.: „Was ist guter Unterricht? – Oder besser: Wie kann man Lernen erfolgreich initiieren?", in: *Realschule in Deutschland*, Heft 3/2010, S. 14ff.

Ders.: „Individualisierende Lernwege", in: *Schulmagazin 5–10*, Heft 5/2011, S. 7ff.

Börner, O. / Edelhoff, Ch. / Lohmann, Ch. (Hrsg.): *Individualisierung und Differenzierung im kommunikativen Englischunterricht*, Diesterweg, Braunschweig 2010

Brüning, L. / Saum, T.: „Individualisierung und Differenzierung – aber wie? Kooperatives Lernen erschließt neue Zugänge", in: *Pädagogik*, Heft 11/2010, S. 12ff.

De Florio Hansen, I. / Klewitz, B.: „Angst vor Kompetenzorientierung? Zur Planung von kompetenzförderndem Fremdsprachenunterricht", in: *Praxis Fremdsprachenunterricht*, Heft 6/2012, S. 11ff.

Eckstein, R.: „Kompetenzorientiertes Lernen", in: *Schulmanagement*, Heft 3/2011, S. 15ff.

Eisenmann, M.: *Differenzierung im Englischunterricht*, Eichstaett Academic Press, Eichstätt 2011

Engel, A. / Wiedenhorn, Th.: *Stärken fördern – Lernwege individualisieren*, Beltz, Weinheim und Basel 2010

Hallet, W.: *Lernen fördern. Englisch*, Klett, Kallmeyer, Seelze 2011

Harmer, J.: *The Practice of English Language Teaching*, Pearson Education, Harlow 2007

Harting, A.: „Eigenverantwortliches Lernen", in: *Schulmanagement*, Heft 3/2011, S. 8ff.

Hattie, J.: *Lernen sichtbar machen*, Schneider Verlag Hohengehren, Baltmannsweiler 2013

Heacox, D.: *Differentiating Instruction in the Regular Classroom*, Free Spirit Publishing, Minneapolis 2002

Heymann, H. W.: „Binnendifferenzierung – eine Utopie?", in: *Pädagogik*, Heft 11/2010, S. 6ff.

Hinz, R.: „Heterogenität – eine pädagogische Herausforderung", in: *Schulverwaltung*, Heft 5/2011, S. 137f.

Hoffmann, C.: *Kooperatives Lernen / Kooperativer Unterricht. Pocket-Ratgeber Schule*, Verlag an der Ruhr, Mülheim an der Ruhr 2010

Keßler, J.: „Englisch ab Klasse 1. Zu früh? Zu wenig erforscht? Wirkungslos? – Zu wichtig!", in: *Schule NRW*, Heft 04/2009, S. 158ff.

Keßler, J. / Plesser, A.: *Teaching Grammar*, UTB, Schöningh Verlag, Paderborn 2011

Kuty, M.: „Binnendifferenzierung in Aktion“, in: *Praxis Fremdsprachenunterricht*, Heft 3/2009, S. 16ff.

Lau, R. / Boller, S.: „Innere Differenzierung konsequent anwenden“, in: *Pädagogik*, Heft 11/2010, S. 28ff.

Metzger, K. / Weigl, E. (Hrsg.): *Inklusion – eine Schule für alle*, Cornelsen Scriptor, Berlin, 2010

Mittendrin e.V. (Hrsg.): *Eine Schule für alle. Inklusion umsetzen in der Sekundarstufe*, Verlag an der Ruhr, Mülheim an der Ruhr, 2012

Müller-Hartmann, A. / Schocker, M. / Pant, H. A.: *Lernaufgaben Englisch aus der Praxis*, Diesterweg Verlag, Frankfurt am Main 2013

Müller-Hartmann, A. / Schocker-von Ditfurth, M.: *Teaching English: Task-supported Language Learning*, UTB, Schöningh Verlag, Paderborn 2011

Dies.: „Mit Lernaufgaben Kompetenzen entwickeln“, in: *Der fremdsprachliche Unterricht. Englisch.* Heft 109/2011, S. 2ff.

Paradies, L. / Linser, H. J.: *Differenzieren im Unterricht*, Cornelsen Scriptor, Berlin 2010

Paradies, L. / Wester, F. / Greving, J.: *Individualisieren im Unterricht*, Cornelsen Scriptor, Berlin 2010

Pienemann, M. / Keßler, J. / Roos, E. (Hrsg.): *Englischerwerb in der Grundschule.* UTB, Schöningh Verlag, Paderborn 2006

Prodromou, L. / Clanfield, L.: *Dealing with Difficulties*, Delta Publishing, Peaslake 2007

Raya, M. J. / Lamb, T.: *Differentiation in the Modern Languages Classroom*, Peter Lang, Frankfurt 2003

Spitzer, M.: *Lernen. Gehirnforschung und die Schule des Lebens*, Spektrum Akademischer Verlag, Heidelberg, Berlin 2002

Ders.: „Medizin für die Schule. Neurowissenschaftliche Erkenntnisse nutzen“, in: *Schule NRW*, Heft 04/2011, S. 158ff.

Staatsinstitut für Schulqualität und Bildungsforschung (Hrsg.): *Aufmerksamkeitsgestörte, hyperaktive Kinder und Jugendliche im Unterricht*, Auer Verlag, München 2011

Ders.: *Sprachen leben. Kompetenzorientierte Aufgaben in den modernen Fremdsprachen. Band 2,* Cornelsen, München 2011

Thaler, E.: *Englisch unterrichten*, Cornelsen Schulverlage, Berlin 2012

Tomlinson, C. A.: *How to Differentiate Instruction in Mixed-Ability Classrooms,* Pearson / Merrill Prentice Hall, Upper Saddle River, New Jersey 2006

Tomlinson, C. A. / Cunningham Eidson, C.: *Differentiation in Practice. Association for Supervision and Curriculum Development*, Alexandria, Virginia 2003

Tschekan, K.: *Kompetenzorientiert unterrichten*, Cornelsen Scriptor, Berlin 2011

Weinert, F. E.: *Leistungsmessungen in Schulen*, Beltz, Weinheim und Basel 2001

Winterhoff, M.: *Lasst Kinder wieder Kinder sein!*, Gütersloher Verlagshaus, Gütersloh 2011

Wolff, M.: „Individualisierung und Differenzierung. Ihre Bedeutung für schwächere Lerner“, in: *Praxis Fremdsprachenunterricht*, Heft 3/2009, S. 4ff.

Symbole für Kompetenzen

Kommunikative Kompetenzen:

(Symbol)	*Listening*
(Symbol)	*Viewing*
(Symbol)	*Reading*
(Symbol)	*Writing*
(Symbol)	*Speaking*
(Symbol)	*Mediation*

Methodische Kompetenzen:

(Symbol)	Lern- und Arbeitstechniken *(Skills)*
(Symbol) / (Symbol)	Kooperative Lernformen
(Symbol)	Interkulturelle Kompetenzen

Symbole für Übungen

(Symbol)	Partnerarbeit
(Symbol)	Gruppenarbeit
(Symbol)	Hörtext nur auf CD
(Symbol)	Hörtext auf CD und im Schülerbuch
(Symbol)	Filme auf der DVD
○	Leichtere Übung
●	Schwierigere Übung
○ //●	Parallelaufgaben: die leichtere in der Unit – die schwierigere in der *Diff bank*
//● p. 116	Schwierigere Parallelübung mit Seitenzahl
More help p. 111	Hilfen zu einer Aufgabe in der *Diff bank* mit Seitenzahl
More practice 1 p. 111	Weitere Übungen in der *Diff bank* mit Seitenzahl
More challenge 1 p. 112	Weitere Übungen mit höherem Schwierigkeitsgrad in der *Diff bank* mit Seitenzahl

Verweise

► KV 1	Verweis auf Kopiervorlagen in den HRU
► Partner check	Verweis auf Glossareinträge in den HRU
► DFF 1.1	Verweis auf Ordner zum Differenzieren | Fördern | Fordern
► IAT	Verweis auf Interaktive Tafelbilder für Beamer und Whiteboard
► INKL p. 2	Verweis auf Materialien für Lernende mit erhöhtem Förderbedarf im inklusiven Unterricht
► WB 1, p. 2	Verweis auf Workbook-Übungen mit Seitenzahl

Abkürzungen

L	Lehrer / Lehrerin	EA	Einzelarbeit	HRU	Handreichungen für den Unterricht
S	Schüler / Schülerin	PA	Partnerarbeit	SB	Schülerbuch
KV	Kopiervorlage	GA	Gruppenarbeit	GSE	Grundschulenglisch

USA – Here we come

Inhalt Im Intro bekommen die S auf der ersten Doppelseite anhand einer gezeichneten Karte mit Piktogrammen und Fotos sowie einer Diashow auf DVD einen kurzen Überblick über die Vereinigten Staaten von Amerika. Darauf aufbauend beschäftigen sie sich mit der Frage, welchen Ort in den Vereinigten Staaten sie gerne besuchen und was sie dort gerne tun würden. Auf der zweiten Doppelseite bringen die S ihr (geografisches und historisches) Vorwissen zum Thema USA bei der Bearbeitung eines Quiz ein und kontrollieren ihre Antworten selbstständig.

S. 8/9

Einstieg **SB geschlossen.** Über das Bild auf dem Titel des Buches (z. B. über Folie / Whiteboard an der Wand präsentiert) steigt L in das Thema ein und sammelt Vorwissen der S über die USA.

L: *Look at this photo. What do you think of when you see this famous 'woman'? (the USA, New York City* (Freiheitsstatue/*the Statue of Liberty), tall buildings, 9/11, Barack Obama, Hollywood, cowboys, junk food (hamburgers, cola), ...)*

Überleitung L: *So you already know quite a bit about the USA / New York City. In the course of this year, we're going to find out more about famous places, people and events in the USA. Let's start by looking at the photos on pages 8 and 9 in your book.*

1 Famous places

Wortschatz **golden • nature**

Erarbeitung **SB geöffnet.** Zuordnung der Fotos 1–7 zu den Orten A–G auf der Karte im ▸ Partner talk gemäß SB. ▸ IAT

Differenzierung (O) Lernschwächere S erhalten auf ▸ KV 1: PEOPLE AND PLACES In America die Bildunterschriften der Fotos aus dem SB zum Ausschneiden und (physischen) Zu- bzw. ggf. Umordnen.

Auswertung Vergleich im Plenum anhand der Karte aus dem SB oder einer anderen USA-Karte (Folie / Whiteboard).

L: *What do you think? Which place is A / B / ...?*

Zur Ergebnissicherung können die Bilder bzw. Bildunterschriften an der entsprechenden Stelle der Karte positioniert werden (je nach Medium als Folienschnipsel, Beschriftung o. Ä.).

Differenzierung (●) Lernstärkere S begründen ihre Zuordnungen, siehe Vorschläge in blauen Klammern.

Lösung *I think place ...*

- ***A** is Venice Beach, near Los Angeles (because Los Angeles is on the West Coast, south of San Francisco and you can see lots of tall buildings and a surfer on the map next to A).*
- ***B** is the Grand Canyon in Arizona (because Arizona is in the south-west of the USA / next to California).*
- ***C** is the Golden Gate Bridge in San Francisco, California (because San Francisco is on the West Coast, north of Los Angeles).*
- ***D** is in the Rockies. / **D** is the Rocky Mountains (because there are mountains on the map and in the background of the photo).*
- ***E** is New York Harbor (because the Statue of Liberty is in New York and you can see a big city / lots of tall buildings on the map next to E and in the background of the photo).*
- ***F** is the Everglades in Florida (because Florida is in the south-east of the USA and you can see pictures of a beach and a crocodile on the map next to F).*
- ***G** is New Orleans during Mardi Gras (because New Orleans is in the South. It's famous for Mardi Gras, a festival where people wear masks and costumes and sing and dance in the street, a bit like German "Karneval").*

Zusatz

SB geöffnet. S wählen ein Bild der Doppelseite aus und beschreiben (genauer), was sie darauf sehen können (PA oder im Plenum). Dabei reaktivieren sie Wortschatz aus den vorangegangenen Bänden, u. a. Wortschatz zum Thema *in the country/city* bzw. *by the sea,* sowie Techniken und Redemittel zur Bildbeschreibung (siehe auch *SF 8 Describing photos and pictures,* SB-Seite 171). Mündlich oder schriftlich (als Hausaufgabe) möglich.

L: *We've already talked about the Statue of Liberty in New York Harbor. What else can you see in the photos? Take turns choosing a picture and talking about it with a partner.*

L kann Satzanfänge als Hilfestellung bereithalten, z. B. als Tafelanschrieb oder auf Satzstreifen in Briefumschlägen auf dem Lehrerpult (evtl. mit Schild, das auf die Hilfe hindeutet, z. B. *Get help here*):

- *In the photo I can see ...*
- *There is a .../There are ...*
- *In the foreground, .../In the background, ...*
- *On the right .../On the left .../In the middle ...*

Mögliche Bildbeschreibungen (hier in der Reihenfolge der Lösung zu Aufgabe **1** im Buch aufgelistet):

- ***(1)*** *In the photo I can see a fast red boat. There are three people in the boat.*
- ***(2)*** *I can see a statue (the Statue of Liberty) in the foreground. In the background, there are lots of tall buildings.*
- ***(3)*** *There is a lake in the middle. There are lots of trees around the lake. In the background, there is a big mountain. I can see a blue tent in the foreground. I think those people are camping by the lake.*
- ***(4)*** *I can see a man. The man is wearing a red T-shirt and black trousers. He is standing on a rock. He is looking over the Grand Canyon. You can see other rocks in the background.*
- ***(5)*** *In the foreground, there is a tractor with people in (°colourful) costumes and a cartoon character (on a °float) behind it. In the background, I can see people who are wearing costumes. On the right, other people are watching (and °waving).*
- ***(6)*** *On the left, I can see a (sandy) beach. In the foreground, there are some people. They are crossing the street/walking to the beach. There are also some trees. I think there is a hotel in the background on the right.*
- ***(7)*** *I can see a tall red bridge and some rocks on the right. In the foreground, there is a seagull.*

Überleitung L: *Let's find out more about the places in a slide show.*

2 PEOPLE AND PLACES In America

Wortschatz °immigrant • °alligator • °buffalo, *pl* buffalo *or* buffaloes

Erarbeitung **a)** **SB geöffnet. 1. Sehen** gemäß SB. L kann anregen, dass die S während des Sehens die Bildnummern notieren oder Stifte auf die Fotos im SB legen (bzw. die Boxen auf den Bildunterschriften von ▸ KV 1: PEOPLE AND PLACES In America (More help) abhaken), um zu markieren, welche Orte sie im Film wiedererkennen.

Alternative S bekommen von L einen Umschlag mit den Bildern oder Bildunterschriften aus dem SB, die sie dann entsprechend in zwei Kategorien auf dem Tisch sortieren: *(A) I/We saw ... (B) I/We didn't see ...*

Auswertung Kontrolle zunächst durch ▸ Partner check, abschließend Ergebnissicherung im Plenum.

Lösung *I saw ... New York Harbor • the Grand Canyon • the Golden Gate Bridge • Florida/the Everglades • the Rocky Mountains • New Orleans/Mardi Gras*

Zusatz Nach dem **1. Sehen** beantworten die S folgende Fragen (Tafel / Folie / Arbeitsbogen), z. B. in Form einer ▶ Meldekette im Plenum: L stellt die erste Frage *(Where did lots of immigrants arrive?)* und gibt dann die nächste Fragestellung an den S ab, der die Frage korrekt beantwortet hat (siehe stichwortartige Antworten in Klammern im Tafelbild). Dazu kann ggf. ein „Redeball" zugeworfen werden:

Where ...
- did lots of immigrants arrive? (in New York Harbor)
- can you do white-water rafting? (on the Colorado River / in the Grand Canyon)
- do you find lots of fog? (in San Francisco)
- can you see alligators? (in the Everglades, in Florida)
- can you go skiing? (in the Rockies / Rocky Mountains)
- can you look at the Mississippi River? (in New Orleans)
- can you find buffaloes and bears? (in Yellowstone National Park / in the Rockies)

Erarbeitung **b)** **2. Sehen** gemäß SB. Zur Begründung ihrer individuellen Auswahl (in **c)**) machen sich die S im Heft Notizen zu den drei interessantesten Orten (▶ Note-taking), siehe dritte Spalte im Lösungsbeispiel.

Alternative Zur Sicherung des Detailverstehens und als Vorbereitung auf die Begründung ihrer Auswahl in **c)** notieren die S beim **2. Sehen** alle *Top Ten Places* sowie wichtige (gesehene und gehörte) Details dazu in einer Tabelle, siehe auch ▶ KV 1: PEOPLE AND PLACES In America.

Auswertung **c)** Austausch über die ausgewählten Orte im ▶ Partner talk mithilfe der Notizen aus **b)**. Abschließend ggf. gegenseitige Vorstellung der Ergebnisse im Plenum.

S1: *I talked to Luisa / Julian / ... Her / His three most interesting places are the Grand Canyon, New York Harbor and San Francisco. She / He likes ... because ...*

Lösungsbeispiel

Top 10-list			***Why are they interesting?***
No.	***map***	***place***	*What's special about them? / What can you see / do there?*
1	*E*	*New York City*	– *Manhattan = famous skyline / skyscrapers; by the sea* – *Ellis Island = in New York Harbor; immigrants arrived there* – *Statue of Liberty: on an island, very big, ...*
2	*B*	*The Grand Canyon*	– *in Arizona; 446 km long, 1.6 km deep* – *Colorado River goes through it → rafting!* – *Native Americans have lived there for 1000s of years*
3	–	*Highway 1*	– *in California* – *Americans love to do road trips on this road, especially between LA and SF*
4	*C*	*Golden Gate Bridge*	– *nearly 3 km long* – *not gold but orange → see it in the fog! (lots of fog in SF)*
5	*F*	*Florida*	– *warm in winter* – *go to Disney World* – *the Everglades: lots of water + wildlife: alligators!*
6	*D*	*Rocky Mountains*	– *huge mountains, big forests, beautiful wild nature* – *summer: go camping, horse-riding, fishing, walking* – *winter: go skiing*

Top 10-list			*Why are they interesting?*
7	–	*Boston*	– *Fenway Park = big baseball stadium* – *Redsox = famous baseball team*
8	*G*	*New Orleans*	– *in Louisiana, by the Mississippi River* – *Mardi Gras = carnival in Jan/Feb, very °colourful*
9	–	*Yellowstone National Park*	– *beautiful wild nature: geysers* – *wildlife: bears, buffaloes, wolves* – *lots of tourists*
10	–	*Alaska*	– *few people live there; °wooden houses* – *winters = very cold, lots of ice and snow* – *animals: moose, huskies*

Zusatz Die S äußern ihre generellen Eindrücke zur Diashow. Möglicher L-Impuls: *Now that you've seen the slide show: How would you describe America? Think of general information and/or what's special: sights, city/country life, nature, people, activities, ... (the US is a very big country: 50 states, 6,500,000 km² (= square kilometres) of land; it goes from the Atlantic (east) to the Pacific (west); from Canada (north) to Mexico (south); there are very different countrysides (coast/beaches, mountains, canyons, big rivers, forests, geysers, ice + snow, ...); there's lots of wildlife (bears, alligators, wolves, moose, ...), there are big cities + tall buildings/skyscrapers; people from different cultures; you can do lots of different activities: rafting, road trips, camping, walking, riding, skiing, fishing, boat trips, watching baseball games, ...).*

3 NOW YOU Where to?

Einstieg **SB geschlossen.** L fordert die S auf, über ihre persönlichen Lieblingsorte aus **2** abzustimmen: *What's your favourite place from the slide show? Who is for New York Harbor/the Grand Canyon/... please raise your hands.* (L zählt die Stimmen pro Sehenswürdigkeit und hält sie zum Vergleich in Form einer Strichliste an der Tafel fest.)

Alternative *Chain exercise* (▸Meldekette): L oder S beginnt *(My favourite place is ... – What's your favourite place, S2?).*

Hinweis: L kann diese Satzstruktur anschreiben bzw. in einer vorbereiteten Sprechblase an die Tafel heften – gleichzeitig als Differenzierungsangebot. L oder S gibt dann an einen Mit-S weiter (z. B. mithilfe eines „Redeballs").

Erarbeitung **a) Think: SB geöffnet.** Gemäß SB in EA.

O Differenzierung Lernschwächere S erhalten Ideen, Argumente und Redemittel zur Versprachlichung ihrer Vorlieben, siehe auch ▸KV 2: NOW YOU Where to? – Useful phrases. Die KV liefert darüber hinaus nützliche Redemittel zur Diskussionsführung und Einigungsfindung in **b)** und zur Präsentation der Ergebnisse in **c)**, sowie einen Tabellenvordruck für die Ideensammlung zu *More challenge 1 Imagine* (SB-Seite 114).

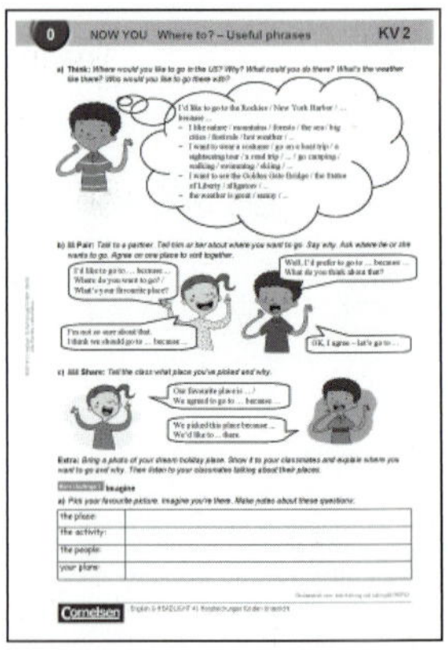

Lösung *I would like to go to ... because I'm interested in .../I like .../you can go rafting/...*
The weather is .../It looks great/warm/sunny ... there.
I would like to go there with my best friend/...

Erarbeitung **b) Pair:** Gemäß SB im ▸Partner talk.

Lösung Individuelle Lösungen.

Auswertung c) Share: Gemeinsame Präsentation der Ergebnisse im Plenum gemäß SB.

Hinweis: Diese Phase kann auch in der Folgestunde durchgeführt werden. In diesem Fall wäre es möglich, dass die S ein Bild ihres *favourite place* mitbringen und zum Stundeneinstieg jeweils kurz ihren individuellen Favoriten präsentieren. Anschließend stellen dann die jeweiligen S-Paare ihren in **b)** ausgehandelten Kompromiss dar.

Lösung *Student A: My favourite place is ... because ...*
Student B: My favourite place is ... because ... But we agreed to go to ... because ...

▶ INKL pp. 8–9

Zusatz Lernstärkere S erhalten den Auftrag (als Hausaufgabe), sich weitere Informationen zu ausgewählten Orten auf der Karte (oder nach eigenen Vorlieben) zu besorgen. In der Folgestunde können einzelne S einen ▶ 2-minute talk in der Klasse über ihren Lieblingsort geben.

More challenge 1 p. 114 Imagine

Einstieg Vor der Bearbeitung der Aufgabe fordert L die S auf, sich die Teilaufgaben **a)–c)** im Zusammenhang durchzulesen (Zielorientierung!). Es handelt sich um eine kreative Sprech- und Schreibaufgabe in mehreren eng gesteuerten Schritten. Zum ▶ Klären der Arbeitsanweisung kann L ggf. ein mündliches Beispiel zu einem der Bilder im Plenum geben.

Hinweis: Die Aufgaben **a)** und **b)** können ggf. auch von lernschwächeren S gelöst werden und diese zum handlungsorientierten Umgang mit den Bildern motivieren.

Erarbeitung **a)** Ideensammlung anhand der Fragen im SB zunächst in EA, siehe auch ▶ Note-making. Die S können ihre Notizen in Form einer Mindmap oder einer Tabelle (siehe auch Vorlage auf ▶ KV 2: NOW YOU Where to? – Useful phrases) strukturieren.

Auswertung L kann die Notizen der S sichten und ggf. sprachlich korrigieren, bevor diese ihre Ideen in **b)** mündlich ausformulieren. Dies empfiehlt sich besonders, wenn auch lernschwächere S in die Lage versetzt werden sollen, sich motiviert und kreativ mit ihren Lieblingsfotos auseinander zu setzen (siehe Hinweis im Einstieg).

Erarbeitung **b)** Austausch über die Fotos im ▶ Partner talk gemäß SB.

Lösung Individuelle Lösungen.

Erarbeitung **c)** Dialogerstellung entweder – gemäß SB – in EA oder auch in PA, z. B. als ▶ Schreibgespräch bzw. *silent dialogue* (wobei jeder S sich in die Rolle eines der Sprecher versetzt).

Auswertung Vortragen der Dialoge im Plenum, z. B. mithilfe der ▶ Read-and-look-up technique.

Lösung Individuelle Lösungen.

S. 10/11

Einstieg **SB geschlossen.** L präsentiert vier *Multiple choice*-Fragen, z. B. zu den Inhalten der Diashow (siehe SB-Seite 8, Aufgabe 2), je nach technischer Ausstattung entweder auf Tafel / Folie oder auch als interaktive Präsentation (zum Anklicken der richtigen Lösungen). L: *Do you remember the slide show? There was some general information on the US at the beginning. Look at the multiple choice questions and choose the correct answer: A, B or C.* Auswertung im Plenum (richtige Lösungen siehe Häkchen in Klammern).

1 What's the name of the water between Europe and America (= east of the US)? **A** North Sea **B** Pacific Ocean **C** Atlantic Ocean (✓)	**2 What's the name of the water west of America / the US?** **A** North Sea **B** Pacific Ocean (✓) **C** Atlantic Ocean
3 How big is the US? **A** 6,500,000 m^2 **B** 650,000 km^2 **C** 6,500,000 km^2 (✓)	**4 Which country is south of the US?** **A** Mexico (✓) **B** Great Britain **C** Canada

Überleitung L: *Let's look at a multiple choice quiz with questions about the US today and US history on pages 10 and 11 in your book.*

1 The BIG American Quiz

Wortschatz **S. 10: star • state • president • Native American • native • slave • European • war • independence (from)**

S. 11: hurricane • soccer • freedom • °liberty

Erarbeitung **SB geöffnet.** Die S bearbeiten das Quiz gemäß Aufgabenstellung in EA. Sie schreiben die Lösungen als Zahl-Buchstaben-Kombination nach dem Muster *1 C* in ihr Heft.

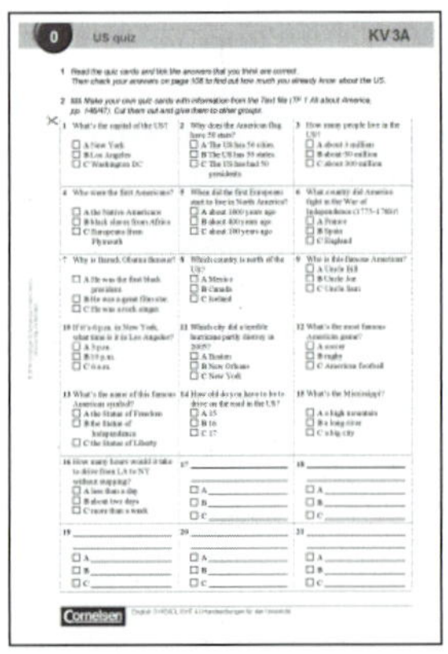

Alternative L verteilt ▸KV 3 A/B: US quiz mit den Quizkarten (zum Ausschneiden und Zuordnen der passenden Bilder), auf denen die S die Antworten direkt ankreuzen können.
Hinweis: Die Quizkarten können auch für eine Quizrunde in PA oder GA genutzt werden, indem die Spielpartner reihum Karten von einem Stapel in der Mitte ziehen, die Frage beantworten und – wenn richtig – vor sich ablegen. Falsch beantwortete Fragen wandern zurück unter den Stapel. Sieger ist, wer am Ende – also wenn der Stapel in der Mitte „verbraucht" ist – die meisten Karten vor sich liegen hat.

Auswertung Gemäß SB kontrollieren sich die S mithilfe des Lösungsschlüssels auf SB-Seite 114 selbst oder durch ▸Partner check, indem sie z. B. ihre Hefte / KV austauschen.

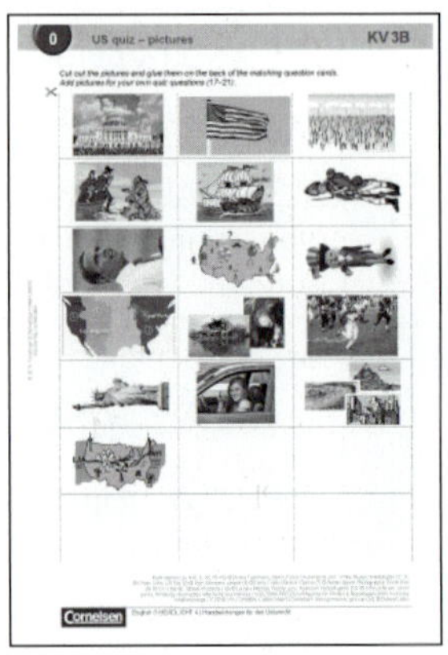

Alternative Ergebniskontrolle im Lerntempoduett bzw. ▸Bus stop: S vergleichen ihre Lösungen zunächst mit einem Partner. Anschließend kontrollieren sie (evtl. durch Austausch der Hefte) ihre Antworten mithilfe der Lösungen auf SB-Seite 114. Wenn sie damit fertig sind, können sich die jeweiligen S-Paare aus dem ▸Bus stop mit dem nächstschnellsten Paar zu einer Vierergruppe zusammenfinden und anhand des *TF 1 Americana* (SB-Seiten 148–149) in einem Gruppenpuzzle (siehe auch ▸Jigsaw) weitere Quizfragen zum Thema USA formulieren (siehe auch HRU-Kommentar zu *Text File 1*).

Lösung (Siehe auch SB-Seite 114:) ***1*** *C* • ***2*** *B* • ***3*** *C* • ***4*** *A* • ***5*** *B* • ***6*** *C* • ***7*** *A* • ***8*** *B* • ***9*** *C* • ***10*** *A* • ***11*** *B* • ***12*** *C* • ***13*** *C* • ***14*** *B* • ***15*** *B* • ***16*** *B*

▸ INKL pp. 10–11

Zusatz Die S entwickeln eigene Fragen für ein USA-Quiz, z. B. anhand der Informationen aus dem *TF 1 Americana* (SB-Seiten 148–149).

In New York City

1

Kommunikative Kompetenzen

Listening

- On the streets of New York City (NYC) (p. 12 , 1b)*
- If I won a million dollars, I'd ... (p. 19, 4a)
- Your guide to American English (p. 20, 5a/b/e)
- On the street (p. 24, 1b/c)

Reading

- New York City facts (p. 14–15)
- The most interesting NYC facts (p. 15, 1)
- What else have you found out about NYC? (p. 15, 2)
- Four posts (p. 16, 1)
- Jayden's Brooklyn (p. 17, 2)
- Comments on Jayden's blog (p. 17, 3a)
- STORY Trapped (p. 21–23) + Introduction (p. 21, 1)
- The story (p. 23, 2)
- What did they mean? (p. 23, 3)
- Sports in New York City (p. 26)
- Different sides of New York City (p. 28, 1)
- King of the courts (p. 30, 1)

Speaking

- PEOPLE and PLACES Stories of New York City (p. 13, 2a)
- The most interesting NYC facts (p. 15, 1)
- If I won a million dollars, I'd ... (p. 19, 4c/d)
- What's your opinion? (p. 23, 5)
- On the street (p. 24, 1a)
- ROLE-PLAY At the tourist information (p. 24, 2)
- What did you learn? (p. 27, 3)

Writing

- PEOPLE and PLACES Stories of New York City (p. 13, 2c)
- Comments on Jayden's blog (p. 17, 3b)
- YOUR TASK A blog (p. 17, 4)
- Other points of view (p. 23, 4)
- Working with the text (p. 29, 2c)

Viewing

- PEOPLE and PLACES Stories of New York City (p. 13, 2)
- Young in the USA: Chillin' in New York City (p. 27 1b; 2)

Mediation

- In a New York diner (p. 25, 1)
- Ordering breakfast (p. 25, 2)

In New York City

In Unit 1 lernen die S unterschiedliche Aspekte und Besonderheiten von New York City anhand verschiedener, z. T. authentischer Materialien (Fotos, Filmclips, Interviews, Broschüre zu Sehenswürdigkeiten, Blog, Kurzgeschichte, Zeitungsartikel) kennen.

Sprachliche Mittel

Wortfelder

- British English and American English (p. 20, 5)

Grammatische Strukturen

- Conditional sentences type 2 (p. 18, 1; p. 19, 2–4)

Interkulturelle Kompetenzen

- New York City kennenlernen: Sehenswürdigkeiten (p. 12–15)
- Einblicke in Einstellungen und Freizeitverhalten von jungen New Yorkern gewinnen (p. 12, 1b; p. 16, 1)

Methodische Kompetenzen

Lern- und Arbeitstechniken

- Note taking (p. 13, 2b; p. 19, 4a/c; p. 28, 1b)
- Die eigene Meinung in einer Diskussion zum Ausdruck bringen (p. 23, 5)
- Mediation (p. 25, 1/2; SF 11, p. 179)
- Lesetechniken: *Scanning* (p. 26, 1–3; SF 5.2, p. 168)

Selbsteinschätzung (Stop! Check! Go!)

- REVISION In the holidays (p. 31, 1)
- MEDIATION Music in Central Park (p. 31, 2)
- LANGUAGE If I moved to NCY, ... (p. 32, 3)
- LISTENING and SPEAKING Being polite (p. 32, 4)
- READING Your tour of New York City (p. 33, 5)

Kooperative Lernformen

- Walk around activity (p. 19, 4c)
- Think-Pair-Share (p. 23, 5)
- ROLE-PLAY (p. 24, 2)
- Weitere Formen von PA und GA (p. 12, 1b; p. 13, 2a–c; p. 15, 1, 3a; p. 16; p. 18, 1; p. 20, 5f; p. 21, 1b; p. 24, 1a/e; p. 25, 1a/b; p. 27, 1a; p. 28, 1a; p. 29, 2a; p. 32, 4c)

* p. 12, 1b = SB-Seite, Übungsnummer

1 In New York City

LEAD-IN

Inhalt Die S lernen die Stadt New York anhand von vier Interviews mit in dieser Stadt lebenden Personen und eines Films über die Sehenswürdigkeiten dieser Stadt näher kennen.

Die S entnehmen Hörtexten, Fotos und Filmausschnitten vielfältige Informationen über New York City und erstellen in Gruppenarbeit Offkommentare zu zwei Filmszenen.

S. 12/13

1 On the streets of New York City (NYC)

Wortschatz **awesome • shopper • paradise**

Einstieg **SB geschlossen.** Die S führen zur Reaktivierung des Vorwissens in Gruppen à drei S ein ▶ Brainstorming zum Thema *New York City* durch. Die Ergebnisse des Gruppenbrainstormings können anschließend im Plenum z. B. in Form eines *network* festgehalten werden (Tafel / Folie). Mögliches Tafelbild:

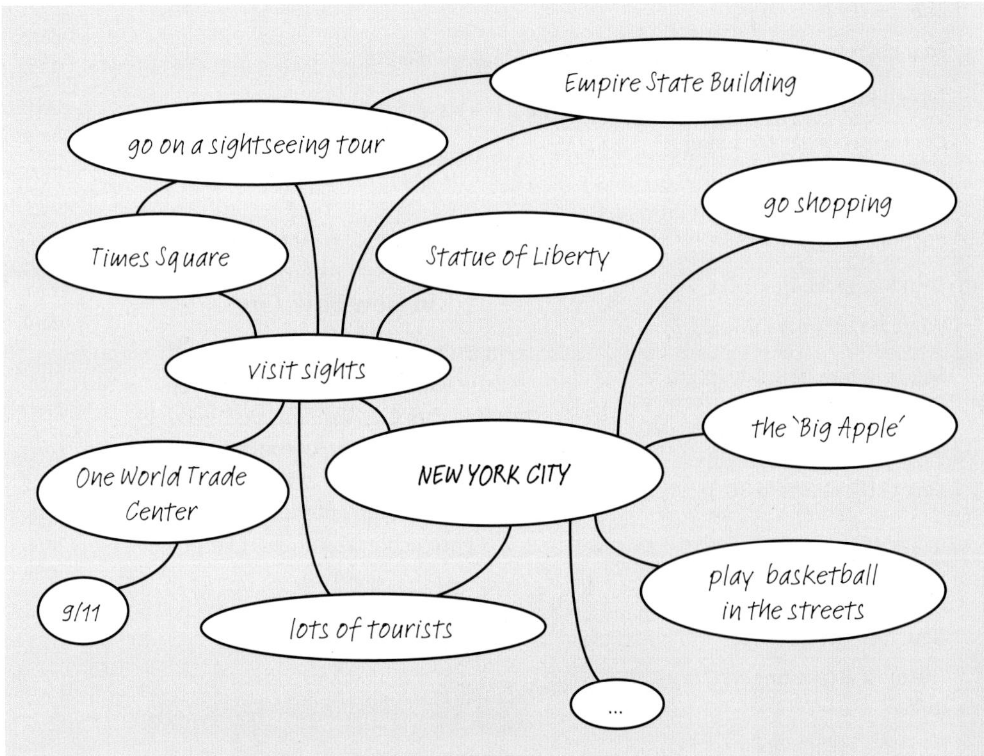

Erarbeitung **a) SB geöffnet.** Die S fertigen Notizen zu den acht Einstiegsbildern gemäß SB an.

Erarbeitung ▶ 1.01 **b)** Die S vergleichen ihre Notizen im ▶ Partner check.

Beim anschließenden **1. Hören** (Globalverstehen) der Interview-Hörtexte ordnen die S die jeweils gehörte Interviewstimme einer der vier auf den Fotos gezeigten Personen zu.

Lösung *Jayden: student • Lauren: security person • Fazil: salesperson • Jenna: tourist*

Erarbeitung **c)** Beim **2. Hören** der Interviews beantworten die S weitere Fragen zum Detailverstehen stichwortartig, siehe auch ▶ Note-taking.

Lösung
1 it is expensive
2 to school
3 two years ago

4 *winters very cold, summers very hot*
5 *business is good*
6 *very noisy city (and terrible traffic)*
7 *only for a few days*
8 *buildings are so tall*

► IAT

More practice 1 p. 115

More about people on the streets of New York City

Erarbeitung Die S ergänzen beim **3. Hören** weitere Informationen zu den vier New Yorkern und vergleichen die Ergebnisse anschließend im ► Partner check.

Lösung
1 *Jayden lives in Brooklyn. He likes rap.*
2 *Lauren comes from Boston. In NYC she likes the friendly people.*
3 *Fazil comes from Turkey. He likes NYC because it's international.*
4 *Jenna is from California. In NYC she likes everything.*

2 PEOPLE AND PLACES Stories of New York City

Einstieg **SB geschlossen.** L schreibt den Begriff *New York City* untereinander (in Großbuchstaben) an (Tafel / Folie). Die S erstellen in kleinen Teams ein ► Akrostichon mit ihren Assoziationen zu New York City.

Hinweis: Um es den S einfacher zu machen, ihnen bekannte englische Begriffe zum Thema „anzudocken", sollte L darauf hinweisen, dass die vorgegebenen Buchstaben nicht unbedingt als Anfangsbuchstabe genutzt werden müssen, sondern auch mitten im Wort stehen dürfen. Falls einzelne Buchstaben trotzdem übrig bleiben, weil den S die Ideen bzw. der Wortschatz ausgehen, kann L weitere Begriffe ergänzen und dabei ggf. auch neuen Unit-Wortschatz mithilfe geeigneter ► Semantisierungstechniken einführen.
Lösungsvorschlag (mögliches Tafelbild):

5th Ave N ue
E mpire State Building
W orld Trade Center
sk Y line
sh O pper
inte R national
Broo K lyn
ex C iting
Manhattan I sland
T imes Square
sk Y

Alternative L präsentiert vorab vier Standbilder *(stills)* aus dem Film; die S stellen Vermutungen zu den einzelnen Personen und ihren Geschichten an, z. B.:

- ***Still 1 (0:08):*** *Old man talking about his family history*
- ***Still 2 (1:38):*** *Young woman doing her shopping*
- ***Still 3 (2:38):*** *Young tourist talking about the sights of NYC*
- ***Still 4 (3:35):*** *Homeless man describing his situation and his feelings*

Erarbeitung ► **a)** **SB geöffnet. 1. Sehen** des Films und Sicherung des Globalverstehens gemäß SB.

Lösung – *(In the film, we saw ...) Times Square • the Empire State Building • 5th Avenue*
– *Most interesting places:* Individuelle Lösungen.

Erarbeitung **b)** **2. Sehen** und Zuordnung der Orte und Straßen New Yorks zu den einzelnen Adjektiven anhand der Kurzbeschreibungen *(voice overs)* aus dem Film oder / und subjektiver Seheindrücke.

Lösungsbeispiel
- ***busy***: *Chinatown • 5th Avenue • Wall Street*
- ***beautiful***: *Central Park*
- ***best at night***: *Times Square*
- ***exciting***: *Times Square • Chinatown*

Erarbeitung **c)** L zeigt den Film ein weiteres Mal ohne Ton.

Die S verfassen beim **3. Sehen** eigene Off-Kommentare *(voice overs)* zu den selbst in Aufgabe **a)** gewählten interessanten Orten.

d) Die S stellen ihre Off-Kommentare vor und nehmen Stellung dazu.

Lösung Individuelle Lösungen.

Zusatz Sammeln emotionaler Eindrücke und Reaktionen auf die Filminhalte im Plenum. L: *From what you've seen in the film: Would you like to visit New York City? Why (not)?* S führen zu dieser Frage kurze Interviews mit wechselnden Partnern, z. B. in Form eines ▸ Double circle, durch. ▸ WB 1–2, p. 2 ▸ DFF 1.1 ▸ INKL pp. 12–13

THEME 1 New York City facts

Inhalt

Die S lernen bekannte Sehenswürdigkeiten *(Empire State Building, Statue of Liberty, Ellis Island (Gateway to America), Brooklyn Bridge, Manhattan)* in New York City anhand von kurzen Beschreibungstexten kennen.

Die S entnehmen Sachtexten gezielt Informationen, beantworten Fragen und erschließen unbekannte Wörter (auch unter Zuhilfenahme eines Wörterbuches).

S. 14/15

Wortschatz

S. 14: skyscraper • western • immigrant • crown • 800 languages **are spoken • gateway (to) • Jewish • immigration • make sb./sth. sth. • Box "British English / American English (1): different spelling"** (SB-Seite 202)

S. 15: a piece of … • connect (with/to) • suspension bridge • hang (from), hung, hung • cable • borough *(AE)* **• populate • 2.5** million **• Box "Numbers"** (SB-Seite 202) **• altogether**

Einstieg

SB geöffnet. Gemeinsame Betrachtung der Grafiken und Fotos der Doppelseite im Plenum.

L: *Look at the pictures on pages 14 and 15. Which aspects of New York do they show? (°nickname: the "Big Apple"; tall buildings / skyscrapers; ice skating in Central Park; NYC sights: the Statue of Liberty; Brooklyn Bridge; a map of Manhattan; …)*

INFO-BOX New York City – The Big Apple

Die Stadt New York (*New York City* oder NYC) wurde 1624 gegründet und zählte 2013 um die 8,4 Mio. Einwohner. Bei einer Fläche von 1.214 km² beträgt die Bevölkerungsdichte der Metropole somit 10.560 Einwohner pro km². Geografisch ist die Stadt in die fünf Bezirke bzw. *boroughs* Manhattan, Brooklyn, Queens, die Bronx und Staten Island unterteilt, welche jeweils eigenständige Bezirke des Bundesstaates New York (*New York State*) darstellen. Der bevölkerungsreichste Bezirk, Manhattan, liegt größtenteils auf *Manhattan Island* und gilt als finanzielles und administratives Zentrum der Stadt. Der bekannte *Central Park* spaltet Manhattan in die *Upper East Side* und *Upper West Side*. Die Bronx ist NYCs nördlichster Bezirk, die Heimstätte der *New York Yankees* und gilt als Ursprungsort der Musikrichtungen Rap und Hip Hop. Brooklyn liegt an der westlichen Spitze von *Long Island* und ist in besonders hohem Maß von kultureller und sozialer Vielfalt geprägt. Der an der Küstenlinie des Bezirks gelegene Vergnügungspark *Coney Island* ist ein bei New Yorkern beliebtes Ausflugsziel. Der flächenmäßig größte Bezirk NYCs, Queens, ist Schätzungen zufolge der weltweit ethnisch vielfältigste Bevölkerungsraum. Er beherbergt zwei der drei Flughäfen der Stadt und ist das Zuhause des beliebten Baseballteams *New York Mets*. Die Insel Staten Island ist über die *Verrazano-Narrows*-Brücke mit Brooklyn und durch die *Staten Island Ferry*, Teil des täglichen Pendlerverkehrs, mit Manhattan verbunden. Passagiere haben von der Fähre aus einen unverbauten Ausblick auf die Freiheitsstatue und *Ellis Island*.

Um die Herkunft und Bedeutung von New Yorks Spitznamen *The Big Apple* ranken sich diverse Theorien, die sich auch als Internetrechercheaufgabe für die S eignen, z. B.:

- Herkunft aus der Pferderennsportszene der 20er Jahre: *big apple* = hohes Preisgeld für Renngewinn; Turfreporter John Fitzgerald nannte seine Rennsportkolumne *'Around the Big Apple'*.
- In den 30er Jahren griffen Jazzmusiker den Spitznamen *'Big Apple'* auf – als Synonym für New York City als kulturelles Zentrum und Veranstaltungsort.
- Der Spitzname *'The Big Apple'* wurde in den 70er Jahren im Rahmen einer Marketingkampagne des New Yorker Tourismusbüros im Sinne der heutigen Verwendung aufgegriffen und oft mit einem fröhlichen Apfel-Logo verknüpft.

Erarbeitung

Die S lesen die fünf kurzen Beschreibungstexte zunächst still in EA. In Vorbereitung auf Aufgabe **1** (SB-Seite 15) kann L die S auffordern, beim **1. Lesen** zu jedem Abschnitt einzelne Fakten zu notieren, die sie besonders interessant finden. Danach ggf. nochmaliges Lesen der Texte im Zusammenhang laut im Plenum.

Alternative

SB geöffnet. Die S führen ein ▸Jigsaw zu den fünf kurzen Texten und zugehörigen Grafiken über New York City durch *(SKYSCRAPER CITY* + Grafik mit Höhenvergleich / *WELCOME TO LIBERTY! / GATEWAY TO AMERICA* + Fotos + Fackel mit Sprechblasentexten / *A MO-*

VING EXPERIENCE + Foto + Fackel mit Sprechblasentexten/*A BIG PLACE* + Karte + Foto + Fackel mit Sprechblasentexten*)*. Dabei entwickeln die jeweiligen Expertengruppen Quizfragen sowie Lösungen zu ihrem zugewiesenen Text. In der zweiten Phase lesen die jeweiligen Experten zuerst ihren Text den anderen Gruppenmitgliedern vor, präsentieren dann ihre Quizfragen und vergleichen die Antworten der Gruppe mit ihren jeweiligen Lösungen. Anschließend stellt der nächste Experte seinen Text und die zugehörigen Quizfragen vor usw.

Lösung Individuelle Lösungen.

S. 15

1 Most interesting NYC facts

Wortschatz **fact**

Erarbeitung **SB geöffnet.** Gemäß SB. L kann Redemittel zur Vorstellung der Fakten vorgeben (Tafel / Folie), z. B.: *My most interesting fact is ... / I think it's interesting that ... / It was new to me that ... / I didn't know that ...*

Differenzierung Lernstärkere S nennen mehrere interessante Fakten und begründen, welche der beschriebenen Sehenswürdigkeiten sie am liebsten besuchen würden / sehr interessant finden: *I would like to visit the Statue of Liberty, because ... / I think Central Park is interesting, because ...*

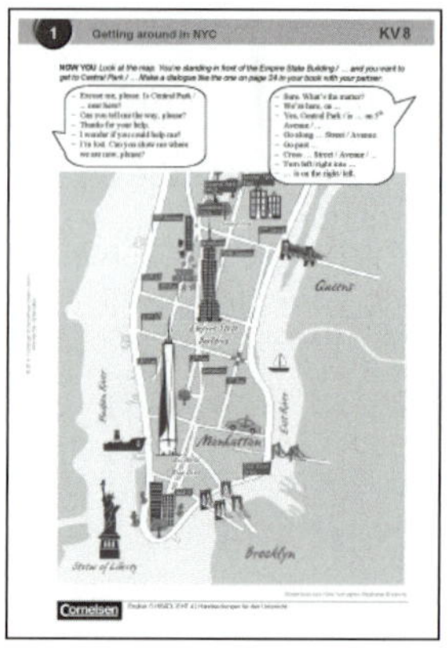

Lösung Individuelle Lösungen.

Zusatz Anhand der Karte von Manhattan auf ▸ KV 8: Getting around in NYC erstellen die S eine fiktive Sightseeingtour und begründen, in welcher Reihenfolge sie die einzelnen Sehenswürdigkeiten besuchen würden.

2 What else have you found out about NYC?

Erarbeitung **SB geöffnet.** Die S beantworten die Fragen zu den fünf Texten stichwortartig gemäß SB. Dazu ggf. **2. Lesen** zur gezielten Informationssuche möglich, siehe auch ▸ Lesetechniken.

Lösung ***1*** *Empire State Building* • ***2*** *One World Trade Center* • ***3*** *France* • ***4*** *it stands on an island* • ***5*** *millions of immigrants arrived* • ***6*** *can walk across the bridge* • ***7*** *Brooklyn: most populated borough, Manhattan: smallest* • ***8*** *stay cool*

More practice 2 p. 115 Guess the meaning of unknown words

Wortschatz °meaning

Erarbeitung **a)** **SB geöffnet.** Die S finden zunächst die gesuchten Wörter durch Scanning (siehe auch ▸ Lesetechniken) der fünf Texte. Dann versuchen sie ihre Bedeutung gemäß der Hinweise in der gelben Box mithilfe geeigneter Erschließungs- bzw. ▸ Semantisierungstechniken (z. B. Bilder, Vorkenntnisse aus der Mutter- oder Fremdsprache, Kontext) herauszufinden (siehe auch SF 1, SB-Seite 167).

Differenzierung Lernstärkere S fertigen eine Tabelle an, in der sie neben den gesuchten englischen Wörtern und ihren deutschen Bedeutungen auch die von ihnen angewandten Erschließungstechniken sowie englische Definitionen für die einzelnen Wörter notieren (siehe blaue Spalten im Lösungsbeispiel).

Lösungsbeispiel

unknown words	*German meaning*	*what helps me to guess the meaning*	*English definition*
1 *skyscrapers*	Wolkenkratzer	*the pictures*	*very tall buildings, e.g. in a city*
2 *independence*	Unabhängigkeit	*other English word: independent*	*freedom; not being controlled by other people or countries*
3 *crown*	Krone, Kranz	*the picture; similar German word*	*something that a king or queen wears on his or her head*
4 *Italian*	italienisch, Italiener	*similar German word*	*the official language in Italy or a person who lives in Italy*
5 *immigration*	Einwanderung	*the context*	*to come and live in a foreign country*
6 *has connected*	etwas verbinden	*the context; the picture/map*	*to join together two or more things*
7 *suspension bridge*	Hängebrücke	*the picture*	*a bridge that hangs from cables*
8 *cable*	Drahtseil	*the picture; similar German word*	*thick strong metal rope*
9 *populated*	bevölkert	*the context*	*to live in an area with a lot of people*
10 *altogether*	insgesamt; im Ganzen genommen	*the context; other English word: together*	*total number of something*

Erarbeitung **b)** Die S überprüfen ihre Wortbedeutungen unter Zuhilfenahme eines Wörterbuches.

Lösung *1 skyscraper: Wolkenkratzer • 2 independence: Unabhängigkeit • 3 crown: Krone, Kranz • 4 Italian: italienisch, Italianer • 5 immigration: Einwanderung • 6 has connected: etwas verbinden • 7 suspension bridge: Hängebrücke • 8 cable: Drahtseil • 9 populated: bevölkert • 10 altogether: insgesamt, im Ganzen genommen*

Zusatz **SB geschlossen.** Wortschatzsicherung und -anwendung durch die Aktivität ▶ 7 letters: Die S wählen sieben Buchstaben des Alphabets und nutzen diese als Anfangsbuchstaben für das Schreiben von Wörtern zum Thema *New York City*. Anschließend wird aus diesen Wörtern ein zusammenhängender Text geschrieben (z. B. Interviews, Beschreibungen von Sehenswürdigkeiten, eigene Meinung über die Stadt, etc.).

3 More about NYC

Erarbeitung **a) SB geöffnet.** Die S begründen stichwortartig, welche Orte und Themen sie am interessantesten finden, siehe auch ▶ Note-taking.

Auswertung Der Austausch erfolgt im ▶ Partner check.

Lösung Individuelle Lösungen.

Erarbeitung **b)** Die S erstellen ein *Fact file* über eines der im SB erwähnten Themen zu New York City. Zusätzlich können S im Internet, in Büchern und in anderen Quellen suchen.

Auswertung **c)** Die S präsentieren ihre *Fact files* im Plenum.

Alternative Die S präsentieren ihre Themen der *Fact files* in Form eines ► Milling-around.

Lösung Individuelle Lösungen. ► WB 4–5, p. 3 ► INKL pp. 14–15

THEME 2 A Brooklyn blog

Inhalt

Die S lernen die Tagesabläufe von Jayden aus Brooklyn in Form verschiedener Blogeinträge näher kennen.

Sie entnehmen den Blogeinträgen unter Anwendung geeigneter Lesetechniken *(Skimming, ...)* Informationen, kommentieren und analysieren sie z. B. im Hinblick auf Themenschwerpunkte und nützliche Redemittel. Abschließend verfassen die S orientiert an Jaydens Vorbild einen eigenen Blogeintrag nach Anleitung.

S. 16

1 Four posts

Wortschatz

post *(v)* • **mood** • **stoop** *(AE)* • **mom** *(AE)* • **cheese** • **come by** *(AE)* • **safe** • **dislike** *(v)* • **embarrassing** • **end** *(v)* • **subway** *(AE)* • **fall asleep** • **be asleep** • **block** • **check** sb./sth. **out** *(infml)* • **diner** *(AE)* • **choice** • °apartment • °posted by • °cheer *(v)*

Einstieg

SB geschlossen. Als Vorentlastung wird der notwendige Wortschatz spielerisch in Form eines ▸ Word memory eingeführt. Anschließend aktivieren die S ihr mögliches sprachliches Vorwissen durch das Geben von Beispielen, Beschreiben oder Definieren des neuen Wortschatzes.

Erarbeitung

SB geöffnet. Nach dem **1. Lesen** des Blogs überlegen sich die S eine jeweils passende Überschrift zu jedem Eintrag.

Auswertung

Die Ergebnisse werden zunächst dem Partner vorgestellt und anschließend im Plenum präsentiert.

Lösungsbeispiel

Date	*Title*
Mon, September 10	*Welcome to my Brooklyn blog!*
Wed, September 12	*Music makes things better!*
Sat, September 15	*I'm a sports freak!*
Sun, September 16	*Chilling on the stoop*

O Differenzierung

Die S überfliegen die Bilder und Texte des Blogs (siehe auch ▸ Lesetechniken: *Skimming*) und finden die jeweiligen Themen oder Aktivitäten für die einzelnen Tage heraus.

Auswertung

Die Kontrolle erfolgt durch Sammeln der Themen in Form einer Tabelle (Tafel / Folie).

Lösungsbeispiel

Date	*What is the post about?*	*More details:*
Mon, September 10:	*Brooklyn = the best part of NYC*	*– great neighborhoods* *– great places, great food, cool music*
Wed, September 12:	*(rap) music (on a day of disasters)*	*– missed subway stop → too late for school* *– lost subway ticket* *– feeling better through music*
Sat, September 15:	*sports (day)*	*– played a baseball game* *– went to see a basketball game*
Sun, September 16:	*a quiet (Sun)day at home*	*– friends came by* *– chilled + had a barbecue on the stoop*

S. 17

2 Jayden's Brooklyn

Erarbeitung

SB geöffnet. Gemäß SB. Die S notieren die Nummern der Satzanfänge im Heft und ergänzen die fehlenden Informationen und Fundorte – ggf. nach dem **2. Lesen** – stichwortartig im Heft.

Auswertung

Die Ergebnissicherung erfolgt gemeinsam im Plenum in Form einer ▸Meldekette: S1 liest Satzanfang, S2 nennt Lösungswort und liest nächsten Satzanfang usw.

Lösung

1 *Brooklyn is a part of* ***NYC****. (Mon)*
2 *A 'hood' is another word for* ***neighborhood****. (Mon)*
3 *The* LA Lakers *and the* Nets *are two* ***basketball teams****. (Sat)*
4 *A chili dog is a kind of* ***hot dog****. (Sun)*
5 Junior's *is a famous* ***diner****. (Mon)*
6 *In Brooklyn you can sit on steps in front of your house. The steps are called a* ***'stoop'****. (Sun)*
7 *KRS-One is a* ***(famous) New York rapper****. (Wed)*
8 *In NYC the underground is called the* ***subway****. (Wed)*
9 *Some parts of town are* ***dangerous****. (Wed)*

More practice 3 p. 115

All about Jayden

Erarbeitung

SB geöffnet. Die S notieren sich zunächst Informationen über Jayden, s. ▸Note-taking. Anschließend werden diese zu einem Text ausformuliert.

Lösungsbeispiel

Jayden is a kid who loves living in Brooklyn. He likes great rap music and steakburgers. After a stressful day he listens to some music and relaxes. Jayden sometimes plays baseball in the park and watches his favourite basketball team, the Brooklyn Nets, on TV. He laughs and chats a lot with his friends Aka and Jareez. Jayden loves his neighbourhood a lot.

---

3 Comments on Jayden's blog

Wortschatz

way cooler *(infml)*

Erarbeitung

a) **SB geöffnet.** Die S verbinden die vier Kommentare mit den dazu passenden Blogeinträgen.

Auswertung

Die Kontrolle erfolgt gemeinsam im Plenum.

Lösung

1 *Mon* • ***2*** *Sun* • ***3*** *Sat* • ***4*** *Sun*

Erarbeitung

b) Nach den Vorbildern in **a)** schreiben die S eigene Kommentare zu mindestens zwei von Jaydens Blogeinträgen.

Auswertung

Die S tauschen ihre Kommentare untereinander aus und bewerten sie nach verschiedenen Kategorien (lustigster, bester, längster, nettester, ... Kommentar).

Lösung

Individuelle Lösungen.

4 YOUR TASK A blog

Wortschatz **noticeboard**

Einstieg **SB geschlossen.** Als sprachlich-motivierenden Einstieg führen die S die Aktivität ▶ Continue my story durch, wobei ein Ausgangssatz nacheinander von den S mündlich zu einer spannenden Geschichte fortgesetzt wird.

Möglicher Ausgangssatz: *What a surprise – when I came home yesterday I ...*

Erarbeitung **SB geöffnet.** Anhand der kleinschrittigen Anleitung im SB verfassen die S mindestens einen realen oder imaginären Blogeintrag. Wahlweise kann die Aufgabe in EA oder PA gelöst werden.

Hinweis: L kann die angedeutete Mindmap im SB gemeinsam mit den S im Plenum betrachten und ausdrücklich darauf hinweisen, dass sie als Strukturvorlage genutzt werden kann. Sie liefert zudem einige Vorschläge zur inhaltlichen Ausgestaltung.

Step 1: Zur Wortschatzvorentlastung und Ideensammlung erstellen die S orientiert an der Vorlage im SB eine Mindmap über Themen, die in einem Blogeintrag verwendet werden könnten.

Step 2: Die S ergänzen ihre Mindmap durch Wörter und Wendungen, die ihnen aus Jaydens Blogeinträgen nützlich erscheinen.

Step 3: Die S formulieren ihren Blogeintrag aus und ergänzen dabei verschiedene Informationen (Überschrift, Zeitpunkt, Bilder). Anschließend werden alle Blogeinträge im Klassenraum ausgehängt, z. B. am schwarzen Brett oder in der ▶ English corner.

Auswertung **Step 4:** Die S würdigen die Arbeitsergebnisse in Form eines ▶ Gallery walk, kommentieren ausgewählte Blogeinträge und hängen auch diese Kommentare aus.

Einzelne (z. B. besonders häufig kommentierte, witzige, ...) Blogeinträge können abschließend im Plenum vorgelesen werden.

Alternative Die Präsentation der Blogs erfolgt nacheinander in kleinen Gruppen, wobei der jeweils beste, witzigste, kreativste, ... Blog nach Abstimmung in der Gruppe im Plenum präsentiert wird.

Lösung Individuelle Lösungen.

Zusatz Die S schreiben einen kurzen Kommentar über die Resonanz des selbst geschriebenen Blogeintrags anhand der Rückmeldungen der Mit-S: *Most classmates like my blog. Some think that ...*

▶ WB 6, p. 4 ▶ DFF 1.2 ▶ INKL pp. 16–17

FOCUS ON LANGUAGE

Inhalt In einem *Travel quiz* zum Thema New York verwenden die S die Bedingungssätze (Typ 2: unwahrscheinliche Bedingung) zunächst vorbewusst im Rahmen eines Quiz. Auf dieser Basis vervollständigen sie Regeln zu Bildung und Gebrauch der *Conditional sentences (type 2)* und wenden sie aktiv in verschiedenen Kontexten (Lückentext, Hörübungen, Klassenumfrage) an.

Zusätzlich erkennen die S Unterschiede zwischen britischem und amerikanischem Englisch (unterschiedliche Begriffe, Aussprache, Schreibung) anhand verschiedener Hörübungen, bei denen Bilder und Satzbausteine richtig zugeordnet werden müssen.

S. 18

1 What if …?

Wortschatz **helicopter • department store**

Struktur *Conditional sentences type 2*: vorbewusste Anwendung im Rahmen einer Multiple-Choice-Übung

Einstieg **SB geschlossen.** Die S schreiben eine ▸ Mini saga über ihren schönsten Urlaub(stag). Die ▸ Mini saga wird zunächst dem Partner vorgelesen und anschließend im Plenum präsentiert.

Alternative Mündlicher Austausch zu Traumurlaubszielen unter Verwendung der Zielstruktur. Möglicher L-Impuls: *If your parents asked you to plan your next summer holiday, where would you (like to) go? (I'd (like to) go to Greece/Ireland/the US/…) And what would you do there? (I'd go on a boat trip/visit old castles/do a road trip/…)*

Überleitung L: *Now that we've talked about your favourite holiday, let's take a look at another popular place for a holiday: New York City.*

Erarbeitung **SB geöffnet.** Die S bearbeiten die Multiple-Choice-Aufgaben des Quiz unter (vorbewusster) Verwendung der *Conditional sentences, type 2*, gemäß SB und notieren die jeweiligen Antworten in Kurzform (Zahl-Buchstabe, z. B.: 1-A, 2-B usw.) im Heft.

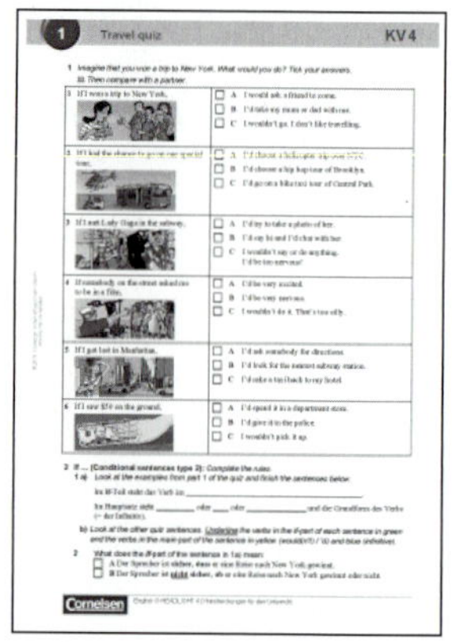
Travel quiz KV 4

Auswertung Vergleich im ▸ Partner check gemäß der Sprechblasen im SB. Anschließend Abfrage der Ergebnisse (A, B oder C) per Handzeichen zur Erstellung eines Meinungsbildes im Plenum. L: *So most of you would ask a friend to come if they won a trip to New York.* (usw.)

Alternative Die S erhalten ▸ KV 4: Travel quiz zum direkten Ankreuzen ihrer Lösungen.

Lösung Individuelle Lösungen.

S. 19

2 Conditional sentences type 2

Struktur *Conditional sentences type 2*: induktive Regelerarbeitung

Erarbeitung **SB geöffnet.** Im Sinne der Sprachbewusstheit komplettieren die S zunächst in **1a)** die Beispiele und Lückensätze zur Bildung der *Conditional sentences type 2* in EA. Anschließend wählen sie weitere Bespielsätze aus dem Quiz aus, übertragen sie ins Heft und unterstreichen die Verbformen in Haupt- und Nebensatz (ggf. bereits mit unterschiedlichen Farben).

Alternative Die S erhalten ▸ KV 4: Travel quiz zum Ergänzen der Bildungs- und Verwendungsregeln aus der FOCUS-Box und zum Markieren der Verben (Stärkung des Sprachbewusstseins/der Sprachlernkompetenz).

Auswertung — L / Lernstärkere S schreiben ihre Beispielsätze an (Tafel / Folie) und die unterschiedlichen Verbformen werden noch einmal gemeinsam im Plenum besprochen.

Lösung — *1* **a)** Im *if*-Teil steht das Verb im ***simple past***. Im Hauptsatz steht ***would*** oder ***'d*** oder ***wouldn't*** und die Grundform des Verbs (= der Infinitiv).
b) Individuelle Auswahl aus den Satzvorgaben 1–6 auf SB-Seite 18.
2 B

3 If I forgot my mum's birthday, ...

Wortschatz — **correct**

Struktur — *Conditional sentences type 2:* Anwendung der Struktur zur Vervollständigung von Lückensätzen

Erarbeitung — **SB geöffnet.** Die S übertragen die Lückensätze ins Heft und ergänzen sie mit den passenden Verbformen sowohl für den Hauptsatz *(would + Infinitiv)* als auch für den Nebensatz bzw. *if*-Teil *(simple past)*.

Auswertung — Die S vergleichen die Aufgaben zunächst selbstständig (z. B. mithilfe eines Lösungsblattes oder indem L / lernstärkere S die Verben an der verdeckten Tafel notieren). Anschließend werden die Ergebnisse in Form einer ► Meldekette im Plenum vorgetragen (S1 liest *if*-Teil, S 2 liest zugehörigen Hauptsatz und nächsten *if*-Teil usw.) und ggf. gemeinsam besprochen.

Lösung
1. *If I forgot my mum's birthday, I **would feel** terrible and she **wouldn't be** happy.*
2. *If I **won** a prize at school, my teacher **would write** to my parents and they **would be** very surprised.*
3. *My teacher **would be** surprised if I **did** all my homework correctly.*
4. *If I **found** a dog on the street, I **would take** it to the dog's home and I **would make** posters.*
5. *I **would speak** very good English and I **would have** an American accent if I **lived** in the US.*
6. *I **would live** in San Francisco if I **could** choose anywhere in the world to live.* ► IAT

More practice 4 p. 115 How would you feel?

Struktur — *Conditional sentences type 2:* Anwendung

Einstieg — **SB geöffnet.** Gemeinsames Lesen der Arbeitsanweisung und der Satzanfänge im Plenum. Anschließend fordert L die S auf, mündlich einige Beispiele zur Vervollständigung der *if*-Teile zu geben, die im Plenum überprüft und ggf. korrigiert werden.

Hinweis: Gerade in lernschwächeren Lerngruppen kann L anhand eines konkreten S-Beispielsatzes (Tafel / Folie) die S nochmals ausdrücklich darauf hinweisen, dass sie entsprechend der Bildungsregeln der *Conditional sentences type 2* darauf achten müssen, die Verben in den *if*-Teilen im *simple past* zu verwenden, z. B.:

*I would be very happy if ... there **was** no school tomorrow.*
(would + infinitive) *(simple past)*

Erarbeitung — **a)** Die S übertragen die Satzanfänge ins Heft und vervollständigen die *if*-Teile mit möglichst vielen eigenen Ideen (im *simple past*).

Lösung — Individuelle Lösungen.

Erarbeitung — **b)** S stellen ihre notierten Sätze einem Partner vor und bestimmen die interessantesten Beispiele.

Auswertung Die interessantesten Sätze aus der PA werden jeweils als Ergebnissicherung und für eine gemeinsame Verbalisierung an der Tafel notiert.

Lösung Individuelle Lösungen.

4 If I won a million dollars, I'd ...

Wortschatz **homeless**

Struktur *Conditional sentences type 2:* Eigenständige Formulierung im Rahmen einer Klassenumfrage

Erarbeitung ▶ 1.02

a) **SB geöffnet.** Die S übertragen die Tabelle ins Heft und notieren darin beim **1. Hören** stichwortartig (▶ Note-taking), was sieben verschiedene Jugendliche beim Gewinn einer Million Dollar machen würden (selektives Hören).

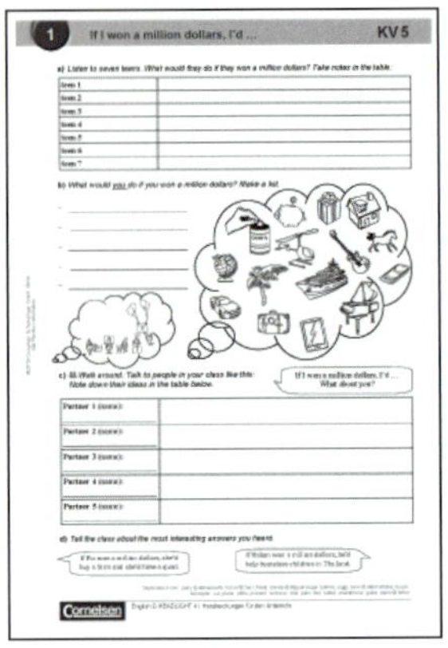

Alternative Die S nutzen den Tabellenvordruck auf ▶ KV 5: If I won a million dollars, I'd ... (Aufgabe **a)**) für ihre Notizen.

Auswertung Die S versprachlichen in einer ▶ Meldekette ihre Ergebnisse im Plenum.

S1: *If teen 1 won a million dollars, he/she would ... – What would teen 2 do, S2?*
S2: *If teen 2 won a million dollars, he/she would ...*

Lösung

teen 1	*buy a big house (in the country); have lots of animals*
teen 2	*go on an amazing holiday (with friends)*
teen 3	*buy a quad and new cars for parents and grandmother*
teen 4	*buy an island and live there; wouldn't go to school*
teen 5	*buy presents and a new smartphone for friends; save the rest*
teen 6	*have a big party (for friends and family); buy a new electric guitar*
teen 7	*give some money to the local hospital or the homeless; spend the rest*

Erarbeitung **b)** Gemäß SB.

Hinweis: Wenn die S für Aufgabenteil **a)** die ▶ KV 5: If I won a million dollars, I'd ... erhalten haben, können sie diese auch für **b)** verwenden und Ihre Ideen zur Verwendung eines Millionengewinns stichwortartig in der dort angedeuteten Liste sammeln.

More help p.115 Lernschwächere S erhalten zusätzliche Ideen und sprachliche Mittel in Form von Satzbausteinen als Unterstützung.

Lösung Individuelle Lösungen.

Zusatz Zur Wiederholung der Struktur und als Vorbereitung auf die ▶ Milling-around activity in **c)** lässt L einige Partnergespräche exemplarisch im Plenum durchführen.

S1: *If I won a million dollars, I'd save some of it. With the rest, I'd buy a new smartphone and a bike for myself and some presents for my friends and family. What about you?*
S2: *If I won a million dollars, I'd go on a holiday to the USA with my friends. And I'd ...* (usw.)

Erarbeitung **c)** **Walk around:** Die S versprachlichen ihre Ergebnisse mit wechselnden Partnern in Form einer ▶ Milling-around activity. Zur Sicherung der Umfrageergebnisse erstellen die S eine Tabelle gemäß der Vorlage im SB (▶ Note-taking).

Alternative Die S nutzen den Tabellenvordruck auf ▶ KV 5: If I won a million dollars, I'd ... (Aufgabe **c)**) für ihre Notizen.

Lösung Individuelle Lösungen.

Auswertung **d)** Im Klassengespräch teilen die S die interessantesten Antworten der ▶ Milling-around activity aus **c)** mithilfe der Vorgaben in den Sprechblasen im SB mit.

Lösung Individuelle Lösungen.

More practice 5 p. 116 **If I lived in New York City, ...**

Struktur *Conditional sentences type 2:* Anwendung zur Beantwortung verschiedener hypothetischer Fragen zum Leben in New York City.

Erarbeitung **a) SB geöffnet.** Gemäß SB.

Lösung Individuelle Lösungen.

Erarbeitung **b)** Orientiert am Muster im SB erstellen die S zunächst eine Mindmap, in der sie ihre Antworten zu den Fragen aus **a)** strukturieren und verschriftlichen diese anschließend in Form eines zusammenhängenden Absatzes zum Leben in New York City.

Lösung Individuelle Lösungen. ▶ DFF 1.3 ▶ WB 8–11, pp. 5–6

S. 20

5 WORDS Your guide to American English

Wortschatz **similar (to** sb./sth.**) • Box "British English / American English (2): different sounds"** (SB-Seite 204) **• Box "British English / American English (3): different words"** (SB-Seite 204) **• spelling • cruise • restroom**

Einstieg **SB geschlossen.** L schreibt das Thema *American English* an und fordert die S auf, AE-Begriffe zu nennen, die ihnen bereits (z. B. aus vorhergehendem Unterricht, Werbung, ...) bekannt sind, z. B. so:

L: *Do you know any words that are different in American English – maybe from past English lessons / Units or advertisements, ...?*
S: *candy (BE sweets), cookie (BE biscuit), chips (BE crisps), driver's license (BE driving licence), soccer (BE football), backyard (BE garden), ...*

Überleitung L: *So you already know quite a few American English words. Now listen and find out what's different about American English pronunciation.*

INFO-BOX British English – American English

Britisches Englisch (BE) und Amerikanisches Englisch (AE) sind i. d. R. für Sprecher/innen der jeweils anderen Varietät problemlos verständlich. Dennoch existieren einige lexikalische, grammatikalische und orthografische Unterschiede. Beispiele für Abweichungen im Bereich des Vokabulars sind zahlreich und lassen sich in jedem Wörterbuch wiederfinden (z. B. ‚autumn' in BE vs. ‚fall' in AE). Als Beispiele im Bereich der Grammatik lassen sich die seltenere Verwendung des *present perfect* im Amerikanischen Englisch oder die Verwendung von ‚have got' and ‚have got to' im Britischen Englisch nennen. Orthografische Diskrepanzen betreffen die Wortendungen -tre und -ter (‚centre' in BE vs. ‚center' in AE), -our und -or (‚colour' in BE vs. ‚color' in AE) sowie die Länge von Lexemen wie z. B. ‚programme' (BE) und ‚program' (AE).

Erarbeitung ▸ 1.03

a) **AE sounds: SB geöffnet.** Beim **1. Hören** ordnen die S den beiden Teenagern den jeweils passenden Akzent (*BE* oder *AE*) zu. Anschließend notieren die S typische Klangeigenschaften beider Akzente anhand des Hörbeispiels.

Auswertung

Die unterschiedlichen Eigenschaften beider Akzente (*BE* und *AE*) können in Form einer Tabelle an der Tafel gesammelt und besprochen werden. **2. Hören** zur Überprüfung möglich.

Lösung

1 *Sarah: British, Riley: American*
2 *different pronunciation of the letter 'r' (in mother, teacher, hard, later): (AE: 'r', BE: 'ə') + the name "New York"*

Erarbeitung ▸ 1.04

b) **AE words:** Die S notieren zunächst die jeweiligen britischen Wörter zu den verschiedenen Dingen untereinander im Heft, damit sie beim **1. Hören** den jeweils zugehörigen amerikanischen Begriff daneben ergänzen können.

Lösung

1 *canteen – cafeteria*
2 *trousers – pants*
3 *trainers – sneakers*
4 *chips – French Fries*
5 *crisps – chips*
6 *sweets – candy*
7 *rubbish – garbage*
8 *mobile (phone) – cell (phone)*

Erarbeitung

c) Gemäß SB. Dazu kann L ggf. mithilfe des *Skills file* (SF 2, SB-Seite 164) wichtige Nachschlagetechniken wiederholen.

Hinweis: Die gesuchten AE-Begriffe finden sich auch im *German-English Dictionary* im Anhang des SB (SB-Seiten 257–281).

Auswertung

Vergleich der Ergebnisse zunächst im ▸ Partner check; anschließend ggf. im Plenum, z. B. in Form einer ▸ Meldekette (S1 nennt BE, S2 ergänzt AE usw.).

Zusatz

Spielerische Umwälzung des Wortschatzes reihum im Plenum: Je zwei S – am besten Banknachbarn – stehen auf, L nennt diesem Zweierteam ein gerade besprochenes britisches oder amerikanisches Wort und das Teammitglied, das zuerst die richtige Lösung nennt, gewinnt und rutscht zum nächsten Zweierteam vor. Sieger ist der S, der am Ende am weitesten aufgerutscht ist.

Dabei empfiehlt es sich, den neuen Wortschatz im Sinne der Kontextualisierung und kommunikativen Anwendung in Sätze oder zielförderliche Fragen einzubetten, z. B.:

L: *I still need some crisps for my party on Saturday. By the way: If you want to buy crisps in America, what do you ask for? (chips)*
– *When you want to get around in London, you can take the underground or 'Tube'. And in New York? (You can take the subway.)*
– *I'm looking for the AE word for 'torch'/... (flashlight/...)*

(usw.)

Lösung *rubber → eraser • torch → flashlight • trainers → sneakers • crisps → chips • jam → jelly • (the) underground → subway • trousers → pants • maths → math • sweets → candy • canteen → cafeteria • toilet → restroom • rubbish → garbage • mobile phone → cell phone • autumn → fall • chips → French fries • holiday(s) → vacation*

Zusatz **SB geschlossen.** Zur Wortschatzsicherung wird das Spiel ‚Bingo' durchgeführt. Die zu verwendenden Wörter können der Vocabulary-Seite 204 entnommen werden.

Erarbeitung **d)** **AE spelling:** Die S setzen verschiedene amerikanische Wörter in die jeweilige britische Schreibweise.

Auswertung L oder lernstärkere S notieren die jeweiligen britischen und amerikanischen Äquivalente an der Tafel; die Unterschiede werden durch farbiges Unterstreichen oder Umkreisen kenntlich gemacht.

Lösung *center → centre • harbor → harbour • traveling → travelling • favorite → favourite*

Zusatz Im Sinne der Sprachbewusstheit bzw. ▸ Metakognition versprachlichen lernstärkere S mündlich die Schreibunterschiede zwischen britischem und amerikanischem Englisch und leiten daraus ein Regelmuster ab, z. B.:

- AE 'o' vs. BE 'ou' *(labor – labour; ...)*
- AE 'ter' vs. BE 'tre' *(kilometer – kilometre; ...)*
- AE '-l-' vs. BE '-ll-' *(traveler – traveller; ...).*

Hinweis: Falls gewünscht können weitere Beispielwörter, z. B. aus dem *Text file*, SB-Seiten 148–161, ergänzt werden.

Erarbeitung ▸ 1.05 **e)** **AE phrases:** Gemäß SB. Die S notieren die Nummern der amerikanischen Redewendungen sowie den Buchstaben des von ihnen ausgewählten britischen Äquivalents im Heft. Anschließend überprüfen sie ihre Ergebnisse beim **1. Hören**.

Auswertung Alle Wendungen werden abschließend im Plenum vorgelesen, z. B. in Form einer ▸ Meldekette (Partner A: AE, Partner B: BE).

Lösung ***1*** *B* • ***2*** *A* • ***3*** *A* • ***4*** *A* • ***5*** *B*

Erarbeitung **f)** Die S erstellen unter Verwendung der AE *phrases* einen Dialog, gemäß SB.

Auswertung Die S stellen ihre Dialoge im Plenum vor.

Lösung Individuelle Lösungen.

▸ WB 12–13, p. 7 ▸ DFF 1.4 ▸ INKL pp. 18–20 ▸ IAT

STORY Trapped

Inhalt In einem kurzen Einführungstext erfahren die S etwas über die Kontroverse um Polizeikontrollen in New York City (*'Stop and frisk'*, siehe auch *More challenge 1*, SB-Seite 28). In der Hauptgeschichte lernen die S Ricky kennen, der beim Basketballspielen den afroamerikanischen Star der High School Basketballmannschaft Lance trifft. Beide verbindet sofort die Begeisterung für Basketball und es entsteht eine Freundschaft. Bei einer nächtlichen Autofahrt werden Lance und Ricky von einem Polizisten angehalten und überprüft. Lance empfindet diesen Vorfall als rassistischen Akt; Ricky teilt diese Ansicht so nicht, was zu einem Konflikt führt.

Die S erschließen wesentliche Aspekte der Geschichte und setzen sich durch den Vergleich der beiden Hauptcharaktere intensiv mit den Geschehnissen und ihren landeskundlichen Hintergründen auseinander. Zusätzlich bringen sie vermischte Sätze einer Inhaltsangabe in die richtige Reihenfolge und werden kreativ tätig, indem sie einzelne Abschnitte der Geschichte aus anderer Perspektive neu verfassen.

S. 21–23

1 Introduction

Wortschatz **introduction (to) • crime • violence • suspicious (of) • author**

Einstieg **SB geschlossen.** S zeichnen nach Anweisungen von L in Form eines ▶ Picture dictation ein Bild im Kontext der Geschichte. Als mögliche Anweisungsgrundlage kann z. B. das Bild auf SB-Seite 22: *A small house in Freetown* dienen.

Erarbeitung **SB geöffnet.** Gemeinsames Lesen des Einleitungstextes und Herausarbeitung des zum Verständnis des Wendepunktes der Geschichte notwendigen Hintergrundes (*'Stop and frisk'*, siehe auch *More challenge 1*, SB-Seite 28) im Plenum.

Überleitung L schreibt den Titel der Geschichte an und klärt die Leseaufträge **a)** + **b)** im Plenum.

L: *The title of the story is 'Trapped', and it's the story of a friendship between two boys, Lance and Ricky. Let's read the tasks in your book together (...) So, while reading, please collect information about the two boys and prepare to talk about them afterwards.*

Trapped

(The story of a friendship; adapted from the original by Shelby Raebeck)

Wortschatz **S. 21: trap** *(v)* **• friendship • court • notice** *(v)* **• figure • pull in • get out (of a car) • Box "German ‚einsteigen' – ‚aussteigen'"** (SB-Seite 205) **• even • towards** *(BE)*; **toward** *(AE)* **• sweat • turn (around)** • °shoot hoops • °wagon • °backwards dunk • °slap • °ain't

S. 22: each other • Box "each other" (SB-Seite 205) **• practice** *(v, AE)* **• practice** *(n)* **• foot,** *(pl)* **feet • inch • newcomer • score • cruise • You been drinking? • routine • check • mutter • lean • I guess • manners** *(pl)* **• boredom • Whatever. • mind • like • mess with** sb./sth. • °fella • °cop • °ass: My ass • °whatever • °gonna

S. 23: give up • surprise *(v)* **• step** closer **• close (to) • stare (at)** *(v)* **• swing, swung, swung • nose • clear • fight** *(n)* **• decide (to do** sth.**)** • you **do** have ... • °distance

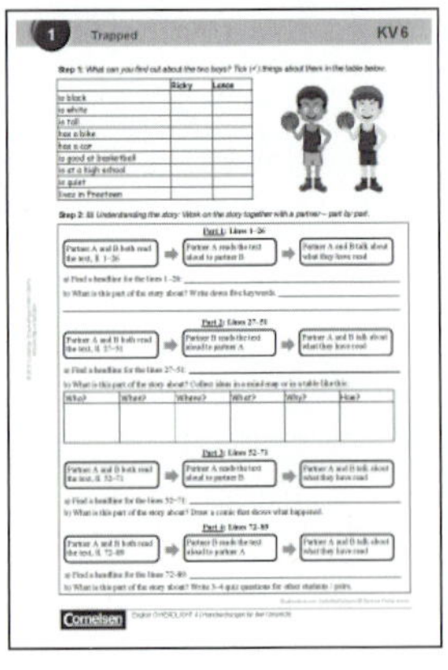

Erarbeitung ▶ 🎧 1.06 **a) SB geöffnet. 1. Lesen** (still, in EA oder ggf. im ▶ Mitleseverfahren) gemäß SB. Die S notieren Gemeinsamkeiten und Unterschiede der beiden Hauptfiguren stichwortartig im Heft, siehe auch ▶ Note-taking.

Differenzierung Lernschwächere S erhalten eine vorstrukturierte Tabelle mit Eigenschaften, die sie durch Ankreuzen den passenden Personen (Ricky oder Lance) zuordnen, siehe auch ▶ KV 6: Trapped.

Lösung

	Lance	Ricky
is black	✓	
is white		✓
is tall	✓	✓
has a bike		✓
has a car	✓	
is good at basketball	✓	✓
is at a high school	✓	✓
is quiet		✓
lives in Freetown	✓	

Erarbeitung **b)** Mithilfe der Vorgaben im SB versprachlichen die S ihre Ergebnisse des Figurenvergleichs in zusammenhängenden Sätzen.

Auswertung Die S-Paare stellen ihre Ergebnisse im Plenum oder alternativ zunächst einem weiteren S-Paar vor.

Zur Ergebnissicherung kann L die Gemeinsamkeiten und Unterschiede von Ricky und Lance – z. B. nach dem Tabellenmuster aus der Differenzierung – schriftlich gegenüberstellen (Tafel / Folienkopie von ▸ KV 6: Trapped).

Lösung Individuelle Lösungen.

S. 23

2 The story

Erarbeitung **SB geöffnet.** Sicherung des Globalverstehens gemäß SB, wenn nötig nach **2. Lesen**. Die S übertragen die Tabelle aus dem SB ins Heft und bringen darin die Sätze A–G durch Zuordnung zu den Zahlen 1–7 in die richtige inhaltliche Reihenfolge, siehe auch ▸ Note-taking. In einer weiteren Zeile können sie die jeweils fehlenden Begriffe notieren. Bei richtiger Lösung ergibt sich eine kurze Inhaltsangabe der Geschichte.

Auswertung Die S lesen die vervollständigten Sätze der Inhaltsangabe in der richtigen Reihenfolge im Plenum vor, z. B. in Form einer ▸ Meldekette.

Lösung

1	2	3	4	5	6	7
C	E	A	G	D	B	F
basketball court	*basketball team*	*game*	*police officer*	*black*	*fight*	*friends*

▶ IAT

More practice 6 p.116 Questions about the story

Erarbeitung — Gemäß SB zunächst in EA. Die S notieren die Satznummer und den Buchstaben der passenden Antwort im Heft.

Auswertung — Zum Vergleich lesen je zwei S die Frage (S1) und ihre Antwort (S2) im Plenum vor.

Lösung — ***1** B • **2** C • **3** A*

3 What did they mean?

Erarbeitung — Die S beantworten beim **3. (detaillierten) Lesen** jeweils drei W-Fragen (Wer? Wann? Warum?) zu verschiedenen Textpassagen der Geschichte.

Auswertung — Vergleich der Ergebnisse im Plenum.

Lösung

	Who?	*When?*	*Why?*
1	*Lance (l. 45)*	*When the police officer stopped them.*	*He didn't believe that it was just a routine check (he thinks it was because he's black).*
2	*Ricky (l. 62f.)*	*After the police officer left them beside a small house in Freetown.*	*They get into a discussion about the police officer and disagree.*
3	*Lance (l. 67)*	*During the discussion about the police officer.*	*Because Ricky didn't agree with Lance's opinion about the police officer's behavior.*
4	*Ricky (ll. 78/80)*	*The next day at basketball practice.*	*Ricky thought that Lance acts like the world is against him.*

► IAT

More practice 7 p.116 Words

Erarbeitung — **a) SB geöffnet.** Die S ordnen neuen Wörtern aus dem Text die passenden Bedeutungen oder Synonyme zu (► Semantisierungstechniken).

Auswertung — Vergleich durch ► Partner check; anschließend ggf. im Plenum.

Lösung — ***1** friendship: when you make friends, you start a ... • **2** a court: where you play sport • **3** a Taurus wagon: a car • **4** pulled in: stopped • **5** slap: hit with your hand • **6** newcomer: someone with no or very little experience at something • **7** cruise: drive around*

Erarbeitung — **b)** Gemäß SB zunächst in EA. S notieren ihre Vermutungen stichwortartig im Heft.

Auswertung — Mündliche Erklärung der Wortbedeutungen im Plenum (auf Deutsch oder Englisch; letzteres mit engem Bezug auf den Text); die Ergebnisse können zum Vergleich und zur Festigung z. B. in Form einer Tabelle notiert werden (Tafel / Folie).

Lösungsbeispiel

new word	*German*	*English*
1 *muttered*	murmeln	*say sth. in a quiet voice / whisper*
2 *manners*	Manieren / höfliches Auftreten	*how people speak or deal with other people / respecting other people and being friendly to them ...*
3 *mess with somebody*	jn. provozieren / jn. schikanieren	*be mean to sb / do or say sth. negative to other people, e.g. to make them angry or to hurt their feelings*
4 *gave up*	aufgeben, aufhören	*stop doing sth. / not try anymore*
5 *stared*	(an)starren	*look at sb for a long time (until they feel embarrassed / uncomfortable / ...)*
6 *swung*	(zum Schlag) ausholen	*to move from one place to another or to make something move; starting to hit sb*

Zusatz

SB geöffnet. Zur Sicherung des Detailverstehens verteilt L die ▸ KV 6: Trapped. Sie bildet die Grundlage für ein gemeinsames detailliertes Lesen und Besprechen der Geschichte in PA in insgesamt vier aufeinanderfolgenden Schritten. Innerhalb der Schrittfolge behandeln die S-Paare inhaltlich jeweils einen Textabschnitt anhand unterschiedlicher Leseaufgaben und vergegenwärtigen sich so die komplexe *Storyline,* bevor sie sich den stärker kreativ und interpretatorisch ausgerichteten SB-Aufgaben **4** und **5** zuwenden.

4 Other points of view

Erarbeitung

Die S schildern das zentrale Ereignis der Geschichte (die Polizeikontrolle) aus einer anderen Perspektive. Dabei üben sie, sich in die Denkweise des Protagonisten Lance (Aufgabe **a)**) oder des Polizisten (Aufgabe **b)**) hineinzuversetzen.

Auswertung

Die S stellen ihre Geschichten zunächst im ▸ Partner check vor; anschließend werden die Geschichten beider Perspektiven (Lance vs. Polizist) abwechselnd im Plenum vorgestellt.

Lösung

Individuelle Lösungen.

5 What's your opinion?

Wortschatz

°racist

Erarbeitung

Die S setzen sich mithilfe der kooperativen Lernform ▸ Think-Pair-Share mit dem Wendepunkt der Geschichte auseinander.

a) Think: Meinungsbildung gemäß SB zunächst in EA.

b) Pair: Anschließend diskutieren die S mit einem Partner, ob sie eher Lances Meinung zustimmen, dass das Auftreten des Polizisten einen rassistischen Hintergrund hatte, oder warum sie wie Ricky diese Ansicht nicht vertreten. Sie begründen ihre Meinung anhand der *Introduction*, geeigneter Textstellen etc.

c) **Share:** Abschließend stellen die Paare ihre Diskussionsergebnisse im Plenum vor, wobei sie die Anregungen und Redemittel aus dem *Skills file* (siehe *SF10 Giving opinions*; SB-Seite 178) nutzen können.

More help p. 117 Lernschwächere S erhalten eine Auswahl an Argumenten als Formulierungshilfe.

Lösung Individuelle Lösungen. ▶ DFF 1.5

More challenge 1 p. 117 **Friends again?**

Wortschatz °inspire

Erarbeitung **a)** Gemäß SB. Beim Verfassen ihrer Ratschläge orientieren sich die S an den formalen Anforderungen der Textsorte (Kummerkasten-)Brief bzw. E-Mail, siehe auch *SF7 WRITING COURSE: C Writing an email / a letter* (SB-Seite 171).

Auswertung Freiwillige S lesen ihre Briefe bzw. E-Mails an Lance oder Ricky im Plenum vor. Anschließend stimmen die Zuhörer jeweils durch Handzeichen ab, ob die Freundschaft zwischen den beiden auf Basis der formulierten Ratschläge ihrer Meinung nach eine Zukunft hat.

Lösungsbeispiel
Dear Lance
I think you should say sorry to Ricky. He was trying to help you and he is on your side. The policer officer wasn't rude. So please don't be angry with Ricky and try to be friends again. You both love basketball and you are great together. I think it was really cool that Ricky told the teacher that he started the fight – that's what real friends do! Today it is very hard to find new / real friends. So don't let Ricky go. Fight for your friendship.
All the best
...

Erarbeitung **b)** Mithilfe der Vorgaben im SB schreiben die S ein neues Ende der Geschichte.

Auswertung Die S stellen die neuen Enden der Geschichte im Plenum vor, z. B. in Form eines ▶ Gallery walk. Die S wählen durch Klebepunkte oder Handzeichen das Ende, das ihnen am besten gefallen hat.

Lösungsbeispiel *(...) He walked slowly over to Ricky. It was already very dark, but Ricky saw something big and round in Lance's hand. It was a new basketball. Lance said sorry for hitting Ricky and gave the new basketball to him. He said "Let's be friends again!" Ricky was very happy and they started practicing / shooting hoops and talking as if the fight had never happened.*

▶ WB 14–15, p. 8 ▶ INKL pp. 21–23

SKILLS TRAINING Speaking

Inhalt Die S bewältigen zwei alltägliche Situationen in New York City *(asking the way, at the tourist information)*, indem sie lernen, auf höfliche Art und Weise um Hilfe zu bitten. Dazu vervollständigen sie anhand eines Hörtextes einen Lückendialog mit angemessenen Wendungen und entwerfen mit einem Partner ein Rollenspiel über eine Ausflugsplanung in einem New Yorker Tourismus-Informationsbüro.

S. 24

1 On the street

Wortschatz **polite**

Einstieg **SB geschlossen.** Zur sprachlichen und spielerischen Vorentlastung der Wegbeschreibung wiederholt L bereits bekannte Redemittel zum Erfragen und Beschreiben des Weges im Plenum (siehe auch SB LH2, Unit 2). Dazu zeichnet L eine einfache Kartenskizze mit Pfeilen und einfachen Gebäuden *(school, supermarket ...)* an (Tafel / Folie). Die S versprachlichen die jeweilige Wegbeschreibung, z. B.:

L/S1: *Excuse me, please. Is there a supermarket near here?*
S2: *A supermarket? Let me see. Oh yes, there's a supermarket in New Road.*
S1: *Can you tell me the way, please?*
S2: *Sure, go along ... / Cross ... / Turn left / right into ... / Go past ... The supermarket is on the left / right.*

Erarbeitung **a)** **SB geöffnet.** S beschreiben die im Bild dargestellte Straßenszene aus New York City. Darauf aufbauend sammeln sie gemeinsam Ideen (siehe auch ▸ Note-making), was die drei abgebildeten Personen in dieser Situation sagen könnten, wobei sie ggf. auf die Redemittel aus dem Einstieg zurückgreifen.

O Differenzierung In lernschwächeren Lerngruppen kann L Redemittel zur Bildbeschreibung vorgeben, z. B.:

- *In the foreground (of the picture) I can see ... (three people / a (black) woman / a boy and a girl / ...)*
- *In the background there is / are ... (a shop / a street / traffic lights / ...)*
- *The boy and the girl look like tourists because ... (the girl has a map in her hands / is looking at her mobile phone / is asking the way to Macy's / the boy is looking for sth. / seems to be lost / ...)*
- *The woman is ... (talking / pointing to the map / telling them the way / ...)*

Auswertung S stellen ihre Situationsbeschreibungen und Dialogideen mündlich im Plenum vor; L notiert nützliche Redemittel für den weiteren Verlauf (Tafel / Folie).

Lösung Individuelle Lösungen.

▸ 1.07 **b)** Die S vergleichen beim **1. Hören** die Dialoge 1 und 2 und erkennen und benennen Unterschiede.

Auswertung Die S benennen Unterschiede im Plenum; L hält diese stichwortartig an der Tafel fest und führt dabei auch den neuen Begriff *polite* (+ Gegenteil: *impolite*) ein.

Lösung **dialogue 1:** *short and impatient, quite loud (to get attention), not very nice / polite, the boy sounds fed up, the woman sounds surprised*
dialogue 2: *longer and friendlier; the teenagers are nicer and more relaxed, more polite (they use polite words and phrases like: Excuse me, please, great, thanks, no problem, ...)*

Erarbeitung ▸ 1.08 **c)** Die S komplettieren den Lückendialog aus dem SB beim **2. Hören** (nur Dialog 2!) und notieren die fehlenden Satzbausteine *(1–13)* im Heft.

Alternative Zur besseren Festigung im Kontext erhalten die S den Lückendialog aus dem SB auf ▶ KV 7: On the street / At the tourist information, in den sie die fehlenden Satzbausteine direkt schriftlich einsetzen können.

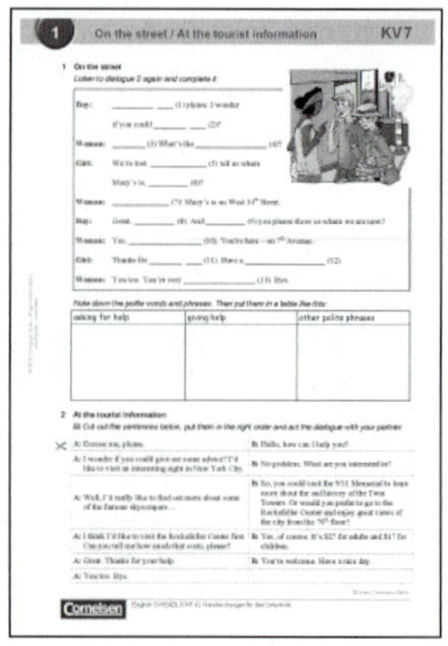

Auswertung Die S lesen den vervollständigten Dialog mit verteilten Rollen im Plenum vor; die fehlenden Satzbausteine werden von L zur Sicherung an der Tafel notiert.

Lösung ***(1)*** *Excuse me* • ***(2)*** *help us* • ***(3)*** *Sure* • ***(4)*** *problem* • ***(5)*** *Can you* • ***(6)*** *please* • ***(7)*** *No problem!* • ***(8)*** *thanks* • ***(9)*** *could* • ***(10)*** *of course* • ***(11)*** *your help* • ***(12)*** *nice day* • ***(13)*** *welcome* ▶ IAT

Erarbeitung **d)** Die S übertragen die Tabelle aus dem SB ins Heft und ordnen die höflichen Redewendungen aus dem zweiten Dialog den drei Überschriften zu; auch auf ▶ KV 7: On the street / At the tourist information möglich.

Lösungsbeispiel

asking for help	*giving help*	*other polite phrases*
– Excuse me, please. *– I wonder if you could help us?* *– Can you tell us where X is, please?* *– Great, thanks.* *– Could you please …?*	*– Sure!* *– No problem!* *– What's the problem?* *– Yes, of course.*	*– Great, thanks.* *– Thanks for your help.* *– Have a nice day.* *– You too.* *– You're very welcome.*

Zusatz Die S erhalten ▶ KV 8: Getting around in NYC mit der (vereinfachten) Manhattan-Karte von SB-Seite 15, anhand derer sie angeregt werden, nach dem Weg zu bestimmten Sehenswürdigkeiten zu fragen und eigene Wegbeschreibungen zu formulieren.

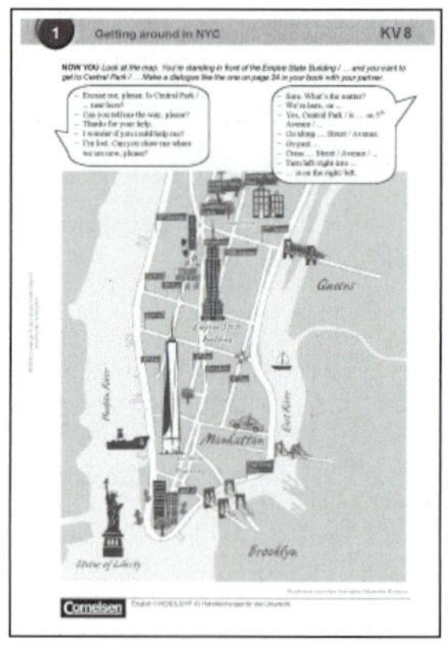

More practice 8 p. 117 ● **In the subway**

Wortschatz °line • °single • °coin

Erarbeitung **a)** Die S übertragen die Dialogvorlage aus dem SB ins Heft und schreiben sie dabei wo nötig unter Anwendung geeigneter Höflichkeitsformeln aus **1** um. Auch in PA möglich.

Auswertung Die S tragen ihre neu formulierten Dialoge (in EA oder PA) im Plenum vor. Die zuhörenden Mit-S notieren sich die genutzten Höflichkeitsformeln im Heft (siehe fettgedruckte Teile im Lösungsbeispiel).

Lösungsbeispiel
A: ***Excuse me. Could you please tell me*** *which train goes to Times Square?*
B: ***Sure, no problem.*** *You can take lines 1, 2, or 3.*
A: ***Thank you. And could you please tell me*** *how much a ticket is?*
B: ***Yes, of course.*** *A single ride is $2.50.*
A: ***Great, thanks. Can you (also) tell me*** *where I can buy a ticket, please?*
B: ***Sure!*** *There's a ticket machine over there.*

A: ***Oh yes, I see, thanks. One last question:*** *Do you have four 25 cent coins for a dollar,* ***ple-ase?/Can you change a dollar into coins, please?***
B: *No,* ***sorry,*** *I don't./No,* ***sorry,*** *I can't.*
A: ***Thanks for your help. Have a nice day.***
B: ***You're very welcome!***

Erarbeitung **b)** Die S vergleichen ihren Dialog mit dem Originaldialog, erkennen die Unterschiede und notieren ggf. alternative Höflichkeitsformeln aus dem Hörtext im Heft.

Auswertung Verschiedene Beispiele zur höflichen Ausgestaltung des Dialogs werden gemeinsam im Plenum besprochen und ggf. an der Tafel gesammelt.

Zusatz Zur Erhöhung der Sprachproduktion versprachlichen (freiwillige) S-Paare weitere Dialogvarianten mithilfe der an der Tafel notierten Höflichkeitsformeln und tauschen danach jeweils die Rollen.

Lösung Individuelle Lösungen.

Erarbeitung **e)** Gemäß SB. Die S können dazu die *Wordbank* 1 auf SB-Seite 144 zu Hilfe nehmen.

Auswertung S-Paare tragen die Dialoge vor der Klasse vor.

Lösung Individuelle Lösungen.

2 ROLE-PLAY At the tourist information

Wortschatz °polite • °location

Partner B (p. 112): floor • Box "floor (Stock, Stockwerk)" (SB-Seite 207) • °guided tour • °movie • °railway line • °memorial • °visitor pass

Erarbeitung **a)** **SB geöffnet.** Es handelt sich um eine Partner B-Übung, bei der beide S unterschiedliche Informationen und Vorgaben erhalten. Partner A übernimmt die Rolle eines Touristen; Partner B die eines Mitarbeiters im Touristen-Informationszentrum. In ihrer jeweiligen Rolle stellen bzw. beantworten S Fragen über ein mögliches Tagesprogramm in New York City anhand der Materialien (Prospekte der Sehenswürdigkeiten) im SB.

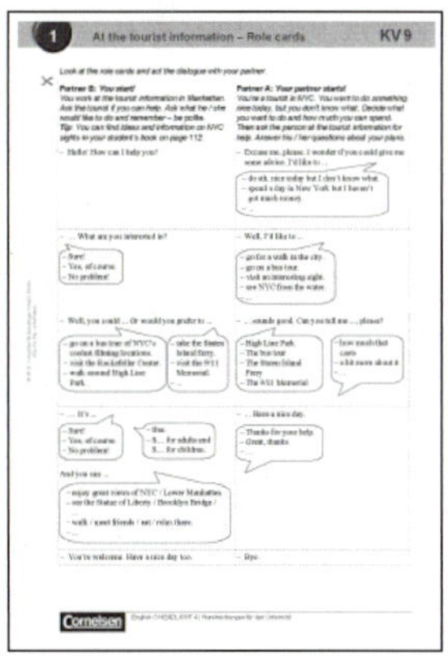

Auswertung Die S-Paare spielen ihre Dialoge jeweils im Plenum vor. Die Mit-S wiederholen als Hörauftrag die wesentlichen Informationen und Programmpunkte.

O Differenzierung Lernschwächere S erhalten auf ▸ KV 9: At the tourist information – Role cards Rollenkarten für Partner A und Partner B. Zusätzlich können sie den vorbereiteten Musterdialog auf ▸ KV 7: On the street/At the tourist information ausschneiden, in die richtige Reihenfolge bringen und anschließend (auswendig) vortragen.

Lösungsbeispiel **A:** *Excuse me, please.*
B: *Hello, how can I help you?*
A: *I wonder if you could give me some advice? I'd like to visit an interesting sight in New York City.*
B: *No problem. What are you interested in?*
A: *Well, I'd really like to find out more about some of the famous skyscrapers ...*
B: *So, you could visit the 9/11 Memorial to learn more about the sad history of the Twin Towers. Or would you prefer to go to Rockefeller Center and enjoy great views of the city from the 70th floor?*

A: *I think I'd like to visit Rockefeller Center first. Can you tell me how much that costs, please?*
B: *Yes, of course. It's $27 for adults and $17 for children.*
A: *Great. Thanks for your help.*
B: *You're welcome. Have a nice day.*
A: *You too. Bye.*

Erarbeitung **b)** Gemäß SB.

Zusatz Die S-Paare wählen ein zweites Sightseeing-Beispiel für einen Dialog und ergänzen weitere Informationen (z. B. anhand der Prospekte auf SB-Seite 112 oder eigener Recherche), s. ▶ KV 9: At the tourist information – Role cards.

▶ WB 16–17, pp. 9–10 ▶ DFF 1.6 ▶ INKL p. 24

SKILLS TRAINING Mediation

Inhalt Die S vermitteln mehrere Gespräche in einem New Yorker Restaurant in deutscher und englischer Sprache (mündlich). Zudem üben sie die Technik der Sprachmittlung bei der Bestellung eines Frühstücks mit Freunden in einem Restaurant.

S. 25

1 In a New York diner

Wortschatz **the gist** *(no pl)* • **booth** • **Right this way.** • **order**

Einstieg **SB geschlossen.** L führt als spielerischen Einstieg ein Buchstabenratespiel (nach Art des *'Hangman'*) mit der Überschrift *In a New York diner* durch. Anschließend fordert L die S auf, ihre Vorkenntnisse zum Thema in Form eines ▸ Brainstormings zu äußern, und sammelt diese stichwortartig (weitere Impulse siehe fettgedruckte Begriffe). Mögliches Tafelbild:

I N A N E W Y O R K D I N E R
people: guests, tourists, waiters, ...
food: hamburger, pizza, salad, orange juice, cola, sandwiches, ...
useful phrases: Excuse me, please. / I'd like to order ... / Can I have a / some ..., please? / Can you recommend something? / ...
...

Überleitung L: *Let's look at some typical phrases that you might hear at a diner. Your task is to explain them to a partner – in German or English.*

INFO-BOX American diners

Der Mythos des amerikanischen *Diner* wurde in den 1950er Jahren geprägt, als sich Schnellrestaurants mit langen Öffnungszeiten zu Zeiten wirtschaftlichen Wachstums zu beliebten Treffpunkten entwickelten. Das klassische New York *Diner* ist 24 Stunden geöffnet und serviert Frühstücksangebote auch ganztägig. Besucher werden von einem Kellner/einer Kellnerin zu ihrem Tisch geführt, Kaffee, Softdrinks und Eistee werden oft umsonst nachgeschenkt und die Speisekarte beinhaltet neben dem klassischen amerikanischen Frühstück mit *pancakes, bacon, hash browns* und *eggs* i. d. R. *Fast Food*-Gerichte. Die Ausstattung eines typischen *Diner* besteht aus Sitznischen mit roten Polstern und oftmals einer Jukebox. Dem Charme und der Geschichte der 50er Jahre wird somit auch in der Gegenwart noch Rechnung getragen.

Erarbeitung **a)** **SB geöffnet.** Gemäß SB.

Auswertung Die Ergebnisse werden in Form einer ▸ Meldekette im Plenum vorgestellt.

Lösungsbeispiel Individuelle Lösungen.

Erarbeitung ▸ 1.10 **b)** Die S überprüfen beim **1. Hören**, ob deutsche Jugendliche im Restaurant ähnliche deutsche und englische Wendungen für die Sätze 1–10 aus Teilaufgabe **a)** verwenden und notieren sich, was sie hören. Anschließend vergleichen S in PA ihre eigenen Notizen aus **1a)** mit denen aus dem Hörtext.

Lösung

1 ..., er fragt, ob wir einen Tisch für zwei Personen wollen.
2 (Er fragt, wo wir gerne sitzen möchten) – 'at the window' heißt wohl am Fenster, das andere war 'in a booth'. Das Wort kenn' ich nicht, aber er hat auf die Nischen dort gezeigt, also ...
3 Wir sollen ihm folgen.
4 Also 'order' heißt bestellen. Ich denke, er kommt wieder, wenn wir so weit sind.
5 Wir können bestellen.
6 *We'd like two pieces of cheesecake, please.*

7 Could we have some water please ... not mineral water, just ... normal water ...
8 Can we pay, please?
9 It was great, but now she's completely full.
10 Where are the restrooms, please?

Erarbeitung ▶ 1.11

c) Im zweiten Hörtext zu dieser Übung versetzen sich die S gedanklich nun selbst in ein *Diner* und vermitteln beim **1. Hören** in den akustisch (durch einen Piepton / *beep*) gekennzeichneten Sprechpausen zwischen Deutsch und Englisch. Dabei wenden sie die Wendungen aus **a)** und **b)** mündlich – ggf. in leicht abgewandelter Form – an.

Hinweis: Das Sprechen der „Lösungssätze" erfolgt abwechselnd flüsternd mit einem Partner; anschließend als Vergleich im Plenum.

Auswertung

Die S vergleichen ihre Ergebnisse beim **2. Hören** im ▶ Partner check. Anschließend erfolgt eine Vorstellung der Ergebnisse im Plenum.

Lösungsbeispiel

(Gemäß Hörtext:)

Waiter: *Good morning guys. So you need a table for two today?*
Teen 1: Was hat er gesagt?
S: Er hat gefragt, ob wir einen Tisch für zwei Personen wollen.
Waiter: *And where would you like to sit? At the window or in a booth?*
Teen 1: Auweia ... Was war das schon wieder?
S: Er will wissen, ob wir lieber am Fenster oder in einer Nische sitzen möchten.
Teen 1: Lass uns am Fenster sitzen, oder?
S: ***We'd like to sit by the window, please.***
Waiter: *Sure, follow me, please .*
Teen 1: Wie war das?
S: Wir sollen ihm folgen.
Waiter: *There's a menu for you, ma'am, and one for you, sir. I'll be back in a moment to take your order.*
Teen 1: Was wird er machen?
S: Er kommt gleich zurück, um unsere Bestellung aufzunehmen.
Teen 1: Wir wissen schon, was wir wollen – zweimal Käsekuchen. Kannst du bestellen?
S: ***OK. – We'd like two pieces of cheesecake, please.***
Waiter: *OK, so two slices of cheesecake. And would you like something to drink?*
Teen 1: Ich will nur Wasser. Kein Mineralwasser, einfach Leitungswasser, und für dich eine Cola, oder?
S: ***My friend would like to have some water please ... not mineral water, just normal water ... And a coke for me, please.***
Teen 1: Jetzt können wir um die Rechnung bitten. Wie sagt man das?
S: ***Can we pay, please? / Could you bring us the check, please?***
Teen 1: Und kannst du fragen, wo die Toiletten sind?
S: ***Where are the restrooms, please? / Can you tell us where the restrooms are, please?***
Waiter: *I hope you enjoyed your meal.*
S: Er hofft, dass (Er möchte wissen, ob) es uns geschmeckt hat.

2 Ordering breakfast

Wortschatz

scrambled eggs • fried egg, °sunny-side up *(AE)*

Erarbeitung ▶ 1.12

Die S vermitteln beim **1. Hören** bei der Bestellung eines Frühstücks gemäß der Vorgaben im Hörtext mündlich zwischen der deutschen und englischen Sprache.

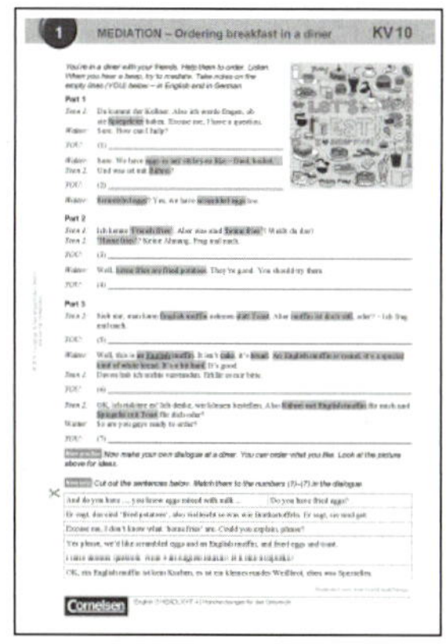
MEDIATION – Ordering breakfast in a diner KV 10

O Differenzierung Lernschwächere S erhalten auf ▶ KV 10: MEDIATION – Ordering breakfast in a diner das Skript des Hördialogs mit Lücken zum Einsetzen der zu vermittelnden deutschen und englischen Passagen sowie die Lösungen zum Ausschneiden.

Auswertung Überprüfung der S-Vorschläge anhand der nach den Sprechpausen im Hörtext eingespielten Lösungsbeispiele und ggf. Vorspielen der Szene mit verteilten Rollen im Plenum, ggf. anhand der ▶ KV 10: MEDIATION – Ordering breakfast in a diner.

Lösungsbeispiel Individuelle Lösungen; ein Lösungsbeispiel ist nach jeder Sprechpause im Hörtext enthalten:

Part 1

Teen 1: Da kommt der Kellner. Also ich werde fragen, ob sie Spiegeleier haben. ***Excuse me, I have a question.***
Waiter: *Sure. How can I help?*
Teen 1: ***Do you have fried eggs?***
Waiter: *Sure. We have eggs in any style you like – fried, boiled, ...*
Teen 2: Und was ist mit Rührei?
Teen 1: ***And do you have, you know, eggs mixed with milk?***
Waiter: *Scrambled eggs? Yes, we have scrambled eggs too.*

Part 2

Teen 1: Ich kenne ‚French fries'. Aber was sind ‚home fries'? Weißt du das?
Teen 2: ‚Home fries'? Keine Ahnung. Frag mal nach.
Teen 1: ***Excuse me, I don't know what home fries are. Could you explain, please?***
Waiter: *Well, home fries are fried potatoes. They're good. You should try them.*
Teen 1: **Er sagt, das sind 'fried potatoes', also vielleicht sowas wie Bratkartoffeln. Er sagt, sie sind gut.**

Part 3

Teen 2: Sieh nur, man kann English muffin nehmen statt Toast. Aber muffin ist doch süß, oder? Ich frag mal nach.
Teen 2: ***I have another question. What's an English muffin? Is it like a cupcake?***
Waiter: *Well, this is an English muffin. It isn't cake, it's bread. An English muffin is round ... it's a special kind of white bread. It's a bit hard. It's good.*
Teen 1: Davon hab ich nichts verstanden. Erklär es mir bitte.
Teen 2: **OK. Ein 'English muffin' ist kein Kuchen, es ist ein kleines rundes Weißbrot, eben was Spezielles.**
Teen 2: OK ich riskiere es! Ich denke, wir können bestellen. Also Rührei mit English muffin für mich und Spiegelei mit Toast für dich, oder?
Waiter: *So are you guys ready to order?*
Teen 2: ***Yes please, we'd like scrambled egg and an English muffin, and fried eggs and toast.***

▶ WB 18–19, pp. 10–11 ▶ DFF 1.7 ▶ INKL p. 25

SKILLS TRAINING Reading course (1)

Inhalt Die S entnehmen einem Sachtext gelenkt Informationen über typische Sportarten, die in New York City betrieben werden. Dabei bauen die S ihre Lesekompetenz durch die Anwendung geeigneter Lesetechniken, z. B. des *Scanning*, aus.

S. 26

Einstieg **SB geschlossen.** In Form einer ▸ One-minute presentation berichten die S einem Partner über ihre Lieblingssportart oder warum sie Sport nicht mögen. Mögliche L-Impulse (Tafel / Folie):

Do you like sports? / Do you do any sports? (Why / Why not?)	
YES	NO
- What's your favourite sports? - Where and when do you do it? - Do you do it alone or in a team? - How often / how long do you practice? - What do you like about it?	- What's your favourite hobby? - Where and when do you do it? - Do you do it alone or in a group? - How often / how long do you do it? - What do you like about it?

Überleitung **SB geschlossen.** L sammelt Vorkenntnisse der S zur Lesetechnik des *Scanning* im Plenum: *Let's find out about sports in New York City by scanning an article on this topic. How do you 'scan' a text?*

1 Scanning for specific information

Wortschatz **scan (**a text **for)**

Erarbeitung **a)** **SB geöffnet.** Gemeinsames Lesen und ▸ Klären der Arbeitsanweisung mithilfe der gelben Tipp-Box (sowie ggf. des SF 5.2, SB-Seite 168) zum *Scanning* (siehe auch ▸ Lesetechniken) im Plenum. Auf dieser Basis finden die S beim *Scanning* des Artikels in EA gezielt die gesuchten Informationen bzw. Sportarten und notieren sie im Heft.

Auswertung Vergleich im Plenum, z. B. in Form einer ▸ Meldekette.

Lösung *baseball • American football • basketball • ice hockey • soccer • streetball • American handball • stickball*

Erarbeitung **b)** Die S konzentrieren sich beim *Scanning* des Artikels nunmehr auf den Begriff *'street sports'* und unterstreichen die zugehörigen Sportarten in ihrer Liste aus **a)**.

Auswertung Die S benennen die typischen New Yorker Straßensportarten aus dem Text im Plenum.

Lösung *'street sports': streetball, American handball, stickball*

Sports in New York City

Wortschatz **professional • tough • stick • rubber** • °American football • °soccer • °streetball • °stickball

Erarbeitung **1. Lesen** des Artikels im Zusammenhang und anschließende Textauswertung mithilfe der Lesetechniken zum suchenden Lesen aus den Aufgaben **2–3**.

2 Where did you read it?

Erarbeitung

SB geöffnet. Die S ordnen den im SB vorgegebenen Aussagen die passenden Formulierungen bzw. Belegstellen aus dem Text zu, indem sie nach Umschreibungen oder Synonymen für die gesuchten Informationen suchen.

Auswertung

Die S vergleichen die Zeilennummern zunächst im ▶ Partner check, anschließend erfolgt die Ergebnissicherung im Plenum.

Lösung

1 *line 5* • ***2*** *lines 6/7* • ***3*** *lines 8–10* • ***4*** *line 15* • ***5*** *lines 22/23*

Zusatz

Lernstärkere S erstellen für sich eine Rangliste der acht vorgestellten Sportarten und präsentieren diese (mit Begründung) mündlich im Plenum.
Lösungsbeispiel: *For me, streetball is the best sport because it's like basketball and you can play it together in a team but you don't need a lot of space. I love watching soccer and ice hockey on TV because they're exciting and great team sports. American handball sounds interesting, but – as in American football – I don't really understand the rules. In my opinion, baseball is a bit boring because the games usually take very long.*

3 Answers in 1–5 words

Erarbeitung

SB geöffnet. Gemäß SB. Die S notieren ihre Antworten zu den sechs Fragen stichwortartig im Heft, siehe auch ▶ Note-taking.

Auswertung

S lesen die Antworten im Plenum vor, L notiert ggf. an der Tafel. Zur Festigung der Lesetechniken fordert L die S auf, die Zeilen, die ihnen bei der Beantwortung der Fragen geholfen haben, zu zitieren.

Lösung

1 *baseball (lines 2/3)* • ***2*** *New Yorkers (line 8)* • ***3*** *a court (lines 9/18)* • ***4*** *more than 100 years (line 15)* • ***5*** *a small rubber ball (line 17)* • ***6*** *(you can) play in your neighbourhood (line 24)*
▶ DFF 1.8

More practice 9 p. 118 What do you know?

Erarbeitung

a) SB geöffnet. Zur Sicherung des Detailverstehens überprüfen die S beim **2. Lesen** sechs Statements zum Artikel und geben jeweils die dazu passende Textzeile der Information an sowie korrigieren die falschen Statements.

Auswertung

Überprüfung der Ergebnisse im Plenum.

Lösung

1 *true (line 2)*
2 *wrong (line 8); streetball is another kind of basketball*
3 *true (line 17)*
4 *wrong (line 18); there are more than 2 000 handball courts*
5 *wrong (line 22); you can still find it, but it isn't so popular anymore*
6 *true (line 26)*

Erarbeitung

b) Gemäß SB.

Auswertung

Überprüfung der Ergebnisse im Plenum.

Lösung

1 *basketball (line 12)*
2 *streetballer / basketball player (lines 11/12)*
3 *Irish immigrants brought it more than 100 years ago (line 15)*
4 *immigrant (line 15)*
5 *a professional player (line 12)*
6 *If you don't want to spend a lof of money, you can play street sports (lines 6/7); streetball is faster, tougher and on smaller courts (lines 8/9)*

More challenge 2 p. 118 Photos of street sports

Erarbeitung

a) SB geöffnet. Gemäß SB. Zur Wiederholung nützlicher Redemittel zur Bildbeschreibung sowie zur Vorbereitung auf die Schreibaufgabe in **b)** kann L einzelne S auffordern, „ihr" jeweils ausgewähltes Bild im Plenum zu zeigen (Beamer / Whiteboard), mündlich zu beschreiben und dabei ihre Auswahl zu begründen.

L: *What can you see in the photo? / Why did you choose this photo?*
S1: (black and white photo) *In the foreground on the left three boys are playing stickball. Behind them you can see three big old cars (and a van). They're driving on the road. In the background there are some tall old buildings with cars parking in front of them. There's an advertisement on a wall. (...) I chose this photo because I'm interested in stickball / life in New York in the past / ...*
S2: (colour photo) *In the middle of the photo there's a streetball court. Some kids / students are playing on it. Around the streetball court there's a big audience watching the game. In the background there's a big poster with an ad (that probably says 'Streetball challenge'). (...) I chose this photo because I like watching sports events / playing streetball / basketball / ...*

Erarbeitung

b) Anhand der Leitfragen im SB setzen sich die S kreativ und handlungsorientiert mit den Bildinhalten auseinander, indem sie diese aus Sicht einer der abgebildeten Personen schildern. L kann dazu einen Mustertext (mündlich oder schriftlich) vorgeben, siehe auch Lösungsbeispiel.

Auswertung

Freiwillige S präsentieren ihre Texte im Plenum. Die Mit-S machen sich Notizen, anhand derer sie die zentralen Aspekte (*When, Who, Where, What, How often*, etc., siehe auch Leitfragen aus **a)**) wiedergeben können.

Lösungsbeispiel

When I was a boy (back in the 1940s) I played stickball together with my friends every day. We played on the streets of Brooklyn, very close to the cars. We loved this game, because you only needed a stick or a baseball bat and a rubber ball. My best friend Jim also had a very cool baseball cap. You can see him in the foreground. I didn't have the money to buy one, but I had found an old baseball bat in our garage, so you can see me with it in the photo. The boy in the background is my older brother. We often played for hours and came home very late. My parents usually didn't say anything because they knew how much we enjoyed playing stickball in the afternoon after school. But on that day it was different because when I hit the ball, it hit the window of a car. Fortunately, the driver wasn't hurt, but we were in trouble because our parents had to pay for the window ...

► WB 20, p. 12 ► INKL p. 26

SKILLS TRAINING Viewing

Inhalt

Die S begleiten vier New Yorker Jugendliche in verschiedenen Situationen (u. a. beim Rappen, beim Streetball, auf der Fahrt an den Strand und im Restaurant) an unterschiedlichen Orten in New York City.

Die S erfassen dabei die Handlung der vier Episoden global und detailliert, indem sie *Multiple-Choice*-Aufgaben sowie Fragen zum Film bearbeiten.

S. 27

Chillin' in New York City

Einstieg

SB geschlossen. Die S führen ein zweifaches ▸ Five-finger brainstorming zum Thema *sights and activities in New York City* durch. In der linken Hand notieren sie fünf Aspekte / Informationen zu Sehenswürdigkeiten; in der rechten Hand mögliche Aktivitäten (an die sie sich aus der Unit erinnern). Anschließend stellen sie ihre Notizen zunächst dem Partner vor und präsentieren sie anschließend im Plenum *(In New York City you can ... / My favourite sights are ...)*.

1 Before you watch

Erarbeitung

a) SB geöffnet. Gemäß SB. Bei der individuellen Themenauswahl können die S auf ihre Ideensammlungen aus dem Brainstorming im Einstieg zurückgreifen.

Einigung auf vier Themen im ▸ Partner talk gemäß SB.

▸

b) Beim **1. Sehen** des Films im Zusammenhang *(Part 1–4)* vergleichen die S ihre Themenliste mit den tatsächlichen Filminhalten.

Auswertung

Die S-Paare aus **a)** stellen zunächst ihre eigene Themenliste vor und benennen anschließend diejenigen Informationen im Film, die identisch mit der Themenliste waren (Sicherung des Globalverstehens).

Lösung

Individuelle Lösungen.

2 What did you notice?

Wortschatz

ringtone

Erarbeitung

a) Beim **2. Sehen** von *Part 1* wählen die S den richtigen Inhalt eines Rap-Songs anhand vier verschiedener Möglichkeiten aus (selektives Verstehen).

Auswertung

Vergleich im Plenum, ggf. nach **3. Sehen**.

Lösung

3 favourite food

Erarbeitung

b) Beim **2. Sehen** von *Part 2* beantworten die S vier Detailfragen zum Streetball.

Auswertung

Vergleich zunächst im ▸ Partner check und anschließend gemeinsam im Plenum, ggf. nach **3. Sehen**.

Lösung

1 *on basketball courts near where they live*
2 *streetball: like basketball; pick up game; games are fast, long and hard: everyone needs to play the whole time; when you get fouled you have to call yourself: "foul"*
3 *four players*
4 *two (the best players): the captains pick the team*

Erarbeitung

c) Beim **2. Sehen** von *Part 3* wählen die S die jeweils passende Beschreibung zu den vier verschiedenen Situationen aus (selektives Verstehen).

Auswertung

Vergleich im Plenum, ggf. nach **3. Sehen**.

Lösung *1 easy* • *2 busy* • *3 ride* • *4 hot dogs*

Erarbeitung **d)** Beim **2. Sehen** von *Part 4* wählen die S die richtige Bestellung der New Yorker Jugendlichen in einem Restaurant aus (selektives Verstehen).

Auswertung Vergleich im Plenum, ggf. nach **3. Sehen**.

Lösung *3 sandwiches* • *4 an avocado melt*

3 What did you learn?

Erarbeitung Die S diskutieren, welche Informationen über New York City sie anhand des Films neu erfahren haben.

Auswertung Sammeln der neuen Informationen im Plenum, z. B. in Form einer Mindmap (Tafel / Folie, siehe auch ► Note-taking) und ggf. Ergänzung weiterer Aspekte anhand einer ► Meldekette.

Lösung Individuelle Lösungen. ► INKL p. 27

MORE CHALLENGE

Inhalt Der Zeitungsartikel thematisiert die unterschiedlichen Lebensverhältnisse in Manhattan und den anderen New Yorker *boroughs* – speziell Brooklyn (Brownsville). Dabei bekommen die S auch anhand der Schilderung der *'Stop and frisk'*-Strategie der New Yorker Polizei einen Eindruck von der noch immer bestehenden Benachteiligung der „nicht-weißen" Bevölkerung.
Die S entnehmen einem Sachtext (Zeitungsartikel) Informationen, ordnen Argumente zum *'Stop and frisk'* nach pro und contra und verfassen abschließend einen Dialog oder Tagebucheintrag aus der Sicht eines Betroffenen.

S. 28

Different sides of New York City

1 READING A newspaper report

Einstieg **SB geschlossen.** Die S äußern sich zum L-Impuls: *Have you or your parents ever been stopped by the police? What happened? (The police stopped me because I was riding my bike on the pavement / I had my headphones on and was listening to music while cycling / they wanted to check my bike (lights, safety, ...) / ... My parents were in a routine check: they had to show their driving license / first-aid kit / ...)*

Anschließend erfolgt die Überleitung zum amerikanischen Setting. L: *Today we're going to read a newspaper report about a police check in Brooklyn. Do you think police checks are any different in New York? (...) Let's find out.*

Erarbeitung **a)** **SB geöffnet.** Die S antizipieren anhand der Textüberschrift, des Bildes und des Diagrammes den Inhalt des Artikels in PA.

Auswertung Im ▸ Partner talk, dann im Plenum.

Lösung Individuelle Lösungen.

Erarbeitung **b)** Die S durchsuchen den Artikel gezielt nach den zentralen Begriffen aus der Fragestellung, siehe auch ▸ Lesetechniken *(Scanning)* und erklären deren Bedeutung stichwortartig im Heft (▸ Note-taking).

O Differenzierung Für lernschwächere S kann L zur Sicherung des Textverständnisses folgende Multiple choice-Aufgaben vorgeben (KV / Whiteboard):

	Tick (✓) the correct answers, a), b) or c).
1. The two cities in the title are ...	*a) Brownsville and Brooklyn.* *b) Manhattan and Brownsville.* *c) Manhattan and the other boroughs. (✓)*
2. In the article it says that ...	*a) Brownsville is a nice neighborhood with lots of beautiful apartment blocks.* *b) In Manhattan there are more beautiful buildings than in the other NYC boroughs. (✓)* *c) Brooklyn is a much nicer place than Manhattan.*
3. 'Stop and frisk' means that ...	*a) criminals stop other people in the street and rob them.* *b) the police can stop people in the street and check them, even if they aren't known (as) criminals. (✓)* *c) the police can only stop and check people in the street if they are known (as) criminals.*

4. People think that the policy of 'stop and frisk' is racist because ...	*a) the police stop and frisk African-American or Hispanic men more than white people. (✓)* *b) the police stop and frisk African-American or Hispanic men less than white people.* *c) the police stop and frisk as many African-American or Hispanic men as white people.*

Auswertung Austausch über die beiden zentralen Begriffe bzw. Themen des Artikels *(two cities (in one)/stop and frisk)* anhand der Notizen zu **b)** im ▸ Partner check oder/und im Plenum.

Lösung
- *The two cities in the title are Manhattan and the other boroughs (example: Brownsville/Brooklyn).*
- *'Stop and frisk' means that the police can stop people in the street anytime to check if they have a gun (or any other weapon).*

Zusatz Zur Vertiefung der Thematik der 5 *boroughs* von NYC erhalten die S ▸ KV 11: Different sides of New York City und beschriften die Karte von NYC mithilfe der dort angebotenen Bechreibungstexte.

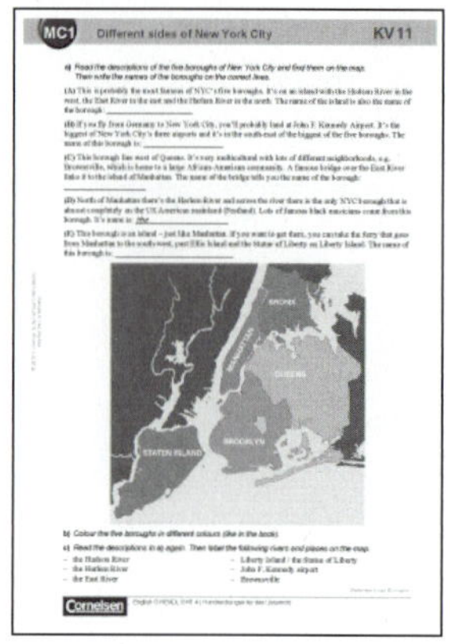
MC1 Different sides of New York City KV 11

S. 29

2 WORKING WITH THE TEXT Different perspectives

Erarbeitung **a)** **SB geöffnet.** Die S beantworten beim detaillierten **2. Lesen** mehrere Fragen zum Artikel und erstellen dazu Notizen, die sie mit einem Partner besprechen, siehe auch ▸ Note-taking.

Auswertung S finden einen Partner (z. B. mithilfe der ▸ Bus stop-Methode) und vergleichen bzw. diskutieren ihre Lösungen.

Lösung *1 Brownsville and other parts of NYC are disadvantaged. Examples:*
- *"the streets are wet and dirty" (l. 7)*
- *"a rusty bridge that shakes alarmingly" (ll. 7/8)*
- *"There's none of the pretty stuff you get in Manhattan. Everybody has been ignoring this place for years. It's like two cities in one." (ll. 10 ff.)*
- *"there are clear differences between Manhattan [...] and the other boroughs" (ll. 14 ff.)*
- *"[...]if you're white and live in Manhattan, then you probably won't be stopped by the police, but if you're black and live in other parts of NYC, like Brownsville, then it's very likely that you will be stopped ... " (ll. 30 ff.)*
- *Brownsville is at the top of the 'stop and frisk'-list ... (l. 42)*
- *90% of the people who are stopped and frisked are innocent (ll. 47f.)*

2 Manhattan is different from the other parts of NYC. Examples:
- *pretty stuff you get in Manhattan like beautiful midtown skyscrapers (l. 11; 15)*
- *Booming Wall Street banks (l. 16)*
- *"clear differences between Manhattan with its beautiful midtown skyscrapers and the other boroughs" (ll. 14 ff.)*
- *"if you're white and live in Manhattan, then you probably won't be stopped by the police" (ll. 30 ff.)*

3 The author's arguments for and against 'stop and frisk':

arguments for 'stop and frisk'	*arguments against 'stop and frisk'*
• *effective policy because the number of murders in the city has been falling since 1990* • *NYC has become a much safer city*	• *racist because if you're black and live outside Manhattan, then it is very likely that you will be stopped* • *90 % of the people who are stopped and frisked are innocent*

4 *Is the author for or against 'stop and frisk'?*
(individuelle Lösung)
I think the author gives both sides of the problem. On the one hand, he says that NYC has clearly become a "much safer city" because the numbers of murders fell from 2,262 in 1990 to 418 in 2012. On the other hand, the author talks about some negative sides of 'stop and frisk', too: lots of people say that 'stop and frisk' is racist. That's because it's much more likely that the police will stop you if you're African-American or Latino than if you're white. This makes people angry, especially because most of the people who are stopped are innocent. The author talks more about the negative aspects of the policy, so I think he's against 'stop and frisk'.

Erarbeitung **b)** S bearbeiten die Aufgabenstellung in Einzelarbeit.

Hinweis: Je nach gewünschtem Kompetenzschwerpunkt wäre bei Aufgabe **3** entweder eine *group discussion (Speaking)* oder ein *comment (Writing)* denkbar.

Auswertung Vergleich im Plenum bzw. in der Kleingruppe.

Lösung
1 People get angry because the police mostly stop African-Americans or Hispanics. And most of these people are innocent.
2 Yes, they are. (*Sources*: e.g. http://www.nytimes.com/2014/01/31/nyregion/de-blasio-stop-and-frisk.html?_r=0 *(2014-10-28).*
http://en.wikipedia.org/wiki/Stop-and-frisk_in_New_York_City *(2014-10-28).*
3 Individuelle Lösung, je nach Schülereinschätzung.

Erarbeitung **c)** Kreative Schreibaufgabe mit Möglichkeit der Perspektivübernahme ausgehend von dem Foto auf SB-Seite 32: *Imagine you are in the photo on page 32. Decide who you are. Then pick topic **1** or **2**.*

Auswertung Der fertige Dialog wird von den S mit verteilten Rollen (ggf. unter Einsatz der ▸ Read-and-look-up technique) vor der Klasse präsentiert. Die fertigen Tagebucheinträge können ausgelegt oder ausgehängt und dann von den Mit-S gelesen oder in Form eines ▸ Gallery walk gewürdigt werden.

Lösungsbeispiel *1*
TV journalist: *Good evening, ladies and gentlemen. I'm Peter Brown and I'm reporting from Brownsville, a mainly black neighborhood of Brooklyn. I'm with some police officers today. They have just stopped and frisked this teenage boy. What's your name?*

Boy: *My name's Kimony.*
TV journalist: *How old are you?*
Boy: *I'm 18.*
TV journalist: *Have you been stopped by the police before?*
Boy: *Yes, I have. I've been stopped nine times. And I really don't think it's fair.*
TV journalist: *Why do you say that?*
Boy: *They only stopped me because I'm black.*
TV journalist: *Why do you think that?*

Boy: *Well, a lot of black people like me are stopped and frisked by the police. But most of them haven't done anything wrong. They're innocent – like me. You don't hear a lot about white people who are stopped and frisked by the police.*
TV journalist: *How are you feeling now?*
Boy: *I don't really know what to say. Angry? Maybe sad? I haven't done anything wrong but still the police believe that I'm a criminal. Just because I'm black.*
TV journalist: *Thanks, Kimony. Let's hope that this was the last time that the police stopped and frisked you.*
Boy: *Thanks.*

2
It happened again this afternoon. I was walking down the block when I saw the police officers. They were walking towards me. Suddenly they stopped me and asked me for my ID. One officer checked my clothes because they were looking for a weapon. The other one checked my ID. I felt ... what? Angry? Sad? Fed up? I don't know. Why does it always have to be me? Is it because I'm black? Do I look like a criminal? People who were walking past were looking at me and I felt bad. Why can't the police just leave me alone? I can't go into town anymore. But I don't want to stay at home all the time either. What can I do? ► DFF 1.9

3 LANGUAGE Participle clauses after verbs of perception

Einstieg Die S finden das Wort „*perception*" in Form eines *Hangman* heraus. Anschließend werden gemeinsam im Plenum verschiedene Wahrnehmungsmöglichkeiten (*listen, feel, watch, hear, notice...*) gesammelt und an der Tafel notiert.

Erarbeitung **a) SB geöffnet.** Die S komplettieren Sätze auf Grundlage des Zeitungsartikels und geben die entsprechenden Zeilen an.

Auswertung Vergleich im Plenum.

Lösung ***1*** *getting (line 9)* • ***2*** *stopping and checking (lines 36/37)* • ***3*** *frisking (line 41)* • ***4*** *growing (line 46)*

Erarbeitung **b)** Die S komplettieren die Regeln zur Bildung der Partizipialsätze nach Verben der Wahrnehmung.

Auswertung Die Regeln werden an der Tafel notiert und gemeinsam im Plenum ergänzt.

Lösung *The participle clause in this case begins with a* ***present*** *participle like* going *or* having.
Verbs like see, hear, feel, *etc. are called verbs of* ***perception*** *because you can perceive something with your senses.*
Sentence 1–4 in 3a) all have the structure: ... verb of perception + ***object*** *+ participle clause*

Erarbeitung **c)** Die S wenden die zuvor notierte Regel auf die Beispielsätze der Aufgabe **3a)** an.

Auswertung Die Beispielsätze werden verschieden-farbig (wie im SB) an der Tafel notiert. Hier sind die Farben durch Grauschattierungen angedeutet.

Lösung *She watches the police stopping and checking blacks all the time, she says.*

I never see them frisking white people.

You can feel the people growing angrier about it.

Erarbeitung **d)** Die S vervollständigen weitere Sätze unter Verwendung der korrekten Form der Partizipialsätze nach Verben der Wahrnehmung.

Auswertung Die Ergebnisse werden jeweils zur Sicherung an der Tafel notiert. Der Vergleich der Ergebnisse erfolgt in Form einer ► Meldekette.

Lösung

1 *Yesterday we saw two young men running from the police.*
2 *They saw lots of protesters carrying signs that said "End 'stop and frisk'!"*
3 *Always stay still when you feel the policeman's hands moving up and down your body.*
4 *I smelt something burning even before the fire started.*
5 *The teenagers didn't notice the police car coming round the corner.*
6 *When he has his headphones on, he doesn't hear the police telling him to stop.*

More practice 10 p. 119 **We heard the police ...**

Erarbeitung
Mit Hilfe verschiedener Wortvorgaben bilden die S weitere Partizipialsätze nach Verben der Wahrnehmung.

Auswertung
Vergleich im Plenum.

Lösung
Individuelle Lösungen.

S. 30

King of the courts

1 Handball – a big street sport in NYC

Einstieg
SB geschlossen. Zur motivierenden sprachlichen Einstimmung und thematischen Wiederholung des Bereiches Sport wird das Spiel „Corner walking" durchgeführt. Das Spiel dient der kurzen Reaktivierung des Vorwissens, bei dem vier Schüler in vier verschiedenen Ecken die Fragen der Mitschüler beantworten müssen. Der schnellste Schüler darf eine Ecke weiterlaufen. Der Rest der Klasse wird durch das Stellen der Fragen miteinbezogen. Je nach Zeit ist eine Ausdehnung des Einstieges möglich, wobei die vier Läufer direkten Teams zugeordnet sind. Dabei überlegen sich die vier Teams vorher (ohne Beisein d er Läufer) verschiedene Fragen zum Thema, die nacheinander an alle Läufer gestellt werden. Ziel ist nun, dass der eigene Läufer so schnell wie möglich einmal alle Ecken durchlaufen hat.

Mögliche Fragen:
What is the city's most popular game? (baseball)
Name two more popular sports in NYC. (ice hockey, basketball, soccer)
What is streetball? (basketball, but on smaller courts and faster)
Where did handball come from? (Irish immigrants, 100 years ago)

Erarbeitung
SB geöffnet. Beim **1.** (scannenden) **Lesen** des Sportartikels finden die S den Gewinner des letzten und diesjährigen *King of the Courts* Turnier heraus.

Auswertung
Vergleich im Plenum.

Lösung
a) *Gio* • ***b)*** *Rookie*

2 Getting the facts

Erarbeitung
Die S beantworten beim **2. Lesen** fünf Fragen in jeweils einem Satz.

Zusatz
Die S ergänzen jeweils die Zeilenangabe als „Fundort" der Information.

Auswertung
Vergleich zunächst im ▶ Partner check, anschließend gemeinsam im Plenum.

Lösung

1 *The tournament took place in Liberty Park in Queens. (l. 1)*
2 *The players come from all over the city. (l. 12)*
3 *There are over two thousand handball courts in the city. (l. 15)*
4 *It first arrived in the early 1900s. (l. 30)*
5 *It is organized by the players themselves. (l. 34)*

3 What does it mean?

Erarbeitung Gemäß SB.

Auswertung Vergleich im Plenum.

Lösung *1 tournament • 2 cash prize • 3 organize • 4 A-players*

4 A radio interview

Erarbeitung Die S erstellen mindestens fünf Fragen für ein Radiointerview mit Gio, einem der Handballspieler.

Auswertung Die Fragen werden nacheinander im Plenum vorgestellt und von den Mit-S beantwortet.

Lösungsbeispiel

1 This time you couldn't beat your teacher. What was different?
2 Do you expect to win the next tournament?
3 How do you prepare yourself for a tournament?
4 Why do you enjoy playing handball?
5 Do you see yourself as an A-player? Why?

► WB Fast Finishers, p. 14

STOP! CHECK! GO!

Answers to STOP! CHECK! GO! (UNIT 1) KV 13

Hinweis

Übungsaufgaben zu wichtigen Themen und Kompetenzbereichen aus Unit 1. Bei geschlossenen Aufgabenformaten können die S ihre Ergebnisse mithilfe des Lösungsschlüssels auf ▶ KV 13: Answers to STOP! CHECK! GO! (Unit 1) überprüfen (auch als Partnerkontrolle). Die KV bietet eine Auswertung nach Punkten, die in drei verschiedenen Smileys (☺/😐/☹) übersetzt werden. Diese Smileys können auch für die Selbsteinschätzung im *Workbook* (STOP AND CHECK, p. 13) und in *Differenzieren – Fördern – Fordern* herangezogen werden. Weitere grundsätzliche Hinweise zur Konzeption und Durchführung von STOP! CHECK! GO! finden sich im Vorwort.

Die Hörtexte zu STOP! CHECK! GO! sind für die S auch auf der Audio-CD im *Workbook* zugänglich.

S. 31

1 REVISION In the holidays

Erarbeitung

a) SB geöffnet. Die S übertragen einen Ferienblog ins Heft und komplettieren diesen mit den angegebenen Verben in der richtigen *simple past*-Form.

Auswertung

Im Plenum.

Lösung

▶ KV 13: Answers to STOP! CHECK! GO! (Unit 1)

Erarbeitung

b) ● Die S verfassen einen eigenen Text über ein vergangenes Erlebnis im Sommer im *simple past*.

Auswertung

Einzelne / freiwillige S stellen ihre Texte im Plenum vor. Die Mit-S wiederholen nach jedem Text die spannendsten oder wichtigsten Informationen.

Lösung

Individuelle Lösungen.

2 MEDIATION Music in Central Park

Erarbeitung

SB geöffnet. Beim **1. Lesen** des amerikanischen Flugblatttextes machen sich die S zunächst in EA Notizen zu den deutschen Fragen (1–6) der fiktiven Eltern im Heft. Anhand ihrer Notizen übermitteln sie die wesentlichen Informationen (mündlich oder schriftlich) auf Deutsch.

Auswertung

Die S vergleichen ihre Ergebnisse zunächst im ▶ Partner check; anschließend ggf. Vorlesen der Fragen und Antworten mit verteilten Rollen im Plenum.

Lösungsbeispiel

1 *Das Musikfestival findet von Juni bis September jeden Samstagnachmittag von 14:00 bis 16:00 Uhr statt.*
2 *Es ist kostenlos.*
3 *Man braucht keine Karten.*
4 *Ja, ist es.*
5 *Nein, wenn man sich eine Decke mitbringt, kann man sich auch hinsetzen (z. B. mit einem Picknick).*
6 *Bei Regen müssen die Konzerte abgesagt werden.*

More challenge 3 p.119 After the music festival

Wortschatz °deli • °cream cheese • °lettuce • °turkey • °onion

Erarbeitung **SB geöffnet.** Lernstärkere S helfen den deutschen Eltern bei der Bestellung in einem amerikanischen Restaurant und vermitteln dabei abwechselnd zwischen Deutsch und Englisch.

Auswertung Die Ergebnisse werden in Dialogform im Plenum vorgestellt.

Lösungsbeispiel
(1) *My father would like to have a bagel with cucumber and egg.*
(2) Die Kellnerin möchte wissen, ob du Frischkäse oder Butter auf dem Bagel haben möchtest.
(3) *He'd like cream cheese and some tomatoes, please.*
(4) *Can you please tell us what is on the 'Bagel Deluxe'?*
(5) Sie sagt, er ist mit Frischkäse, Tomaten, Salat, Putenfleisch und Zwiebeln.
(6) *My mother would like to have a 'Bagel Deluxe', but without onion, please.*
(7) Möchtet ihr auch etwas trinken? / Er möchte wissen, was wir trinken möchten.
(8) *Two glasses of orange juice, please. And a cup of coffee for my father, please.*
(9) Sie fragt, welche Größe ihr haben möchtet – klein, normal oder groß?
(10) *My father would like to have a regular cup of coffee and a small orange juice. My mother would like to have a large orange juice.*
(11) Die Kellnerin fragt, ob wir noch einen Schokomuffin haben möchten.

S. 32

3 LANGUAGE If I moved to NYC, ... (Conditional sentences type 2)

Erarbeitung **a)** ◻ **SB geöffnet.** Zuordnung von Haupt- und Nebensatz gemäß SB.

◻ **Differenzierung** Lernschwächere S notieren zunächst nur die entsprechenden Zahl-Buchstabenkombinationen im Heft und schreiben die vollständigen Sätze erst nach dem Vergleich mit dem Lösungsbogen ab.

Auswertung Die S stellen ihre Ergebnisse in Form einer ▸ Meldekette im Plenum vor.

Erarbeitung **b)** ◼ Die S übertragen den Lückendialog ins Heft und komplettieren ihn mit den passenden Zeitformen der Verben in Klammern *(Conditional sentences type 2).*

Auswertung Der Vergleich der Ergebnisse durch ▸ Partner check oder / und Vorlesen des vervollständigten Dialogs mit verteilten Rollen im Plenum. Dabei können die einzusetzenden Verbformen an der Tafel notiert werden.

Lösung ▸ KV 13: Answers to STOP! CHECK! GO! (Unit 1)

Erarbeitung **c)** ◼ Die S formulieren anhand von Bildimpulsen eigene *Conditional sentences type 2.*

Auswertung Die S stellen reihum jeweils einen Satz im Plenum vor. Am Ende wählen die S durch Handzeichen den kreativsten oder lustigsten Satz aus.

Lösungsbeispiel Individuelle Lösungen. Erwartungshorizont:
1 *If I was 18 years old, I would go to a casino.*
2 *If my family moved to the USA, I would do a road trip on Route 66.*
3 *If I saw a ghost, I would film it and make a lot of money with it.*
4 *If I lost my key, I would call my mother to get hers.*
5 *If I met a lion, I would run away as fast as possible.*
6 *If my cell fell into a river, I would be very angry.*

4 LISTENING and SPEAKING Being polite

Erarbeitung ▶ 1.13

a) SB geöffnet. Zur Sicherung des Globalverstehens ordnen die S beim **1. Hören** die drei Dialoge den dazu passenden Bildern zu. Außerdem hören S heraus, wer sich höflich verhält.

O Differenzierung

Lernschwächere S erhalten ▶ KV 12: Being polite / Your tour of NYC mit den Skripten der Hörtexte zum Ausschneiden und physischem Zuordnen zu den Bildern. Diese können auch unterstützend zur Bearbeitung der Teilschritte **b)** und **c)** genutzt werden (Redemittel, Mustertexte), siehe Hinweise dort.

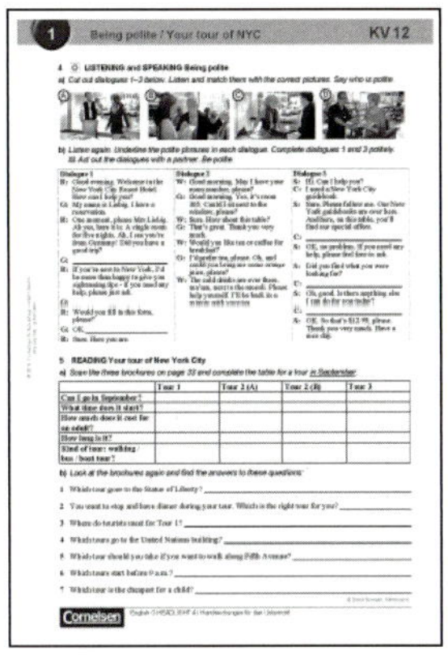

Auswertung

Vergleich der Ergebnisse im Plenum.

Hinweis: Bild B passt zu keinem Dialog.

Lösung

dialogue 1: ***C*** • *dialogue 2:* ***A*** • *dialogue 3:* ***D***
höflich: *Dialogue 1: receptionist* • *Dialogue 2: guest and waiter* • *Dialogue 3: shop assistant*

Erarbeitung

b) Beim **2. Hören** der Dialoge notieren sich die S so viele höfliche Redewendungen wie möglich.

O Differenzierung

Lernschwächere S unterstreichen die Höflichkeitsformeln in den Skripten auf ▶ KV 12: Being polite / Your tour of NYC.

Auswertung

Die Höflichkeitsformeln werden von den S im Plenum vorgestellt und an der Tafel notiert. Zur besseren Festigung sollten alle S diese anschließend zur Sicherung ins Heft übertragen.

Lösungsbeispiel

dialogue 1: *How can I help you? / One moment, please. / Did you have a good trip? / If you need any help, please just ask. / Would you ...*
dialogue 2: *May I have your room number please? / Could I sit by the window, please? / Sure. How about this table? / Would you like ... / I'd prefer ..., please. / Oh, and could you bring me ..., please?*
dialogue 3: *Can I help you? / Sure. Please follow me. / OK, no problem. If you need any help, please feel free to ask. / Oh good. Is there anything else for you today? / Thank you very much. / Have a nice day.*

Erarbeitung

c) Dialogerstellung zu einer der abgebildeten Situationen gemäß SB in PA, ggf. mithilfe der Dialogskripte auf ▶ KV 12: Being polite / Your tour of NYC.

More help p. 120 Lernschwächere S erhalten zusätzliche Unterstützung durch verschiedene Tipps und sprachliche Mittel für höfliche Umgangsformen.

Auswertung

Freiwillige S-Paare präsentieren ihre Dialoge mit verteilten Rollen im Plenum. Die Mit-S notieren sich die verwendeten Höflichkeitsformeln im Heft (siehe auch Aufgabenteil **b)**).

Lösungsbeispiel

Picture 1
Waiter: *Good evening. Where would you like to sit?*
Guest: *Good evening. I'd like to sit by the window, please.*
Waiter: *Please follow me. (...) Here's the menu. I'll be back in a moment to take your order.*
Guest: *Thank you very much.*
Waiter: *Are you ready to order?*
Guest: *Yes. I'd like to have scrambled eggs on toast / ..., please.*
Waiter: *Anything to drink for you?*
Guest: *Can I get a coffee and some water, please?*
Waiter: *Sure, I'll be back in a minute with your drinks.*

S. 33

5 READING Your tour of New York City

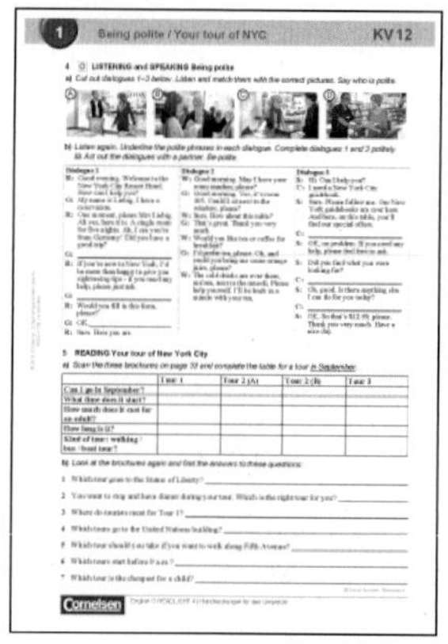

Erarbeitung **a) SB geöffnet.** Die S übertragen die Tabelle ins Heft oder nutzen ▶ KV 12: Being polite / Your tour of NYC. und ergänzen beim **1. Lesen** bzw. *Scanning* die gesuchten Informationen zu vier (Tour 2 beinhaltet zwei Versionen) NYC-Touren.

Auswertung Die S-Lösungen werden zum Vergleich bzw. zur visuellen Festigung in eine Kopie des Tabellenrasters (Tafel / Folienkopie von ▶ KV 12: Being polite / Your tour of NYC) eingetragen.

Lösung

	Tour 1	***Tour 2 (A)***	***Tour 2 (B)***	***Tour 3***
Can I go in September?	✓	✓	✓	✓
What time does it start?	*7 p.m. (March-October), 6 p.m. (November)*	*9.30 a.m.*	*9 a.m.*	*every 15 minutes from 8.30 a.m. to 5 p.m.*
How much does it cost for an adult?	*$ 39*	*$ 48*	*$ 69*	*$ 49*
How long is it?	*2 hours*	*4 hours*	*6 hours*	*route without stops = 2 hours*
Kind of tour: walking / bus / boat?	*boat tour (cruise)*	*bus tour*	*bus + walking + boat tour*	*bus tour*

Erarbeitung **b)** Mithilfe der Broschüren beantworten die S beim **2. Lesen** sieben Detailfragen zu den Touren in New York City.

Auswertung Die Ergebnisse werden gemeinsam im Plenum besprochen.

Lösung ***1*** *Tour 1, Tour 2B* • ***2*** *Tour 3* • ***3*** *at Pier 83* • ***4*** *Tour 1, Tour 3* • ***5*** *Tour 3* • ***6*** *Tour 3* • ***7*** *Tour 2A (half price 4-hour-tour = $ 24)*

▶ WB Stop and check, p. 13 ▶ Revision, pp. 15–16
▶ INKL pp. 28–30

The best days of your life? 2

Kommunikative Kompetenzen

Listening

- A day in the life of a high school student (p. 34, 1)*
- School posters (p. 38, 1b/c)
- School announcements (p. 46, 1)
- On the train (p. 46, 2)
- At the 9/11 Memorial (p. 46, 3)

Reading

- It's all new (p. 36, 1b)
- Who talks about what? (p. 37, 2)
- School posters (p. 38, 1a)
- The prom (p. 39, 2)
- After class – what's up? (p. 40, 1a)
- STORY The first day back (p. 43ff.)
- Titles and captions (p. 45, 2)
- About Tyler and Hannah (p. 45, 3)
- Letters to the editor (p. 47, 1–2)
- NOW YOU After-class activities (p. 50, 1a)

Speaking

- YOUR TASK A day in the life of a German student (p. 35, 2)
- It's all new (p. 36, 1a)
- How did they feel? (p. 37, 4b)
- PEOPLE and PLACES A tour of a highschool (p. 37, 5b/d)
- NOW YOU The highlights of your school year (p. 39, 3)
- After class (p. 40, 1c)
- Find someone who ... (p. 42, 5d/e)
- Image at school: What do you think? (p. 45, 4)
- NOW YOU Your comments about the programme (p. 49, 3b)

Mediation

- School clubs (p. 50, 1c)

Writing

- How did they feel? (p. 37, 4c)
- Your profile: After class (p. 42, 8)
- Comparing your school and a US high school (p. 48, 1)
- Preparing to write (p. 48, 2)
- How to improve your writing (p. 48, 3)
- Putting it all together (p. 48, 4)
- NOW YOU Your comments about the programme (p. 49, 3c)
- NOW YOU Your after-class activities (p. 50, 2)

Viewing

- PEOPLE and PLACES A tour of a high school (p. 37, 5)
- Young in the USA: Teens in Boston (p. 49, 1/2)

The best days of your life?

In Unit 2 lernen die S eine amerikanische *High school* kennen und vergleichen diese mit ihrer eigenen Schule. Dazu gehören alltägliche Situationen und Rituale sowie besondere Feste und Freizeitaktivitäten. Ein Schwerpunkt liegt dabei auf der Schilderung und dem unterschiedlichen Umgang mit den Erfahrungen der ersten Tage an der neuen Schule.

Sprachliche Mittel

Wortfelder

- Highlights of the school year (p. 145, Wordbank 2)
- Free time activities in a High school (pp. 38–39, pp. 40–41)
- Expressing likes and dislikes (p. 41, 4b; p. 42, 5, 6)

Grammatische Strukturen

- The *-ing* form (gerund) (pp. 40–42; LF 21, p. 195)

Interkulturelle Kompetenzen

- Alltägliche Situationen, Rituale sowie besondere Feste und Freizeitaktivitäten einer amerikanischen *High school* kennen lernen (pp. 34–40, p. 46, p. 47, pp. 152–153)
- Vergleiche zwischen dem Schulleben in Deutschland und Amerika ziehen (p. 37, p. 48)

Methodische Kompetenzen

Lern- und Arbeitstechniken

- Unbekannten Wortschatz erschließen (p. 37, 4; SF p. 163)
- Informationen präsentieren (p. 35, 2-STEP 3 + 4)
- Skimming (p. 47, 1)
- Einen eigenen Schreibtext systematisch aufbauen und mit Partnern überarbeiten *(four steps of writing)* (p. 48)

Selbsteinschätzung (Stop! Check! Go!)

- REVISION If I had a second chance, I would ... (p. 51, 1)
- WORDS High school words (p. 51, 2)
- READING and WRITING If you found $40,000, what would you do? (p. 52, 3)
- LANGUAGE What do you think? (p. 53 4a, b, c)
- SPEAKING Two role-plays (p. 53, 5)

Kooperative Lernformen

- Feedback geben (p. 35, 2-STEP 3)
- Think-Pair-Share (p. 39, 3)
- Walk around activity (p. 42, 6c)
- Correcting circle (p. 48, 4)
- Weitere Formen von PA und GA (p. 34, 1c; p. 35, 2c; p. 36, 1a; p. 37, 5a/b; p. 38, 1a; p. 39, 3; p. 40, 1; p. 42, 5a; p. 45, 4; p. 46, 1a; p. 47, 2c; p. 48, 1b/2a; p. 49, 2; p. 50, 1a)

* p. 34, 1 = SB-Seite, Übungsnummer

2 The best days of your life?

LEAD-IN

Inhalt In einem Radio-Interview berichten zwei Schüler der *Boston West High School* über einen typischen Unterrichtstag und ihre Einstellung zur Schule. Blake (14) ist als *freshman* erst seit kurzem an der Schule, während sich Stella (16) in ihrem dritten Jahr an der Schule als *junior* auf den Abschlussball *(junior prom)* vorbereitet.

S. 34/35

1 A day in the life of a high school student

Wortschatz **freshman**, *pl* **freshmen** • **junior** • **lion** • **position** • **available** • **photographer** • **plate** • °prom • °graphic designer • °web designer

Einstieg **SB geöffnet.** L: *You're going to listen to a radio programme. Look at the pictures and guess what the programme is about. (American schools / high school life / activities at an American high school / American students at school / ...)*

Erarbeitung ▸ 1.14 **a)** ▸ Klären der Arbeitsanweisung. Die S notieren die Namen *Blake* und *Stella* untereinander. Anschließend **1. Hören** (Globalverstehen): Die S ordnen den Namen die passenden Bilder zu. ▸ IAT

Auswertung Ergebnissicherung durch ▸ Partner check und abschließend im Plenum.

Lösung *Blake: A, F, I, J*
Stella: A, B, D, H
Distraktor: C, E, G

INFO-BOX Das Schulsystem in den USA

Das amerikanische Schulsystem besteht aus drei Schulformen und insgesamt zwölf Klassenstufen. In der Regel besuchen die Schüler die *Elementary School* (Grundschule) von Klasse 1 bis 5, die *Middle School* (oder *Junior High School*) von Klasse 6 bis 8 und die *(Senior) High School* (Gymnasiale Oberstufe) von Klasse 9 bis 12. Die Lehrpläne sind nicht zentralisiert oder standardisiert, sondern werden von den einzelnen Bundesstaaten entwickelt, und Noten werden in Form von Buchstaben (A= sehr gut, F = ungenügend) vergeben. Jeder Schüler hat einen individuellen Stundenplan, der sich täglich wiederholt und aus sechs bis acht Fächern besteht. In den vier Jahren der *High School* werden die Schüler in den Klassen 9 bis 12 erst als *Freshmen*, dann *Sophomores*, *Juniors* und *Seniors* bezeichnet. Der *High School*-Abschluss berechtigt zum Studium an einem College oder einer Universität, für das jedoch hohe Studiengebühren von bis zu 45.000 US-Dollar anfallen können.

Erarbeitung **b)** Die S übertragen die Tabelle in ihr Heft. Anschließend **2. Hören** (Detailverstehen) gemäß SB.

Differenzierung In lernschwächeren Klassen oder zur Zeitersparnis nutzen die S den Tabellenvordruck auf ▸ KV 14: A day in the life of a high school student (Part A). Part B der KV dient der Sicherung von Unit-Wortschatz zum Thema *US school words* und sollte erst zum Abschluss der Unit bearbeitet werden.

Auswertung Ein (lernstärkerer) S arbeitet auf Folie, die anschließend im Plenum zur Grundlage der Auswertung genommen wird.

Lösungsbeispiel

	Blake	*Stella*
How old are they?	*14*	*16*
Who is new at the school?	✓	–
How long have they been there?	*new at the school*	*two years / it's her third year*
Who is a freshman / a junior?	*freshman*	*junior*
How do they get to school?	*by bus*	*by car*
What things do they like at school?	*learning languages (Spanish and German); lunch; football practice*	*can leave the school; cool activities; work on the school newspaper; junior prom*
What things don't they like?	*long trip to school; should work harder*	*lots of homework*

Erarbeitung

c) Die S tauschen sich im ▶ Partner talk über Gemeinsamkeiten und Unterschiede zwischen Blake und Stella aus.

More help p. 120 S, die Hilfen benötigen, nutzen die Textbausteine auf SB-Seite 120.

Lösungsbeispiel

*For example, Stella is **16** years old – she's **older** than **Blake**. He's only **14**.*
***Blake** is new at the school, but **Stella** has been at this school for **two** years.*
***Stella** lives closer to the school than **Blake**. Stella lives **in a small house not very far from the school**, but Blake lives **in an apartment in the centre of Boston**.*
***Blake** goes to school by bus, but **Stella** drives to school.*
***Blake** likes the food at school, but **Stella thinks the school food is terrible**.*
***Stella** likes activities like **working on the school newspaper. Blake** is different. **He**'s more sporty – **he** likes **playing football**.*
*Blake and Stella aren't really very similar. But they go to the same **school.*** ▶ WB 1, p. 17

● Differenzierung

Lernstärkere S ergänzen weitere Vergleichsaspekte:

- *getting up in the morning: Blake has to get up early, but Stella usually gets up late.*
- *opinion about school days: Blake doesn't think that school days are the best days of your life, but Stella enjoying them.*

Zusatz

Sicherung von Begriffen (der Doppelseite und des Hörtextes), die im amerikanischen Schulleben – und somit auch für den Rest der Unit – eine Rolle spielen: *junior, prom, freshman, football, quarterback* etc.

INFO-BOX **Amerikanische Sportarten: Football, Soccer, Rugby**

Das Spiel ***Rugby*** wurde im frühen 19. Jahrhundert in England erfunden und im Laufe des 20. Jahrhunderts an Universitäten in den USA zu dem verwandten Ballspiel ***American Football*** abgewandelt. Beide Sportarten werden mit einem ovalen Ball auf einem Feld ausgetragen, dessen Spielfläche in der Regel 50 × 100 Meter beträgt. Im *Rugby* besteht eine Mannschaft aus 15 Spielern und das Spiel dauert zweimal 40 Minuten. Wird der Ball geworfen, darf das nur nach hinten geschehen, wohingegen die Richtung beim Treten egal ist. Beim *American Football* besteht ein Team nur aus elf Spielern, die zum Schutz vor Verletzungen Schulterpolster und einen Helm tragen, und die Spielzeit setzt sich aus viermal 15 Minuten zusammen. Der Ball hat spitzere Enden als ein Rugby-Ball und darf in jede Richtung geworfen werden.
Als ***Soccer*** bezeichnet man im amerikanischen Englisch den in Europa gespielten Fußball (in Abgrenzung zum *American Football*).

More practice 1 p. 120/121 School and life

Wortschatz °completely

Erarbeitung **a)** **SB geöffnet.** Je zwei Partner diskutieren die Ausgangsthese mithilfe der Ideen und Redemittel im SB. Dabei sollte möglichst ein Partner die Argumente des Befürworters und der andere die Argumente des Gegners vertreten.

Alternative Die S ordnen sich einem der beiden Standpunkte zu und diskutieren die Ausgangsthese nach einer kurzen Vorbereitungszeit kontrovers in einer ▸ Fishbowl discussion.

Erarbeitung **b)** Abschließend schreibt jeder S einen Kommentar zum Thema, in dem er seine eigene Meinung begründet darlegt. Dazu können die S die Hinweise im *SF 7B: Writing a comment* (SB-Seite 173) und im *SF 10: Giving opinions* (SB-Seite 178) nutzen.

Auswertung Zur Ergebnissicherung und Anerkennung für die verfassten Texte lesen die S ihre Texte erst einem Partner, abschließend im Plenum vor. Nicht vorgelesene Texte werden durch Aushang in der Klasse publiziert.

2 YOUR TASK A day in the life of a German student

Wortschatz **any**

Einstieg **SB geschlossen.** L schreibt *Life at a German school* an und sammelt im Plenum Ideen dazu. L: *Imagine Blake and Stella are visiting our school. They want to know about your life at a German school. What would you talk about? (school hours, subjects, activities, ...)*

Erarbeitung **SB geöffnet.** L sichert im Plenum die gesamte Aufgabenstellung **a)–d)** (**Steps 1–4**).

Hinweis: Diese Lernaufgabe ist für mehr als eine Unterrichtsstunde angelegt und schließt die Beschaffung bzw. Anfertigung visueller Materialien (Broschüren, Internet ...) ein.

Erarbeitung **a) Step 1:** In EA machen sich die S zu den vorgegebenen Fragen Notizen auf Karteikarten (in Form einer Mindmap oder in Form von Stichpunkten). Ggf. gibt L den Hinweis, dass nicht alle Vorgaben genutzt werden müssen, umgekehrt aber auch eigene Themen / Inhalte ergänzt werden können. Einige der Fragen sind individuell zu beantworten, andere beziehen sich auf Deutschland allgemein.

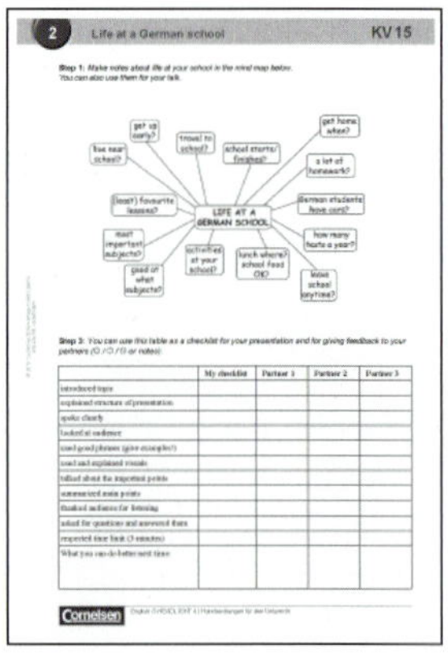

Alternative Zur Zeitersparnis tragen die S ihre Notizen in die vorbereitete Mindmap auf ▸ KV 15: Life at a German school ein. Die KV enthält auch eine Tabelle mit Kriterien für eine gelungene Präsentation (aus *SF 9.5: Give your presentation*, SB-Seite 177), die die S als Checkliste für sich selbst und für ein detailliertes Feedback in **Step 3** nutzen können.

Lösung Individuelle Lösungen.

Erarbeitung **b) Step 2:** Die S suchen passende Bildmaterialien zu ihrem geplanten Vortrag (Internet, Schulbroschüren, eigene Fotos, Straßenkarte) oder erstellen eigene visuelle Materialien (Tabelle, Zeichnungen, ...).

Überleitung L organisiert die ▸ Gruppenbildung und bereitet leere Sitzgruppen für je vier S vor (Klassenraum, Flur, ...). In jeder Sitzgruppe gibt es Möglichkeiten, visuelle Materialien zu präsentieren (Tafel, Flip-Chart, Computer, ...).

Alternative Die Gruppenbildung kann auch nach dem Prinzip des ▸ Bus stop erfolgen: S, die **Step 1** und **2** beendet haben, setzen sich auf einen Platz in einer beliebigen Sitzgruppe. Sobald eine Sitzgruppe mit vier S besetzt ist, beginnt für diese Gruppe **Step 3**.

Erarbeitung **c) Step 3:** Die Gruppen einigen sich auf die Reihenfolge der Vorträge und bestimmen einen Zeitwächter (Vorgabe: drei Minuten). Das Feedback (▸ KV 15) sollte jeweils direkt im Anschluss an den Vortrag erfolgen.

Nach Abschluss aller vier Vorträge einigt sich die Gruppe auf den besten Vortrag, der in **Step 4** im Plenum vorgetragen werden soll.

Lösung Individuelle Lösungen.

Erarbeitung **d) Step 4:** Vortrag im Plenum gemäß SB. Zur Vorbereitung kann in der Gruppe abgestimmt werden, in welcher Form der Vortragende durch die Gruppe unterstützt werden kann (z. B. Präsentation von Bildmaterial an passenden Stellen, Stichwortgeber bei Hemmungen (Souffleur), ...).

Zusatz Um die Aktivität der Zuhörer zu erhöhen, erhält jede Gruppe den Auftrag, einer vorab bestimmten anderen Gruppe ein Feedback zu geben (wie in **Step 3**).

Lösung Individuelle Lösungen. ▸ WB 1–2, p. 17 ▸ INKL, p. 32–33 ▸ DFF 2.1 ▸ DFF 2.4

More challenge 1 p. 121

A typical school day for me

Erarbeitung **SB geöffnet.** ▸ Klären der Arbeitsanweisung: **Step 1** erfolgt in EA in Vorbereitung auf den Dialog. Partner A bereitet auf der Grundlage der Mindmap auf SB-Seite 35 Interview-Fragen vor, Partner B überlegt sich mögliche Antworten mithilfe der Notizen von Aufgabe **2**, SB-Seite 35. Anschließend führen die S in **Step 2** das Interview gemäß SB durch. Nach einem Durchgang tauschen die S ihre Rollen (**Step 3**).

L weist S in der Rolle des Interviewers darauf hin, auf die Antworten des Partners auch zu reagieren, statt nur die Fragen abzuarbeiten. S in der Rolle des Interviewten erhalten den Tipp, dass einsilbige Antworten in den USA als unhöflich gelten.

○/● Differenzierung Da viele S Probleme mit der Fragebildung haben, bietet es sich bei leistungsgemischten Paaren an, dass der stärkere S die Rolle von Partner A übernimmt.

THEME 1 At a high school

Inhalt

Sieben Jugendliche berichten in der Schülerzeitung *The Lion* über ihre Erfahrungen als *freshmen* in den ersten Tagen an der *Boston West High School*. Die S arbeiten landeskundliche Inhalte aus dem Text heraus und erschließen unbekannten Wortschatz.

In einem Film führen zwei Schüler der *Hingham High School* durch ihre Schule im Großraum Boston und zeigen exemplarisch Situationen, Orte und Ereignisse einer typisch amerikanischen *high school*.

S. 36

1 It's all new

Wortschatz

seem (to be/do) • grade *(AE)* **• intimidate • sophomore • senior • ancient • period • change** *(v)* **• Box 'change'** (SB-Seite 209) **• library • trust** *(v)* **• debate** *(v)* • °robotics • °wrestling • °lacrosse • °softball **• incredible • not ... anybody/anyone • Box 'anybody/anyone'** (SB-Seite 209) **• while** *(n)* **• disability • visually impaired** • °inclusion facilitator **• plus • elevator** *(AE)*

Einstieg

SB geschlossen. Um für deutsche S einen thematischen Lebensweltbezug herzustellen (neu an einer Schule), kann L die eigenen Erfahrungen, Gefühle und Erlebnisse beim Übergang von der Grundschule in die weiterführende Schule im Jahrgang 5 bzw. 7 rückblickend thematisieren. Impulsfragen:

- *What was new for you?*
- *What was good?*
- *What was bad?*

L notiert die Eindrücke und Gefühle der S an der Tafel, ggf. sortiert nach positiv und negativ, und hilft dabei bei Bedarf mit Wortschatz. Da jedoch Aufgabe **3** die Erschließung unbekannter Wörter aus dem Kontext verlangt, sollte L hier keine Semantisierungsphase vorschalten.

Erarbeitung

a) **SB geöffnet.** Auf der Grundlage ihrer bisherigen Kenntnisse über eine amerikanische *high school* (*Lead-in*, SB-Seite 34/35) tauschen sich die S in PA über mögliche neue Eindrücke eines amerikanischen Gastschülers an der eigenen Schule aus.

Lösung

Individuelle Lösungen.

Erarbeitung

b) Beim **1. Lesen** des Artikels erschließen die S in EA (weitere) zum Verständnis notwendige unbekannte Begriffe eigenverantwortlich (Erschließungstechniken ▸ Semantisierungstechniken) und notieren, was für die *freshmen* an der *Boston West High School* neu ist.

INFO-BOX **Amerikanische Sportarten: Lacrosse, Baseball, Softball**

Lacrosse ist ein Mannschaftssport, bei dem die zehn Spieler eines Teams versuchen, einen Ball mit einem Schläger *(Crosse* oder *Stick)* in das Tor der gegnerischen Mannschaft zu befördern. Am Kopf des Schlägers ist ein Netz *(Pocket)* befestigt, in welchem der Ball gefangen und getragen werden kann.
Baseball ähnelt dem deutschen Spiel Brennball. Zwei Teams mit je neun Spielern befinden sich entweder in der Angriffsphase *(Offense)* oder der Verteidigung *(Defense)*. Ein Spieler aus der *Defense*, der *Pitcher*, wirft den Ball einem gegnerischen Spieler, dem *Batter*, zu. Trifft der *Batter* den geworfenen Ball mit seinem Schläger, wird er zum *Runner* und alle Spieler der *Offense* versuchen, auf dem Spielfeld möglichst weit (von einer *Base* zur nächsten) zu laufen, um *Runs* zu erzielen.
Softball ist eine bei Frauen beliebte Variante des Baseballs. Die Unterschiede bestehen in einer anderen Wurftechnik, einem kleinerem Spielfeld, größeren Ball, dünneren und leichteren Schlägern und kleinen Abweichungen im Regelwerk.

Auswertung

Sammlung von neuen Aspekten für die *freshmen* im Plenum, ggf. im Rückgriff auf den Einstieg sortiert nach positiv und negativ.

Lösungsbeispiel *good things: feel free, you can do what you like, teachers trust you, many after-class activities, inclusion facilitator, leave class earlier, take elevator*

bad things: feel helpless, school very big, worried about getting lost, look stupid, bigger students intimidating, students change rooms – loud and scary, making friends isn't easy

S. 37

2 Who talks about what?

Wortschatz **size • hallway** *(AE)*

Erarbeitung **SB geöffnet. 2. Lesen** und Zuordnung der Themen zu den Aussagen der *freshmen* gemäß SB (Globalverstehen). Zwei Themen sind Distraktoren.

Auswertung Die beiden S, die zuerst fertig sind, vergleichen ihre Antworten und schreiben sie verdeckt an die Tafel. Sobald alle S fertig sind, werden die Ergebnisse im Plenum mit der Tafelanschrift verglichen.

Lösung Zoe: ***E*** • Ian: ***B*** • Eva: ***I*** • Nicole: ***H*** • Jess: ***A*** • Anuar: ***G*** • Andrew: ***C*** • Distraktoren: ***D, F***

More practice 2 p. 122 About high school

Einstieg **SB geöffnet.** L wiederholt im Plenum kurz die Funktion der ► Lesetechnik *Scanning* (einen Text mithilfe von Schlüsselwörtern schnell nach bestimmten Informationen überfliegen).

Erarbeitung Die S lesen die Fragen **1–6** entweder still in EA oder laut im Plenum und suchen beim **3. Lesen** bzw. Scannen des Artikels die gewünschten Informationen und notieren sie stichwortartig im Heft.

Differenzierung In lernschwächeren Klassen lässt L die S vorab mögliche Schlüsselwörter für das *Scanning* benennen.

Auswertung Kontrolle durch ► Partner check und abschließend im Plenum.

Lösung ***1*** *freshmen, sophomores, juniors, seniors* • ***2*** *1700 students* • ***3*** *debating, dancing, robotics, the German club, the school newspaper, wrestling, lacrosse, softball, rugby, badminton* • ***4*** *The students change rooms.* • ***5*** *You can do what you like: go to the library, meet friends in the cafeteria, read a book, etc.* • ***6*** *the inclusion facilitator*

3 Words in the text

Erarbeitung **SB geöffnet.** Die S erschließen die Bedeutung der Begriffe anhand der Multiple-choice-Auswahl und notieren den Lösungsbuchstaben im Heft.

//● p. 122 Es handelt sich um eine Parallelübung auf zwei Niveaus. Lernstärkere S wählen die Aufgabe SB-Seite 122, in der die Bedeutungen selbst formuliert werden müssen.

Auswertung Vergleich im Plenum.

○/● Differenzierung Zur Differenzierung in der Auswertung können im ► Partner check je ein Partner, der die leichtere Aufgabe (SB-Seite 37) bearbeitet hat, und ein Partner, der die schwierigere Parallelaufgabe (SB-Seite 122) gewählt hat, zusammenarbeiten. Dabei können lernschwächere

S ihren lernstärkeren Mit-S auf der Grundlage ihrer Multiple-choice-Auswahl Formulierungshilfen geben.

Lösung *1 B • 2 A • 3 B • 4 A • 5 C • 6 C* ▶ DFF 2.2

4 How did they feel? How did you feel?

Erarbeitung **a) SB geöffnet.** Gemäß SB. Neben einer Liste kommen je nach Lernertyp auch andere Darstellungsformen für den Gefühlswortschatz in Betracht, z. B. Mindmaps, Networks oder Mengen. In Anlehnung an den Einstieg zu **1** kann auch nach positiven und negativen Gefühlen sortiert werden.

Auswertung Einzelne S kommen nach vorne und notieren Gefühlswortschatz strukturiert an der Tafel.

Lösungsbeispiel

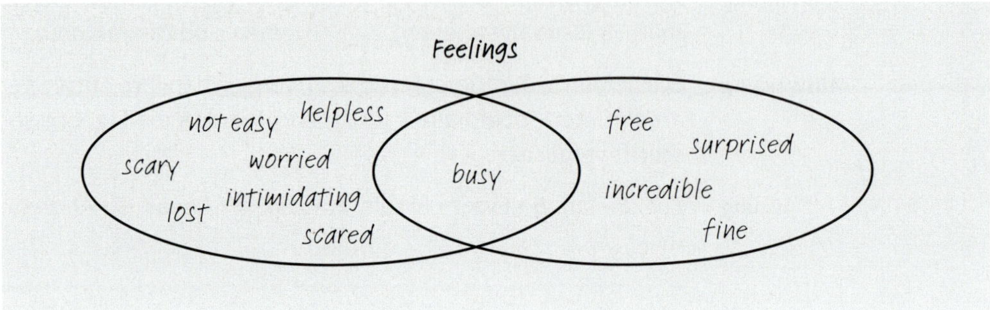

Erarbeitung **b)** Die S markieren die Begriffe, die auch auf ihre eigene Gefühlslage am ersten Schultag zutreffen, und berichten einem selbstgewählten Partner.

Erarbeitung **c)** Gemäß SB.

More help p. 122 S, die Hilfen benötigen, nutzen die Satzbautafel und Adjektive auf SB-Seite 122.

Lösung Individuelle Lösungen.

5 PEOPLE AND PLACES A tour of a high school

Wortschatz **locker**

Erarbeitung ▶ **a) SB geöffnet.** Nach der ▶ Gruppenbildung schaut sich jeder S sein gewähltes Bild an und notiert sich einige Fragen (Platz für die Antworten lassen!). Anschließend **1. Sehen/Hören** gemäß SB: Die S notieren sich Antworten auf ihre Fragen und ggf. andere interessante Informationen.

Lösung Individuelle Lösungen. ▶ DFF 2.3

Erarbeitung **b)** Gemäß SB tragen die S anhand ihrer Notizen Informationen zur gewählten Szene vor.

Lösungsbeispiel

the Pledge of Allegiance:
The photo shows a class saying the Pledge of Allegiance. They begin every day like this. The principal says the Pledge and the class repeats it looking at the US flag. During the Pledge of Allegiance you put your right hand over your heart; everybody is standing, nobody is laughing, ...

lockers:
The photo shows the school lockers. They're in the hallway. Students put books, backpacks or water bottles into the lockers. Some students even have a mirror, some stickers or notes inside. Lockers are great because students don't have to carry their heavy school things from class to class. Every student has a locker.

lacrosse:
The photo shows a lacrosse player. Lacrosse is a ball game for both boys and girls. The school colours are red for games outside the school and white for games at the school. The players have different kinds of sticks with a net; it's a very physical sport so the players wear a chest protector, an elbow protector and gloves. Boys also wear helmets, girls only wear an eye protector.

Zusatz Die S erhalten den Text des *Pledge of Allegiance* mit einigen Lücken und vervollständigen die Lücken bei einer weiteren Präsentation des Films. Anschließend sprechen die S den *Pledge of Allegiance* nach.

Erarbeitung **c)** Die S lesen vorab die Fragen. Anschließend **2. Sehen/Hören:** Die S machen sich Notizen zu den Fragen und diskutieren die Fragen anschließend im Plenum. Zur Steuerung des Gesprächs schreibt L die Fragen nacheinander stichwortartig an die Tafel. So wird jeweils die Diskussion des nächsten Themas eingeleitet.

Lösungsbeispiel

- *interesting?:* (individuelle Antworten)
- *clubs and activities: band, student council, languages, music, drama, French club, robotics, ...*
- *sports:*
  - *fall: American football, soccer, field hockey (for girls mostly)*
  - *winter: ice hockey*
  - *spring: baseball, softball (for girls mostly), lacrosse*
- *try lacrosse?:* (individuelle Antworten)

Erarbeitung **d)** Die S vergleichen im Plenum ihre Schule mit der im Film gezeigten.

Lösung Individuelle Lösungen.

► INKL, p. 34/35

O Differenzierung In lernschwächeren Klassen bereiten die S das Klassengespräch in EA oder PA vor, indem sie sich Notizen zu den einzelnen Aspekten machen. L kann zur Strukturierung des Vergleichs eine Tabelle vorgeben.

Lösungsbeipiel

	Hingham High School	*our school*
Pledge of Allegiance	*every morning*	
clubs and activities	*lots of clubs and activities: band, student council, music, ...*	
lunch	*everyone eats lunch at the cafeteria; at middle of the day; Pizza Friday*	
sports	*lots of 'American' sports like American football, baseball etc., but also other sports like soccer*	
weekend jobs	*bulletin board with job adds; lots of students have jobs*	

● Differenzierung Lernstärkere S benennen über die Aspekte im SB hinaus weitere Gemeinsamkeiten und Unterschiede.

Lösungsbeispiel *different: our school is smaller; we don't have a flag in the classroom; no announcements about school activities in the morning; no lockers; not so many sport activities; no hand print mural (but other ways to say good bye); ...*

same: students come to school by bus, bike or walk (but usually not in their own car); lunch at school; clubs, ...

▶ WB 3, p. 18

More practice 3 p. 122

NOW YOU A tour of your school

Erarbeitung **a) SB geöffnet. Think:** EA gemäß SB. L kann den S hierfür Wörterbücher zur Verfügung stellen.

Erarbeitung **b) Pair:** Die S diskutieren ihre Ideen, einigen sich auf ihre *top five* und begründen ihre Auswahl.

Zusatz Die S fertigen ein Plakat oder eine Broschüre mit ihren Ideen an und visualisieren sie. Dabei sollten sie die Zielgruppe (amerikanische Austauschschüler) im Blick behalten.

Auswertung **c) Share:** Präsentation im Plenum, ggf. anhand von Plakaten / Broschüren.

Zusatz Die Klassenfavoriten werden ermittelt, z. B. durch Handzeichen oder Klebepunkte (falls Plakate / Broschüren angefertigt wurden).

Erarbeitung **d)** Vorbereitend auf diese Aufgabe sehen die S den Clip ein weiteres Mal und konzentrieren sich arbeitsteilig in zwei Gruppen auf folgende Aspekte:

- Ein Teil der S achtet auf nützliche Wendungen für die Präsentation einer Schule in einem Kurzfilm und notiert sie.
- Die anderen S achten auf den Aufbau des Clips (Einleitung, Mittelteil, Schluss) sowie auf technische Dinge wie Kameraführung und Blickwinkel.

Die Erkenntnisse werden im Plenum zusammengetragen. Anschließend planen die S ihren eigenen Videoclip (Was zeigen? In welcher Reihenfolge? Wer sind die Sprecher? etc.), verfassen ihr Drehbuch gemäß SB und setzen es ggf. auch technisch um.

Lösung Individuelle Lösungen.

THEME 2 Highlights of the school year

Inhalt Anhand von Postern und mithilfe von Hörszenen aus der Schule erhalten die S Informationen über gängige Aktivitäten und Festlichkeiten an einer amerikanischen *high school*. Dazu gehören Exkursionen, Theateraufführungen, Talent-Shows, sportliche Wettbewerbe wie das *Homecoming Game* und – als Höhepunkt des Jahres – der Abschlussball *(Prom)*.

S. 38

1 School posters

Wortschatz **homecoming** *(AE)*

Erarbeitung **a)** **SB geöffnet. 1. Lesen** (Globalverstehen): Die S überfliegen die Poster **A–F** (▶ Lesetechniken), besprechen sich mit einem Partner und notieren stichwortartig, worüber die Poster informieren. ▶ IAT

More help p. 123 S, die Hilfe benötigen, finden auf SB-Seite 123 mögliche Themen in einem Reservoir.

● Differenzierung Lernstärkere S begründen ihre Zuordnung, z. B. *Poster E is for a football game and a dance because there are photos of football players, cheerleaders and a dance.*

Auswertung Kontrolle im Plenum in Form einer ▶ Meldekette.

Lösungsbeispiel ***A*** *a dance* • ***B*** *a sophomore party* • ***C*** *a boat trip* • ***D*** *a talent competition* • ***E*** *a football game and a dance* • ***F*** *a play*

Erarbeitung ▶ 1.15 **b)** **1. Hören** und Sicherung des Globalverstehens gemäß SB. Die S notieren die Buchstaben der Poster in der Reihenfolge, in der über sie gesprochen wird.

Auswertung Kontrolle durch ▶ Partner check und abschließend im Plenum.

Lösung ***A • E • C • D***

Erarbeitung **c)** **2. Hören** (Detailverstehen): Die S beantworten die Fragen mit eigenen Worten.

Auswertung Kontrolle durch ▶ Partner check und abschließend im Plenum. ▶ DFF 2.4 ▶ IAT

Lösungsbeispiel ***1*** *The girl with the guitar wants Dan to go to the prom with her.* • ***2*** *Everybody wore red, white and black.* • ***3*** *The cruise tickets are expensive because it's a long trip and there's some excellent entertainment and good food.* • ***4*** *The talent show is for students of all grades.*

S. 39

2 The prom

Wortschatz **prom** *(AE)* • **common** • **organize** • **... are organized** • **formal** • **fortune** • **as much as ...** • °tuxedo • **fund-raising** • **so that** • **rent** *(v)* • the only **one** • **Box 'one/ones'** (SB-Seite 210) • **date** *(n)* • **contract** • **get drunk** • **be drunk** • **sign** *(v)* • **promise** *(v)* • **promise** *(n)* • **behave** • **drug**

INFO-BOX Prom

Am Abschlussball an amerikanischen *High Schools*, der *Prom* (Kurzform von *promenade*), nehmen nur *Juniors* (Klasse 11) und *Seniors* (Klasse 12) teil. Die zur Teilnahme berechtigten Schüler dürfen jedoch *Sophomores* (Klasse 10) und *Freshmen* (Klasse 9) als Partner mitbringen. Die Ausstattung der Veranstaltung steht in der Regel unter einem Motto, die Kleiderordnung ist jedoch unabhängig hiervon formell. An vielen Schulen wird im Verlauf des Abends ein Essen oder Buffet serviert, und es werden eine *Prom Queen* und ein *Prom King* durch die Schülerschaft gewählt. Obwohl das Konzept der *Prom* dem des Abiballs in Deutschland ähnelt, wird der Veranstaltung in den USA eine vergleichsweise höhere Bedeutung beigemessen.

Einstieg — **SB geschlossen.** L schreibt den Begriff *prom* an und sammelt Vorkenntnisse bzw. Vermutungen der S. L: *Let's read an article about the prom and find out if you were right.*

Erarbeitung — **a)** **SB geöffnet.** Beim **1. Lesen** erschließen die S unbekannte Begriffe in EA (Worterschließungstechniken ▸ Semantisierungstechniken). Abschließend beantworten sie die Globalverstehensfrage *What's a prom?* und überprüfen dabei ihre Vermutungen aus dem Einstieg.

Lösung — *A prom is a (school) dance.*

Erarbeitung — **b)** **2. Lesen** und Sicherung des Detailverstehens anhand von *true/false statements* gemäß SB.

Auswertung — Kontrolle im Plenum. Die S zitieren die jeweilige Textstelle.

Alternative — Auswertung anhand von ▸ Right/wrong cards.

Lösungsbeispiel — ***1*** *false (lines 6/7))* • ***2*** *false (lines 13/14)* • ***3*** *false (lines 16–20)* • ***4*** *true (lines 25–29)*

More challenge 2 p. 123

A prom at your school?

Erarbeitung — **a)** **SB geöffnet. Think:** Sammlung von positiven und negativen Aspekten in einer Mindmap oder Tabelle gemäß SB.

Hinweis: Im Text sind wenig eindeutige *upsides* enthalten, es muss über den Text „hinausgedacht" werden. L: *Look at the text again and find upsides and downsides of having a prom. Sometimes you have to read between the lines or add your personal opinion – especially for the upsides.*

Auswertung — Zusammentragen der positiven und negativen Aspekte im Plenum in Form einer Mindmap oder als Tabelle, z. B. durch ▸ Meldekette: Jeder S schreibt seinen Aspekt selbst an (Tafel / Folie).

Lösungsbeispiel

having a prom	
upsides (+)	*downsides (–)*
– *highlight of the school year* – *you can meet students from other grades* – *you can dance, listen to music, have fun* – *you can wear nice clothes* – *preparing for the prom is fun* – *school is more than just lessons*	– *the tickets can be expensive* – *as a freshman or sophomore you can only go if a junior or senior invites you* – *if you can't dance, you have to practise before* – *you need a formal dress / tuxedo* – *some kids get drunk and do embarrassing or dangerous things*

Erarbeitung — **b)** **Pair:** Je zwei Partner diskutieren die Vor- und Nachteile einer *prom* an der eigenen Schule und begründen ihre Meinung anhand der *upsides* und *downsides* aus **a)**.

Alternative — Um eine lebhafte Diskussion mit zwei unterschiedlichen Standpunkten zu erreichen, ordnen sich die S vorab in zwei Meinungsgruppen ein:

A: *I'd like to have a prom at our school.*

B: *I wouldn't like to have a prom at our school.*

Anschließend finden sich zur Diskussion Vertreter aus beiden Meinungsgruppen zusammen (in PA oder auch als ▸ Fishbowl discussion).

Erarbeitung **c)** Gemäß SB.

Auswertung **d)** **Share:** Einzelne S stellen ihre Meinung begründet im Plenum vor und laden ihre Mit-S abschließend zur Stellungnahme ein: *So to sum up, I'm for/against having a prom at our school. What do you think?* L achtet darauf, dass unterschiedliche Meinungen präsentiert werden.

Zusatz Abschließend erhebt L ein Meinungsbild der Klasse (per Handzeichen).

Lösung Individuelle Lösungen.

3 NOW YOU The highlights of your school year

Erarbeitung **a) SB geöffnet. Think:** Die S listen in EA ihre *top three highlights* auf (vergangene oder geplante) und nutzen dazu ggf. die *Wordbank 2* (SB-Seite 145) oder ein Wörterbuch.

Lösung Individuelle Lösungen.

Erarbeitung **b)** **Pair:** Einigung auf mindestens zwei Höhepunkte gemäß SB. Die S notieren dazu stichwortartig einige Begründungen.

Erarbeitung **c)** **Share:** Je zwei Partnerpaare sprechen über ihre Höhepunkte des Schuljahres und berichten anschließend dem Plenum von Gemeinsamkeiten und Unterschieden.

Auswertung Im Plenum können die einzelnen *highlights* systematisiert werden, z. B. in einem Network. Anschließend erhebt L ein Meinungsbild der Klasse und kennzeichnet die beliebtesten Ereignisse im Network.

▶ WB 4–6, p. 18–19 ▶ DFF 2.5 ▶ INKL, p. 36–37

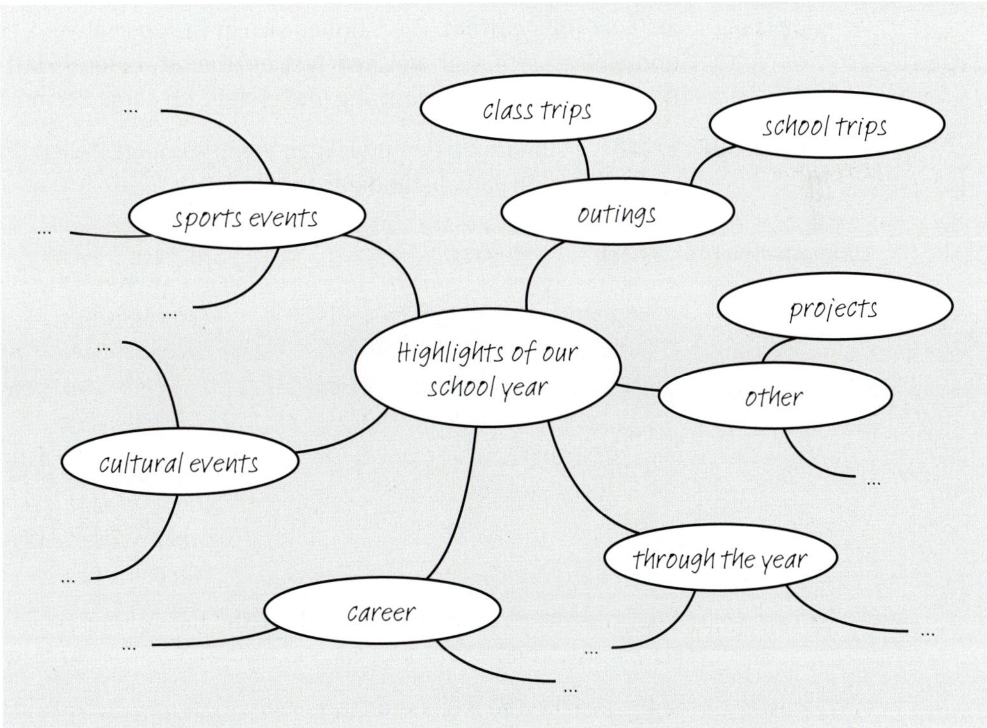

FOCUS ON LANGUAGE

Inhalt Anhand der Aussagen von vier (fiktiven) Schülern der *Boston West High School* über ihre *afternoon activities* lernen die S das Gerundium (*-ing form*) im Kontext kennen. Sie erschließen anhand von Beispielsätzen Bildung und Gebrauch des *gerund* und wenden es zur Beschreibung eigener Aktivitäten, Vorlieben und Abneigungen an. Außerdem wird die Steigerung der Adverbien geübt.

S. 40

1 After class – what's up?

Wortschatz **flute • look forward to doing sth. • get used to • bump into • dream (of/about** sth.**) • cheer • argue • artistic • volunteer** *(v)*

INFO-BOX Extracurricular activities

Im schulischen Leben der USA haben *extracurricular activities*, also Freizeitaktivitäten, die außerhalb des Unterrichts angeboten werden, eine große Bedeutung. Die Angebote können so unterschiedliche Aktivitäten wie die Mitgliedschaft in verschiedenen Sportteams, dem Orchester, dem Chor, einem Debattierclub, einer Schülerzeitung, der Schülervertretung, dem *Model United Nations* oder fachspezifischen Gruppierungen wie z. B. dem Mathe-Club betreffen. Während die *extracurricular activities* somit dem Angebot von nachmittäglichen AGs an deutschen Schulen ähneln, ist ihr Stellenwert für Schüler in den USA vergleichsweise höher. Für Mitglieder eines Sportteams ist es z. B. nicht unüblich, jeden Nachmittag nach Schulschluss gemeinsam zu trainieren, und die Teilnahme an außerschulischen Aktivitäten wird als wesentlicher Faktor für die erfolgreiche Bewerbung an renommierten Colleges eingeschätzt.

Struktur *-ing form (gerund):* Präsentation im Textzusammenhang zur Beschreibung persönlicher Vorlieben, Hobbys oder Abneigungen

Erarbeitung **a)** **SB geöffnet.** Die S finden sich in Gruppen à vier S zusammen (▶ Gruppenbildung) und einigen sich, wer welchen Text bearbeitet. Jeder S klärt in seinem Text unbekannte Begriffe, notiert die Bedeutung und erstellt für seine Person die Tabelle gemäß Vorlage.

Erarbeitung **b)** Innerhalb der jeweiligen Vierergruppen stellen die S ihre Notizen zu den Aktivitäten vor und vervollständigen ihre Tabellen.

Lösungsbeispiel

Namen	arts	sports	other
Andrew	playing the flute, going to band practice, playing in concerts	playing soccer	
Nicole		cheering at football and basketball games, going to cheerleading competitions	debating / discussing important subjects
Zoe	step-dancing		Asian club
Anuar		badminton club	volunteering club (helping other people)

Erarbeitung **c)** Die S legen den Gesprächsablauf fest (wer beginnt, Reihenfolge, evtl. ein Moderator) und tauschen sich anschließend in ihren Gruppen darüber aus, welche der vier beschriebenen Schüler sie am liebsten treffen würden. Sie begründen ihre Meinung u.a. mit den vorgegebenen Hilfen.

Auswertung Ein zufällig bestimmter S berichtet über die Ergebnisse der Gruppe.

Lösung Individuelle Lösungen.

More practice 4 p. 123 **Your comment**

Wortschatz °profile

Erarbeitung **SB geöffnet.** Gemäß SB. Geeignet als Hausaufgabe oder zur Bearbeitung in Freiarbeitsphasen.

Auswertung ▶ Correcting circle. Nach der Überarbeitung können die Texte in der Klasse ausgehängt (▶ Gallery walk) und / oder im Dossier abgeheftet werden.

Lösungsbeispiel *Hi Zoe!*
I thought your profile was very interesting because I like Asian cultures and would love to learn more about Asian films or food. I'm like you because I'm German but my parents came from Russia before I was born. At home we speak German and Russian. Sometimes we meet other people from Russia at special festivals or in our neighbourhood.
I'm different from you because I don't like dancing but I like (playing) volleyball. I go to a club in our town every Monday.
There's a question I'd like to ask you: Which country did your parents come from? And which language do you speak at home?

S. 41

2 The *-ing* form *(gerund)*

Struktur *-ing form (gerund)* als Subjekt, Objekt und nach Wendungen mit Präpositionen: Bewusstmachung

Erarbeitung **SB geöffnet.** Die S übertragen die FOCUS-Box in ihr Heft und ergänzen die Beispielsätze für **a)–c)**. Dabei markieren die S alle Satzteile gemäß der Vorlage.

Auswertung Die Beispielsätze werden im Plenum gesammelt und an der Tafel festgehalten (▶ Meldekette).

Zusatz Zur Festigung wird die Meldekette nach dem Vortrag der Beispielsätze mit weiteren Sätzen fortgesetzt.

Lösung **a)** *gerund* als Subjekt:
Cheerleading is a great sport.
Cheering ... is fun.
Debating is another cool activity.
Visiting old people, shopping for people, picking up garbage – these are some of the things that we do.
Doing sport isn't easy.
Doing sports isn't really my thing.

b) *gerund* als Objekt:
I love going to band practice.
I like playing the flute.
I like playing soccer.
I love going to competitions.
I enjoy discussing important subjects.
I prefer doing artistic stuff.
I started step-dancing.
I love eating.
I missed seeing my friends.

c) *gerund* nach Wendungen mit Präpositionen:
I always look forward to playing in concerts at school.
You get used to bumping into other players.
I always dreamed about being a cheerleader.
I'm nervous about standing up in front of people.
I'm good at arguing.
It's great for meeting people.
It's a good way of explaining Asian cultures to other Americans.
I'm just terrible at cooking.
I'm not very interested in doing other sports.
Then a teacher told me about volunteering.
The volunteering club is for people who are interested in helping other people.

3 Anuar's tips

Wortschatz **To start with, ... • ... a must** *(infml)* **• try hard • risk** *(n)* **• a piece of advice**

Struktur *-ing form (gerund)* als Subjekt: Einsetzübung, produktive Übung

Erarbeitung **a)** O **SB geöffnet.** Vorab ▸Semantisierung des neuen Wortschatzes. Anschließend EA gemäß SB.

Auswertung Auswertung im Plenum.

Anschließend arbeitet L mit den S heraus, dass alle Sätze dem Beispiel **a)** der FOCUS-Box (Subjektstellung) entsprechen. L: *Look at the gerunds in Anuar's tips. What do you notice? Which gerunds are like* **a)**, **b)** *or* **c)** *in the FOCUS box?*

Lösung ***1*** *Starting* • ***2*** *getting* • ***3*** *taking* • ***4*** *Joining* • ***5*** *chatting* • ***6*** *asking* • ***7*** *telling* • ***8*** *trying* • ***9*** *making* • ***10*** *looking* • ***11*** *playing*

Erarbeitung **b)** Nach einer kurzen Überlegungsphase beurteilen die S Anuars Verhaltensregeln im Plenum gemäß SB. Da es bei dieser Aufgabe primär um eine inhaltliche Auseinandersetzung mit den Tipps geht, sollte L hier auch Sätze, die kein *gerund* enthalten, akzeptieren.

Lösungsbeispiel *I don't agree with his last tip: playing it cool isn't always best. Sometimes it's better to say what you really think.*
I don't think that asking for advice is a good idea because it makes you look stupid.
I agree with his tip to join clubs because it's great for meeting people with the same hobbies.

O **Differenzierung** In lernschwächeren Klassen empfiehlt es sich, die Tipps durchzunummerieren (die Zahl der Tipps entspricht nicht der Zahl der Lücken!), da dies das Gespräch über die Tipps erleichtert.

Erarbeitung **c)** Gemäß SB.

Differenzierung Lernstärkere S sollten nicht daran gehindert werden, auch Sätze mit *gerunds* in der Objektstellung oder nach Wendungen mit Präpositionen zu formulieren.

Auswertung Auswertung als ► Meldekette im Plenum.

Lösungsbeispiel *Making jokes is always a good idea.*
Wearing lots of make-up isn't so good.
Wearing cool clothes is always a good thing.
...

► DFF 2.6

4 Words that go together

Struktur *-ing form (gerund)* nach Wendungen mit Präpositionen: gelenkte Übung

Erarbeitung **a) SB geöffnet.** Die S schreiben die *phrases* in ihr Heft, suchen zu jeder Box die passende Präposition und belegen das durch ein Textbeispiel. Die S markieren die Satzteile wie in Aufgabe **2 c)**. ► IAT

Hinweis: *I dream ...* aus der zweiten Box findet sich im Text in einer anderen Zeitform *(simple past), I'm interested ...* in einer anderen Person (3. Person Plural).

Auswertung Kontrolle durch ► Partner check und abschließend im Plenum.

Lösung

I'm good at arguing. (Nicole) *I'm terrible at cooking. (Zoe)*	*I dream about being a cheerleader. (Nicole: I always dreamed about ...)* *I'm nervous about standing up in front of people. (Nicole)*
look forward to playing in concerts. (Andrew) *You get used to bumping into other players. (Andrew)*	*The volunteering club is for people who are interested in helping ... (Anuar)* *I'm not very interested in doing other sports. (Anuar)*

Erarbeitung **b)** Die S schreiben unter Verwendung der *gerunds* aus **a)** einige Sätze über sich selbst auf Karteikarten – möglichst in Druckbuchstaben, damit die Handschrift von anderen S nicht identifiziert wird.

Um die eigene Karte später identifizieren zu können, markieren die S, bevor sie die Karte auf den Lehrertisch legen, ihre Karten mit einem Zeichen oder einem Fantasienamen.

Erarbeitung **c)** Jeder S liest die von ihm gezogene Karte eines anderen S und notiert darauf seine Vermutung darüber, wer das geschrieben hat.

Auswertung Einige S lesen die Sätze auf ihrer gezogenen Karte vor und benennen den vermuteten Mit-S. Falls die Vermutung nicht stimmt, darf die gesamte Klasse Vermutungen anstellen (► Meldekette). ► WB 7–8, p. 20–21

Alternative Damit alle Karten gewürdigt werden können, ohne dass das Spiel zu viel Zeit in Anspruch nimmt, erfolgen die Erarbeitung und die Auswertung zu **b)** und **c)** in drei Gruppen (drei Sitzkreise). Innerhalb dieser Gruppen werden die beschrifteten Karten von einem S eingesammelt, gemischt und wieder ausgeteilt.

S. 42

5 Likes and dislikes

Struktur *-ing form (gerund)* als Objekt nach Verben der Vorliebe und Abneigung

Erarbeitung **a) SB geöffnet.** Die S ordnen die Aussagen von der stärksten positiven Aussage über neutralere Aussagen bis hin zur stärksten negativen. ▶ IAT

Auswertung ▶ Partner check gemäß SB.

Differenzierung Lernstärkere S begründen ihre Einordnung der Sätze.

Lösung
I love swimming in the sea in the summer.
I like doing lots of outdoor activities with my friends.
I quite like living in the country.
I don't mind doing homework if it isn't too hard.
I don't enjoy being alone.
I hate getting up early, especially in the winter.

Erarbeitung **b)** Die S formulieren Sätze über ihre eigenen Vorlieben oder Abneigungen gemäß der Vorlagen aus **a)**.

Lösung Individuelle Lösungen.

6 Find someone who ...

Struktur *-ing form (gerund)* als Objekt und nach Wendungen mit Präpositionen: gelenkte Übung

Erarbeitung **a) SB geöffnet.** Gemäß SB.

Erarbeitung **b)** Gemäß SB. L weist die S darauf hin, dass sie Verben der Vorliebe und Abneigung verwenden sollen.

Erarbeitung **c)** Die S legen eine Tabelle für die geplante Umfrage an und formulieren entsprechende Fragen. S, die unter **d)** *follow-up questions* stellen wollen, benötigen neben der Fragen – und der Namensspalte eine dritte Spalte für Notizen.

Differenzierung Lernschwächere S nutzen ▶ KV 16: Find someone who ... mit einer vorbereiteten Tabelle mit Satzanfängen. Die KV enthält darüber hinaus eine Ideen-Box für das Bilden eigener Fragen sowie ein kleines Spiel zur Auswertung.

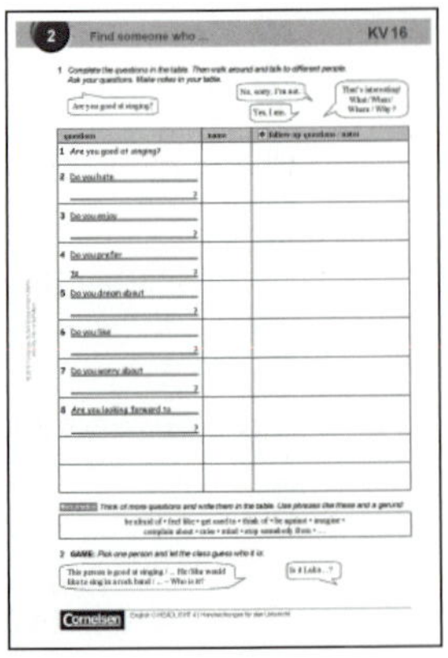

Lösung Individuelle Lösungen.

Erarbeitung **d)** ▶ Milling-around activity gemäß SB.

Hinweis: Die S stellen jede Frage solange, bis sie mindestens einen Mit-S gefunden haben, der sie bejaht.

Lernstärkere S stellen *follow-up questions* gemäß SB.

Auswertung **e)** Die S stellen Ergebnisse ihrer Umfrage im Plenum vor (▶ Meldekette). L gibt eine Mindestanzahl von Sätzen vor, die jeder S präsentieren soll (z. B. einen Satz zu jeder Frage).

Alternative Um die Sprechanteile aller S zu erhöhen, erfolgt die Auswertung in GA (vier Gruppen).

Differenzierung Lernstärkere S werten ihre Umfrage aus (mündlich oder schriftlich): *I talked to four / seven / ... students. Three of them ...*

Lösungsbeispiel *Samira enjoys playing an instrument. She plays the drums.* ▶ WB 9, p. 22 ▶ DFF 2.7

More practice 5 p. 123 **MEDIATION A new kid in class**

Wortschatz °communicate (with sb.)

Struktur Übertragung von englischen Aussagen mit *gerund* ins Deutsche

Erarbeitung **SB geöffnet.** Sprachmittlung ins Deutsche gemäß SB. L erinnert die S daran, dass es bei einer ▶ Mediation nicht um eine Wort-für-Wort-Übersetzung geht, und weist darauf hin, dass *gerunds* im Deutschen auf unterschiedliche Weise (meist freier) wiedergegeben werden (durch Substantivierung des Verbs, Infinitivkonstruktion oder einen abhängigen Nebensatz). Da es um gesprochene Sprache geht, sollten auch umgangssprachliche Übertragungen akzeptiert werden.

Auswertung Zunächst ▶ Partner check, anschließend Auswertung und Sammlung verschiedener Übersetzungsmöglichkeiten im Plenum.

Lösungsbeispiel

1 Ich liebe es, etwas über neue Kulturen zu lernen / erfahren. / Ich lerne sehr gerne neue Kulturen kennen. Ich freue mich wirklich / sehr darauf, auch etwas Deutsch zu lernen. / ...

2 Ich mache mir keine Sorgen / Gedanken (darüber), neue Freunde zu finden / ob ich neue Freunde finde. Ich finde es gut / mag es, neue Leute / Menschen kennen zu lernen. / Ich lerne gerne neue Leute kennen. / ...

3 Ich vermisse es, amerikanische Sportarten zu betreiben, aber ich habe Interesse daran, deutsche Sportarten kennen zu lernen. / Ich vermisse den amerikanischen Sport, interessiere mich aber auch dafür, deutsche Sportarten kennenzulernen. / ... würde aber sehr gerne auch deutsche Sportarten kennenlernen. / ...

4 Ich träume davon / brenne darauf, vor meiner Rückkehr in die Staaten viele europäische Städte zu besuchen / sehen. / Ich würde unheimlich gerne viele europäische Städte sehen, bevor ich in die Staaten zurückfahre. / ...

5 Mit euch zu sprechen macht Spaß. / Es ist super nett, mit euch zu quatschen. Danke, dass ihr mir helft, mit (den Leuten in) der Klasse zu sprechen. / ...

7 I can do it better

Struktur Die Steigerung der Adverbien

Erarbeitung **a) SB geöffnet.** Die S schreiben die Sätze mit gesteigerten Adverbien aus dem Text in ihr Heft und unterstreichen die Adverbien. Anschließend arbeitet L mit den S heraus, dass die Steigerungsformen der Adverbien wie die Steigerungsformen der Adjektive gebildet werden, z. B. anhand von *LF 13: The comparison of adverbs* (SB-Seite 189): Zwei- und mehrsilbige Adverbien werden mit *more/most* gesteigert *(more/most quickly, more/most carefully)*, einsilbige durch *-er/-est (harder/hardest, faster/fastest)*. Darüber hinaus gibt es auch unregelmäßig gesteigerte Adverbien *(better/best)*.

Lösung

Andrew: You have to work harder.
Zoe: My friends in the club can cook better than me.
Anuar: At my old school I made friends more easily.

Erarbeitung **b)** Der erste Satz wird unter Beachtung des gelben Tipp-Kastens gemeinsam im Plenum erarbeitet. Anschließend EA gemäß SB.

O Differenzierung In lernschwächeren Klassen wiederholt L mit den S vorab die Bildung von Adverbien allgemein und die Bildung der Adverbien aus **b)** im Besonderen.

Auswertung Auswertung im Plenum.

Differenzierung Lernstärkere S reflektieren, welche Regeln sie angewandt haben, um zunächst das Adverb zu bilden und es anschließend zu steigern (siehe blaue Klammern in der Lösung).

Lösung *1 more quietly* (*quiet – quietly:* regelmäßig gebildetes Adverb; *quietly – more quietly:* regelmäßig gesteigertes mehrsilbiges Adverb) • *2 harder* (*hard – hard:* unregelmäßig gebildetes Adverb; *hard – harder:* regelmäßig gesteigertes einsilbiges Adverb) • *3 more badly* (*bad – badly:* regelmäßig gebildetes Adverb; *badly – more badly:* regelmäßig gesteigertes zweisilbiges Adverb) • *4 more quickly* (*quick – quickly:* regelmäßig gebildetes Adverb; *quickly – more quickly:* regelmäßig gesteigertes zweisilbiges Adverb) • *5 faster* (*fast – fast:* unregelmäßig gebildetes Adverb; *fast – faster*: regelmäßig gesteigertes einsilbiges Adverb), *better* (*good – well:* unregelmäßig gebildetes Adverb; *well – better:* unregelmäßig gesteigertes Adverb) • *6 more calmly* (*calm – calmly:* regelmäßig gebildetes Adverb; *calmly – more calmly:* regelmäßig gesteigertes zweisilbiges Adverb), *more cleverly* (*clever – cleverly:* regelmäßig gebildetes Adverb; *cleverly – more cleverly:* regelmäßig gesteigertes mehrsilbiges Adverb)

8 Your profile: After class

Struktur *-ing form (gerund)* als Subjekt, Objekt und nach Wendungen mit Präpositionen: produktive Schreibübung

Erarbeitung **SB geöffnet.** Die S erstellen einen Text über ihre eigenen Aktivitäten außerhalb des regulären Unterrichts. Dazu können gehören:

- interessengeleitete Nachmittagsveranstaltung in der Schule
- Mitgliedschaft in Vereinen (Sportverein, freiwillige Feuerwehr, Karnevalsverein,....)
- regelmäßige Besuche anderer Institutionen (Musikschulen, religiöse Gruppen, Fitnessstudios, ...)
- Freizeitaktivitäten zu Hause und in den Ferien.

Auswertung Möglichkeiten, die Produkte vor der Ablage im Dossier zu würdigen:

- Die S lesen ihre Profile in Gruppen à vier S vor.
- Gemäß der kooperativen Lernform ► Appointments verabredet sich jeder S mit drei Mit-S, für deren Profile sie sich interessieren.
- Alle Profile werden im Klassenraum ausgehängt und können von allen S in den Folgestunden gelesen und ggf. nach vorher festgelegten Kriterien mit Klebepunkten prämiert werden.

Lösung Individuelle Lösungen.

► INKL p. 38–40

STORY The first day back

Inhalt Die S lesen einen Auszug aus dem Jugendroman *Twisted* von Bestseller-Autorin Laurie Halse Anderson:

Für Tyler Miller beginnt nach den Sommerferien das letzte Highschool-Jahr. Galt er vorher als ruhiger, strebsamer Schüler, ist ihm nun die Aufmerksamkeit seiner Mitschüler sicher, denn in den Sommerferien musste er wegen eines Graffitis einen sozialen Strafdienst an der Schule verrichten. Auch körperlich hat er sich gewandelt – vom unscheinbaren *nerd boy* zum attraktiven jungen Mann.

Dieser Tag ist gleichzeitig der erste Schultag seiner Schwester Hannah als *freshman* an der Highschool. Sie legt es darauf an, vom ersten Augenblick die Aufmerksamkeit auf sich zu lenken, und nutzt dazu auch die neue Popularität ihres Bruders.

S. 43–45

1 Introduction

Wortschatz °nerd • **community service** • **community**

Erarbeitung **SB geöffnet.** Lesen der Einführung im Plenum. L sichert die Bedeutung von *nerd* und *community service.*

▶ 1.16 Anschließend lesen die S die drei Fragen still und beantworten sie zur Sicherung des Globalverstehens schriftlich beim **1. Lesen/Hören** (z. B. im ▶ Mitleseverfahren).

Alternative **SB geschlossen.** Erarbeitung als reiner Hörtext: Die S notieren die drei Fragen im Heft und beantworten sie während des **1. Hörens** (Globalverstehen).

INFO-BOX Laurie Halse Anderson: Twisted

Die amerikanische Kinder- und Jugendbuchautorin Laurie Halse Anderson erhielt 2009 den *Margaret Edwards Award* der *American Library Association* für ihren Beitrag zur Literatur für junge Erwachsene. Die Handlungen ihrer Romane basieren auf ernsthaften und z. T. schmerzhaften Themen, die eine Rolle im Leben jugendlicher Leser spielen. Dazu zählen Inhalte wie z. B. sexueller Missbrauch, dysfunktionale Beziehungen im familiären Umfeld, Körperwahrnehmung und Krankheitsbilder oder Leistungsdruck. Der 2009 erschienene Roman „Twisted" spiegelt Geschlechterrollen an einer amerikanischen *High School* wider und wirft die Frage auf, was „Männlichkeit" in der gegenwärtigen (US-amerikanischen) Gesellschaft bedeutet.

The first day back

(adapted from the novel *Twisted* by Laurie Halse Anderson)

Wortschatz **S. 43:** °twisted • **pound** *(v)* • **go off** • **clean** *(adj)* • **like that** • **ignore** • **groceries** *(pl)* • **grab** • **drag** *(v)* • **zip up** sth. • **tuck** your shirt **in** • **untuck** your shirt

S. 44: tan *(v)* • **smart** • **peck** sb. • **cheek** • **burst, burst, burst** • **excitement** • **movie** *(bes. AE)* • **prison** • **I was arrested** • **look down your nose at** sb. • **thumb** • **spray-paint** *(v)* • °dork • **lobby** • °bullhorn • **growl (at)** • **responsible (for)** • **tap** sth. • **impress** • **belly button** *(infml)* • **infected** • **kill**

S. 45: head for sth. • **fix** sth. *(infml)* • **tooth,** *pl* **teeth** • **Are you kidding?** *(infml)*

○ Differenzierung In lernschwächeren Klassen wird der Text abschnittsweise erarbeitet und die dazugehörigen Fragen beantwortet:
- Frage 1 nach Zeile 11
- Frage 2 nach Zeile 58
- Frage 3 am Schluss

L kann die S auch auf die Bilder hinweisen.

● Differenzierung In lernstärkeren Klassen können Fragen 1 und 3 erweitert werden: *How do you know?*

Auswertung Vergleich der Antworten im Plenum.

Lösungsbeispiel
1 *Tyler is telling the story. (We know because he tells us how Hannah wakes him up and the picture shows a boy in bed.)*
2 *He spray-painted the front of the school.*
3 *Tyler doesn't seem to be happy about going back to school. (He wants to sleep as long as possible. / He thinks that the rules at school are stupid. / He puts on the same nerdy clothes as always. / He has never been a popular student, so school has never been a great place for him. / He doesn't think that school is a place where you are happy. / He got into trouble during the summer and is nervous. / ...)*

Hannah is very excited about going to school. (She gets up early. / It's her first day at high school. / She wants Tyler to look cool. / She thinks school is a place where you are popular, smart and happy. / She wants everybody to see her new piercing. / ...)

S. 45

2 Titles and captions

Wortschatz **title • be in a hurry**

Erarbeitung **a)** ◎ ▤ **SB geöffnet.** Bearbeitung gemäß SB, dabei bei Bedarf kursorisches **2. Lesen**.

Auswertung Zunächst ► Partner check, anschließend Vergleich im Plenum.

Lösung ***C • F • I • H • J • E • A • B*** (***D*** und ***G*** sind Distraktoren.)

Erarbeitung **b)** ◎ Die S suchen aus dem Text passende Sätze oder Satzteile zu jedem Bild.

//● p.124 Es handelt sich um eine Parallelübung auf zwei Niveaus. Lernstärkere S arbeiten auf SB-Seite 124. Sie formulieren die Bildunterschriften frei und erzählen die Geschichte mithilfe der Bildunterschriften nach.

Auswertung ► Partner check. Dabei lesen sich die S abwechselnd ihre Vorschläge vor und korrigieren sich gegenseitig, falls notwendig.

Zum Abschluss Absicherung im Plenum (► Meldekette).

Lösungsbeispiel

	◎	//●
A	*My plan was to roll out of bed. / You get out of that bed now!*	*Sleeping is much better than school!*
B	*You can't go to school like that! / No food until you change your clothes!*	*What's wrong with my clothes?*
C	*Just one more thing. / She put some stuff in my hair.*	*Hannah is doing my hair.*
D	*Look in the mirror! / I had changed a lot during the summer.*	*Hey, I'm cool!*
E	*She believed that high school was a place where you are popular and happy. / Why are people staring at us?*	*Back in prison*
F	*I was arrested and everything changed.*	*Getting into trouble changed my life. / Tyler – nerd boy, dangerous or hero?*
G	*Remember our little chat. / I'm watching you!*	*The scary principal*
H	*A new piercing / How do I look?*	*Hannah looks like a mistake.*

3 About Tyler and Hannah

Erarbeitung

SB geöffnet. 2./3. Lesen (Detailverstehen): Die S vervollständigen die Halbsätze mit Informationen aus den angegebenen Abschnitten.

Auswertung

▸ Partner check: Abwechselnd liest jeweils ein S den ersten Teil des Satzes, der Partner ergänzt den zweiten Teil.

Lösungsbeispiel

__1__ Hannah wanted Tyler to get up because she didn't want to miss the bus/she was excited about her first day at the new school/... • __2__ Hannah thought Tyler looked better now because he didn't look like a nerd anymore/he untucked his shirt/... • __3__ Tyler looked different after the summer, for example he looked tall, tanned and well-built/his clothes were smart and he had gel in his hair. • __4__ Hannah was excited when she got to school because she believed that high school was a great place/she was a freshman/... • __5__ Some students respected Tyler now because he had spray-painted the school/he had done something dangerous/... • __6__ Hannah seemed impressed when the principal talked to Tyler.

More practice 6 p. 124 Words and phrases

Erarbeitung

SB geöffnet. Die S notieren die Umschreibungen 1 bis 10 in ihrem Heft, suchen in den angegebenen Abschnitten die umschriebenen Ausdrücke und fügen sie mit Zeilenangabe hinzu.

Auswertung

▸ Partner check: Abwechselnd liest je ein S die vorgegebene Umschreibung und der Partner nennt den gesuchten Begriff.

Abschluss im Plenum (▸ Meldekette).

Lösung

__1__ pound (l. 5) • __2__ ignore (l. 15) • __3__ grocery store (l. 17) • __4__ cheek (l. 37) • __5__ hurry up (l. 37) • __6__ stare (l. 47) • __7__ lobby (l. 59) • __8__ responsible (l. 66) • __9__ shut up (l. 81) • __10__ Are you kidding? (l. 85)

---

4 Image at school: What do you think?

Wortschatz

image

Erarbeitung

SB geöffnet. Nach der ▸ Gruppenbildung (drei bis vier S) diskutieren die S die Fragen aus dem SB nacheinander. Damit jeder S zum Zuge kommt, sollte zu Beginn der Diskussion jeder S ein kurzes Statement zu der Frage vortragen – entweder ein neues Argument oder die Zustimmung bzw. Ablehnung eines vorangegangenen Arguments. Bei Bedarf kann ein S als Moderator bestimmt werden (nach jeder Frage ein anderer S), der die Diskussion lenkt. Mithilfe der ▸ English-only-Karte kann sichergestellt werden, dass die S möglichst auf Englisch miteinander diskutieren.

Zusatz

Um zu gewährleisten, dass alle S sich an der Diskussion beteiligen, kann L ▸ Discussion tickets verteilen.

Auswertung

Ein S wird bestimmt (z. B. nach der Methode ▸ Democratic vote), die Ergebnisse der Diskussion im Plenum zusammenzufassen.

Lösung

Individuelle Lösungen.

▸ WB 11–13, p. 23 ▸ INKL p. 41–43

More challenge 3 p. 124 Points of view

Erarbeitung

a)/b) **SB geöffnet.** Kreative Schreibaufgabe mit Neigungsdifferenzierung gemäß SB. Als schriftliche Hausaufgabe geeignet.

Auswertung

Die S lesen ihre Texte in kleinen Gruppen vor. Die zuhörenden S geben ein Feedback (wie zu Aufgabe **2**, SB-Seite 35).

Lösungsbeispiel

a) *Hannah's diary*
My first high school day! I didn't want to be late, so I woke up Tyler very early. Oh my god, he came downstairs looking like a nerd! I couldn't go to school with him like that, so I made him change his clothes and style his hair. He actually looked cute!
At school everybody was staring at us, or him – probably because of what he did in the summer. Even the principal spoke to him. Wow, my brother is famous! But when he saw my new belly button piercing he was the same old nerd. I hope Tyler won't tell mom about it. Actually it still hurts, but I've been waiting my whole life to have one, and nobody is going to stop me! All in all an exciting first day as a freshman! I can't wait to go again!

SKILLS TRAINING Listening

Inhalt
Anhand von Lautsprecherdurchsagen in der Schule, im Zug und im New Yorker *9/11 Memorial* trainieren die S gezielt das Hörverstehen (verschiedene Aufgabenformate zum Global- und Detailverstehen).

S. 46

1 School announcements

Wortschatz
announcement • °Pledge of Allegiance

INFO-BOX Pledge of Allegiance

Der *Pledge of Allegiance* ist ein aus einem Satz bestehender Treueschwur, der in vielen US-amerikanischen Schulen zu Beginn des Schultages sowie im politischen oder öffentlichen Kontext vor Sitzungen gemeinsam rezitiert wird. Die Sprecher bekennen ihre Loyalität gegenüber der US-amerikanischen Flagge und der Republik, für die sie steht. Für gewöhnlich stehen die Teilnehmenden während des Schwurs und legen die rechte Hand aufs Herz.
In 45 der 50 Bundesstaaten der USA ist der *Pledge of Allegiance* gesetzlich im schulischen Alltag verankert. Zu den Ausnahmen zählen die Staaten Vermont, Oklahoma, Hawaii, Iowa und Wyoming. Die Rezitation des Schwurs ist im öffentlichen Schulsystem keineswegs unumstritten und insbesondere die Formulierung „one nation under God" wird vor dem Hintergrund der Religionsfreiheit kritisiert.

Erarbeitung ▶ 1.17
a) **SB geöffnet.** Hypothesenbildung anhand von Fotos zur Vorbereitung auf den Hörtext: Die S notieren ihre Vermutungen in einer Tabelle (siehe Lösung). Anschließend **1. Hören** (Globalverstehen) und Abgleich der Vermutungen.

Lösungsbeispiel

	left photo	*right photo*
Who is in the photo?	*the principal*	*students*
Where are they?	*library / principal's room / teachers' room*	*assembly / classroom*
What are they doing?	*speaking / smiling*	*singing*

Erarbeitung
b) Die S schreiben die Notizen A–H in ihr Heft. Anschließend **2. Hören**: Die S notieren die Reihenfolge (1–6) hinter die Notizen (A–H) und streichen die beiden Distraktoren.

▶ IAT

Auswertung
Abgleich im Plenum (▶ Meldekette). L sichert Bedeutung und Aussprache von *announcement* und *Pledge of Allegiance*.

Lösung
F* • *H* • *B* • *C* • *E* • *A • Distraktoren: ***D, G***

More practice 7 p. 124 More questions

Erarbeitung
SB geöffnet. Die S notieren die Antworten stichwortartig während des **3. Hörens** (Detailverstehen).

Auswertung
▶ Partner check und Abgleich im Plenum (▶ Meldekette).

Differenzierung
Die Präsentation des Hörtextes wird mehrfach unterbrochen, damit die S Zeit haben, Notizen zu machen.

Lösung
1 *the girls' soccer team* • ***2*** *the senior boys' basketball team* • ***3*** *to support the school teams* • ***4*** *leave valuables in their lockers* • ***5*** *at ten o'clock* • ***6*** *at 5.45 a.m.* • ***7*** *back lot, in official parking spots* • ***8*** *They will get a ticket.*

2 On the train

Wortschatz **possible** • **belongings** *(pl)*

Erarbeitung **SB geschlossen.** L weist die S darauf hin, dass die folgende Lautsprecherdurchsage nur einmal zu hören ist (wie in einer Realsituation). L: *We're going to hear an announcement in a train. What does the official ask or tell the passengers? You can only listen once, so be ready!*

▸ 1.18 **SB geöffnet.** Nach dem **1. Hören** wählen die S zur Sicherung des Globalverstehens die passende Antwort aus.

// ● p.125 Es handelt sich um eine Parallelübung auf zwei Niveaus. Lernstärkere S arbeiten auf SB-Seite 125. Sie erhalten keine Auswahl, sondern formulieren die Antwort selbst.

Auswertung Abgleich im Plenum.

Lösung *3 He asks people to take their belongings off the seats to make space for other passengers.*

3 At the 9/11 memorial

Wortschatz **memorial** (**to** sb./sth.) • **visitor pass**

INFO-BOX Das 9/11 Memorial

Das *9/11 Memorial* wurde zehn Jahre nach den Terroranschlägen des 11. September 2001 auf der Grundlage des Masterplans von Daniel Liebeskind von den Architekten Michael Arad und Peter Walker in New York am *Ground Zero* errichtet und am 12. September 2011 offiziell eröffnet. Mittelpunkt der Gedenkstätte sind zwei Becken, die an exakt der Stelle errichtet wurden, an der einst der Nord- und Südturm des *World Trade Centers* standen. Das Mahnmal ist allen Opfern der Anschläge auf das *World Trade Center* (1993 und 2001) und das Pentagon, den Passagieren der entführten Flugzeuge sowie den Rettungskräften und freiwilligen Helfern gewidmet, die bei den Anschlägen ihr Leben verloren. In den Kupferrand der Becken sind die Namen der 2.983 Verstorbenen eingraviert, und in ihrem Zentrum befindet sich jeweils eine Öffnung, durch die das Wasser neun Meter tief in zwei unterirdische Bassins fällt. Das Tageslicht wird in diesen Wasserfällen reflektiert und kreiert Lichtreflexe, die das Museum und die Gedenkräume unter der Stätte erleuchten.

Erarbeitung ▸ 1.19 **SB geöffnet.** Die S notieren beim **1. Hören** (Globalverstehen) die Reihenfolge der Bilder. Beim **2. Hören** kontrollieren sie ihre Entscheidungen und korrigieren sie, falls nötig.

Differenzierung In lernschwächeren Klassen beschreiben die S vor dem **1. Hören** die Bilder. L hilft dabei mit *keywords*, die für das Hörverstehen zentral sind, z. B. *x-ray machine*, *wrist band* und *ID*.

Auswertung ▸ Meldekette im Plenum.

Lösung ***C • F • A • D • B • E***

▸ WB 14–15, p. 24 ▸ INKL p. 44

Zusatz Die S erhalten ▸ KV 17: The 9/11 Memorial – Find out more mit einer Internet-Rallye zur Website des *9/11 Memorial*.

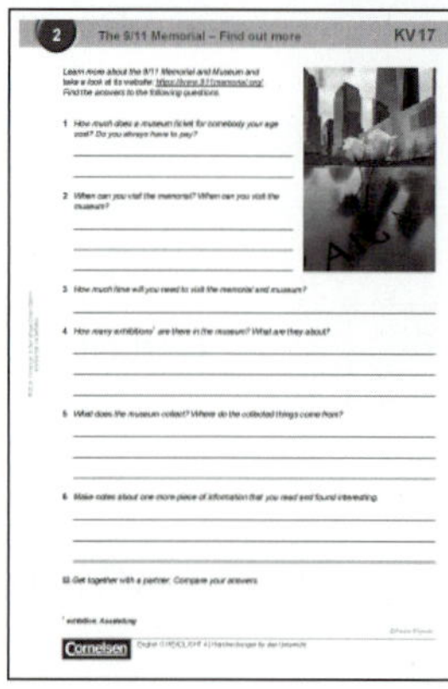

Lösung

1 Youth (7–17): $ 15. On Tuesday evenings (after 5 p.m.) you don't have to pay.

2 • memorial: evening day from 7.30 a.m. to 9 p.m.
• museum: Sunday to Thursday: 9 a.m. to 8 p.m.
Friday & Saturday: 9 a.m. to 9 p.m.

3 two hours

4 • historical exhibition: what happened before, on and after 9/11
• memorial exhibition: about the people who died in the attacks of 2001 and 1993

5 photos, audios, videas, digital files, websites, biographies, profiles ... Many things come from the families of the people who died.

More challenge 4 p. 125 **More about the visit**

Erarbeitung

a) **SB geöffnet.** Die S lesen die Hörauftrage. Anschließend **3. Hören** (Detailverstehen) und Notieren der Antworten gemäß SB.

Lösungsbeispiel

1 *Visitors/You have to show their/your visitor pass when they/you go into the memorial. • Visitors/You must be ready to show their/your bags. • Visitors/You must show respect for the place. • ...*

2 *Visitors/You aren't allowed go into the memorial before the time given on the visitor pass. • Visitors/You mustn't throw anything into the pools. • Visitors/You aren't allowed to smoke. • Visitors/You mustn't drop litter in the memorial. • ...*

3 *Visitors/You could look out for the survivor tree. • Visitors/You can visit the museum and find out more. • Visitors/You can buy a wrist band with the words* 9/11 Memorial. • ...

Erarbeitung

b) Die S formulieren die Besucherhinweise gemäß SB. Sie können dazu den Hörtext weitere Male gezielt anhören.

Auswertung

► Partner check und Vorlesen im Plenum.

Lösungsbeispiel

A *All bags will be scanned by x-ray machines, so have your bags ready.*

B *Don't forget to look at the survivor tree. It survived the attacks on 9/11 and is a symbol of hope.*

C *Your entry time for the memorial is on the visitor pass. You can come to the entrance 30 minutes before your entry time.*

D *Please show respect for this place – don't throw anything into the pools.*

E *You can buy souvenirs like this 9/11 memorial wrist band in the souvenir shop. The money will go to the work we do.*

F *Have your ID ready all the time. Officials might ask you to show it.*

SKILLS TRAINING Reading course (2)

Inhalt Am Beispiel eines Leserbriefes zum Thema *Powderpuff* üben die S die Lesetechnik *Skimming* sowie das Finden und Erschließen der wichtigsten Aussagen eines Textes.

S. 47

1 What's it about?

Wortschatz °Powderpuff • **editor** • **tradition** • **Thanksgiving** • **dress** *(v)* • **dress** *(n)* • **spirit** • **aggressive** • **while** • **Box 'German „während"'** (SB-Seite 214) • **ban** *(v)* • **Sincerely, ...** *(AE)*

INFO-BOX Powderpuff

Wortwörtlich bezeichnet der Begriff *Powderpuff* eine Puderquaste für das Auftragen von Gesichtspuder. Im Bereich des Sports wird die gleiche Bezeichnung für *American Football*-Spiele unter Mädchen an amerikanischen *High Schools* und Universitäten benutzt. In der Regel finden derartige Veranstaltungen einmal pro Jahr statt und der Erlös der Eintrittskarten wird für wohltätige Zwecke gespendet. *Powderpuff* wird als eine weniger verletzungsintensive Variante nach Art des *Flag Football* gespielt, bei der das *Tackling* des *American Football* vermieden wird.
Obwohl die *Powderpuff*-Spiele an vielen Schulen zum Alltag zählen, gibt es immer wieder auch Stimmen, die die Veranstaltungen als sexistisch und herabwürdigend für die Schülerinnen kritisieren. Hier gehe es nicht um die Förderung von Mädchensport. Vielmehr würde die – vermeintliche – Umkehrung der tradierten Geschlechterrollen die Stereotypisierung von Mädchen als unsportlich und schwach noch verstärken. Auch das Anfeuern der Mädchenmannschaften durch als Cheerleader verkleidete männliche Schüler wird häufig als Verspottung der Spielerinnen und Cheerleaderinnen empfunden. Es ist daher nicht unüblich, dass Schulleitungen entscheiden, *Powderpuff*-Spiele zu untersagen.

Einstieg **SB geschlossen.** Gelenktes Unterrichtsgespräch im Plenum. Impulsfragen:

- *What do you know about American football? (American sport/similar to rugby/mostly men play it/the ball isn't round/players wear helmets/...)*
- *Would you like to play American football? Boys? Girls?*
- *What do you know about cheerleading? (tradition in the US/mostly girls do it/cheerleaders usually cheer at football games/...) Do you think it's a sport?*
- *Would you like to do cheerleading? Girls? Boys?*

Überleitung L: *What do kids in the US think about girls playing football and boys cheerleading? Let's find out.*

Erarbeitung **a)** **SB geöffnet.** Die S lesen die Aufgabenstellung, den Tipp zum *Skimming* (s. a. ▸ Lesetechniken) und versuchen innerhalb einer kurzen vorgegebenen Zeit (ca. eine Minute), das Thema des Leserbriefes zu erfassen (auch unter Einbeziehung des Bildes unten neben dem Leserbrief). Da es hier nicht darum geht, alle Details zu verstehen, sollte der unbekannte Wortschatz aus dem Leserbrief erst bei **b)** gesichert werden.

Auswertung ▸ Partner check. Dabei nennen die S ihrem Partner die Stellen, an denen sie die Antwort festmachen. Abschlusssicherung im Plenum.

Lösungsbeispiel *The letter is about girls playing football and boys cheerleading./The letter is about the question if Powderpuff is ok or not./The letter is about a game called Powderpuff./...*

Erarbeitung **b)** Die S lesen den Text in EA, notieren unbekannte Begriffe und erschließen selbstständig die Bedeutungen. Anschließend formulieren sie eine kurze Definition des Begriffes *Powderpuff*.

Auswertung ▸ Partner check. Dabei nennen die S einem Partner die Stellen, an denen sie die Antwort festmachen. Abschlusssicherung im Plenum.

Lösungsbeispiel *Powderpuff is a game where girls play football and boys do the cheerleading.*

2 The main point of a text

Wortschatz main

Erarbeitung **a)** **SB geöffnet.** Die S lesen die Aufgabenstellung und den zugehörigen Tipp und versuchen, den *main point* des Textes im ersten Abschnitt des Leserbriefs zu identifizieren.

Auswertung ▶ Partner check. Dabei nennen die S ihrem Partner die Stellen, an denen sie die Antwort festmachen. Abschlusssicherung im Plenum.

Lösung *3 Powderpuff must end now.*

Erarbeitung **b)** Die S lesen die Aufgabenstellung und den zugehörigen Tipp und versuchen, den *main point* der anderen Abschnitte selbst schriftlich zu formulieren.

Auswertung Die S lesen einem Partner ihre Formulierung vor und benennen entsprechende Textstellen. Abschlusssicherung im Plenum.

Lösungsbeispiel 2. Abschnitt: *positive things about Powderpuff*
3. Abschnitt: *negative things about Powderpuff*
4. Abschnitt: *summary – Powderpuff should be banned.*

Erarbeitung **c)** Die S lesen die Aufgabenstellung und den zugehörigen Tipp und finden die Argumente und Beispiele für beide Positionen. Dazu kann L eine Tabelle vorgeben (s. u.).

Auswertung ▶ Partner check gemäß SB. ▶ WB 16–17, p. 26–27 ▶ DFF 2.8 ▶ INKL p. 45

Lösungsbeispiel

positive things about Powderpuff	*negative things about Powderpuff*
– *it's a popular tradition (around Thanksgiving break)* – *lots of students like to watch it (they laugh and cheer)* – *it's funny (boys do the cheerleading)* *=> Powderpuff is fun and good for the school spirit*	– *the game is often aggressive (girls fight and get hurt)* – *girls look silly because they don't train for football* – *boys look silly as cheerleaders and cheerleading isn't silly* *=> Powderpuff doesn't respect girls' sports and it doesn't respect boys who do cheerleading*

More practice 8 p. 125 More letters to the editor

Wortschatz °sexist

Erarbeitung **a)** **SB geöffnet.** Die S lesen die Aufgabenstellung, überfliegen beide Briefe gemäß der ▶ Lesetechnik *Skimming* und notieren ihre Antwort.

Auswertung Auswertung zu **a)**, **b)** und **c)** nach der Methode ▶ Bus stop.

Lösung *Sky's letter is **for** Powderpuff.*
*Joel's letter is **against** Powderpuff.*

Erarbeitung **b)/c)** Die S entscheiden sich, welchem der beiden Briefe sie eher zustimmen. Diesen Brief lesen sie noch einmal und notieren die wichtigsten Aussagen eines jeden Abschnitts.

Differenzierung Lernstärkere S, die ihre Aufgaben schnell erledigt und verglichen haben, beginnen mit *More challenge 5.*

Lösungsbeispiel ***Sky's letter:***

1. Abschnitt: *I don't agree with Melissa (that Powderpuff should be banned).*
2. Abschnitt: *Powderpuff is very popular and everybody has a good time.*
3. Abschnitt: *Powderpuff is good for the school spirit because the whole school comes together.*
4. Abschnitt: *summary – We should keep Powderpuff.*

Joel's letter:
1. Abschnitt: *I agree with Melissa (that Powderpuff should go).*
2. Abschnitt: *Powderpuff can be dangerous.*
3. Abschnitt: *Lots of students don't come to the game.*
4. Abschnitt: *Powderpuff is sexist.*
5. Abschnitt: *Ideas for a different way to celebrate Thanksgiving break.*
6. Abschnitt: *summary – We should stop Powderpuff and find something better.*

Zusatz L erhebt Meinungsbild der Klasse zum Thema *Powderpuff*.

More challenge 5 p. 126 Your letter to the editor

Erarbeitung **SB geöffnet.** Lernstärkere S entscheiden sich für eins der drei Themen **a)–c)** und schreiben einen Leserbrief. Beim Schreiben orientieren sie sich hinsichtlich Länge, Aufbau, Struktur und Redemittel an Melissas Brief sowie den Briefen auf SB-Seite 125. Als Hausaufgabe geeignet.

Auswertung Auswertung nach der Methode ▸ Bus stop, wobei die Phase mit möglichen Korrekturen der eigenen Texte endet. Zum Abschluss werden einige Texte im Plenum vorgelesen und dann alle Texte im Klassenraum ausgehängt.

Lösung Individuelle Lösungen.

SKILLS TRAINING Writing

Inhalt Ausgehend von einer Mindmap werden die S schrittweise angeleitet, einen Text zu verfassen und zu überarbeiten. Dazu vergleichen sie ihre eigene Schule mit einer typischen *US high school*. In EA erstellte Textbausteine werden in Gruppenphasen überprüft, korrigiert und ergänzt. Zum Abschluss werden die einzelnen schriftlichen Ausarbeitungen zu einem Gesamttext der Gruppe zusammengefügt und gemeinsam ein Abschlussabschnitt erarbeitet.

S. 48

1 Comparing your school and a US high school

Wortschatz **compare • smoke** *(v)* **• appropriate**

Einstieg **SB geöffnet.** Vorab ▶ Klären der Arbeitsanweisung: Die Aufgaben 1 bis 4 hängen zusammen und führen in mehreren Teilschritten (teils EA, teils GA) zu einer gemeinsamen Textproduktion jeder Dreiergruppe.
Anschließend ▶ Gruppenbildung (die Aufgabe eignet sich für heterogene GA). Es sollte keine Zeitbegrenzung geben. Gruppen, die fertig sind, können ihren Text um die Beantwortung von *More challenge 6* (s. u.) ergänzen.

Erarbeitung **a)** Die S lesen in EA die vorgegebene Mindmap und erschließen unbekannte Begriffe. Anschließend fertigen sie mit der vorgegebenen Struktur eine entsprechende Mindmap für die eigene Schule an.

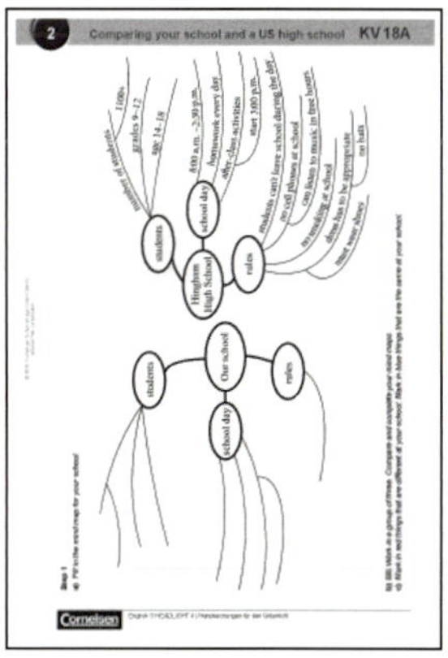
2 Comparing your school and a US high school KV 18A

Differenzierung In lernschwächeren Klassen erhalten die S ▶ KV 18A: Comparing your school and a US high school. mit einem Vordruck der Mindmap.

Auswertung **b)** In Dreiergruppen vergleichen die S ihre Mindmaps, diskutieren Unterschiede und ergänzen ihre eigenen Entwürfe.

Erarbeitung **c)** Die S markieren in EA Unterschiede und Gemeinsamkeiten gemäß SB.

Anschließend Vergleich in der Gruppe.

Lösung Individuelle Lösungen.

2 Preparing to write

Wortschatz **in some ways**

Erarbeitung **a)** **SB geöffnet.** Die S einigen sich in der Gruppe auf einen Anfangssatz und notieren ihn.

Erarbeitung **b)** Die S einigen sich in jeder Gruppe, wer welches Thema bearbeitet, und fertigen mithilfe ihrer Mindmaps eine stichwortartige Struktur für ihren Absatz an. L sollte die S darauf hinweisen, dass die Absätze inhaltlich zum Tenor des Anfangssatzes passen sollten.

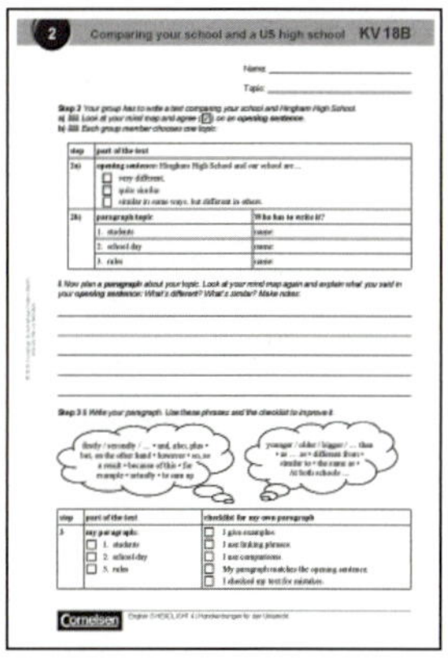
2 Comparing your school and a US high school KV 18B

Differenzierung In lernschwächeren Klassen erhalten die S ▶ KV 18B: Comparing your school and a US high school. Die KV enthält eine kleinschrittigere Anleitung mit einer Tabelle zur Arbeitsorganisation mit nützlichen Wendungen und einer Checkliste zum Schreiben.

Lösung Individuelle Lösungen.

More help p. 126 S, die weitere Hilfen benötigen, erhalten Redemittel zum Vergleichen und weitere Hinweise.

3 How to improve your writing

Wortschatz **however • advantage • when it comes to ...**

Erarbeitung **a)** **SB geöffnet.** Jeder S schreibt in EA seinen Absatz unter Nutzung der bis dahin erarbeiteten Inhalte, Redemittel sowie passender *linking words* – wenn möglich auf einem Computer, um anschließend unproblematisch Korrekturen vornehmen zu können.

Lösung Individuelle Lösungen. ▶ WB 18, p. 26

More practice 9 p. 127 Linking phrases

Wortschatz °just over

Erarbeitung **SB geöffnet.** Die S schreiben die vorgegebenen Sätze in ihr Heft und setzen die passenden *linking words* ein. Auch geeignet als vorbereitende Übung vor dem Ausformulieren der Absätze in Aufgabe **3a)**.

Auswertung Kontrolle innerhalb der Dreiergruppe.

Lösung ***1*** *For example* • ***2*** *But* • ***3*** *Plus* • ***4*** *So* • ***5*** *but*

Erarbeitung **b)** Lernstärkere S erweitern ihren Text durch Einbeziehung einer oder mehrerer der angegebenen *phrases*.

Lösung Individuelle Lösungen.

4 Putting it all together

Auswertung **a)** **SB geöffnet.** ▶ Correcting circle gemäß SB. Die S markieren eventuelle Fehler in den Texten ihrer beiden Partner und notieren Korrekturvorschläge.

Differenzierung In lernschwächeren Klassen erhalten die S ▶ KV 18C: Comparing your school and a US high school. Die KV enthält Checklisten für das Feedback sowie nützliche Wendungen für den letzten Absatz.

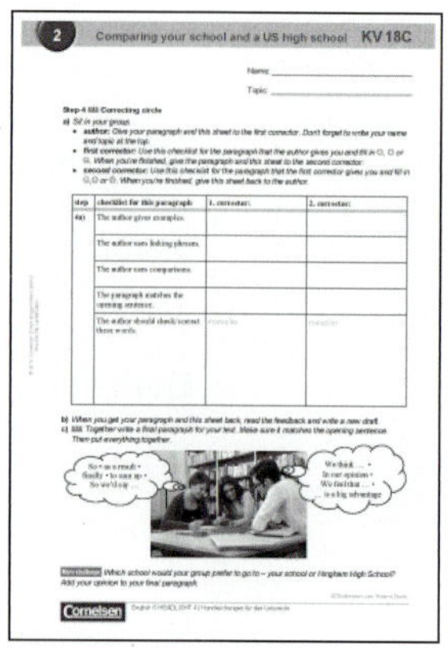

Erarbeitung **b)** Die S lesen die Korrekturvorschläge ihrer beiden Partner, klären bei Bedarf Fragen untereinander und überarbeiten anschließend ihre Texte.

Erarbeitung **c)** Die S setzen nun die verschiedenen Textteile (Einleitungssatz aus **2a** und die drei Absätze aus **3)** zu einem Gesamtdokument zusammen (am Computer oder auf einem Plakat) und schreiben gemeinsam einen abschließenden Absatz (Fazit, Zusammenfassung), der zum Einleitungssatz passen sollte.

Erarbeitung **d)** Die Gruppen präsentieren ihre Produkte im Plenum. Dies kann arbeitsteilig erfolgen oder nach der Methode ▶ Democratic vote.

Alternative Die Produkte werden im Klassenraum aufgehängt und können in Form eines ▶ Gallery walk gewürdigt werden.

Auswertung Reflexion über die gesamte Arbeitsphase innerhalb der Dreiergruppe, indem zu folgenden Fragen Notizen gemacht werden (s. a. ► Metakognition):

- *What was difficult for me/us?*
- *What helped me/us?*
- *The work in our group was good/OK/... because ...*
- *Ideas for improving our work: ...*
- *I've learnt ...*

Die Ergebnisse der Reflexionsphase in den Dreiergruppen werden abschließend im Plenum vorgetragen (► Meldekette). ► INKL p. 46 ► DFF 2.9

Lösung Individuelle Lösungen.

More challenge 6 p. 127 Your choice

Erarbeitung **SB geöffnet.** Schriftlich in EA gemäß SB. Als Hausaufgabe geeignet.

Auswertung Vorlesen der Texte im Plenum. Zuhörende S geben ein Feedback.

SKILLS TRAINING Viewing

Inhalt Layla und Dylan führen durch Boston. Im beliebten Park *Boston Common* treffen sie auf Max, Charlie und Laurie, drei Jugendliche aus Boston, und fragen sie nach ihren Freizeitaktivitäten. Vom Park aus geht es in die nahegelegene Einkaufsstraße *Newbury Street*. Hier stöbern Dylan und Layla im berühmten Flagship-Store für Popkultur, *Newbury Comics*. Im letzten Teil des Clips zeigt Emily, eine Austauschschülerin aus Großbritannien, in einem *video blog (vlog)* ihr Bostoner Zuhause in einer typischen Wohngegend und weist auf sprachliche und kulturelle Unterschiede zwischen ihrem Heimatland und den USA hin.

S. 49

Teens in Boston

1 What's the programme about?

Erarbeitung **a) SB geöffnet.** Die S schauen sich in EA die Fotos an, spekulieren über den Inhalt des Films und machen sich dazu Notizen.

Auswertung Die S vergleichen ihre Vermutungen mit einem Partner. Anschließend Sammeln im Plenum. L hält die Vermutungen zur späteren Überprüfung an der Tafel fest.

Lösungsbeipiel *Part 1: students in a park – chilling / talking / planning /...*
Part 2: students in a shop – looking at shirts / trying something on / buying a present / ....
Part 3: a girl on a street – going home / visiting somebody / taking a selfie / ...

Erarbeitung ▶ **b)** **1. Sehen** (Globalverstehen): Die S bestätigen oder korrigieren ihre Vermutungen aus **a)** (mit einem Partner oder im Plenum).

2 What can you remember?

Erarbeitung **a)** **SB geöffnet.** Arbeitsteilige Gruppenarbeit nach der Methode ▶ Jigsaw. In jeder Dreiergruppe (▶ Gruppenbildung) einigen sich die S darauf, wer Aufgabe A, B oder C bearbeitet. Anschließenden **2. Sehen**: Die S machen sich zu ihrer jeweiligen Aufgabe in EA Notizen.

Erarbeitung **b)** Die S treffen sich in arbeitsgleichen Expertengruppen (Gruppe A, Gruppe B, Gruppe C) und vergleichen und ergänzen ggf. ihre Notizen. Auf ein Signal von L (z. B. nach zwei Minuten) kehren die S in ihre Stammgruppen aus **a)** zurück und berichten von dem Ergebnis aus der Expertenrunde. Die beiden jeweils zuhörenden Gruppenmitglieder machen sich Notizen, so dass jeder S am Ende Ergebnisse zu A, B und C angefertigt hat.

Abschließend schauen sich alle S das Video erneut an und überprüfen alle Notizen.

Auswertung Ergebnissicherung im Plenum.

Lösung ***A:*** *chilling in the park, watching people, chatting, going downtown (to Newbury Comics), going shopping, going to the mall / market, playing basketball, playing waterpolo, running, going to a dance class (hip-hop, jazz, ballet, tap-dancing), watching baseball games, singing, playing computer games*

B: *comics, funny glasses, crazy masks, toy animals, films, stickers / magnets, guitars, baseball caps, shoes, T-shirts, postcards*

C: *ground floor (BE) – first floor (AE) • flat (BE) – apartment / condo (AE) • mum (BE) – mom (AE)*

Differenzierung Lernstärkere S benennen weitere Unterschiede zwischen Großbritannien und den USA, auf die Emily hinweist.

Lösung *more TV programmes, more adds, pancakes for breakfast, ice-maker, big fridge*

3 NOW YOU Your comments about the programme

Erarbeitung **a) SB geöffnet.** Die S notieren in EA Stichworte zu den vorgegebenen Fragen.

Erarbeitung **b)** ► Double circle gemäß SB. Nach Abschluss des Doppelkreises ergänzen die S ihre Notizen durch Anregungen, die sie durch ihre Gespräche erhalten haben.

Erarbeitung **c)** Mithilfe ihrer Notizen schreiben die S einen Kommentar für die Website der Sendung. Dazu nutzen sie die Hinweise zur Ideenfindung, zum Strukturieren, Schreiben und Überprüfen ihres Textes im *SF 7 B: Writing a comment* (SB-Seite 173).

Auswertung Die S geben ihre Texte einem (selbst gewählten) Partner. Der Partner gibt ein Feedback zu den formalen Kriterien aus dem *Skills file* und zu der Frage, ob die eigene Meinung adäquat ausgedrückt wurde, z. B. *Your comment had a/no beginning, middle and end. You used/didn't use useful phrases for comments. Your opinion at the beginning fits/doesn't fit the end, etc.* ► INKL p. 47

MORE CHALLENGE

Inhalt Die S lesen einen Artikel aus der Schülerzeitung der Boston West High School über die an amerikanischen Schulen sehr beliebten *school clubs* und beantworten Fragen zum Global- und Detailverstehen. Ausgehend davon übertragen sie wesentliche Aspekte aus dem Artikel ins Deutsche (▶ Mediation) und vergleichen die Situation an der Boston West mit der Situation an ihrer eigenen Schule.

S. 50

After-class activities

1 School clubs

Erarbeitung **a) SB geöffnet. 1. Lesen** und Sicherung des Globalverstehens gemäß SB.

Auswertung Zunächst ▶ Partner check, anschließend Abgleich im Plenum.

Lösung *3 School clubs are popular and important.*

Erarbeitung **b) 2. Lesen** und Beantwortung der Fragen zur Sicherung des Detailverstehens gemäß SB.

Auswertung Zunächst ▶ Partner check, anschließend ▶ Meldekette.

Lösungsbeispiel ***1*** *The glee club is very good/at its best/great. (ll. 3–10)* • ***2*** *After-class activities are very popular. (ll. 20/21, ll. 31/32)* • ***3*** *Kids who do after-class activities do well in school. (ll. 23–27)* • ***4*** *They want to do something different from their classes/have fun/meet new people/learn new things/help other people/get better at sports. (ll. 34–37)*

c) MEDIATION Die S geben, gelenkt durch Fragen, wichtige Aspekte des Artikels auf Deutsch wieder (▶ Mediation).

Lösungsbeispiel Die AGs sind an der Boston West so beliebt, weil man ganz andere Dinge machen kann als im Unterricht, weil es Spaß macht, man neue Leute kennenlernen kann, weil man Neues lernt, anderen helfen kann oder sich im Sport verbessert.
Die Schulen halten AGs für wichtig, weil die Schüler ihre Talente entdecken können und weil die Schüler sich auch im Unterricht verbessern.

Zusatz Die S überlegen sich weitere Gründe, warum AGs an den Schulen wichtig sind (aus Lehrer- und Schülersicht), z. B. *After-class activities are good for the school spirit./Kids do something interesting and creative./Kids can discover their talents./Kids don't have to worry about grades./...*

2 NOW YOU Your after-class activities

Einstieg **SB gechlossen.** Unterrichtsgespräch über *after-class activities*. Mögliche Fragen:

- *Which after-class activities do we have at our school? What clubs are you in?*
- *Which after-class activities have you tried? Which would you like to try?*
- *Which clubs would you like to have at our school?*
- *Do you think after-class activities are important at this school? Should there be more clubs?*
- *How important are after-class activities to you?*
- *Are there things that you like to do more than after-class activities?*

Erarbeitung **SB geöffnet.** Die S sammeln Ideen und überlegen sich eine Struktur für ihren Text. Hierbei können sie auf *SF 7: Writing course, B: Writing a comment* (SB-Seite 173) zurückgreifen. Die S können ihren Text als Leserbrief oder *comment* zu Macie Roberts Artikel verfassen.

Auswertung ► Reading circle mit vorher festgelegten Rollen und Kriterien *(structure, linking words, spelling, grammar, useful phrases for comments, ...).*

Lösung Individuelle Lösungen. ► WB Fast Finishers, p. 29 ► DFF 2.10

Zusatz Die S stimmen darüber ab, welche AG sie in ihrer Schule gerne organisieren würden, sammeln Ideen, Informationen und Argumente und stellen das Ergebnis (z. B. ein Plakat, eine Broschüre, eine Computerpräsentation, ein Flyer) der Schulöffentlichkeit vor (schwarzes Brett, Schulfest, Schulkonferenz, Webseite der Schule etc.).

STOP! CHECK! GO!

Hinweis

Übungsaufgaben zu wichtigen Themen und Kompetenzbereichen aus Unit 2. Bei geschlossenen Aufgabenformaten können die S ihre Ergebnisse mithilfe des Lösungsschlüssels auf ► KV 19: Answers to STOP! CHECK! GO! (Unit 2) überprüfen (auch als Partnerkontrolle). Die KV bietet eine Auswertung nach Punkten, die in drei verschiedene Smileys (☺/😐/☹) übersetzt werden. Diese Smileys können auch für die Selbsteinschätzung im *Workbook* (STOP AND CHECK, p. 28) und in *Differenzieren – Fördern – Fordern* herangezogen werden. Weitere grundsätzliche Hinweise zur Konzeption und Durchführung von STOP! CHECK! GO! finden sich im Vorwort.

Die Hörtexte zu STOP! CHECK! GO! sind für die S auch auf der Audio-CD im *Workbook* zugänglich.

S. 51

1 REVISION If I had a second chance, I would ...

Erarbeitung

SB geöffnet. Die S schreiben die Sätze 1–8 in ihr Heft und setzen die korrekten Verbformen ein.

//● p.127 Es handelt sich um eine Parallelübung auf zwei Niveaus. Lernstärkere S arbeiten auf SB-Seite 127 und setzen dort sowohl die *if-clauses* als auch die *main clauses* ein.

Lösung

► KV 19: Answers to STOP! CHECK! GO! (Unit 2)

2 WORDS High school words

Wortschatz

°meeting • °need *(n)*

Erarbeitung

a) **SB geöffnet.** Die S schreiben die Bedeutungen 1–7 untereinander und ordnen den passenden Begriff aus dem Kasten zu.

Erarbeitung

b) Die S schreiben den Text in ihr Heft und setzen die passenden Begriffe ein.

Auswertung

c) Vergleich mit einem Partner, bei Unstimmigkeiten mithilfe des Lösungsschlüssels. Abschließend Lesen des Dialoges mit verteilten Rollen. ► DFF 2.1

Lösung

► KV 19: Answers to STOP! CHECK! GO! (Unit 2)

Zusatz

Die S erhalten ► KV 14: A day in the life of a high school student (Part B) und bearbeiten die spielerischen Aufgaben zur Sicherung von Unit-Wortschatz zum Thema *US school words*.

S. 52

3 READING and WRITING If you found $40,000, what would you do?

Wortschatz

° mid-fifties • °backpack • °large • °turn sth. over (to) • °shelter *(n)* • °honest • °award *(n)* • °extraordinary • °show • °character • °honesty • °(bank) account • °personal

Erarbeitung

a) **SB geöffnet. 1. Lesen** und Sicherung des Globalverstehens des gesamten Artikels gemäß SB.

Erarbeitung

b) Sicherung des Globalverstehens innerhalb der Absätze gemäß SB.

Erarbeitung

c) Die S schreiben die Tabelle in ihr Heft und ergänzen mithilfe der ► Lesetechnik *Scanning* die gesuchten Informationen zur Sicherung des Detailverstehens.

Erarbeitung	**d)** Die S suchen im Text die beschriebenen Begriffe.
Auswertung	Abgleich aller Teilaufgaben mit einem Partner (z. B. nach der Methode ▸ Bus stop) und Kontrolle mithilfe des Lösungsblattes.
Lösung	▸ KV 19: Answers to STOP! CHECK! GO! (Unit 2)
Erarbeitung	**e)** Die S machen sich in EA Notizen zu den Fragen im SB und besprechen sie mit einem Partner. Anschließend überlegen sie sich für ihren Text eine Struktur z. B. mithilfe von *SF 7: Writing course*, SB-Seite 172 ff.) und verfassen den Text in EA gemäß SB.
Auswertung	Die S lesen ihren Text einem oder mehreren Partnern vor und legen ihn anschließend im Dossier ab. ▸ DFF 2.2 ▸ DFF 2.8
Lösung	Individuelle Lösungen.

More practice 10 p. 128 **Giving or not giving**

Erarbeitung	**a)** **SB geöffnet.** Die S entscheiden sich für einen Standpunkt und sammeln stichpunktartig Argumente für diesen Standpunkt.
Erarbeitung	**b)** L klärt im Plenum den Aufbau einer argumentativen Rede mithilfe von *SF 7 B: Writing a comment, SF 9: Giving a presentation* und *SF 10: Giving opinions* (SB-Seiten 173, 176–179). Mit einem Partner der gleichen Meinung bereiten die S eine kurze Rede vor und halten diese.
Erarbeitung	**c)** Mithilfe der Redemittel im SB geben sich die S gegenseitig Feedback und arbeiten heraus, welche Rede aus welchen Gründen am überzeugendsten war.
Auswertung	Im Plenum
Lösung	Individuelle Lösungen.
Zusatz	L erhebt vor und nach der Aufgabe ein Meinungsbild der Klasse. Gemeinsam finden die S heraus, ob sich durch die Reden am Meinungsbild der Klasse etwas geändert hat.

S. 53

4 LANGUAGE What do you think?

Wortschatz	°university • °foreign
Erarbeitung	**a)** **SB geöffnet.** Analog zum Beispielsatz formulieren die S unter Verwendung des *gerund* (Subjektposition) und der angegebenen Hilfen (gesteigertes Adjektiv) Sätze mit ihrer eigenen Meinung. Abschließend vergleichen sie ihre Sätze mit denen eines Partners.
	//● p. 128 Es handelt sich um eine Parallelübung auf zwei Niveaus. Lernstärkere S arbeiten auf SB-Seite 128 ohne Beispielsätze. Außerdem müssen sie das Adjektiv selbst steigern.
Auswertung	Vergleich mit einem Partner.
Lösungsbeispiel	**2** *In my opinion, working in groups is better than working alone.* **3** *I think going to school in the US is more interesting than going to school in Germany.* **4** *In my opinion, going to the cinema is nicer than watching a film at home.* **5** *I think speaking English is more difficult than writing English texts.* **6** *I think learning a foreign language is more important than learning maths.*
Erarbeitung	**b)** Die S schreiben unter Verwendung des *gerund* (Subjektposition, Objektposition und nach Wendungen mit Präpositionen) einen Bericht mithilfe der vorgegebenen Satzbausteine und Hilfen.

Auswertung Vergleich mit einem Partner.

Lösung
2 *Some are worried about leaving school.*
3 *They think that getting a job is very hard.*
4 *Others are looking forward to leaving school because they hate doing homework.*
5 *Most of the students are sure that getting good results at school means getting a top job.*
6 *Some think of going to university later.*
7 *A few students are interested in learning foreign languages because they dream about working in Europe one day.*
8 *Most of the seniors enjoy going to Boston West High School.*

Erarbeitung **c)** Die S schreiben mithilfe der vorgegebenen Satzanfänge je fünf Sätze über sich, wobei zwei bis drei Sätze inhaltlich falsch und zwei bis drei Sätze inhaltlich richtig sein sollen.

Auswertung Jeder S liest seinem Partner die Sätze vor, der entscheiden muss, welche Sätze falsch und welche richtig sind. ▶ DFF 2.6 ▶ DFF 2.9

Alternative Die S finden sich in Gruppen à vier S zusammen. Jeder S liest den drei anderen S seine Sätze vor, die Gruppe berät über richtige oder falsche Sätze.

Lösungsbeispiel **1** *I enjoy walking to school.* • **2** *I'm good at singing.* • **3** *I dream about being a pop star.* • **4** *I hate eating.* • **5** *I look forward to leaving school.*

More challenge 7 p. 128

My life in 10 years

Erarbeitung **SB geöffnet.** Schriftlich in EA gemäß SB unter Verwendung von *gerunds*.

Auswertung Da die Texte unter Umständen sehr persönlich sind, suchen sich die S einen Partner ihres Vertrauens und lesen sich ihre Texte gegenseitig vor. Wer mag, kann seinen Text im Klassenraum aushängen.

Lösung Individuelle Lösungen.

5 SPEAKING Two role-plays

Erarbeitung **SB geöffnet.** Die S einigen sich auf ein Szenario (das leichtere *role-play 1* oder das anspruchsvollere *role-play 2*) und auf die Rollenverteilung (Partner A oder Partner B). Durchführung:

- *role-play 1:* Beide Partner notieren sich vorbereitend passende Fragen und Antworten zu den Stichpunkten der Rollenkarte (z. B. auf Karteikarten). Partner A *(American high school student)* kann für die Antworten auf die Mindmap zur *Hingham High School* auf SB-Seite 48 zurückgreifen.
- *role-play 2:* Die S sammeln vorab gemeinsam Redemittel zum Meinungsaustausch. Anschließend bereiten sie sich anhand der jeweiligen Rollenkarte argumentativ auf ihre Rolle vor. Sie erhalten den Auftrag, zum Schluss zu einem gemeinsamen Ergebnis zu kommen. Dies kann auch ein Kompromiss sein oder z. B. der Beschluss, die Klasse abstimmen zu lassen.

Nach der Vorbereitung einigen sich die S, wer das Gespräch eröffnet, und üben ihren Dialog ein.

Auswertung Mehrere Partner führen ihren Dialog vor der Klasse vor (oder digitale Aufzeichnung aller Dialoge und anschließende Präsentation in der Klasse).

Lösung Individuelle Lösungen.

▶ WB Stop and check, p. 28 ▶ WB Revision, pp. 30–31
▶ INKL p. 48–51 ▶ DFF 2.5

On the road in California

Kommunikative Kompetenzen

Listening

- The three cousins (p. 56, 2a/b)*
- San Francisco sights (p. 57, 3b/c)
- Talking about TV and movies (p. 70, 1)
- Panhandlers in San Francisco (p. 72, 1b/c)
- A normal American kid (p. 74, 1)

Reading

- California challenge (p. 55, 1)
- The Jacksons (p. 56, 1)
- San Francisco sights (p. 57, 3a)
- Kenzie's road trip diary (p. 58/59, 1/2)
- A film studio tour (p. 60, 1a)
- STORY Mexican Whiteboy (pp. 63–66)
- Finding information in a text (p. 67, 3a)
- The freeze frame game (p. 67, 4)
- Reading for details (p. 68, 1)
- Where to look for information (p. 69, 1a/b)
- Two big problems – one solution (p. 72, 2)

Speaking

- California challenge (p. 55, 1)
- PEOPLE and PLACES Images of California (p. 55, 2c)
- The three cousins (p. 56, 2c)
- San Francisco sights (p. 57, 3d)
- More about the trip (p. 59, 2b)
- California facts – true or false? (p. 61, 3)
- Finding information in a text (p. 67, 3b/c)
- Living between cultures (p. 67, 5b)
- YOUR TASK TV and movies in your class (p. 70, 2)
- A movie recommendation (p. 71, 3 a/d)
- Role-play (p. 73, 4)

Writing

- An email from Andi (p. 59, 3)
- Finding information in a text (p. 67, 3d)
- Doing your own internet search (p. 69, 2c)
- Working with the text (p. 73, 3c)
- A listener's opinion (p. 74, 2)

Viewing

- PEOPLE and PLACES Images of California (p. 55, 2a/b)
- Young in the USA: Party planning (Part 1 + 2; p. 71, 1/2)
- A movie recommendation (p. 71, 3b/c)

Mediation

- Camping in Sequoia National Park (p. 76, 4)

On the road in California

In Unit 3 entdecken die S im Rahmen eines fiktiven *road trips* entlang des *Highway 1* Sehenswürdigkeiten und Besonderheiten des Bundesstaats Kalifornien. Sie setzen sich mit der Einwanderung in die USA, Migrationserfahrungen und dem Leben in einer multikulturellen Gesellschaft auseinander.

Sprachliche Mittel

Wortfelder

- Geography and sights (pp. 54/55; pp. 57–59)
- TV and movies (p. 60; p. 70; p. 146)

Grammatische Strukturen

- The passive (pp. 61–62, 2–5; LF 22, p. 192)
- Direct and indirect speech (p. 73, 5)

Interkulturelle Kompetenzen

- Besonderheiten des Bundesstaats Kalifornien entdecken
- Die USA als Einwanderungsland kennen lernen
- Über Migrationserfahrungen und das Leben in mehreren Kulturen reflektieren

Methodische Kompetenzen

Lern- und Arbeitstechniken

- Note making (p. 55, 2b; p. 56, 2b; p. 63, 1; p. 67, 3/5; p. 70, 2 Step 2; p. 72, 1c; p. 73, 3b; p. 74, 1a/f)
- Reading for details / Statistiken auswerten (p. 68, 1)
- Internet research (p. 69, 1/2; SF 9, pp. 176–177)
- Eine Umfrage zu Film- und Fernsehgewohnheiten vorbereiten, durchführen und auswerten (p. 70, 2)

Selbsteinschätzung (Stop! Check! Go!)

- REVISION An interview for a school magazine (p. 75, 1)
- LANGUAGE Facts about California and the USA (p. 75, 2)
- LISTENING Places in California (p. 76, 3)
- MEDIATION Camping in Sequoia National Park (p. 76, 4)
- READING A survey (p. 77, 5)
- READING and WRITING What's your favourite TV series? (p. 77, 6)

Kooperative Lernformen

- Info-gap activity (p. 61/113, 3)
- Milling around activity (p. 70, 2)
- Weitere Formen von PA und GA (p. 55, 1/2; p. 56, 2a/b; p. 57, 3d; p. 60, 1d; p. 62, 4; p. 63, 1; p. 67, 3; p. 69, 1c; p. 70, 2; p. 71, 1–3; p. 74, 1b)

* p. 56, 2a/b = SB-Seite, Übungsnummer

LEAD-IN

Inhalt Mithilfe einer bebilderten Karte und der zugehörigen Legende beantworten die S Fragen zu Kalifornien. Im anschließenden Viewing erhalten sie einen Eindruck von der Vielfalt der kalifornischen Landschaft, typischen Sehenswürdigkeiten und Aktivitäten sowie der multikulturellen Bevölkerung.

S. 54/55

1 California challenge

Wortschatz **hiking • hike • biking • industry • grow, grew, grown • desert • population • neighbouring • valley • ocean • Celsius (C)**

Einstieg **SB geschlossen.** ▶ Brainstorming: L sammelt im Plenum Assoziationen, die die S zu California haben (z. B. in einem Network (Tafel / Folie). L: *What do you think of when you hear the word California? Write down your ideas in a network.*

Mögliche Assoziationen: *San Francisco, Golden Gate Bridge, Hollywood, sunshine, computers (computer industry), surfing, ocean, ...)*

Hinweis: ▶ Wortschatzsemantisierung eines Teils der Wörter kann abhängig von den Lernvoraussetzungen der S bereits an dieser Stelle erfolgen, indem L an passenden Stellen des Networks weitere Begriffe ergänzt, z. B. *industry, coast, ocean, ...*

Alternative L schreibt den Begriff *California* untereinander (in Großbuchstaben) an (Tafel / Folie) und lässt die S ihre Assoziationen dazu in Form eines ▶ Akrostichon ergänzen. Um es den S einfacher zu machen, ihnen bekannte englische Begriffe zum Thema „anzudocken", sollte L darauf hinweisen, dass die vorgegebenen Buchstaben nicht unbedingt als Anfangsbuchstabe genutzt werden müssen, sondern auch mitten im Wort stehen dürfen.

Hinweis: Falls einzelne Buchstaben trotzdem übrig bleiben, weil den S die Ideen bzw. der Wortschatz ausgehen, kann L weitere Begriffe ergänzen und dabei ggf. auch neuen Unit-Wortschatz mithilfe geeigneter ▶ Semantisierungstechniken einführen. Mögliches Tafelbild:

S	a	n		F	r	a	n	C	i	s	c	o							
G	o	l	d	e	n		G	A	t	e		B	r	i	d	g	e		
						H	o	L	l	y	w	o	o	d					
							f	I	l	m		i	n	d	u	s	t	r	y
					s	u	r	F	i	n	g								
P	a	c	i	f	i	c		O	c	e	a	n							
				d	e	s	e	R	t										
					o	r	a	N	g	e	s								
			s	u	n	s	h	I	n	e									
						c	o	A	s	t									

Überleitung L: *Now let's see who the California experts in our class are. Let's do the California challenge (on pages 54/55).*

Erarbeitung **a)** **SB geöffnet.** Die S notieren die Ziffern der Fragen und die mithilfe der Kalifornienkarte auf SB-Seite 54 ermittelten Lösungen im Heft. Bei Bedarf nutzen die S das Wörterverzeichnis, um zum Verständnis der Fragen notwendigen neuen Wortschatz zu erschließen. Die im SB vorgeschlagene Zeitbegrenzung von zehn Minuten erhöht den Wettbewerbscharakter.

Alternative Die S arbeiten zunächst in EA und vergleichen ihre Lösungen im Anschluss mit einem Partner und abschließend in Vierergruppen oder im Plenum, siehe auch ▶ Think-Pair-Share. Auch hier ist ein Zeitlimit zur Erhöhung des Wettbewerbscharakters möglich.

Auswertung Das Schülerpaar mit den meisten Antworten nennt die Lösungen zum Vergleich im Plenum; die anderen S vergleichen, korrigieren wenn nötig und ergänzen fehlende Lösungen.

Zusatz Abschließend kann L im Plenum auswerten, wer in der gegebenen Zeit die meisten Fragen richtig beantworten konnte: *Who had ten / nine / ... correct answers? You're a real California expert. / ...*

Lösung ***1*** *Los Angeles, San Diego, San Jose* • ***2*** *Sacramento, Oakland, National City* • ***3*** *in Yosemite National Park* • ***4*** *Mexico* • ***5*** *three: Oregon, Nevada, Arizona* • ***6*** *Redwoods NP, Yosemite NP, Sequoia NP* • ***7*** *Redwoods NP, Big Basin, Sequoia NP, Yosemite NP* • ***8*** *San Francisco, San Jose* • ***9*** *fruit and vegetables (grapes, strawberries, tomatoes, oranges, lettuce / broccoli)* • ***10*** *to the west*

Erarbeitung **b)** Analoges Vorgehen wie bei **a)**, jedoch ohne Zeitvorgabe.

Auswertung Das Schülerpaar mit den meisten Antworten nennt die Lösungen zum Vergleich im Plenum.

Hinweis: Für die Bestimmung der Entfernungen können die S einen Bindfaden oder ein Lineal einsetzen.

Lösung ***11*** *a mile (about 1.6 km)* • ***12*** *about 750 miles (about 120 km)* • ***13*** *from San Francisco to San Jose* • ***14*** *250 km* • ***15*** *Death Valley* • ***16*** *50°C* • ***17*** *Mount Whitney* • ***18*** *4421 m* • ***19*** *Los Angeles* • ***20*** *3.8 million*

More practice 1 p.128 The next challenge

Wortschatz °beyond • °nickname

Erarbeitung **SB geöffnet.** Die Beantwortung dieser Fragen kann als freiwillige HA von interessierten S oder im Sinne der Differenzierung von sehr lernschnellen S erledigt werden.

Auswertung Vergleich durch ▶ Partner check. Gemäß Aufgabe geben die S ihre Antwortquelle an.

Lösung ***21*** *a bear* • ***22*** *Sacramento* • ***23*** *The Golden State* • ***24*** *along the San Andreas Fault (San Francisco, Los Angeles, ...)*

Zusatz Zur Anwendung und Vertiefung ihrer Kenntnisse erstellen die S in Vorbereitung auf einen Vortrag über Kalifornien ein *Fact file*, das sie ggf. auch bereits mit selbst recherchiertem Bildmaterial ausgestalten können, siehe auch ▶ KV 20: California Fact file. Mithilfe ihres *Fact files* stellen sie Kalifornien mündlich in Kleingruppen oder im Plenum vor.

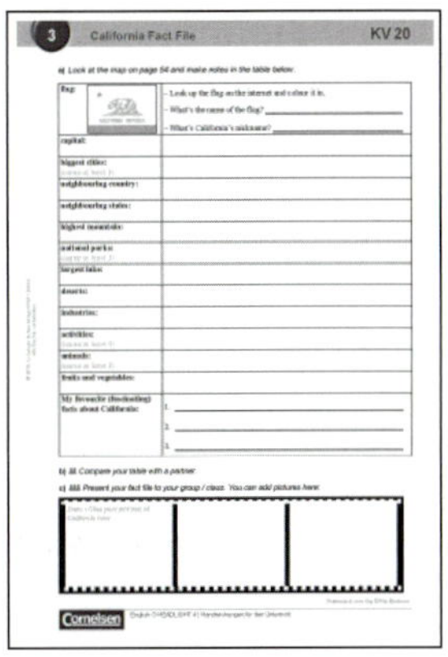

Hinweis: Im *Text file 4* (SB-Seiten 154/155) finden die S weitere Fakten über Kalifornien, die sie bei der Befüllung der Tabelle mit einbeziehen können.

2 PEOPLE AND PLACES Images of California

Einstieg

SB geschlossen. S spekulieren über typische *images of California.*

L: *What places do you expect to see in a film called 'Images of California'? (Think of places, people, activities, animals, ...)*

Erarbeitung ▶ 🎞

a) 👁 **SB geöffnet: 1. Sehen** des Films im Zusammenhang *(for fun)* und Sicherung des Globalverstehens gemäß SB.

Hinweis: Vorbereitend ist zu empfehlen, dass die S im Heft eine Liste bzw. Tabelle mit den Begriffen aus der grünen Box anlegen, in der sie die verschiedenen Orte, die im Film zu sehen sind, abhaken (siehe auch Tabellenvorlage zum Zusatz nach **b)** und ▶ Note taking).

● Differenzierung

Lernstarke S erfassen neben den Orten, die zu sehen sind, die entsprechende Attraktion und ordnen diese den Begriffen aus der Box zu (vgl. Lösungen in Klammern).

Auswertung

👥 Vergleich durch ▶ Partner check. Anschließend gleichen S ihre Ergebnisse ggf. mit ihren Erwartungen aus dem Einstieg ab.

Lösung

beaches (Venice beach) • big cities (LA, SF) • big roads • busy streets (Hollywood Boulevard) • deserts (Joshua Tree) • factories • farms (Central Valley) • forests (Sequoia NP) • harbours • mountains • national parks (Sequoia NP)

○ Differenzierung

Lernschwächere S erhalten eine Kopie der Karte auf ▶ KV 22: The road trip, auf der sie die im Film erwähnten Orte – ggf. beim nochmaligen Sehen – farbig markieren können. Die andere Hälfte der KV wird später bearbeitet.

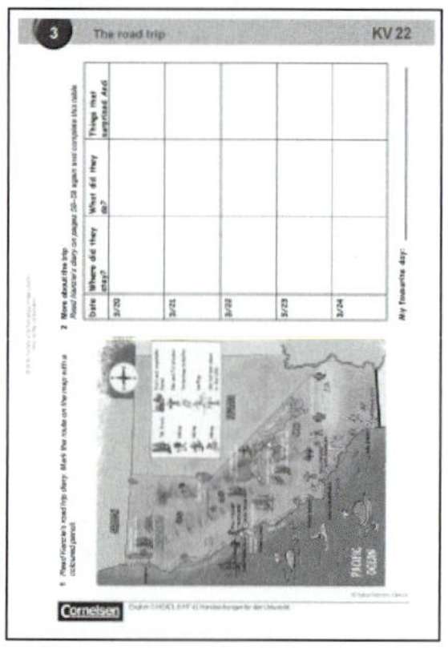

Erarbeitung ▶ 🎞

b) 👥👥 👁 Beim **2. Sehen** arbeiten S innerhalb ihrer Gruppen arbeitsteilig und sammeln Fakten zu der von ihnen gewählten Frage.

Lösungssbeispiel

1 (people): *All kinds of people, e.g.:*
- *young people: walking along the beach • surfing • skateboarding • °drawing graffiti ...*
- *poor people: sleeping/living on the streets ...*
- *people from Mexico/Central America: working in the fields • selling fruit, vegetables, flowers ...*
- *tourists: walking along the streets (e. g. Hollywood Boulevard) • hiking in (Sequoia) national park • visiting the sights of San Francisco (e.g. Pier 39) • watching the sea lions ...*

2 (places on the map + in the film): *Venice Beach • LA: Hollywood (Hollywood Boulevard, Beverly Hills) • Sequoia National Park • Joshua Tree desert • San Francisco (Golden Gate Bridge, Alcatraz, Pier 39) ...*
- *My favourite places are ...* (Individuelle Lösungen.)

3 (activities): *walking along the coast • surfing • whale watching • meeting people from different countries/cultures • hiking • driving through a desert • visiting sights • watching sea lions ...*
- *My favourite activities are ...* (Individuelle Lösungen.)

Erarbeitung

c) 👥👥 💬 Gruppendiskussion und Zusammenführung der Antworten aus **b)** gemäß SB. Um ihre Meinung zu Kalifornien besser begründen zu können, greifen die S auf ihre Notizen zu **b)** zurück.

Lösung

Individuelle Lösungen.

▶ WB 1–2, p. 3 ▶ DFF 3.1 ▶ INKL pp. 52–53

More challenge 1 p. 129 **Your opinion**

Erarbeitung

SB geöffnet. S wählen aus zwischen **a)** und **b)**.

a) Anhand ihrer Notizen zu **2c)** verfassen die S einen kurzen Text zu einem oder mehreren Orten, die es aus ihrer Sicht in Kalifornien lohnt zu besuchen.

Lösungsbeispiel

I'd like to visit Venice Beach because it's a great place for young people. There you can watch surfers or you can go surfing in the Pacific Ocean yourself, if you want. At Venice Beach you'll also meet people from lots of different places and cultures – I think that's really interesting. If you want it quiet, you can walk along the coast and find a place where you can watch birds or other animals like sea lions. If you're lucky you'll even see whales. So I'd really like to go to Venice Beach.

b) S strukturieren ihre Notizen aus der GA zu **2c)** und sprechen zusammenhängend über die lohnenswerten Orte in Kalifornien. Zur Visualisierung können die S z. B. Bilder (als Diashow) oder eine Karte mit ihrem angestrebten „Reiseverlauf" präsentieren.

Lösung

Individuelle Lösungen.

THEME 1 San Francisco – on a shoestring

Inhalt Kenzie und Tim Jackson leben alleine mit ihrer Mutter Allison (Ally) in Mill Valley nördlich von San Francisco. Da Ally nach ihrem Jobverlust weniger verdient, müssen auch die beiden Kinder sparsam sein. Gemeinsam mit ihrem Cousin Andreas aus Stuttgart, der in den Osterferien zu Besuch ist, besichtigen sie die Hauptattraktionen von San Francisco, wobei sie ihr Budget im Auge behalten. Andi ist beeindruckt von der *Golden Gate Bridge*, den Seelöwen am *Fisherman's Wharf* und der Fahrt mit dem *cable car*.

Die S entnehmen unterschiedlichen Lese- und Hörtexten (Personenbeschreibungen, Dialogen, Broschüren) Informationen über die Familie Jackson und die Sehenswürdigkeiten von San Francisco.

S. 56

1 The Jacksons

Wortschatz **on a shoestring** *(infml)* **• single parent • pottery • it doesn't pay very well • part-time job • full-time job • shack • nearby • Easter**

Einstieg **SB geschlossen.** L präsentiert einen Bildausschnitt einer berühmten Sehenswürdigkeit von San Francisco, z. B. Pfeiler der *Golden Gate Bridge*, Schienen / Räder eines *cable car*, Tor / (Restaurant-)Schild aus *Chinatown*, ... (siehe auch Vorschläge auf ▸ KV 21: San Francisco – on a shoestring) und lässt die S raten, um was es sich handelt und welche Stadt diese Sehenswürdigkeit repräsentiert. Alternativ kann auch über Beamer / OH-Projektor das Gesamtbild einer Sehenswürdigkeit schrittweise aufgedeckt werden und die S versuchen, möglichst schnell zu erraten, worum es sich handelt.

Alternative Gelenktes Unterrichtsgespräch im Plenum. L: *Now we're going to have a closer look at one of the most famous cities in California, San Francisco. What do you know / remember about SF? (The Golden Gate Bridge is in SF. / It's on the west coast. / It's near Silicon Valley / ...)*

Überleitung **SB geöffnet.** L: *Look at the people in the first three photos on page 56. These are the Jacksons who we meet here in this unit. What do you think?*

a) *Are they visiting SF? (✓ – Andi)*
b) *Do they live in SF?*
c) *Do they live near SF? (✓ – Ally, Kenzie, Tim)*

Die S stellen Vermutungen an, die sie bei der Lösung von Aufgabe **a)** überprüfen (s. Lösungen in Klammern).

Erarbeitung **a)** **SB geöffnet. 1. Lesen:** Die S lesen den Text (siehe auch ▸ Lesetechniken: *Scanning*) und finden neben der Erklärung zur ersten Frage heraus, dass Andi, der Cousin aus Deutschland, die Jacksons besucht. Sie finden ebenfalls die Antwort auf ihre Vermutung aus der Überleitung.

Zusatz S ordnen den Personen in den Fotos die Namen zu: *at the top: Allison (Ally – Tim and Kenzie's mum) • in the middle: Kenzie, Tim (Ally's daughter and son) • at the bottom: Andreas (Andi – the kids' cousin from Stuttgart)*

Lösung
- *"On a shoestring" means that they have to be careful with their money*
- *Andreas (Andi), because his dad is Ally's brother / he's the kids' cousin from Stuttgart*

Erarbeitung **b)** **2. Lesen:** S übertragen die Tabelle ins Heft und fertigen Notizen zu den drei Jugendlichen an.

Hinweis: Die S können im Lesetext nicht zu jedem der Kids Fakten zu allen Kategorien finden. Beim Hörverstehen in **2** werden sie fehlende Informationen ergänzen können (Lösungen in blau).

Alternative Die S nutzen den Tabellenvordruck auf ▸ KV 21: San Francisco – on a shoestring als Basis für ihre Notizen.

Auswertung ▸ Partner check und ggf. Ergänzung der Tabelle vor dem Hörverstehen, ohne dass im Plenum verglichen wird.

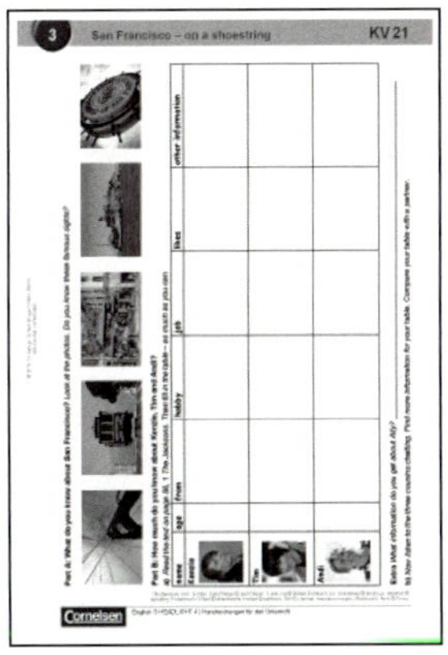

Lösung

name	*age*	*from*	*job*	*likes*	*other information*
Kenzie	*16*	*Mill Valley north of SF*	*part-time job in shoe store*	*soccer, biking*	*doesn't have much money*
Tim	*14*	*Mill Valley north of SF*	*part-time job in snack shack (sells burgers + hot dogs)*	*baseball, camping, watching TV*	*doesn't have much money, loves camping*
Andi	*15*	*Stuttgart, Germany*	*no job*	*walking, old models (trains, planes, cars), biking, spending time with his grandpa*	*wants to see the Golden Gate Bridge, has never been camping before*

More practice 2 p. 129 **All about the Jacksons**

Erarbeitung **SB geöffnet.** Ggf. **3. Lesen** und Sicherung des Detailverstehens gemäß SB.

Auswertung Vorlesen der komplettierten Sätze im Plenum zur Ergebnissicherung, auch in Form einer ▸ Meldekette möglich (S1 liest Satzanfang 1, S2 vervollständigt diesen Satz und liest Satzanfang 2 usw.).

Lösungsbeispiel

1 *The San Francisco Chronicle is a big newspaper.*
2 *Ally works in a pottery store (in Mill Valley).*
3 *In a 'snack shack' you can buy hamburgers and hot dogs.*
4 *Kenzie and Tim don't need pocket money because they have part-time jobs.*
5 *Andi is half German and half American because his dad is Ally's brother (so he's American) and his mum is German.*
6 *Perhaps Andi is a little nervous because he's only been to the US once before, and he was very small then.*

2 The three cousins

Wortschatz °get on (well)

Einstieg **SB geschlossen.** Wortschatzvorentlastung im Plenum. L: *You've read that Andreas is visiting his cousins in California in the Easter holidays. Today, we're going to listen to a dialogue and find out if they get on well together – that means if they like each other or if they have any problems with spending time together. But before you listen, let's check your table from **1b)**. What information about the three cousins do we still need?*

Hinweis: S sollen sich vor dem Hören bewusst machen, welche Informationen sie benötigen.

Erarbeitung ▶ 1.20 **a)** **SB geöffnet.** Im **1. Hören** erfassen S die in der Tabelle aus **1b)** fehlenden Informationen und ergänzen ihre Notizen in den entsprechenden Spalten bzw. auf der ▶ KV 21: San Francisco – on a shoestring.

Auswertung Vergleich der Tabelleneinträge im ▶ Partner check und ggf. abschließende Auswertung im Plenum.

Lösung Siehe blaue Lösungen in der Tabelle oben in **1b)**.

Erarbeitung **b)** S fertigen beim **2. Hören** Notizen entsprechend der Schlagwörter zum *Mill Valley* an.

Hinweis: S können die Aktivitäten den Attraktionen zuordnen.

Auswertung ▶ Partner check und ggf. abschließende Auswertung im Plenum: S sprechen mithilfe der Notizen zusammenhängend über das *Mill Valley.*

Lösung *Mill Valley*
weather: warm, but also cool and cloudy
the sights/things you can do: Mount Tam – go up and go walking there • redwood forest – see the gigantic trees there

Erarbeitung **c)** Ggf. **3. Hören.** S beantworten Fragen zum schlussfolgernden Hörverstehen zunächst in EA (stichwortartig) schriftlich im Heft.

O Differenzierung Lernschwächere S können auf die Begründungen verzichten.

Auswertung S tragen ihre Antworten im Plenum vor; evtl. abweichende Einschätzungen (besonders zu Frage 3) können abschließend im Plenum diskutiert werden.

Lösungsbeispiel
1 *Andi is tired because it's the middle of the night in Germany.*
2 *Kenzie sounds cross because Tim talked about the surprise for Andi.*
3 *Yes, I think so because Kenzie and Tim will show Andy SF and they will do lots of things together/they will have fun together./.../ No, I don't think they'll get on well together because Andi is tired and Tim is very active/they have very different hobbies/Andi isn't so sure about going camping/...*

▶ WB 3, p. 33 ▶ DFF 3.2

More practice 3 p.129 I like Kenzie/Tim/Andi ...

Erarbeitung **SB geöffnet.** Gemäß SB; mündlich oder schriftlich (als Hausaufgabe) möglich. Die S beschreiben den von ihnen ausgewählten Jugendlichen mithilfe ihrer Notizen aus der Tabelle in **2** und begründen ihre Zuneigung.

Auswertung Vortrag einzelner Personenbeschreibungen und ggf. abschließende Abstimmung im Plenum. L: *Who else likes Kenzie/...? Please raise your hands. – So most/ten/... people in our class like Kenzie/... the best.*

Lösung Individuelle Lösungen.

S. 57

3 San Francisco sights

Wortschatz **bike • rental • cable car • sidewalk** *(AE)* **• pavement** *(BE)* **• board • admission • corn dog • sea lion • earthquake** • °rental • °performer • °cable car • °pass: one day pass • °gripman • °inescapable • °bay • °pier

Einstieg **SB geöffnet.** Gelenktes Unterrichtsgespräch über die abgebildeten Sehenswürdigkeiten im Plenum. Mögliche L-Impulse:

- *Can you remember what Kenzie, Tim and Andy want to do the next day? (go by bike to SF and ride across the Golden Gate Bridge)*
- *Which San Francisco sights or attractions can you see in the pictures? (Golden Gate Bridge, Alcatraz, cable car, Fisherman's Wharf)*
- *What looks most interesting to you? Why?*

Überleitung L: *Let's have a closer look at these four sights and see what we can find out about them.*

Erarbeitung **a)** **SB geöffnet.** *Scanning* der vier Broschüren und Vergleich nach den Kriterien Preis und Aktivitäten/Leistung.

Hinweis: S fertigen zum Vergleich der vier Attraktionen eine Tabelle an.

Auswertung Auswertung im Plenum: S sprechen mithilfe der Notizen zusammenhängend über die Attraktionen.

Lösung

attraction	*price*	*What can you see or do?*
Bike the bridge	*$9/hour* *$36/day*	• *ride across the bridge* • *take the ferry back*
Alcatraz	*$30*	• *go by ferry to the island* • *visit the famous old prison*
Cable cars	*$5 one way* *$13 one day pass*	• *go by cable car through the city centre*
Fisherman's Wharf	*free*	• *watch street performers, boats and sea lions* • *try great food*

Überleitung S vermuten, welche Attraktionen die Kids für ihren Ausflug nach SF auswählen.

Lösungsbeispiel *Fisherman's Wharf (Because it doesn't cost anything and they can watch street performers, boats and sea lions. They can also have a quick lunch there.)*
Go by cable car (Because it's only $5 and it's very special for SF.)

Erarbeitung ▶ 1.21 **b)** **1. Hören.** Überprüfen der Vermutungen, S benennen die Attraktionen, die die Kids besuchen. Anschließend beantworten sie die weiteren SB-Fragen, wozu sie teilweise „zwischen den Zeilen hören" müssen, um z. B. die Stimmung und den zwischenmenschlichen Austausch zu interpretieren.

● Differenzierung Lernstärkere S beschreiben mithilfe ihrer Notizen den Tag der Kinder in San Francisco zusammenhängend.

Lösungsbeispiel

- *Where did they go? – (They went to) Golden Gate Bridge, Fisherman's Wharf, Chinatown (by cable car)*
- *What did they do? – First they rode their bikes across the Golden Gate Bridge. After that they walked around Fisherman's Wharf. There they had a corn dog and they watched the*

sea lions. Then they took a cable car to Chinatown and walked around there. Later they went home by ferry.

- *How did they get on together? – They got on well together. They talked a lot and Andi really liked the places they visited.* ▶ IAT

Erarbeitung **c)** Gemeinsames Lesen der Satzanfänge und der zugehörigen *Multiple Choice*-Auswahl im Plenum. Anschließend **2. Hören:** Die S vervollständigen die Sätze mit der richtigen Möglichkeit A, B oder C.

//● p.129 Lernstärkere S bearbeiten die Parallelübung auf SB-Seite 129, die nur die Sätze ohne Auswahlmöglichkeiten vorgibt.

Auswertung ▶ Partner check, abschließend Vergleich im Plenum.

Lösung ***1** C • **2** B • **3** A • **4** B • **5** B* ▶ IAT

Erarbeitung **d)** Gemäß SB.

Alternative Gemeinsam einigen sich die S auf ihre Favoriten zur Gestaltung eines Tagesausflugs nach San Francisco und finden die beste Begründung. L: *Imagine you only have one day in SF. Talk to your partner and agree with him / her on your favourite activities.*

Hinweis: Wenn S zu weiteren Attraktionen recherchiert haben (siehe Zusatz), können sie diese einbeziehen und es wäre dann vorstellbar, die *Top 3* auszuwählen.

Auswertung Die Partner stellen ihre Favoriten im Plenum vor und begründen ihre Auswahl.

Lösung Individuelle Lösungen. ▶ WB 4, p. 33 ▶ DFF 3.1 ▶ DFF 3.2 ▶ INKL pp. 54–55

Zusatz Interessierte S recherchieren zu weiteren Sehenswürdigkeiten von San Francisco im Internet, wie z. B. Stadtrundfahrt; Museen (z. B. *Walt Disney Family Museum, The Exploratorium, Cable Car Museum, De Young Museum, ...*); *USS Pampanito, ...* und stellen ihre Favoriten kurz (bildgestützt) im Plenum vor. Mögliche Leitfragen (z. B. in Fortführung der Tabelle zu **a)**):

- *What and where is it?*
- *Price: How much does it cost for students?*
- *What can you do or see there?*
- *Why would you like to go there?*

THEME 2 The road trip

Inhalt Kenzie beschreibt in einem Online-Reisetagebuch die fünftägige Fahrt der Jacksons mit ihrem Gast aus Deutschland entlang der Pazifikküste von SF nach LA. Neben den Aktivitäten und Erlebnissen hebt sie hervor, was Andi besonders beeindruckte bzw. ihn zum Staunen brachte.

Die S vollziehen die Reiseroute anhand der Tagebucheinträge auf der Karte aus dem Lead-in nach und sammeln für sie neue Detailinformationen zu Kalifornien in einer Liste.

S. 58/59

1 Kenzie's road trip diary

Wortschatz **S. 58: get/have a day off • head south • highway** (AE) **• freak** sb. **out** *(infml)* **• warning (of/against) • honest • not even • be used to • lighthouse hostel • whale • calf,** *pl* **calves • motel • pelican • old-fashioned • be made of • get to do sth. • surfer • surf • wave • disappoint** sb. • °road trip • ° hazard • °inland • °roller coaster • ° OMG (Oh my god)

S. 59: among • giant • because of • raccoon • toothpaste • trash (AE) **• strawberry • agriculture • sunshine** • °campground • °s'more

Einstieg **SB geöffnet.** L sammelt im gelenkten Unterrichtsgespräch anhand der Fotos erste Eindrücke bzw. Erwartungshaltungen der S bezüglich des Reiseverlaufs und entlastet dabei zentralen Wortschatz vor.

L: *The Jacksons went on a road trip with their guest from Germany. Look at Kenzie's photos in her road trip diary. Do you think they enjoyed their trip? How do you know?*
S: *I think they enjoyed their trip because ... they saw and did lots of interesting things. / the weather was nice, blue sky and lots of sun / sunshine / they went to the beach / ...)*
L: *The Jacksons started their road trip on Highway 1* (Schnellstraße und Schild auf Foto zeigen). *It's a famous long road that goes along the Californian coast. Now look at the photos: along the road they saw lots of different animals, for example a (mother) whale and her calf (= a young whale;* zeigen*), a pelican* (zeigen) *and some raccoons* (zeigen). *They also saw some really big trees, the giant trees* (zeigen). *On the beach they often saw tsunami warning signs* (zeigen), *big waves* (zeigen) *and surfers* (zeigen).

Erarbeitung **SB geöffnet.** Gemeinsames Lesen der *While reading*-Aufgabe im Plenum. Beim anschließenden **1. Lesen** des Reisetagebuchs (still in EA im Zusammenhang) erfassen die S die zurückgelegte Route und verfolgen diese (mit dem Finger) auf der Karte auf SB-Seite 54 oder zeichnen sie zur Sicherung des Globalverstehens in die Kopie der Karte auf ► KV 22: The road trip ein.

Zusatz S finden zusätzlich die Übernachtungsorte heraus (siehe blaue Klammern im Lösungsbeispiel).

Auswertung Vergleich durch ► Partner check. Das S-Paar, das zuerst sicher ist, alles richtig erfasst zu haben, präsentiert im Anschluss die Reiseroute mit Details auf einer Karte an der Tafel / Folie.

Lösung *They were away for five days. Route: day 1: left SF and drove 50 miles south of SF (hostel beside lighthouse) • day 2: Santa Cruz (motel) • day 3: Big Basin State Park (back to motel in Santa Cruz) • day 4: Big Sur (tent cabin) • day 5: Pismo Beach / Thousand Oaks, outside LA (uncle and aunt's house)*

S. 59

2 More about the trip

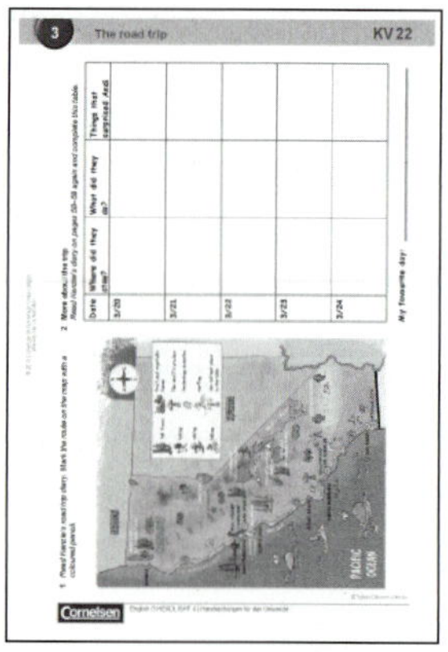

Erarbeitung

a) **SB geöffnet. 2. Lesen.** S übertragen die Tabelle aus dem SB ins Heft und notieren darin die wesentlichen Stationen und Fakten der Reise.

Alternative

Die S nutzen den Tabellenvordruck auf ▸ KV 22: The road trip für ihre Notizen.

Lösungsbeispiel

Date	*Where did they stay?*	*What did they do?*	*Things that surprised Andi*
March 20	• *hostel (beside a lighthouse) 50 miles south of SF*	• *stopped at the beach* • *saw a mother whale with her calf*	• *freaked out by tsunami warnings*
March 21	• *motel in Santa Cruz*	• *went into town* • *watched a surfer film in the motel*	• *saw pelicans on the beach* • *learned that the ocean is cold*
March 22	• *motel (in Santa Cruz)*	• *walked through the tall trees in Big Basin State Park*	• *the big trees* • *bear boxes*
March 23	• *tent cabin (in Big Sur)*	• *had a camp fire with s'mores*	• *heard raccoons at night*
March 24	• *with aunt and uncle (in Thousand Oaks, outside LA)*	• *stopped at Pismo Beach*	• *people driving on the beach* • *agriculture is huge in CA*

Erarbeitung

b) S wählen ihren Lieblingsreisetag aus und begründen ihre Wahl. Diese Aufgabe kann mündlich oder schriftlich (z. B. als Hausaufgabe) erledigt werden.

Auswertung

S, die sich für denselben Tag entschieden haben, lesen sich gegenseitig ihre Texte vor und einigen sich auf eine gemeinsame Begründung, die sie im Plenum vorstellen.

Zusatz

Die S formulieren eigene Bildunterschriften zu den Fotos aus dem *road trip diary*, wobei sie die zugehörigen Informationen aus dem Reisetagebuch nochmals gezielt umwälzen.

Lösungsbeispiel

S. 58 (von links nach rechts): *(We're) heading south on Highway 1* • *A tsunami could happen anytime* • *A whale mother with her calf*
S. 58 unten (von links nach rechts): *A pelican on the beach* • *A surfer near Santa Cruz / A surfer in huge waves* • *A roller coaster made of wood / An old-fashioned roller coaster*
S. 59 oben (von links nach rechts): *Tall trees in Big Basin (State Park)* • *A bear box on the campsite / Hide everything from the bears* • *A raccoon family*
S. 59 unten (von links nach rechts): *Farmers are picking strawberries* • *A campfire with s'mores* • *Driving on Pismo beach*

More practice 4 p. 129 **True, false or not in the text?**

Erarbeitung

a) **SB geöffnet.** Sicherung des Detailverstehens gemäß SB, wenn nötig nach dem **3. Lesen**.

Differenzierung

Lernstärkere S begründen ihre Einschätzungen anhand des Tagebuchtextes und korrigieren dabei auch die falschen Aussagen (siehe Lösungen in blauen Klammern).

Auswertung

Vergleich durch ▸ Partner check. Abschließend Ergebnissicherung im Plenum, z. B. mithilfe von ▸ Right/wrong cards.

Lösung

1 true (... because on page 58 (March 20) in the diary it says: '... we are used to the idea that an earthquake could happen anytime') • *2 not in the text (... because on page 58 (March 21) in the diary it only says: '... Santa Cruz is a paradise for surfers (...) Andi couldn't believe how cold the ocean is!')* • ***3*** *true (... because on page 59 (March 22) in the diary it says: 'Andi couldn't believe how big the trees were.'))* • ***4*** *false (... because on page 59 (March 22) in the diary it says: 'Back to the motel in Santa Cruz for the night.')* • ***5*** *not in the text (... because on page 59 (March 22) in the diary it only says: 'Andi also didn't believe us when we told him that campers have to keep their food outside in a special box (...)'* • ***6*** *false (... because on page 59 (March 23–24) in the diary it says: '... we stopped at Pismo Beach and watched people driving on the beach.')*

---

3 An email from Andi

Einstieg

L: *Imagine you're on holiday – how do you keep in touch with your friends or family? (I chat with my friends/send text messages or emails/...) Andi keeps in touch with his father back home in Stuttgart by email. What do you think he writes about? (What he does/sees/ ... on the road trip/how he gets on with his cousins/...)*

Erarbeitung

SB geöffnet. Gemeinsames Lesen und ▸ Klären der Arbeitsanweisung. Mithilfe des *SF 7 Writing course (C Writing an email/a letter,* SB-Seite 173*)* wiederholen die S bei Bedarf wesentliche Kriterien für das Schreiben einer E-Mail (ggf. gemeinsam im Plenum). L kann anregen, dass die S zunächst den gewählten Eintrag nochmals sichten und dabei Notizen zu den wichtigsten Ereignissen des Tages anfertigen, bevor sie diese aus Andis Sicht als E-Mail formulieren.

Auswertung

S lesen sich die E-Mails in PA oder Kleingruppen (à 3–4 S) gegenseitig vor und wählen die gelungenste aus, um sie in der Klasse vorzutragen.

Lösung

Individuelle Lösungen.

▸ WB 6–9, pp. 34–35 ▸ DFF 3.1 ▸ INKL pp. 56–57

FOCUS ON LANGUAGE

Inhalt S erfahren mittels eines Online-Reiseführers und eines Hörtextes, was auf einer Tour durch ein Filmstudio geboten wird (Präsentation des Passiv). Anhand von Quizfragen und Zeitungsüberschriften vertiefen und üben die S anschließend die Bildung von Passivformen. Unterschiede zum Deutschen im Gebrauch der bestimmten und unbestimmten Artikel werden in einer lexikalischen Übung thematisiert.

S. 60

1 A film studio tour

Wortschatz **guide** • **cart** • **carry** • look **closely** • **thin** • **the inside** • **(film) set** • **cloak**

Struktur *The passive:* Präsentation im Kontext

Einstieg **SB geschlossen.** Gelenktes Unterrichtsgespräch im Plenum. L: *Imagine you have the chance to go to LA. What would you like to do there? (see Hollywood, the stars on Hollywood boulevard, meet a film star, visit a famous film studio/...)*

Überleitung L: *If you want to see how films are made, you can go on a film studio tour.*

Erarbeitung **a) SB geöffnet.** Meinungsbildung zu einer Studiotour durch Bildbetrachtung und *Skimming* des *Online guide* gemäß SB zunächst in EA. Die S können Gründe für ihre Einschätzung stichwortartig im Heft notieren.

Auswertung Die S äußern ihre Meinung zu einer Filmstudiotour im ► Partner talk, in Kleingruppen oder im Plenum. L kann dazu Satzanfänge und Begründungshilfen zur Verfügung stellen (Tafel/Folie), z. B.:

- *I think a studio tour will/won't be interesting because there you can/can't see .../ You'll learn/find out (about/how) ...*
- *I (don't) agree./No, I don't think so. On a studio tour you probably will/won't meet famous film stars/... (But) perhaps you'll ...*
- ...

Lösung Individuelle Lösungen.

Überleitung L fasst die Mehrheitsmeinung zu Studiotouren zusammen und leitet zum Lesetext über: *So most of you think/don't think that a studio tour would be interesting. Let's read a text from someone who describes a special studio tour.*

Erarbeitung **b) 1. Lesen.** S scannen den Text und notieren in Stichworten mögliche Gründe.

Auswertung Vergleich durch ► Partner check.

Lösung
- *it's a real working studio*
- *they make films and TV shows there all the time*
- *the groups on this tour are very small*
- ...

Erarbeitung **c) 2. Lesen.** S beantworten die Fragen in Stichworten im Heft.

Auswertung Vorlesen der Antworten im Plenum zur Ergebnissicherung, auch in Form einer ► Meldekette möglich (S1 liest Frage 1, S2 antwortet und liest Frage 2 usw.).

Lösung *1*
- *it's a real working studio, they make films and shows there all the time*
- *it's a two-hour tour in a little cart*
- *the cart can carry only 12 people, so the groups are small*

2
- *take photos*

3
- *were used in lots of old films*
- *they're still used in films today*
- *every time it looks different, because for every film a street is given different signs, trees*
- *the buildings are very thin, only the street is important, not the inside of the buildings*

4
- *films and TV shows are filmed inside*
- *studio technicians build a film set in one of these buildings, e.g. a living room, a kitchen, a café*

5
- *they can't tell you because they're always changing*

6
- *they keep all of them*
- *very special costumes are shown in the studio museum, e.g. Harry Potter's cloak*

Erarbeitung **d)** Mithilfe der Informationen aus dem *Online guide* und den Antworten aus den Teilaufgaben **b)** und **c)** formulieren die S ihre persönlichen Gründe für oder gegen eine Teilnahme an einer solchen Studiotour. Mündlich oder schriftlich (z. B. als Hausaufgabe) möglich.

O Differenzierung Für lernschwächere S kann L eine Auswahl an Argumenten bereitstellen, z. B.: *(I would/wouldn't like to do a studio tour because I (don't) want to …) find out how films or shows are made/take lots of photos of film sets/see the streets that are used in films/look at the costumes in the museum/talk to a movie star/try on costumes/ride in an electric cart/…*

Auswertung ► Partner talk – vorzugsweise zwischen S mit unterschiedlichen Meinungen. L kann Redemittel vorgeben (Tafel / Folie).

Mögliches Tafelbild:

+	–
I'd like to do this studio tour because I want to … *– find out how films or TV shows are made.* *– take lots of photos.* *– see the streets that were used in old films.* *– look at the costumes in the museum.* *– …*	*Well, I wouldn't like to do this studio tour because I'm (not) interested in …* *– driving around in a cart for two hours.* *– looking at (old) film sets.* *– talking to a movie star.* *– trying on costumes.* *– seeing the cloak that was worn by Harry Potter.* *– …*

Lösung Individuelle Lösungen.

S. 61

2 The passive

Wortschatz **personal**

Struktur *The passive:* Bildung und Gebrauch (induktive Regelerarbeitung)

Erarbeitung **a) SB geöffnet.** S formulieren die Regelsätze anhand der Beispiele (oder nutzen den Vordruck auf ► KV 23: The passive – Rules and examples). Auf der KV erhalten sie zusätzlich weitere Beispielsätze für das Quiz in Aufgabe **4**.

Auswertung L kann die Merksätze als TB festhalten und anschließend als Merkstoff ins Heft übertragen lassen.

Lösung *An **active** sentence tells you what happens and who does it.*
*A **passive** sentence tells you what happens. It isn't so important who does it.*

Erarbeitung **b)** Die S übertragen die Tabelle ins Heft (oder nutzen den Tabellenvordruck auf ▸ KV 23: The passive – Rules and examples) und ergänzen die Beispielsätze.

Hinweis: L kann eine Mindestzahl von vier Sätzen vorgeben.

Auswertung (Lernstärkere) S schreiben die gefundenen Sätze zum Vergleich in eine vorbereitete Tabelle (Tafel / Folienkopie von ▸ KV 23: The passive – Rules and examples).

Lösung

	passive verb form		
subject	*form of 'to be'*	*past participle*	*(rest of sentence)*
You	*'re*	*taken*	*on a two-hour tour.*
The groups	*are*	*kept*	*small.*
They	*'re still*	*used*	*in films today.*
A street	*is*	*given*	*different signs, different trees, different everything.*
Lots of films and TV shows	*are*	*filmed*	*inside.*
If a living room	*is*	*needed*	*for a film or a TV show …*
The very special costumes	*are*	*shown*	*in the studio museum.*

Erarbeitung **c)** Analoges Vorgehen wie in **b)**.

Auswertung (Lernstärkere) S schreiben die gefundenen Sätze zum Vergleich in eine vorbereitete Tabelle (Tafel / Folienkopie von ▸ KV 23: The passive – Rules and examples).

Lösung

	passive verb form		
subject	*form of 'to be'*	*past participle*	*(rest of sentence)*
You'll stop in streets that	*were*	*used*	*in lots of old films.*
You can see the cloak that	*was*	*worn*	*by Harry Potter.*
You can also see cars that	*were*	*driven*	*by Batman.*

Erarbeitung **d)** Im Anschluss an das Sammeln und Analysieren der Beispielsätze vervollständigen S die Regel mithilfe der Tabellenübersicht.

Auswertung Regel wird zum Merkstoff ergänzt (Tafel / Heft / ▸ KV 23: The passive – Rules and examples).

Lösung *To make the **passive**, you need **a form of 'to be'** and the **past participle**.*

3 California facts – true or false?

Struktur *The passive:* passive Anwendung in Aussagesätzen im *simple present* und *simple past*

Erarbeitung **a)** **SB geöffnet.** Gemeinsames Lesen und ▸ Klären der Arbeitsanweisung im Plenum. Es handelt sich um eine Art ▸ Info-gap activity: Partner B arbeitet auf SB-Seiten 113/114.

Partner A beginnt, liest Partner B die Aussagen 1–4 aus **a)** auf SB-Seite 61 vor und äußert Vermutungen, ob diese richtig oder falsch sind. Lernstärkere S können auch bereits Korrekturvorschläge machen. Partner B überprüft anhand der Lösungssätze auf SB-Seite 113, ob die Entscheidung richtig war und korrigiert ggf. falsche Sätze.

Auswertung Die S können für jede richtige Antwort des Partners Punkte vergeben.

Lösung ***1** false (the Golden State) • **2** false (in 1911) • **3** true • **4** true*

Erarbeitung **b)** Rollentausch: Partner B liest die Aussagen 1–4 aus **b)** auf SB-Seite 114 vor. Äußern und Überprüfen der Vermutungen zur Richtigkeit wie in **a)**, nur mit getauschten Rollen.

Auswertung Siehe Auswertung zu **a)**.

Lösung ***1** true • **2** false (in 1902) • **3** true • **4** false (forty-niners)* ▸ DFF 3.3

S. 62

4 QUIZ What is it?

Wortschatz **metal**

Struktur *The passive:* aktive Anwendung zur Vervollständigung von Aussagesätzen im *simple present* und *simple past*

Erarbeitung **a)** **SB geöffnet.** Die S vervollständigen die Sätze mit der passenden Form von *to be,* schreiben die vervollständigten Sätze ins Heft und geben das Lösungswort an.

//● p.130 Es handelt sich um eine Parallelübung auf zwei Niveaus. Lernstärkere S vervollständigen die Lückensätze auf SB-Seite 130, indem sie die passende Form von *to be* und das *past participle* selbst bilden.

Auswertung Vorlesen der vervollständigten Fragen und Kontrolle der Lösungen im ▸ Partner check.

Hinweis: Es ist auch möglich, dass die Partner einander abwechselnd einzelne Sätze im Sinne eines Quiz (ungeordnet) vorlesen und der jeweilige Zuhörer das Lösungswort nennt.

Lösung
1 *It **was** discovered in California in 1849. It's a metal. It's expensive. What is it? – **gold***
2 *They're red. They **are** grown in California. They **are** used in smoothies. What are they? – **strawberries***
3 *They **were** first made in Italy. Today they **are** eaten all over the world. – **pizzas***
4 *It's a language. It **is** spoken in Spain, but also in Mexico, and in California. – **Spanish***
5 *They're trousers. They're blue. They **were** first made in the US by Levi Strauss. – **jeans***
6 *These animals **are** found in California and also in Germany. They're grey and white. – **racoons***
7 *They **are** made of metal. They **are** found in US schools. Students keep their school books in them. – **lockers***

Erarbeitung **b)** ◉ 👥 Die S formulieren weitere Quizaussagen, ein zweites S-Paar löst diese Aufgaben.

Auswertung Die S-Paare können sich die formulierten Fragen gegenseitig mündlich stellen und Punkte vergeben.

Alternative S schreiben ihre Quizfragen einzeln auf Karteikarten; L fasst alle Quizfragen zusammen und gibt diese an die gesamte Klasse. Nach Vorgabe eines Zeitlimits lösen S die Fragen und die *California experts* werden ermittelt.

Lösung Individuelle Lösungen. ▶ DFF 3.3 ▶ IAT

5 Newspaper headlines

Wortschatz **headline** • **hit** sb./sth., **hit, hit** • **avoid** • °theme park

Struktur *The passive:* aktive Anwendung zur Vervollständigung von Aussagesätzen im *simple present* und *simple past*

Erarbeitung **a) SB geöffnet.** Gemäß SB. Beim Formulieren der Sätze achten die S auf Signalwörter, um die richtige Zeitform zu erkennen.

◎ Differenzierung In lernschwächeren Klassen werden im Vorfeld wiederholend typische Zeitangaben für *simple present (every day, every year, often, ..)* und *simple past (yesterday, last night, 3 years ago, ...)* im Plenum (Tafel / Folie) gesammelt. Anhand des Beispiels im SB weist L ausdrücklich auf die Notwendigkeit der Verwendung von Artikeln hin und fordert ggf. lernstärkere S auf, im Plenum diejenigen Sätze zu benennen, in denen zwingend Artikel eingefügt werden müssen.

Auswertung Vergleich der komplettierten Sätze im Plenum, z.B. in Form einer ▶ Meldekette (S1 liest Überschrift 1 und ruft S2 auf, der den komplettierten Satz und die nächste Überschrift vorliest usw.).

Lösung
1 *A tourist* ***was*** *hurt in* ***an*** *accident at* ***a*** *theme park.*
2 *Many whales* ***are*** *seen near Santa Cruz every spring.*
3 *Los Angeles* ***was*** *hit by* ***a*** *small earthquake yesterday. No buildings* ***were*** *destroyed.*
4 *Two black bears* ***were*** *spotted in* ***the*** *town park last night.*
5 *2500 films* ***are*** *made in the US every year.*

Erarbeitung **b)** ◉ S schreiben eigene Überschriften ins Heft.

Auswertung 👥 Im ▶ Partner check: Partner B formuliert zu den Überschriften den vollständigen Satz und vergleicht diesen anschließend mit dem Ausgangssatz von Partner A. Anschließend Rollentausch.

More help p. 130 S, die Hilfe benötigen, nutzen die Schrittfolge im SB-Seite 130.

Lösung Individuelle Lösungen.

More practice 5 p. 130 In the news

Wortschatz °shocked • °cyclist

Struktur *passive or active:* kontrastive Anwendung zur Vervollständigung eines Lückentextes

Erarbeitung **a) SB geöffnet.** S vervollständigen Lückensätze zum Passiv mit Form von *to be* und dem *past participle.*

Auswertung 👥 ▶ Partner check oder / und Vorlesen der Sätze im Plenum.

Lösung

1 was called/was hurt • 2 are seen/are spotted/are chased and killed • 3 was hurt/was hit • 4 were heard/were caught and taken • 5 were made/are made

Erarbeitung

b) Gemäß SB. Als schriftliche Hausaufgabe geeignet.

Hinweis: Um den S die Wahl der richtigen Zeitform zu erleichtern, kann L die S vorab ausdrücklich darauf hinweisen, dass es sich um einen Bericht über einen gestrigen Unfall handelt, in den sie die *simple past*-Formen der Verben im Aktiv oder Passiv einsetzen müssen.

Auswertung

Vorlesen des komplettierten Textes im Plenum.

● Differenzierung

Lernstärkere S können ihre Auswahl der Verbformen (Aktiv/Passiv) anhand des Textes und der FOCUS-Box auf SB-Seite 61, **2** (auf Deutsch) begründen, z.B.: *The emergency services were called ...* = passive, weil wir erfahren, dass der Rettungsdienst gerufen wurde, aber nicht, wer ihn gerufen hat. (usw.)

Lösung

*The emergency services **were called** yesterday when an accident **happened** outside the school. A group of teenagers **were** outside the school. One boy **was pushed** by another boy and he **fell** onto the road. A girl on a bike **stopped** suddenly and she **was hit** by a car because the car **couldn't stop**. The boy **wasn't hurt** but the girl **had** a broken arm and the driver **was** very shocked. An ambulance **was called** and the police also **came**. The cyclist and the driver **were taken** to hospital. The driver **went** home later, but the girl **was kept** in hospital for the night.*

More challenge 2 p. 131 Whale watching

Wortschatz

°humpback whale • °from ... through ... • °pass • °dolphin • °turtle • °endless • °gray • ° (whale) watcher • °guarantee • °life jacket

Struktur

The passive: will-future and modals (can, should)

Erarbeitung

a) SB geöffnet. In einem Text zu Walbeobachtungstouren erfassen die S induktiv die Bildung des Passivs mit *modals* und *will-future*, indem sie die passenden Sätze heraussuchen. Die S übertragen die Sätze ins Heft, unterstreichen die Passivformen und formulieren die Bildungsregel. Vertiefung mithilfe des *Language file* (LF 22, SB-Seite 196 unten) möglich.

Lösung

Seven different kinds of whales can be seen on our tours through the year.
The Humpback Whale can usually be found in this area from April through November.
You'll definitely enjoy a tour with us.
You'll have an amazing time!
On our tour you'll be taken to places where whales come very close to the boat.
You'll be introduced to the world of whales by our expert, Dr. Amy Klein.
If we want to save the whales and other sea life, then people must be shown why they are so special.

Erarbeitung

b) S vervollständigen die Sätze eines Texts mit Tipps für Walbeobachter mit den fehlenden Passivformen. Als schriftliche Hausaufgabe geeignet.

Lösung

1. *Whales **can be seen** anytime from the west coast of the US.*
2. *Sometimes whales **can be seen** from land, but most people take a boat trip.*
3. *Tickets for tours **can be booked** on the internet or they **can be bought** at the ticket office in the harbors.*
4. *The boat owners can't guarantee that you'll see whales on every tour. But if there are no whales, usually some birds or animals **will be spotted**.*
5. *Whale-watching tourists must be careful. Whales **shouldn't be disturbed** – they **must be left** alone. That's why boats have to stay 100 metres away from them.*

*6 If the weather becomes bad during the tour, you**'ll be asked** to put on a life jacket.*
*7 Food **won't be served** on the tour, so it's a good idea to bring a snack with you.*

6 Avoid making mistakes with 'the' and 'a'

Einstieg **SB geschlossen.** L präsentiert einen kleinen Text über Kenzie (TB / Folie), um den S bewusst zu machen, dass es im Gebrauch der bestimmten und unbestimmten Artikel viele Gemeinsamkeiten, aber auch Unterschiede zum Deutschen gibt:

*Kenzie lives **in a little town** north of San Francisco. She **has a part-time job as a shop assistant**. She works there **on Saturdays in the afternoon**. The shop isn't far from home so she doesn't have to **go by bus**. She and her brother visit their dad **at the weekends**.*

L: *Read the text and find similarities and differences between the marked phrases in English and in German.*

Similar to German:	*Different from German:*
• *in a little town* / in einer kleinen Stadt	• *as a shop assistant* / als Verkäuferin
• *has a part-time job* / hat einen Nebenjob	• *on Saturdays* / samstags
• *go by bus* / mit dem Bus fahren	• *in the afternoon* / am Nachmittag
	• *at the weekends* / am Wochenende

Erarbeitung **a) SB geöffnet.** Anhand der Beispiele aus dem Einstieg und im *Language file* (LF 23, SB-Seite 197) erkennen die S typische Redewendungen, in denen die Artikel anders verwendet werden als im Deutschen.

Auswertung In PA oder im Plenum.

Lösung Vergleiche SB-Seite 197.

Erarbeitung **b)** S übertragen die Sätze in ihr Heft und setzen die Artikel ‚*the*' oder ‚*a*' ein bzw. lassen den Artikel weg.

Auswertung ► Partner check oder / und Vorlesen der Sätze im Plenum.

Lösung

1 *... Hollywood Boulevard is **a** famous street in LA.*
2 *Lots of homeless people sleep on **the** street in San Francisco.*
3 *Yesterday we went to **the** beach in **the** morning and then we went on **a** studio tour in **the** afternoon.*
4 *Mom is **a** police officer and she often has to work at ... night.*
5 *I play **the** drums in **a** band. I practise two nights **a** week. On ... Saturday we are going to play at **a** festival.*
6 *We visited **the** United States last year. This year we want to go to ... Germany.*
7 *We went over **the** Golden Gate Bridge by ... bike. Then we went back to **the** city by ... ferry.*
8 *My favourite sights in New York are ... Times Square and **the** Statue of Liberty.*

► WB 10–13, pp. 36–37 ► DFF 3.4 ► IAT ► INKL pp. 58–60

STORY Mexican Whiteboy

Inhalt

(A) In den Sommerferien besucht Danny, ein Teenager aus San Diego, seine Cousine Sofia in National City, nahe der mexikanischen Grenze. Dort leben hauptsächlich Mexikaner und Amerikaner mit mexikanischen Wurzeln. Dazu gehören auch Sofias Freunde Uno und Liberty.

(B) Obwohl auch Danny amerikanisch-mexikanische Wurzeln hat, unterscheidet er sich nicht nur durch seine Größe und hellere Hautfarbe, sondern auch durch seine Kleidung von den anderen Teenagern. Er ist sehr zurückhaltend und beobachtet die anderen beim Stickball, einer Variante des Baseballs. Dabei fällt ihm Liberty auf.

(C) Sofia prahlt mit Dannys Baseballkünsten, sodass Uno ihn herausfordert. Nach einem Unfall, bei dem Unos Bruder durch Dannys Schläger verletzt wird, kommt es zu einer Auseinandersetzung, an deren Ende Liberty sich um den verletzten Danny kümmert. Nach diesem Zwischenfall zieht Danny sich für einige Zeit zurück. Er fühlt sich zwischen zwei Kulturen zerrissen. Als er nach zwei Wochen allein auf einem alten Spielfeld Baseball trainiert, beobachtet Uno ihn zunächst dabei, spielt dann mit und die beiden freunden sich an.

(D) Bei der Abschiedsparty am Ende des Sommers kommen Danny und Liberty sich näher, obwohl sie keine gemeinsame Sprache sprechen.

S. 63–66

Introduction

Einstieg

SB geschlossen. L schreibt Titel der Geschichte *Mexican Whiteboy* als stummen Impuls an die Tafel. Mögliche S-Äußerungen: *I think he is half-American, half-Mexican. Perhaps he's American and lives near the border to Mexico. ...*

SB geöffnet. S lesen die Einführung und die Profile der Teenager. Dabei überprüfen sie ihre Vermutungen. Anschließend zählt L die Klasse von 1–4 (1 Danny, 2 Sofia, 3 Uno, 4 Liberty) durch. Die S bereiten sich darauf vor, die Protagonisten mithilfe der Profile vorzustellen. Die Auswahl für die Vorstellung erfolgt nach Kriterien des kooperativen Lernens (*the oldest/tallest/... student*). Beispiel: *Danny is 16 years old and he lives in San Diego. His dad is Mexican. He left the family a long time ago. His mom is a white American. His aunts and uncles live in National City, close to Mexico. His favourite cousin is Sofia. Danny only speaks English (not Spanish). He goes to school in San Diego. Most of the students there are white.*

Überleitung

L: *Now let's do some reading to find out more about the four teenagers and about how they spend their summer.*

1 A story in four parts

Erarbeitung
▶ 1.22

SB geöffnet. 1. Lesen. L erstellt folgende Tabelle (Tafel/Whiteboard) oder verteilt ▶ KV 24: Mexican Whiteboy: Who, what, how? L: *Look at the pictures first. They help you to understand your text.* Danach Vergleich in PA gemäß SB.

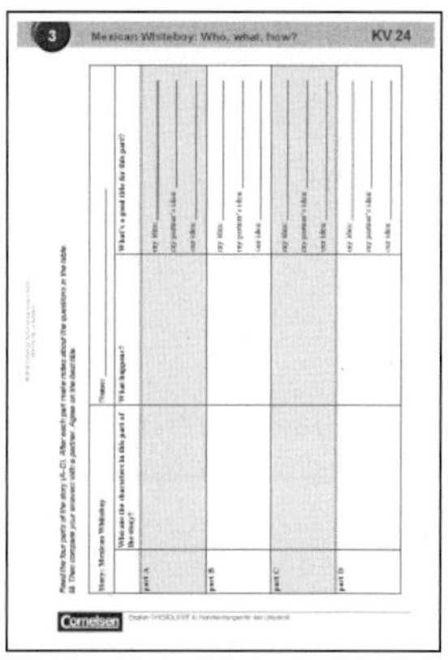
Mexican Whiteboy: Who, what, how? KV 24

Mexican Whiteboy

(adapted from a book called *Mexican Whiteboy* by Matt de la Peña)

Wortschatz

p. 63: African American • nod (to sb.**) • pitch • skin • grow up, grew up, grown up • baggy • except (for)** • °adapted from • °private school

p. 64: handshake • bat • invisible • tongue • hit sb./sth. • **Box "hit"** (SB-Seite 218) • **disappear • blood** • °stickball • °baggy • °gotta • °put down some paper • °cuz • °pitch (a ball) • °give each other high fives

p. 65: where his dad **used** to play • **Box "I used to …"** (SB-Seite 218) • **all right • after that**

p. 66: truth • dare • dare sb. **to do** sth. • **second • I wish** I could tell you … • **silence • let, let, let** • °truth or dare. • °lollipop

Story: Mexican Whiteboy		*Name:* ______	
	Who are the characters in this part of the story?	*What happens?*	*What's a good title for this part?*
part A			*my idea:* ______ *my partner's idea:* ______ *our idea:* ______
part B			*my idea:* ______ *my partner's idea:* ______ *our idea:* ______
part C			*my idea:* ______ *my partner's idea:* ______ *our idea:* ______
part D			*my idea:* ______ *my partner's idea:* ______ *our idea:* ______

Lösungsbeispiel

Story: Mexican Whiteboy		*Name:* ______	
	Who are the characters in this part of the story?	*What happens?*	*What's a good title for this part?*
part A	• *Danny* • *Danny's cousin Sofia* • *some of Sofia's friends, among them a black guy (Uno) and a pretty girl*	• *Sofia introduces Danny to her friends* • *Danny: very shy; doesn't talk much* • *Danny watches a group of boys playing stickball and thinks about his father/the kids at his school* • *he notices a pretty girl*	*individuelle Lösungen*

part B	• *Sofia* • *Danny* • *Uno + his brother: Manny* • *a pretty girl with a baby* • *(Sofia's other friends)*	• *Sofia tells the boys that Danny is great at stickball* • *Uno asks Danny to play against him (for money)* • *Danny hits the ball perfectly, the girls cheer* • *Uno gets angry + throws the ball at Danny's face, Danny jumps back + his bat hits Manny, Uno's brother* • *Uno starts a fight and when Danny is hurt, the pretty girl helps him*	*individuelle Lösungen*
part C	• *Danny* • *Sofia* • *Uno*	• *Danny stays at his uncle's house for two weeks, doesn't talk* • *goes to an old baseball field alone, thinks about his situation: between two cultures* • *one day Sofia and Uno see Danny at the baseball park* • *Danny and Uno start to practice baseball together*	*individuelle Lösungen*
part D	• *Danny* • *Liberty (= the pretty girl with the baby)* • *kids from the neighbourhood*	• *there's a party in Potomac Street* • *in a party game, a girl tells Danny and Liberty to go for a walk together* • *they speak different languages but they seem to like and understand each other without words: Liberty leans her head against Danny's shoulder*	*individuelle Lösungen*

Alternative

Alternativ lassen sich die einzelnen Abschnitte der Geschichte auch mithilfe einer Methode ähnlich dem reziproken Lesen erarbeiten, z. B. anhand von ▸ KV 25: Mexican Whiteboy – One text, four roles. Dazu ist es notwendig, dass Vierergruppen gebildet werden. Innerhalb der Gruppen übernehmen die S abwechselnd unterschiedliche Rollen gemäß den Aufgaben auf der KV. Die Rollenzuweisung wechselt dabei im Uhrzeigersinn.

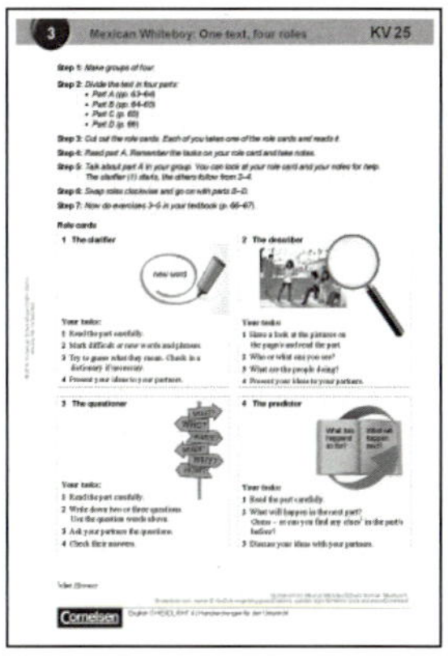

S. 66

2 About Danny

Erarbeitung

SB geöffnet. Beim **2. Lesen** beantworten S die Fragen im SB. Nach jeder Frage ist die Kontrolle im ▸ Lerntempoduett möglich.

Lösungsbeispiel

1 *In San Diego he feels like a Mexican, but here in National City he is American. He's white compared to the others and he wears different clothes. He wears surfer clothes which are trendy in San Diego, but the kids in National City wear baggy jeans and white T-shirts. They also have different hobbies. He is good at playing baseball, but in National City the kids don't have real baseball fields. They play stickball.*
2 *Danny doesn't speak a lot at all. But at his school it is even worse. For his classmates he is the Mexican kid and the others don't want to talk to him. In NC he is the American kid, so it isn't easy for him either.*
3 *It is really difficult for Danny. In San Diego his classmates don't talk to him because he's the Mexican kid and looks different. In National City, where his Mexican family lives, he is the American. He likes the way of life of his Mexican family and he likes living with them even if he can't speak their language. He thinks, 'I'm a white boy among Mexicans and a Mexican boy among white people'.*
4 *The problem is that Danny can't speak Spanish and that Liberty can't speak English. They communicate without using words. They smile at each other, she gives him a lollipop and they just sit together – in silence. Liberty lets her head fall against Danny's shoulder.*

S. 67

3 Finding information in a text

Wortschatz

afraid: be afraid

Erarbeitung

a) **SB geöffnet.** S bilden Vierergruppen und suchen Belegstellen im Text für die im SB vorgegebenen Gefühle und Einstellungen der Hauptcharaktere, aufgeteilt in die Teile A, B, C und D. *Fast finishers* bearbeiten ggf. noch einen weiteren Textabschnitt.

b) Gemäß SB. Kontrolle nach jedem Textabschnitt im ▸ Lerntempoduett.

Lösungsbeispiel

in text A:
1 *lines 12–13: 'Danny nods with a shy smile, and he looks down at the ground.'*
2 *lines 16–20: 'His skin is brown. He's half-Mexican brown. Darker than all the white kids at his private high school. But here in National City (...) he feels very white.'*
3 *lines 33–35: 'Seeing these kids makes Danny think about his father. Did he play stickball in this street when he was a kid?'*
4 *line 45–46: 'Danny gets a strange feeling in his stomach when he looks at this girl.'*

in text B:
5 *lines 52–53: "He's better than all you fools at baseball!"*
6 *lines 58–59: "If you want to play, you gotta put down some paper."*
7 *line 62: 'He says nothing. He never speaks at school.'/ line 67: "Has the cat got his tongue?"*
8 *lines 84–86: 'Everybody in the street watches it. Nobody says anything. Then they all look at Danny and they all look at each other.'*
9 *lines 95–97: 'It hits Manny – Uno's brother. Manny shouts and cries, and there's lots of blood on his face.'*

in text C:
10 *lines 129–130: 'He likes living with his Mexican family. He loves the chatting, the jokes, the food.'*
11 *lines 131–134: 'But he isn't really Mexican. ... He thinks, "I'm a white boy among Mexicans and a Mexican boy among white people."...'*

12 *lines 141–143: 'Danny sees him, then he looks around: There's nobody to help him if Uno starts to fight again.'*
13 *lines 157–160: 'The next time, Danny doesn't pitch so hard. After that the two boys meet every day (...) and they practice together.'*

in text D:
14 *lines 167–168: 'But he's still shy, he still hasn't spoken to her, and he's going back to San Diego soon.'/ lines 171–172: 'Liberty stands up, and one of the boys pulls Danny out of his chair.'*
15 *lines 172–173: 'Danny looks at Liberty. She gives him a shy smile.'*
16 *lines 175–177: 'They stand outside for a few seconds and don't say anything. They don't look at each other.'*
17 *lines 191–193: "I wish I could tell you how pretty I think you are – in Spanish. But I can't because I never learned."*
18 *lines 201–end: 'Then Liberty lets her head fall against Danny's shoulder – just for a few seconds. And Danny thinks that those few seconds are more important than words.'*

Erarbeitung

c) Gemäß SB. Die S sammeln die Informationen in einer Mindmap. Hauptbegriff: Danny, als Äste können die Begriffe *family, school, personal data, character, hobby* verwendet werden.

Auswertung

Zusammentragen der Informationen über Danny anhand der Notizen aus der GA-Phase im Plenum, z. B. in Form einer (von L vorgegebenen) Tabelle (Tafel / Folie), um eine gemeinsame Ausgangsbasis für die Schreibaufgabe in **d)** zu schaffen.

Lösungsbeispiel

Danny's profile

age:	16
from:	San Diego
family:	– white American mom, Mexican dad – aunts and uncles in National City; favourite cousin: Sofia
school:	– private high school in San Diego, mostly white kids: they don't talk to him / don't see him; he feels invisible / never speaks at school
hobbies:	– baseball
characteristics (what's special about him):	– shy, doesn't talk a lot, smart – wears cool surfer clothes – different from the kids at his school and from the kids in National – City because he's 'half-Mexican brown' (white among Mexicans / Mexican among white people); likes living with his Mexican family (chatting, jokes, food); but not really Mexican: can't speak Spanish → between two cultures – in love with Liberty

d) Abschließend schreiben die S in EA mithilfe ihrer Notizen Dannys Profil.

More help p. 132 S, die Hilfe benötigen, orientieren sich am Musterprofil von Sofia.

Auswertung

Die S tauschen ihre Texte innerhalb der Stammgruppen aus und schreiben ggf. einen kurzen Kommentar dazu. Anschließend wählen sie mit der Methode ▶Voting finger einen S aus, dessen Text im Plenum vorgestellt wird.

Lösungsbeispiel

***PROFILE**: Danny*

Danny is 16. He's Mexican-American and he is 'half-Mexican brown'. He lives in San Diego with his mom who is American. His dad is Mexican, but Danny doesn't know much about him. Danny's favourite cousin – Sofia – lives in National City. He likes Sofia and her Mexican family, but he can't speak Spanish, although he would like to. At school, he doesn't have any friends, and he wonders if he will find friends in National City. He isn't very chatty, he's a rather shy boy. Because of his background, he feels different wherever he is, in San Diego or in National City – he's between two cultures. Danny is very good at baseball and he wears cool surfer clothes. He's in love with Liberty.

Zusatz

Zur Nachbereitung der Geschichte und als Vorbereitung auf das Raten der Szenen in Aufgabe **4b)** und die Sammlung von Argumenten für Aufgabe **5** kann L anregen, dass alle S alle Abschnitte **(A–D)** im Zusammenhang lesen (sofern noch nicht geschehen).

4 The freeze frame game

Wortschatz

line • °freeze frame

Erarbeitung

a) **SB geöffnet.** S finden sich gemäß SB in arbeitsgleichen Gruppen – (z. B. denen aus **3a)**) – zusammen und erstellen ein Standbild passend zu ihrem Textausschnitt. Ein S übernimmt die Aufgabe des „Regisseurs", positioniert die anderen Gruppenmitglieder (mithilfe englischer Anweisungen) und hält die nachgestellte Szene fotografisch fest.

Hinweis: Falls keine Form der digitalen Aufzeichnung und Präsentation möglich ist, üben die S die Szene zunächst ein und stellen sie dann für das Ratespiel in **b)** live in der Klasse nach.

Auswertung

b) Jede der vier S-Gruppen präsentiert ihren *freeze frame* im Plenum, entweder als Foto über Beamer / Whiteboard, oder als reales Standbild der Gruppenmitglieder. Die Mit-S aus den anderen Gruppen raten, welche Szene präsentiert wird.

Hinweis: Die Fotos können zusätzlich zur Wiederholung der Bildbeschreibungstechniken (siehe auch *SF 8 Describing photos and pictures*, SB-Seite 175) genutzt werden, z. B.: *On the left/... of this photo I can see three/... kids. They're talking and laughing. In the foreground on the right/... there's a boy/... He looks very shy. So I think it's the scene in which ...*

Lösung

Individuelle Lösungen.

5 Living between two cultures

Wortschatz

disadvantage

a) **SB geöffnet.** Gemäß SB. Die S strukturieren ihre Notizen zu beiden Fragen in Listen bzw. einer Tabelle oder auf farbigen Karten entsprechend der unterschiedlichen Kategorien *(advantages – disadvantages)*, siehe auch ▸ Note-making.

More help p. 132 Lernschwächere S erhalten Ideen und Satzteile zu Dannys Situation, die bereits nach Vor- und Nachteilen gruppiert sind.

Alternative

L teilt Klasse in zwei Gruppen ein (Tipp: leistungsschwächere S bearbeiten Frage 1 und können dazu das *More help* auf SB-Seite 132 verwenden). L legt farbige Moderationskarten bereit. S halten *advantages* auf gelb und *disadvantages* auf blau fest und pinnen diese an eine Stellwand, an eine Wand oder an die Tafel. Leistungsstärkere S sortieren die Karten. Zunächst schauen die S sich die Karten ihrer Gruppe an und wechseln auf ein Signal von L zur anderen Gruppe.

Auswertung

Sammeln der Vor- und Nachteile zu **1** und **2** im Plenum.

Lösung

1 (gemäß der Vorgaben aus *More help*)

Advantages	*Disadvantages*
• *speak two languages* • *know two different cultures* • *have family with different customs and traditions* • *be able to travel somewhere different and exciting to visit family*	• *not being able to speak one language perfectly* • *not knowing where you belong* • *not being fully accepted by one culture or the other* • *having family far away*

2 Individuelle Lösungen.

Erarbeitung

b) S tauschen sich nun unter Verwendung der Notizen aus **a)** aus. Wenn sie Moderationskarten verwendet haben (siehe Alternative zu **a)**), gehen sie zu den Karten, wählen eine aus und nennen den Vor- oder Nachteil, den sie sehen.

► WB 14–17, pp. 38–39 ► DFF 3.5 ► INKL pp. 61–63

More challenge 3 p. 132 Theatre time

Erarbeitung

SB geöffnet. Gemäß SB. Leistungsstärkere S wählen einen Textabschnitt und stellen ihn szenisch dar. Mit folgendem Plan können sie ihre Arbeit strukturieren:

Story: Mexican Whiteboy	*Part ___*
Date of presentation: ______	*Dates for rehearsals:* *1* ______ *2* ______ *3* ______
We need (props):	
Director:	
role 1: Danny *role 2:* ______ *role 3:* ______ *role 4:* ______ ______	*actor:* ______ *actor:* ______ *actor:* ______
*Write a **dialogue** for your scene. The actors have to practise the text. Someone can be the prompter during the presentation.*	

Auswertung Vorspielen der Szenen im Plenum.

Lösung Individuelle Lösungen.

SKILLS TRAINING Reading Course (3)

Inhalt In diesem *Skills training* lernen die S, Texten gezielt Detailinformationen zu entnehmen. Dabei geht es besonders um die Interpretation von statistischen Daten, die als Schichtdiagramm dargestellt und durch einen Sachtext zur Einwanderung unterschiedlicher Bevölkerungsgruppen in die USA in den letzten 200 Jahren näher erläutert werden.

S. 68

Einstieg **SB geschlossen.** L zeichnet Koordinatensystem über die Zusammensetzung der Klasse in den letzten fünf (bzw. drei) Jahren an die Tafel. Auf der Abszisse trägt er die Jahre ein, auf der Ordinate die Anzahl der S. Anschließend ergänzt L das Diagramm durch Anzahl der Jungen und Mädchen, die er in unterschiedlichen Farben im Graphen darstellt. S beschreiben den Graphen im gelenkten Unterrichtsgespräch:

L: *How many students did we have in 2014 (class 5/7)?*
S: *We had 29/... students.*
L: *How many girls/boys were in our class (in 2014/class 5/7/...)?*
S: *In 2014 there were 16/... boys and 13/... girls in our class.*

The changing face of America

Wortschatz **chart • nation • unless • be descended from • folks • someplace** *(AE)* **• continue • dramatic**

Einstieg L präsentiert das Diagramm zur US-Immigration aus dem SB über Beamer/Whiteboard und klärt die Bedeutung der Angaben auf den beiden Achsen im Unterrichtsgespräch. L: *This chart shows you the changes in immigration from different countries to the US over time. Look carefully at the information in the (vertical) y-axis* (zeigen) *and the (horizontal) x-axis* (zeigen) *of the chart. What do the numbers on the y-axis represent? (the years/decades from 1820 up to 2000) What do the numbers on the x-axis represent? (the number of immigrants to the US (per year) from 0 up to 1,2000,000) What do the different colours stand for? (the different countries that the immigrants came from)*

INFO-BOX Schichtdiagramm

Bei dem abgebildeten Diagramm handelt es sich um ein Schichtdiagramm oder „gestapeltes" Flächendiagramm. Hierbei werden die Anzahlen der Einwanderer einer Gruppe im Diagramm „übereinander geschichtet". Dadurch ergibt sich die Größe einer bestimmten Gruppe zu einem bestimmten Jahr aus der Höhe der jeweiligen farbigen Fläche zu diesem Jahr. Der höchste Punkt zu einem bestimmten Jahr gibt daher die Gesamtzahl aller Einwanderer in diesem Jahr an.

Überleitung L: *So as you can see, the US is a nation of immigrants. Let's find out (more about) where most of the immigrants came from and when.*

1 Reading for details

Erarbeitung **a)** **SB geöffnet.** S lesen zunächst den Tipp im SB und schlagen ggf. zusätzlich im *Skills file* (*SF 5 Reading course, 4 Reading for details*, SB-Seite 169) nach. Danach **1. Lesen** und Bearbeitung der Fragen 1–4 gemäß SB in EA.

Auswertung Kontrolle als ▸ Partner check oder/und im Plenum.

Lösung
1 He said that immigration was important for the USA because it made them strong.
2 Most immigrants came from Northern and Western Europe in the 1840s and 1880s.
3 The first immigrants from Eastern and Southern Europe came in the 1870s.
4 The biggest number of immigrants from the south and east of Europe arrived in the 1900s.

Zusatz Möglichkeit zum historischen Exkurs (ggf. auf Deutsch möglich): *Why did many people come from Europe at the beginning of the 20th century? Why did the number of immigrants decrease in the 1930s?* (Während im 19. Jahrhundert die Hungersnot in Irland und der Goldrausch zu den Hauptursachen für Einwanderung in die USA zählten, waren zu Beginn des 20. Jahrhunderts der Erste Weltkrieg und Pogrome in Russland wesentliche Gründe, Europa zu verlassen und in die USA auszuwandern. In den 1920er Jahren wurde die Einwanderung erstmalig einer Quote unterworfen; 1924 folgte durch den *Immigration Act* eine Begrenzung der Einwandererzahl.)

Erarbeitung **b)** **2. Lesen** gemäß SB.

Auswertung Kontrolle als ▸ Partner check und / oder im Plenum.

Lösung ***1*** *low* • ***2*** *grew* • ***3*** *Latin America* • ***4*** *Asia* • ***5*** *1990s*

Erarbeitung **c)** Gemäß SB.

More help p. 132 Lernschwächere S bearbeiten die Aufgabe mithilfe der als *scaffolding* angebotenen Satzbausteine.

Auswertung Freiwillige S lesen im Plenum vor.

Lösungsbeispiel *The chart shows us that in the 1890s immigrants mainly came from Europe. From the purple line you can see that most of them came from Northern and Western Europe. In the 1990s you can see that there were five big groups of immigrants. When you look at the purple line you can see that immigrants from Northern and Western Europe were still the biggest group, but immigrants from Africa were the second biggest group. The third biggest group of immigrants were from Eastern and Southern Europe, and the fourth biggest group of immigrants were from Asia. The smallest group of immigrants on the chart were from Latin America.*

▸ WB 18, pp. 40–41 ▸ DFF 3.6 ▸ IAT ▸ INKL p. 64

More challenge 4 p. 132 Immigration 2000

Erarbeitung **SB geöffnet.** S beschreiben das Diagramm zur Jahrtausendwende.

Auswertung Vorlesen der Texte im Plenum; die zuhörenden S überprüfen die Angaben mithilfe des Schichtdiagramms auf SB-Seite 68.

Lösungsbeispiel *When you look at the chart you can see that in the year 2000 the number of immigrants was really high. About a million immigrants came from Northern and Western Europe, which was the biggest group of immigrants. The second biggest group came from Africa. More than 900,000 Africans immigrated to the USA. More than 800,000 immigrants came from Eastern and Southern Europe. The red line shows us that almost 800,000 Asians came to the USA. The smallest group came from Latin America. Approximately 400,000 Latin Americans came to the USA.*

SKILLS TRAINING Information on the internet

Inhalt Thema dieses *Skills training* ist die Internetrecherche. Anhand der Ergebnisse einer Suchmaschine zum *Death Valley National Park* lernen die S die Bedeutung der Endungen von Internetadressen (URLs) kennen und nutzen diese Erkenntnisse, um im Internet Informationen über einen weiteren kalifornischen Nationalpark zu recherchieren und für eine Dossierseite oder / und eine Präsentation aufzubereiten.

S. 69

1 Where to look for information

Wortschatz **official • government • commercial • complete • volunteer • search • search** (for sth.)

Einstieg **SB geschlossen.** L: *Imagine you want to visit a sight like a national park or a museum. What kind of information do you need?*

S: *I'd like to find out where it is / when it is open / what I can do there ...*
L: *Where can you get the information?*
S: *I can go to a tourist office / ask friends who have already been there / look it up on the internet / ...*

Überleitung L: *Right, you can find lots of information on the internet. But how do you know that it is a good / serious website and that you can trust the information? Let's have a look at page 69.*

Erarbeitung **a)** **SB geöffnet.** Gemeinsames Lesen der Fragen 1–5 im Plenum. S schreiben sich Notizen zu den Fragen *(where? / open all year? / price? / what to do? / best time to go?)* in ihr Heft, um für die spätere Recherche nähere Suchbegriffe zu haben.

Hinweis: Die S sollten in dieser Stunde (und evtl. auch in der Folgestunde) die Möglichkeit haben, alleine oder mit einem Partner im Internet zu surfen.

Überleitung **SB geschlossen.** L schreibt URL der Schule als Impuls an die Tafel (www.xxx.de) und klärt deren Bedeutung im Plenum.

L: *What do these letters stand for? / What does this URL tell you?*
S: *www stands for world wide web. We know that we are on the internet. XXX is the name of the school. The ".de" at the end tells us that it is a German website.*
L: *Do you know any other endings of URLs? What do these endings stand for? (...)*

Erarbeitung **b)** **SB geöffnet.** L: *Look at this list of URLs. What endings can you find? (.org, .gov, .com)* Weitere Bearbeitung gemäß SB. Austausch in PA / GA möglich.

Lösungsbeispiel S: *I would start with the Wikipedia website first because it's often quite useful and the information is usually OK. But I would also check an official site, e.g. www.nps.gov. I wouldn't start with a website that ends in .com because they are commercial and the information is not always correct.*

Zusatz *Fast finishers* erhalten von L mögliche *rules of research* (Tafel / Folie). Sie erstellen eine persönliche Rangliste, die sie auf einem Plakat in der Klasse vorstellen können, z. B.:
1 Use more than one website.
2 Use official sites (.gov, .org).
3 Be careful with commercial sites.
4 Wikipedia is a good place to start but the information needs to be checked.

Erarbeitung **c)** Gemäß SB. L kann auf die deutschen Tipps im *Skills file* (*SF 9.2 Find and structure information*, SB-Seiten 176–177) verweisen und die S auffordern, sich die Websites, auf denen sie die Informationen gefunden haben (und ggf. auch den Weg), im Heft zu notieren.

Auswertung ▶ Partner check gemäß SB. Bei Unterschieden vergleichen S auch die besuchten Websites und ziehen ggf. weitere Quellen zu Rate, wobei sie auch durchaus eine neue, eingeengte Suche, z. B. *Death Valley + opening times*, starten können.

Lösung
1 *The biggest part is in California and a small part is in Nevada. It is in the Mojave desert. The map coordinates of the visitor center are N 36° 27.70 and W 116° 52.00.*
2 *Yes, it is open all year. In summer it is open from 9 am to 6 pm. In winter it is open from 8 a.m. to 6 p.m.*
3 *You must pay $20 for seven days for a vehicle. Each person must pay $10 for seven days. You can buy a ticket for one year. It costs $40.*
4 *You can do many activities there, indoor and outdoor. Outdoor activities are e.g. hiking, camping, mountain biking, riding and bird watching. You can visit museums, e.g. Scotty's castle, which is a Spanish-style mansion.*
5 *It depends, of course, on what you want to do. The best season generally is winter, because the temperatures are less extreme.*

2 Doing your own internet search

Wortschatz **correct**

Erarbeitung **a)** **SB geöffnet.** S suchen mithilfe einer Suchmaschine weitere Nationalparks und halten diese im Heft fest.

Differenzierung Lernstärkere S beantworten zu 2–3 Nationalparks folgende Fragen: *Where is it, can you find it on the map of the USA?/What kind of park is it?/What is exciting about it?* Bei der Sammlung der gefundenen Parks geben sie die Zusatzinformationen an die Mit-S weiter.

Auswertung Im Plenum.

Lösung Individuelle Lösungen.

Erarbeitung **b)** Aufgrund der Basisinformationen aus **a)** wählen die S einen Nationalpark aus und recherchieren mithilfe der Tipps aus **1** und des SF im Internet. Anschließend beantworten S die Fragen dazu aus **1a)**.

Auswertung / Mehrere S, die sich für denselben Nationalpark entschieden haben, vergleichen ihre Antworten im ▶ Partner check oder in GA und ergänzen ggf. weitere Details als Basis für die Schreibaufgabe in **c)**.

Lösung Individuelle Lösungen.

Erarbeitung **c)** Gemäß SB. Dabei können die S ihre Texte mit Fotos oder Zeichnungen ausgestalten.

Auswertung Bevor S die Seite in ihr Dossier heften, ist eine Kontrolle im ▶ Correcting circle möglich. L gibt ggf. Kriterien vor: *content, spelling mistakes, grammar mistakes, layout,...* Freiwillige S können ihre Texte im Plenum vorlesen oder in der ▶ English corner ausstellen.

Lösung Individuelle Lösungen. ▶ DFF 3.7 ▶ INKL p. 65

More challenge 5 p. 133 Your national park

Erarbeitung **SB geöffnet.** Lernstärkere S bereiten auf Grundlage der zusammengestellten Informationen eine Kurzpräsentation vor.

Auswertung Die Zuhörer bewerten die einzelnen Präsentationen nach den bekannten Kriterien (siehe auch *SF 9 Giving a presentation and using visuals*, SB-Seite 176). Jeder S kann nur eine Stimme abgeben. Leistungsstärkere S begründen ihr Votum.

SKILLS TRAINING Speaking

Inhalt Die S entnehmen einem Hörtext Informationen über die Fernsehvorlieben von Tim, Andi und Kenzie sowie unterschiedliche Filmgenres. Ausgehend von der Diskussion der drei SB-Charaktere tauschen sich die S danach anhand eines selbst erarbeiteten Fragebogens über ihre Film- und Fernsehgewohnheiten aus (dialogisches Sprechen) und stellen die gewonnenen Informationen zusammenhängend im Plenum vor (monologisches Sprechen).

S. 70

1 Talking about TV and movies

Wortschatz **direction • romance • absolute**

Einstieg **SB geschlossen.** L: *Today we are going to talk about films. My favourite film is …* (entsprechend des aktuellen Filmangebots / eigenen Geschmacks ergänzen). *It's a really funny / exciting / … film and I love comedies / action films / … What's your favourite film, S1?* (Kurzumfrage in Form einer ▶ Meldekette).

Überleitung L: *Let's find out what kind of films Tim, Andi and Kenzie like.*

Erarbeitung ▶ 1.23 **a)** **SB geöffnet.** S legen in ihrem Heft eine Liste mit den sechs Filmtiteln an und haken beim **1. Hören** zur Sicherung des Globalverstehens die Filme ab, über die die Teenager sprechen.

Lösung *They don't talk about 'Two And a Half Men'.*

Erarbeitung **b)** Gemäß SB. S tragen in die Liste aus **a)** die Kategorie der Filme ein. Kontrolle beim **2. Hören** ggf. durch ▶ Partner check.

Hinweis: L kann ggf. vorab die Bedeutung der Filmkategorien in der grünen Box klären; außer *romance* handelt es sich jedoch durchweg um ‚Cowboys', die so auch im Deutschen verwendet werden (*fantasy, action, comedy, science fiction, horror, drama*), und somit erschließbar sein sollten.

Lösung *'Spider-Man' is a fantasy movie. • 'Chasing Mavericks' is an action movie. • 'One Direction' is a music movie. • 'Keith' is a romance movie. • 'Brick' is a crime movie.*

Alternative Alternativ zu dem oben beschriebenen Vorgehen bearbeiten S die differenzierende ▶ KV 26: BUS STOP: Listening – TV and movies mit gestuften Aufgaben (leicht – mittel – schwer). Kontrolle im ▶ Bus stop.

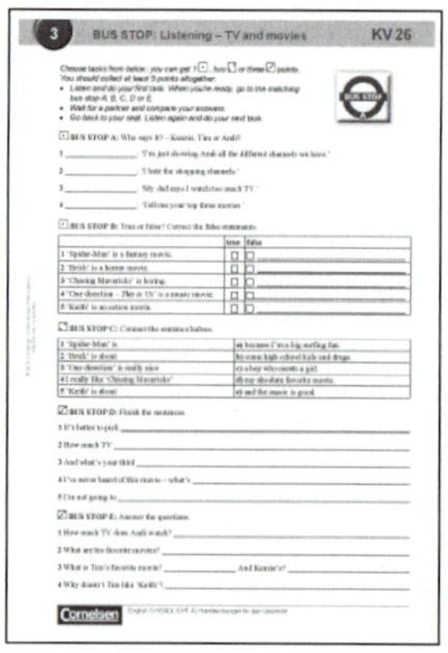

More practice 6 p. 133 What do they say?

Erarbeitung Zur Sicherung des Detailverstehens vervollständigen die S ausgewählte Passagen des Hörtextes zu **1** (SB-Seite 70) von Kenzie, Tim oder Andi aus dem Gedächtnis.

Auswertung Überprüfen ggf. beim **3. Hören** im Plenum.

Lösung ***Kenzie:*** *A • B • C • B • B • C*
Tim: *C • B • B • B • A • B*
Andi: *A • B • C • C • B • A*

▶ DFF 3.2 ▶ IAT

2 YOUR TASK TV and movies in your class

Wortschatz **questionnaire • absolute**

Erarbeitung **SB geöffnet.** Anhand der drei Schritte im SB erarbeiten die S eine Umfrage mit abschließender Mini-Präsentation zu den Film- und TV-Vorlieben ihrer Mit-S.

Step 1: Prepare a questionnaire

Erarbeitung Mithilfe der Vorgaben im SB erstellen die S in ihrem Heft (oder DIN A4-Blatt mit Klemmbrett) einen Fragebogen mit möglichst vielen Fragen, die sie fortlaufend nummerieren.
L kann eine Mindestzahl an Fragen vorgeben.

○ Differenzierung Leistungsschwächere S erhalten von L einen tabellarischen Musterfragebogen, an dem sie sich orientieren können.

Step 2: Ask and answer the questions

Erarbeitung **Walk around:** Im Rahmen einer ▸ Milling-around activity befragen S möglichst viele Mit-S und halten die Antworten stichwortartig fest, z. B. in der Tabelle aus **Step 1**. L gibt eine Zeit für die Interviewrunde vor und beendet diese mit einem akustischen Signal. Die Auswertung erfolgt in **Step 3**.

Step 3: Tell the class your results.

Auswertung L wählt den ersten S mit einer Methode des kooperativen Lernens aus (z. B. ▸ Zufallsgenerator): L: *Everybody stand up, please. Everybody who likes action movies sit down. Everybody who watches movies on the computer sit down. ...* (usw.) S1 präsentiert mithilfe der Notizen die Ergebnisse der Befragung und erhält ggf. ein kurzes Feedback von den Mit-S: *You spoke clearly/loudly ... You looked at the class ...* Anschließend wählt S1 einen Mit-S aus, der als nächstes die Umfrageergebnisse vorstellt.

● Differenzierung Leistungsstärkere S stellen ihre Ergebnisse möglichst frei vor, z. B. nach der ▸ Read-and-look up technique.

Lösung Individuelle Lösungen.

▸ WB 19–20, p. 42 ▸ DFF 3.8 ▸ INKL p. 66

SKILLS TRAINING Viewing

Inhalt Die beiden Moderatoren, Layla und Dylan, sind zu einer Grillparty bei Emily und ihren amerikanischen Freunden eingeladen. Die Teenager gehen in einen Supermarkt, um die Zutaten für *burgers, hot dogs* und *s'mores* sowie Getränke für ein typisch amerikanisches *barbecue* einzukaufen. Aus der Sicht der Britin Emily erfahren die S einiges über die Besonderheiten amerikanischer Supermärkte: Emily ist erstaunt über die riesige Auswahl, die Größe der Getränkebehälter, die vorgefertigten Lebensmittel (abgepackte *burgers* und vorgeschnittenes Obst) und die Wegwerfmentalität im Hinblick auf Pappteller. Im zweiten Teil des Films erhalten Emily und die S eine Anleitung für die Zubereitung von *s'mores.*

Abschließend setzen sich die S mit dem Trailer des in Kalifornien (Santa Cruz) spielenden Surferfilms *Chasing Mavericks* auseinander.

S. 71

Party planning

1 Part 1: In a supermarket

Einstieg **SB geschlossen.** L: *Imagine you're having a barbecue. What do you need to buy? Write a shopping list and compare it with your partner: What's the same, what's different?* Anschließend erstellen L und S gemeinsam eine Liste von „Wunschzutaten" für eine Grillparty (Tafel / Folie).

Überleitung L: *Now let's find out what American teenagers buy for a barbecue.*

Erarbeitung ▶ **a)** **SB geöffnet. 1. Sehen** von Part 1 (*normal viewing: sound on, vision on*) und ▶ Notetaking zu den Einkäufen gemäß SB zunächst in EA.

Lösung *(They bought ...) burgers • sausages / hot dogs • ice cream • plates • drinks (tea, lemonade) • fruit (salad) • crackers • marshmallows • ketchup • chocolate*

Auswertung **b)** ▶ Partner check gemäß SB.

Zusatz *Fast finishers* vergleichen die Liste mit ihrer eingangs erstellten Einkaufsliste für eine Grillparty in Deutschland. S: *They buy burgers and sausages / ... – We don't have burgers / ... on our list, but we also have sausages / ...* (usw.)

Erarbeitung **c)** Gemäß SB. Vorbereitend sammeln die S zunächst in EA ausgehend von ihren individuellen Seheindrücken und Emilys Kommentaren Besonderheiten amerikanischer Supermärkte, an die sie sich erinnern, stichwortartig im Heft. Bei der Auswertung im ▶ Partner talk wechseln sich die S nach jedem gefundenen Unterschied ab.

More help p. 133 Lernschwächere S bearbeiten die Aufgabe mithilfe der vorgegebenen Satzbausteine zunächst schriftlich in EA. Arbeitsanweisung: *Write down as many sentences / differences as you can.* Der Vergleich findet in PA statt.

○ / ● Differenzierung Zur Versprachlichung der Unterschiede wiederholen die S anhand der Adjektive *small* und *expensive* die Steigerung der Adjektive; leistungsstärkere S erklären es leistungsschwächeren S.

Auswertung ▶ Beim **2. Sehen** kontrollieren die S die Einkaufsliste aus **b)** und die Unterschiede aus **c)** in EA oder durch ▶ Partner check.

Lösungsbeispiel *American supermarkets are much bigger and nicer than German supermarkets. The packets of crisps are much bigger and the bottles of ketchup are huge. It's difficult to choose because there are so many similar products, for example there are lots of different crisps / crackers / burgers / buns / ...*

2 Part 2: Making s'mores

Wortschatz **skewer • twig**

Einstieg **SB geöffnet** L: *In part 1 of the programme, we hear about a popular party snack: s'mores. Have a look at the photos: Do you think s'mores are cold or hot/sweet or °salty? (hot – because you need a fire/sweet – because you need chocolate and marshmallows) Let's find out more about s'mores.*

Erarbeitung **a)** *Pre-Viewing:* Anhand der Fotos und der Redemittel in der Sprechblase im SB spekulieren die S im ▸ Partner talk über die Zubereitung von *s'mores.*

Lösungsbeispiel *I think you put the crackers, marshmallows and chocolate on a skewer and you hold this 'sandwich' above a fire.*

Erarbeitung ▸ **b)** **1. Sehen** von Part 2 zur Überprüfung der Zubereitungsideen aus **a)** gemäß SB. Falls ihre Vermutung nicht zutreffend war, sagen die S, was anders war, z. B.: *We were wrong, because they started with the marshmallows only/...*

Überleitung L: *The American teenagers love s'mores and this is where the name comes from. Do you remember what it means? (It stands for 'some more', because people say that you always want some more/you can't get enough of them.)*

Erarbeitung **c)** Gelenkte Meinungsäußerung anhand der Frage aus dem SB.

Hinweis: L kann alternativ oder abschließend auch eine Abstimmung in der Klasse anregen: *How many of you would like s'mores? Please raise your hands ...* und das Stimmergebnis in Kurzform festhalten (Tafel: *smores = ☺: ... students/s'mores = ☹: ... students).*

● Differenzierung Leistungsstärkere S begründen ihre Aussage: *I don't think I would like smore's because I don't like sweets at a barbecue./I'd love to try s'mores because I love chocolate and crackers.*

More practice 7 p. 134 A recipe for s'mores

Erarbeitung **SB geöffnet.** S erstellen in Anlehnung an den Film ein eigenes Rezept für s'mores und illustrieren es.

Dazu ggf. **2./3. Sehen** von Part 2 möglich.

Hinweis: Über den Suchbegriff *s'mores* lassen sich ergänzend im Internet Rezepte mit nützlichem Vokabular und Bildern zur Beschreibung der einzelnen Zubereitungsschritte finden.

○ Differenzierung Für lernschwächere S kann L die verschiedenen Zubereitungsschritte aus dem Lösungsbeispiel (angelehnt an Filmskript zu Scene 3) auch als *jumbled sentences* zum Ordnen vorgeben.

Lösungsbeispiel ***S'mores – a recipe***

What you need:

- *graham crackers, chocolate and marshmallows*
- *a fire and some skewers or twigs*

What you do:

- *First take the graham crackers and break them into °halves.*
- *Break the chocolate into small bits (that °fit on a cracker).*
- *Then take a marshmallow, put it carefully on a skewer and hold it close to the heat. But not too close (because it might catch fire)!*
- *When it's brown, take the marshmallow and put it between two crackers, on top of some chocolate.*

- *Pull out the skewer/twig.*
- *Now let the chocolate °melt a little bit and then ... Enjoy!*

3 A movie recommendation

Wortschatz **recommendation** • °setting

Einstieg
L: *As Dylan says at the end of the programme: If you're having a party with your friends, you might want to watch a movie together. So let's talk about your favourite movie. Why do you like it?/Would you recommend it for a party?*
S1: *My favourite movie is 'Paddington'/... It's a movie for the whole family and I like it because it is very funny – so I think it would be good for a party too.*
S2: ...

Erarbeitung **a)** **SB geöffnet.** Gemäß SB.

Lösungsbeispiel Mögliche S-Äußerungen: *I think/I don't think I would like the movie because it's a surfing movie/I don't like surfing/it's a true story/it was filmed in California/it's exciting/I prefer comedies/...*

Erarbeitung ▶ **b)** Beim **1. Sehen** (gemäß SB ohne Ton: Modus *sound off/vision on*) notieren die S ihre Vermutungen zu beiden Fragen stichwortartig im Heft.

Hinweis: Mit dem Suchbegriff *'Chasing Mavericks official trailer'* finden die S den offiziellen Trailer, den sie sich im Stream anschauen können.

Auswertung Sammeln der Eindrücke im Plenum, z. B.:

S1: *I think it's an action film.*
S2: *Yes, and it's about a boy who likes surfing. We can see him in different situations: at school, at home with his parents and of course on his surfboard in the sea.*
S3: *He's training hard to become a good surfer.*
S4: *There seems to be a bit of romance too.*

Lösung Individuelle Lösungen, siehe auch Auswertung.

Erarbeitung **c)** Beim **2. Sehen** (diesmal mit Ton) überprüfen die S ihre Vermutungen aus **b)** und ergänzen weitere Details zur Filmhandlung anhand der Vorgaben im SB.

Alternative Erarbeitung der Aufgabe im ▶ Jigsaw-Verfahren, damit sich die S beim **2. Sehen** als Experten auf jeweils eines der vier Oberthemen konzentrieren können. Die Stammgruppen sammeln abschließend die Ergebnisse in einer *Mindmap*, die sie mit Filmbildern illustrieren und abschließend präsentieren können.

Lösung
- *Characters: the boy (and the man/his trainer)*
- *Setting: a beautiful beach/the sea, at home, at school, in a car*
- *Mood: exciting*
- *Music: loud and fast*

Erarbeitung **d)** Austausch über den Filmtrailer gemäß SB im ▶ Partner talk.

Alternative Über die Methode des ▶ Ticket vote stimmen die S darüber ab, ob und warum sie den Filmtrailer mögen oder nicht. Anschließend sammeln sie in zwei arbeitsgleichen Gruppen Argumente für oder gegen den Film. Anschließend werden die Paare gemischt und die Partner tauschen ihre Argumente aus. Zur Ergebnissicherung kann die Diskussion in der Klasse in der Methode des ▶ Hot seat fortgeführt werden. ▶ INKL p. 64

MORE CHALLENGE

Inhalt Sowohl aus dem Hörtext als auch aus dem Zeitungsartikel erfahren die S mehr über die Situation von Bettlern in San Francisco und einen Plan, wie die große Zahl der Bettler verringert werden soll. Anhand von Meinungsäußerungen üben die S *direct* und *indirect speech*. In einem weiteren Hörtext geht es um die Problematik mexikanischer Jugendlicher, die mit ihren Eltern meist als kleine Kinder illegal in die USA eingereist sind, dort ein normales Leben führen, aber weiterhin keine legalen US Bürger sind.

S. 72

On the streets of San Francisco

1 LISTENING Panhandlers in San Francisco

Erarbeitung: **a) SB geöffnet.** *Pre-Listening* zum Aufbau einer Hörerwartung in PA im ▶ Think-Pair-Share-Verfahren. Nach Klärung der Aufgabe fertigen S in EA Notizen zu der Frage an.

Auswertung: Austausch mit einem Partner zu den Ideen, anschließend Besprechung im Plenum.

Lösungsbeispiel:
They have lost their job. / They have no job.
They have left their wife / husband / family.
They lost their money (by gambling). / ...
They moved to San Francisco but never really made it there.

Überleitung: L: *Now we want to listen to a radio programme about a man and his life on the street in SF: Its title is 'Panhandlers in San Francisco'.*

Erarbeitung ▶ 2.01: **b) SB geöffnet.** Beim **1. Hören** erfassen S wesentliche Informationen zu einem Bettler in San Francisco und wählen das passende Schild aus.

Auswertung: ▶ Partner check, indem die S z. B. einen Radiergummi oder Ähnliches auf die korrekte Lösung im Buch legen.

Lösung: *C*

Differenzierung: Lernstärkere S sammeln möglichst viele Informationen über Brent. Auswertung der differenzierten Aufgabe im Plenum.

Lösung:
Brent
- *is in his early 30s (looks older)*
- *was in the army for four years*
- *didn't like the job of a soldier → left the army*
- *couldn't get a job*
- *had problems with alcohol and drugs*
- *Tyrell is his dog and his best friend*

Erarbeitung: **c) 2. Hören** gemäß SB, s. a. ▶ Note-taking.

Auswertung: Auswertung durch ▶ Partner check, anschließend Besprechung im Plenum.

Lösung:
1 *people on the sidewalks and in parks / stand or sit with a sign or cup / ask people (passers-by) for money*
2 *nice climate so people can sleep outside / people in San Francisco are tolerant / lots of tourists who give lots of money*

Zusatz: L: *Would you give Brent and Tyrell money? Why or why not?* S äußern ihre Meinung zu o. g. Frage, auch als schriftliche HA geeignet.

Überleitung: **SB geschlossen.** Lehrer-Schüler-Gespräch zu Brent und der Bedeutung seines Hundes für ihn: L: *Do you think for people like Brent a dog is important? (the dog is often the only friend / homeless people are often lonely / a dog is somebody they can care for / ...)*

2 READING Two big problems – one solution

Erarbeitung **SB geöffnet.** Überfliegendes **1. Lesen** gemäß SB. S verschaffen sich einen ersten Überblick über die drei genannten Probleme.

Hinweis: Mithilfe des *Skills file* (*SF 5 Reading Course 1 Skimming*, SB-Seite 168) wiederholen die S bei Bedarf Hinweise für das Überblickslesen. L weist ggf. darauf hin, dass *firstly/secondly* Signalwörter für die beiden Probleme sind.

Auswertung Im Plenum.

Lösung *Problem 1: There are hundreds of panhandlers on San Francisco's busiest streets.*
Problem 2: There are more and more (abandoned) pets in San Francisco (because people don't have the money to look after their pets).
Problem 3 (new): PETA is against the idea of 'Puppies for Panhandlers' (because they are worried about the animals).

S. 73

3 WORKING WITH THE TEXT

Erarbeitung **a)** **SB geöffnet.** Lernschwächere S können den Text vor der Bearbeitung der Aufgabenstellung beim **2. Lesen** nochmals lesen. Lernstärkere S beginnen mit der Bearbeitung der Aufgabe gemäß SB in EA. Zuordnung der Aussagen gemäß SB.

Auswertung Überprüfung im ▸ Partner check.

Lösung *someone from the WOOF program: 3, 7*
someone from PETA: 1, 4, 5
a new dog owner: 2, 6

Erarbeitung **b)** Zusammen mit Notizen des Hörverstehens in **1b)** und **1c)** und den Informationen des Zeitungsartikels notieren die S in Form einer Tabelle, was sie über *panhandlers* gelernt haben. PA möglich.

Auswertung Auswertung im Plenum. Ein S/S-Paar, der/das sich sicher fühlt, kann Ergebnisse vor der Klasse präsentieren.

Lösung

where they live	*what their lives are like*	*how they get money*	*their animals*
on the sidewalks and in the parks on benches; even in churches; sleep outside – even in winter	*homeless; ask people for money; couldn't find a job; had problems with alcohol and drugs*	*$30–35 a day from people; WOOF program: $75 per week to look after the dogs*	*abandoned pets; best friends*

Erarbeitung **c)** L: *Imagine you are a reporter for the San Francisco Chronicle. You write an article about a panhandler you've met.* Die S verfassen einen kurzen Zeitungsartikel.

Auswertung ▸ Reading circle in Kleingruppe. Die Gruppe wählt den „besten" Artikel, der vorgelesen werden kann.

Lösungsbeispiel ***From computer manager to panhandler***
A few years ago Bert Gates was sitting in a big office in front of four computers. Today he is sitting on a newspaper on a sidewalk in San Francisco. What happened?
Because the computer company he was working for at that time had problems, Bert and others lost their jobs. He could no longer pay for his nice house and his wife and children left

San Francisco. Bert was 'too old' to find a new job and he found himself on the street without any money. He slept on sidewalks, in parks. He didn't want to ask for money first. But he didn't want to eat what other people threw away. So one day, when he was hungry again, he sat down on the sidewalk, put up a sign, put a box in front of him and waited for the people to throw some coins into his box. (Could the WOOF program help Bert?)

4 SPEAKING Role-play

Erarbeitung **SB geöffnet.** Die Partnerwahl kann mittels ▸ Appointments erfolgen. Nach Zuordnung der Rollen sammeln die S in EA Argumente. Austausch zu den Argumenten in Kleingruppen à 3–4 S möglich. Anschließend Durchführung des Role-play.

Auswertung Präsentation des Role-play in Kleingruppen und / oder Plenum.

Lösungsbeispiel ***PARTNER A (WOOF)***

Arguments for (advantages for people and dogs)

- *panhandlers have a "task" / an animal to look after*
- *gives a (certain) structure to the day*
- *feel responsible for the dog*
- *don't drink (too much) alcohol*
- *there are people to look after the dogs*
- *they can build a relationship*
- *the panhandlers take the dogs for walks*
- …

PARTNER B (PETA)

Arguments against (disadvantages for people and dogs)

- *panhandlers have their own problems – they cannot look after dogs*
- *the dogs need a real home – not a life on the street*
- *the dogs need extra care because they have been treated badly and abandoned*
- …

5 LANGUAGE Direct and indirect speech

Erarbeitung **a) SB geöffnet.** L: *Let's look at the language in the article.* Die S sammeln gemäß SB Beispiele für die direkte Rede.

Auswertung Im Plenum. Ggf. werden die Beispiele auf einer Kopie des Zeitungsartikels auf Folie präsentiert.

Lösung *line 17: "But I can make a better offer."*
line 23: "These abandoned dogs need a lot of extra care"
lines 24–25: "Most panhandlers have their own problems"
lines 25–26: "So it's risky to give animals to panhandlers"

Zusatz Lehrer-Schüler-Gespräch zu Merkmalen der direkten Rede: *What is direct speech? (It's what people say when they are talking directly / face to face / to somebody else / it's written in quotation marks / inverted commas.)*

Erarbeitung **b)** Die S sammeln Beispiele für indirekte Rede und vergleichen diese mit denen der direkten Rede aus **a)**.

Auswertung Im Plenum. Ggf. werden die Beispiele auf einer Kopie des Zeitungsartikels auf Folie markiert. Im Anschluss an das Sammeln und Analysieren der Beispielsätze finden die S Unterschiede und formulieren einige Regeln zur indirekten Rede. Zur Ergänzung und Vertiefung kann auf das *Language file 14*, SB-Seite 189, hingewiesen werden.

Lösung *lines 27–28: PETA said that the program wouldn't work and that it would end badly.*

lines 29–30: Bevan Dufty, who is supporting the WOOF program, said that he was disappointed with PETA's position.
Unterschiede / eigene Regeln:
- *There are no quotation marks / inverted commas.*
- *There is an "introduction" with 'that' instead: He added that ... (L: You don't have to say 'that'.)*
- *The tense is different in direct and indirect speech (simple present → simple past) (L: That's called backshift of tenses.)*
- *You need to change the personal pronoun (I → he/she) as well.*

Differenzierung Lernstärkere S formulieren die beiden Beispiele der indirekten Rede aus dem Artikel in direkter Rede.

Lösung *PETA: "The programme won't work and it will end badly."*
Bevan Dufty: "I'm disappointed with PETA's position."

Erarbeitung **c)** Gemäß SB.

Auswertung Auswertung durch ▸ Partner check, Lösungsblatt oder Vorlesen der kompletten Sätze im Plenum.

Lösungsbeispiel *The woman said that she wanted to look after a dog.*
She added she loved animals.
She told us that she didn't live on the streets.
She explained she lived in a hostel near a big park.
She said that dogs were allowed there.
She explained that she wanted to stop panhandling now.
She added that she didn't like it – it's (was) very hard.

▸ DFF 3.9

More practice 8 p. 134
Talking about Brent and Tyrell

Struktur *Indirect speech*: Anwendung des *backshift of tenses – simple past* beim Vervollständigen der Lückensätze

Erarbeitung **SB geöffnet.** Die S übertragen die Sätze in ihr Heft und ergänzen die Verben im *simple past*.

Auswertung Im Plenum.

Lösung
1. *The panhandler – his name was Brent – said he sat there every day with his dog for two or three hours.*
2. *The interviewer asked him if he made much money.*
3. *Brent said the money was best in the summer when the tourists were there.*
4. *He said they got about 30 to 35 dollars a day.*
5. *The interviewer asked what he bought with the money.*
6. *Brent told him that he spent the money on food for him and his dog, Tyrell.*
7. *He added that they could live on 30 dollars a day.*
8. *At the end Brent said that he and Tyrell needed each other – that they were a team.*

S. 74

Eddie's story

1 A normal American kid

Einstieg **SB geschlossen.** Lehrer-Schüler-Gespräch zu der Einwanderungsproblematik, insbesondere Mexico / CA . L: *Do you know who Latinos are? (come from Spanish-speaking countries)*

Do you know which countries many of them come from? (Mexico, Puerto Rico etc.) Why? (no jobs, poverty, crime; ...) How did they get from Mexico to CA? (some crossed the border illegally) We're going to listen to a radio report about a young man who is a young Latino.

INFO-BOX Kalifornien / Mexiko

Die Bezeichnungen *Latino* und *Hispanic* beziehen sich auf Einwohner der USA, die i.d.R. mexikanischen, kubanischen, puerto-ricanischen, mittel- oder südamerikanischen Ursprungs sind. Dem letzten *US Census* zufolge lebten im Jahr 2010 50,5 Mio. *Hispanics* in den Vereinigten Staaten. Gemessen an der Gesamtbevölkerung entsprach dies einem Anteil von 16%. Die Anzahl an *Hispanics* stieg in der Dekade von 2000 bis 2010 um 43%. Die Wachstumsrate der spanischsprachigen Bevölkerung war somit im Verhältnis viermal größer als die der Gesamtbevölkerung. Hierbei stellten Einwohner mexikanischer Herkunft mit zwei Dritteln Anteil an der hispanischen Bevölkerung die größte Herkunftsgruppe dar. Gründe für die hohe Bereitschaft, in die USA auszuwandern, umfassen die vergleichsweise schlechtere wirtschaftliche Lage in den Ursprungsländern, steigende Kriminalitätsraten, Korruption und (z.B. im Fall von Mexiko) die zunehmende Herrschaft von und Kontrolle durch Drogenkartelle. Eine Studie des *Pew Global Attitudes Project* von 2009 mit 1.000 über 18-jährigen in Mexiko zeigt, dass viele der Auswanderer bereits in den USA lebende Verwandte haben und ca. 18% auch eine Einwanderung auf illegalem Weg in Erwägung ziehen. Kalifornien, der bevölkerungsreichste Bundesstaat der USA, ist aufgrund seiner Lage an der Grenze zu Mexiko in besonders hohem Maß von Einwanderung betroffen.

Erarbeitung — **a) SB geöffnet.** *Pre-listening:* Nach Lesen des Eingangstexts und Besprechung der Problematik betrachten die S die Bilder in Vorbereitung auf das Hören.

Hinweis: Foto 4 verdeutlicht die Nähe der beiden Länder.

Auswertung — Im ► Partner check und ggf. Ergänzung der Ideen vor dem Hörverstehen, ohne dass im Plenum verglichen wird.

Lösungsbeispiel — Vgl. linke Spalte des Lösungsbeispiels in **b)**.

Erarbeitung ► 2.02–2.04 — **b) 1. Hören** des gesamten Textes. Die S gleichen ihre Erwartungen aus dem Einstieg mit den Fakten ab, ergänzen bzw. korrigieren.

Auswertung — Im ► Partner check oder im Plenum.

Lösungsbeispiel

My ideas	*The facts*
• *looks like a young man from Mexico* • *lives in LA* • *lives in a poor area* • *crossed the border from Mexico to the US illegally* • *was caught by the police* • *had to go back to Mexico*	• *is from LA, but isn't a legal American citizen (is Mexican)* • *lived in LA for most of his life (mum and stepsisters still live there)* • *had trouble when police found out he's illegal* • *had to go back* • *doesn't know what's next for him*

Erarbeitung ► 2.02 — **c) 2. Hören** von Teil 1: Die S fertigen Notizen zu den Fragen an.

Auswertung — Im ► Partner check oder im Plenum: Die S beantworten die Fragen mithilfe ihrer Notizen.

Lösung

1 *in Mexico, in Tijuana, outside the office of an organization that helps Mexican migrants*
2 *Eddie/18, teenage boy/from LA; mum, stepdad and stepsisters live there*
3 *No, he isn't, because he wasn't born in the US (in contrast to his sisters)/was never legal*

Erarbeitung ► 2.03 — **d) 2. Hören** von Teil 2: Die S ordnen die Satzanfänge und -enden richtig zu.

Auswertung — Vorlesen der kompletten Sätze im Plenum zur Ergebnissicherung, auch in Form einer ▶ Meldekette möglich (S1 liest Satzanfang 1, S2 vervollständigt diesen Satz und liest Satzanfang 2 usw.).

Lösung — *1 D • 2 C • 3 A • 4 E • 5 B*

Erarbeitung — **e)** **3. Hören** von Teil 2: Die S vervollständigen die Sätze.

Auswertung — Vorlesen der komplettierten Sätze im Plenum zur Ergebnissicherung, auch in Form einer ▶ Meldekette möglich s. o.

Lösung

1 *Eddie is different from his sisters because* ***he came to LA illegally from Mexico / he wasn't born in the US / was born in Mexico / ...***
2 *Eddie had problems finding work because* ***he didn't have a social (security number) / wasn't in the US legally.***
3 *Eddie's mother wanted to help him, so she* ***gave him / got him a false number.***
4 *Eddie got into trouble when he* ***got into a fight and the police arrived / came.***
5 *After Eddie was taken to the US immigration police, he* ***was brought to the US-Mexican border (between San Diego and Tijuana).***

Erarbeitung ▶ 2.04 — **f)** **2. Hören** vom letzten Teil: Die S fertigen Notizen zu den Fragen an.

Auswertung — ▶ Partner check der Notizen, anschließend Besprechung der Fragen im Plenum.

Lösungsbeispiel

1 a) going to Mexico as a kid:
- *came there with his mum*
- *when he was about 10*
- *visited his grandma for about a week*
- *doesn't know how he got back, maybe with his school ID card*

b) what's next for him: doesn't know about his future, how to go to school or how to get a job
2 big number of young adults who came as small children to the US illegally (80,000 each year)
Americans' views: many think they should be able to stay, others think they should go back to the country they came from (cost too much money)

2 A listener's opinion

Erarbeitung — **SB geöffnet.** Nach ▶ Klären der Arbeitsanweisung verfassen die S eine Stellungnahme zu den kontrastierenden Ansichten der Amerikaner bezogen auf diese Problematik.

Hinweis: Mithilfe des *Skills file* (*SF 7 Writing course B Writing a comment*, SB-Seite 173) wiederholen die S bei Bedarf Hinweise zum Schreiben eines Kommentars.

Auswertung — Die S tauschen ihre Texte in Kleingruppen aus. Anschließend wählen sie mit dem ▶ Voting finger einen S aus, dessen Text im Plenum vorgestellt wird.

Lösungsbeispiel

When I heard Eddy's story on the radio I felt really sorry for him. I agree with those Americans who say these young people should be able to stay in the country.
First of all they came to the US when they were really small and they had to come there with their parents. Nobody asked them whether they wanted to come. For example, Eddy was only two years old, too small to say what he wanted. Maybe he missed his grandma.
Second, most of them grew up in the US and they feel like normal American kids. They went to high school and learned the language. So why shouldn't they be allowed to stay there?
I'd like to finish by saying that it's unfair to send them back. They don't know what life is like in the country they were born in and I'm sure they wouldn't be happy there.

▶ WB Fast Finishers, p. 44 ▶ DFF 3.10

STOP! CHECK! GO!

Hinweis Übungsaufgaben zu wichtigen Themen und Kompetenzbereichen aus Unit 3. Bei geschlossenen Aufgabenformaten können die S ihre Ergebnisse mithilfe des Lösungsschlüssels auf ▸ KV 28: Answers to STOP! CHECK! GO! (Unit 3) überprüfen (auch als ▸ Partner check). Die KV bietet eine Auswertung nach Punkten, die in drei verschiedene Smileys (☺/😐/☹) übersetzt werden. Diese Smileys können auch für die Selbsteinschätzung im *Workbook* (STOP AND CHECK, p. 43) und in *Differenzieren – Fördern – Fordern* herangezogen werden. Weitere grundsätzliche Hinweise zur Konzeption und Durchführung von STOP! CHECK! GO! finden sich im Vorwort.

Die Hörtexte zu STOP! CHECK! GO! sind für die S auch auf der Audio-CD im *Workbook* zugänglich.

S. 75

1 ◎ REVISION An interview for a school magazine

Wortschatz °model • °dolphin

Erarbeitung **SB geöffnet.** Die S übertragen die Lückensätze ins Heft, wählen das ihrer Meinung nach passende Verb aus und setzen es im *gerund* ein.

//● p.134 Es handelt sich um eine Parallelübung auf zwei Niveaus. Lernstärkere S vervollständigen den Lückendialog mit passenden Verben auf SB-Seite 134 aus der Auswahlbox im *gerund*.

Hinweis: Da es bei der Auswahl der Verben auch um den Inhalt bzw. das Leseverstehen geht, ist ein **1. Lesen** des gesamten Interviews (still in EA vorab) empfehlenswert, um aus dem Kontext das richtige Verb zu erschließen.

Auswertung Vergleich der Lösungen durch lautes Lesen des Dialogs mit verteilten Rollen in PA oder / und im Plenum möglich. Zur Differenzierung können im ▸ Partner check je ein Partner, der die leichtere Aufgabe auf SB-Seite 75 und ein Partner, der die schwierigere Parallelaufgabe auf SB-Seite 134 bearbeitet haben, zusammenarbeiten.

Lösung ▸ KV 28: Answers to STOP! CHECK! GO! (Unit 3)

2 LANGUAGE Facts about California and the USA

Erarbeitung **a) SB geöffnet.** Gemäß SB. Die S bilden die Passivformen der vorgegebenen Verben (passende Form von *to be* + *past participle*) und schreiben den komplettierten Passivsatz mit der zugehörigen Lösung in ihr Heft. Anschließend notieren sie den Buchstaben der gewählten Antwort in einer Extra-Zeile, in der sie das Lösungswort nach und nach vervollständigen.

Auswertung ▸ Partner check zum Lösungswort und zur Satzbildung möglich und abschließende Durchführung des Quiz im Plenum möglich.

Lösung ▸ KV 28: Answers to STOP! CHECK! GO! (Unit 3)

Erarbeitung **b)** ● Gemäß SB. Die S schreiben die komplettierten Passivsätze in ihr Heft.

Lösung ▸ KV 28: Answers to STOP! CHECK! GO! (Unit 3)

S.76

3 LISTENING Places in California

Erarbeitung ▸ 2.05

a) **SB geöffnet.** Die S lesen zunächst die Aufgabenstellung und notieren sich in Vorbereitung auf das **1. Hören** die Ziffern der Soundbites 1–7 im Heft.

Hinweis: Da die S sich vor dem Hören ohnehin mit den Lösungsvarianten vertraut machen sollten, können sie vor dem **1. Hören** zusätzlich auch die jeweiligen Adjektive (A, B und C) ins Heft übertragen und beim Hören dann nur die richtige Lösung markieren.

Lösung

▸ KV 28: Answers to STOP! CHECK! GO! (Unit 3)

Erarbeitung ▸ 2.06

b) **Vorbereitung:** Die S übertragen die Tabelle in ihr Heft. Beim **2. Hören** haken sie die richtige Antwort ab.

Alternative

Die S markieren ihre Antworten zu den Höraufgaben **3a)** und **b)** direkt auf der ▸ KV 27: Tables for STOP! CHECK! GO! (Unit 3), Part A: LISTENING Places in California.

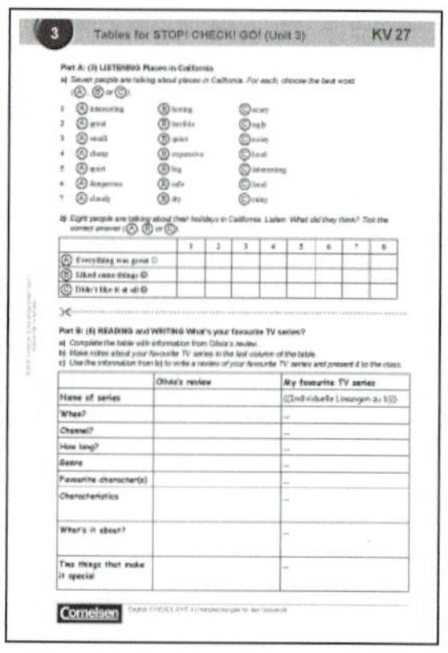
Tables for STOP! CHECK! GO! (Unit 3) KV 27

4 MEDIATION Camping in Sequoia National Park

Wortschatz

°cooler • °toiletries • °recyclables • °cigarette • °may be confiscated

Einstieg

SB geschlossen. Reaktivierung des Vorwissens der S zu *bear boxes* im gelenkten Unterrichtsgespräch im Plenum. L: *Do you remember the Jacksons' road trip? On their last night they camped in a tent cabin in Big Sur. At night Andy had to go to the bathroom and he freaked out because he heard a noise. What was he afraid of? (bears) What did he really hear? (raccoons in the trash) What do campers usually have to do with their food in Californian (national) parks? (put it into special (bear) boxes)*

Anschließend gemeinsames Lesen des englischen Schildtextes im Plenum. L: *Let's read the instructions on a bear box.*

Erarbeitung

SB geöffnet. Anhand der Vorgaben in den Sprechblasen im SB machen sich die S ggf. Notizen, anhand derer sie die wichtigsten Hinweise (mündlich) auf Deutsch wiedergeben, ohne wortwörtlich zu übersetzen, siehe auch ▸ Mediation.

Auswertung

Drei S tragen das Gespräch mit Mutter und Vater mit verteilten Rollen im Plenum vor.

Lösungsbeispiel

Mutter: Hier stehen ja riesige Boxen. Was soll da alles rein?
Du: Also, Essen und Getränke natürlich, auch ungeöffnete Dosen und Flaschen.
- Außerdem Kühlboxen, sogar wenn sie leer sind.
- Toilettenartikel wie Zahnpasta, Seife und Shampoo
- jeglicher Müll
- Autokindersitze
- Zigaretten

Vater: Und was machen wir mit unserer großen Kühlbox, die passt doch nicht rein?
Du: Die leere Kühlbox sollen wir offen draußen / nebem dem Auto stehen lassen.
Mutter: Und was passiert, wenn wir die Sachen nicht in die Box tun?
Du: Falls die Sachen nicht in der Box sind, können das Essen oder das Auto beschlagnahmt werden. Oder wir erhalten eine Geldstrafe von bis zu $5000 oder werden vom Campingplatz verwiesen.

More challenge 6 p. 135 **Nationalpark Berchtesgarden**

Wortschatz °translate

Erarbeitung **SB geöffnet.** Gemäß SB beantworten die S die Fragen des englischen Freundes, ohne wortwörtlich zu übersetzen, siehe ▶ Mediation. PA möglich

Auswertung Zwei S tragen das Gespräch mit verteilten Rollen im Plenum vor.

Lösungsbeispiel

Your friend:	*What do the green, blue and red symbols mean?*
You:	*Green is easy, blue is more difficult and red means very difficult/hard.*
Your friend:	*Is there any information about what clothes we should wear?*
You:	*In the mountains it can get cold quickly. So we should wear suitable/warm clothes. (Comfortable hiking shoes are very important, too.)*
Your friend:	*And what else should we take?*
You:	*It's important to take enough food and (especially) something to drink.*
Your friend:	*Can we take your dog?*
You:	*Yes, (dogs are welcome,) but we have to put him on a leash.*
Your friend:	*I'd really like to camp in the Alps. Could we do that?*
You:	*No, sorry, camping isn't allowed, but we could sleep in one of the mountain cabins.*

S. 77

5 READING A survey

Einstieg **SB geöffnet.** Gemeinsames Lesen und ▶ Klären der Arbeitsanweisung im Plenum. Je nach Leistungsstärke der Lerngruppe und deren Vertrautheit mit Statistiken kann L ggf. noch einige generelle Erklärungen zum Balkendiagramm geben bzw. gemeinsam mit den S erarbeiten, z. B.: *These are the results of two class surveys about TV watching habits. In the chart on the left, you can see which genres of TV series are most popular with boys (= blue) and girls (= red). The chart on the right gives the titles of four popular TV series and compares how many boys (= blue) and girls (= red) like them.*

Erarbeitung **a)** **SB geöffnet.** Die S lesen die *true/false*-Aussagen 1–4 und entscheiden anschließend anhand der Balkendiagramme, ob sie zutreffen oder nicht.

Differenzierung Lernstärkere S korrigieren die falschen Aussagen (siehe Lösungen in blauen Klammern).

Auswertung Vergleich durch ▶ Partner check oder/und im Plenum mithilfe von ▶ Right/wrong cards.

Lösung ***1*** *true* • ***2*** *true* • ***3*** *false (they prefer sitcoms and dramas to mysteries)* • ***4*** *false (they like mysteries more than dramas – but they like romances and sitcoms best)*

Erarbeitung **b)** In EA formulieren die S drei weitere *true/false*-Aussagen zu den Balkendiagrammen, die sie dem Partner zur Bewertung vortragen.

Auswertung Einzelne/freiwillige S können ihre (Lieblings-)Aussagen im Plenum vorlesen und beurteilen lassen, z. B. mithilfe von ▶ Right/wrong cards.

Lösung Individuelle Lösungen.

6 READING and WRITING What's your favourite TV series?

Wortschatz °terrific • °deal (with) • °genre • °characteristics

Erarbeitung **a)** **SB geöffnet.** Die S übertragen die Tabelle in ihr Heft, wobei L sie darauf hinweisen sollte, gleich eine dritte Spalte für ihre eigenen Eintragungen – siehe Aufgabenteil **b)** – anzulegen. Beim anschließenden **1. Lesen** des Filmreviews im Zusammenhang achten die S gezielt auf Informationen zu den Vorgaben in der linken Tabellenspalte und tragen sie (stichwortartig) in die Tabelle ein, siehe auch ► Note-taking.

Alternative Die S erhalten den Tabellenvordruck auf ► KV 27: Tables for STOP! CHECK! GO! (Unit 3), Part B: READING and WRITING What's your favourite TV series? und vervollständigen zunächst die Informationen zu Olivias Rezension in der zweiten Spalte. In der dritten Tabellenspalte können sie Angaben zu ihrer eigenen Lieblingsserie ergänzen, siehe auch Aufgabenteil **b)**.

Auswertung Vergleich durch ► Partner check oder / und im Plenum, ggf. anhand einer (Folien-)Kopie des Tabellengerüsts auf ► KV 27: Tables for STOP! CHECK! GO! (Unit 3).

Lösung

	Olivia's review	*My favourite TV series*
Name of series	*Awkward*	*individuelle Lösungen zu b)*
When?	*at 10 p.m.*	...
Channel?	*on MTV*	...
How long?	*25 minutes*	...
Genre	*teen drama*	...
Favourite character(s)	*Jenna*	...
Characteristics	*smart 15-year-old girl with the same problems as most teenage girls*	...
What's it about?	*how Jenna deals with problems*	...
Things that make it special	*not the typical, boring "teenagers' lives are perfect" show; teaches you important things (being different = OK; taking chances = good)*	...

Erarbeitung **b)** Die S notieren in der dritten Tabellenspalte wichtige Fakten und Informationen zu ihrer eigenen Fernsehserie, siehe auch ► Note-making. Auch als Hausaufgabe geeignet.

Auswertung S mit identischen Serien können ihre Antworten in PA oder GA vergleichen und ggf. ergänzen.

Lösungsbeispiel Individuelle Lösungen.

Erarbeitung **c)** Mithilfe ihrer Notizen aus **b)** und der Vorlage aus **a)** schreiben die S einen eigenen Text.

More help p. 136 Lernschwächere S orientieren sich für ihren Text an den vorgegebenen Ideen und Satzanfängen.

Auswertung Freiwillige S tragen ihren Filmreview mithilfe ihrer Notizen im Plenum vor ohne den Titel zu nennen. Die Mit-S erraten den Titel der Serie.

Lösung Individuelle Lösungen.

► INKL pp. 68–70

Stories from the Deep South

4

Kommunikative Kompetenzen

Listening

- SONG Small-town girl (p. 81, 3)
- The Trail of Tears (p. 82, 1)
- SONG Sister Rosa (p. 85, 4a/b)

Reading

- A newspaper article (p. 80, 1a/b)
- Ethan's life (p. 81, 2)
- The Poarch Band of Creek Indians (p. 83, 2a)
- Chelsey's story (p. 83, 2a/b)
- Boycott the buses! (p. 84, 1)
- It's wrong (p. 85, 2)
- STORY Survivors (pp. 87–89)
- Reading between the lines (p. 90, 1)
- How many stars? (p. 90, 2)
- The best tag line (p. 90, 3)
- A part-time job (p. 91, 2)
- A high school in the Deep South (p. 92, 1)
- Sharing summaries (p. 92, 2)
- African Americans and civil rights (p. 94, 1)
- Moments in history (p. 94, 2a)

Speaking

- Look at the map and name … (p. 78, 1)
- Picturing in the Deep South (p. 78, 2)
- PEOPLE and PLACES A visit to the South (p. 79, 3d)
- YOUR TASK A role-play (p. 81, 4)
- The Poarch Band of Creek Indians (p. 83, 2b)
- Chelsey's story (p. 83, 2c)
- SONG Sister Rosa (p. 85, 4c)
- NOW YOU In the photo (p. 89)
- Moments in history (p. 94, 2)

* p. 81, 3 = SB-Seite, Übungsnummer

Writing

- What do you learn? (p. 85, 3)
- Looking for part-time work (p. 91, 3)
- A high school in the Deep South (p. 92, 1, Step 5)

Viewing

- PEOPLE and PLACES A visit to the South (p. 79, 3a–c)
- Young in the USA: Jobs and volunteering (p. 93, 1–4)

Mediation

- Talking about films and film stars (p. 96, 5)

Stories from the Deep South

Unit 4 schildert das Leben in einer Kleinstadt in den Südstaaten der USA. Weitere zentrale Themen sind die leidvolle Geschichte der Ureinwohner (am Beispiel der Cherokee), der Kampf der afroamerikanischen Bevölkerung gegen die Rassentrennung Mitte des 20. Jahrhunderts und die Auswirkungen des Hurrikans Katrina auf das Leben der Menschen in New Orleans.

Sprachliche Mittel

Wortfelder

- Hometown (pp. 80/81)
- Jobs and Volunteering (p. 91, 1)

Grammatische Strukturen

- Past perfect (pp. 85/86; p. 186, LF 7)

Interkulturelle Kompetenzen

- Geografische und klimatische Besonderheiten der Südstaaten
- Kulturelle Aspekte: Musik, Mardi Gras, High school Abschlussfeier
- American History: Native Americans, segregation and Civil Rights Movement

Methodische Kompetenzen

Lern- und Arbeitstechniken

- Bilder beschreiben (p. 78, 2; p. 89 NOW YOU; p. 175, SF 8)
- Skimming (p. 80, 3a; p. 83, 3a; p. 92, 1, Step 1; p. 94, 1a)
- Scanning (p. 81, 2a)
- Note-taking / Note-making (p. 81, 2a; p. 81, 4; p. 93, 1b)
- Eine Timeline vervollständigen (p. 82, 1c)
- Sprachliche Regelmäßigkeiten erkennen (p. 86, 1)
- Ein Lesetagebuch (Reading log) führen (pp. 87–89)
- READING COURSE Schlussfolgerndes Lesen (p. 90, 1–3)
- Wortbildungsregeln erkennen (p. 91, 1)
- Wortbedeutungen erschließen (p. 91, 2)
- Texte zusammenfassen (p. 92, 1)

Selbsteinschätzung (Stop! Check! Go!)

- REVISION Who was Jesse Owens? (p. 95, 1)
- LANGUAGE The Adventures of Tom Sawyer (p. 95, 2)
- WORDS Opposites (p. 96, 3)
- WORDS Finding new words (compound nouns) (p. 96, 4)
- MEDIATION Talking about films and film stars (p. 96, 5)
- READING Mardi Gras in New Orleans (p. 97, 6)
- WRITING Summarizing a text (p. 97, 7)

Kooperative Lernformen

- Partner check (p. 81, 2a; p. 82, 1b; p. 91, 2a; p. 92, 2; p. 94, 2a)
- Lerntempoduett (p. 96, 3–4)
- Weitere Formen von PA und GA (p. 78, 2b; p. 79, 2b; p. 80, 1a; p. 83, 2b; p. 85, 4b; p. 90, 3a; p. 93, 1a)

4 Stories from the Deep South

LEAD-IN

Inhalt Im Lead-In erhalten die S anhand von Bildern, Kurzinformationen, einem Kartenausschnitt und einer Slideshow einen Überblick über die Geografie, Geschichte und Kultur der US-Südstaaten. Sie verorten die Südstaaten geografisch auf einer Karte und sprechen über die Bilder sowie ihre audiovisuellen Eindrücke.

S. 78/79

'How y'all doin'?'

Wortschatz **flow** • **be well known** • **carnival** • **parade** • **landowner** • **land** • **force** sb. **to do** sth. • **cotton** • **swamp** • **extreme** • **extremely** • **civil rights** • °How y'all doin'? • °throughout the South

Einstieg **SB geschlossen.** Erfassung von Vorwissen und Aufbau einer Erwartungshaltung. L: *Let's go on a journey to the South of the USA – to the Deep South. Let's see what you know about this area.* Die S bearbeiten zur Einstimmung auf die Thematik ein Quiz ▸ KV 29: What do you know about the Deep South? (Part A: Quiz). L löst nicht auf, sondern es ist Aufgabe der S, im Laufe der Unit ihre Antworten zu überprüfen (zu den Quizfragen 1–3 z. B. anhand des Lead-In). Lösung: ***1** a)* • ***2** d)* • ***3** c)* • ***4** a)* • ***5** b)* • ***6** b)*

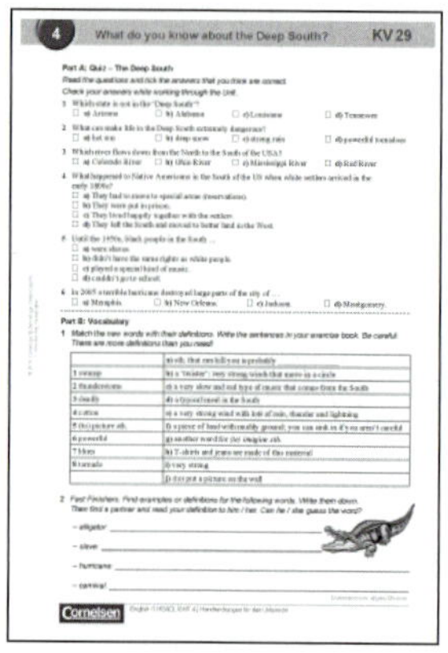

Überleitung L: *While we are working through the unit, keep checking your answers and see if they were right. Now let's have a look at what people in the USA call the "Deep South".*

Erarbeitung **SB geöffnet.** Die S betrachten die Bilder und lesen den Einleitungstext still. Der neue Wortschatz kann überwiegend aus den Bildern, dem Kontext oder dem Gebrauch im Deutschen *(tornado, blues, jazz, country (music))* erschlossen werden. Der Rest kann ggf. anhand definitorischer ▸ Semantisierungstechniken eingeführt werden.

Info-Box Deep South

Historisch gesehen wurden als *Deep South* diejenigen sieben Bundesstaaten bezeichnet, die vor Beginn des Amerikanischen Bürgerkriegs zu den „Konföderierten Staaten von Amerika" zählten und die in besonderem Maße durch die Landwirtschaft geprägt waren. South Carolina, Mississippi, Florida, Alabama, Georgia, Louisiana und Texas waren durch eine hohe Anzahl an Baumwollplantagen gekennzeichnet, sodass Sklavenarbeit in diesen Bundesstaaten besonders verbreitet war. Die Bevölkerung der Region ist mehrheitlich britischen und afrikanischen Ursprungs, Migrationsbewegungen im Verlauf des 20. Jahrhunderts haben jedoch dazu geführt, dass große Areale von Texas und Florida kulturelle Veränderungen erfahren haben und inzwischen nur selten zur Region des *Deep South* gezählt werden. Der Begriff wird im Hinblick auf die „Konföderierten Staaten von Amerika" in Geschichtsbüchern verwendet, ist im allgemeinen Sprachgebrauch aber erst lange nach Beendigung des Bürgerkriegs etabliert worden.

Zusatz Zur Verständnissicherung ergänzen die S mündlich im ▸ Partner talk (oder als schriftliche Hausaufgabe) die folgenden Satzanfänge (Tafel/Folie). Dazu sichten sie ggf. vorab auch die Bilder und Bildunterschriften, siehe ▸ Lesetechniken *(Skimming)*. Anschließend Kontrolle im Plenum.

- *The Deep South is well known for its ... (food/music/heavy storms/cotton fields and swamps.)*
- *In the South, people like to ... (take time and chat/ask "How y'all doing?"/play and listen to music.)*
- *In streets, clubs and music halls everywhere in the South you can hear ... (different music styles like blues, jazz, country and gospel.)*

- *The Mississippi River flows ... (into the Gulf of Mexico.)*
- *Life in the South can be dangerous because there are often ... (powerful thunderstorms, hurricanes and tornados.)*

1 Look at the map and name the states in the Deep South

Erarbeitung

SB geöffnet. Die S finden und benennen die Staaten des *Deep South* auf dem Kartenausschnitt.

● Differenzierung

Lernstärkere S ergänzen ggf. mithilfe der Karte auf der Umschlaginnenseite weitere geografische Informationen, z. B. zum Verlauf des Flusses Mississippi und der Lage der Stadt New Orleans (siehe blaue Ergänzungen im Lösungsbeispiel).

Auswertung

Die S beschreiben die geografische Lage der Staaten (sowie ggf. des Flusses und der Stadt) mündlich im Plenum, z. B. in Form einer ▸ Meldekette. Dazu kann L folgende Redemittel an der Tafel bereitstellen:

... is north / east / south / west of ...
To the south / east there is ...
... starts in ... and flows through the states of ...

Lösungsbeispiel

The states of the "Deep South" are ... (Louisiana, Mississippi, Tennessee, Alabama, Georgia, South Carolina.)
Louisiana is east of Texas and south of Arkansas. The state of Mississippi lies east of Louisiana. Tennessee is south of Kentucky and north of Alabama. Georgia is east of Alabama, and South Carolina lies between Georgia and North Carolina.
To the south there is the Gulf of Mexico, and to the east of South Carolina you can find the Atlantic Ocean.
The Mississippi River starts in Minnesota in the north of the USA and flows all the way south. It flows through the states of Minnesota, Wisconsin, Iowa, Illinois, Missouri, Kentucky, Arkansas, Tennessee, Mississippi and Louisiana (10 states).
The city of New Orleans lies in the south-east of Louisiana, right where the Mississippi flows into the Gulf of Mexico.

Zusatz

Lernstärkere S versuchen folgende Frage zu beantworten: *Why do people call the six states in the South of the USA "the Deep South"?* Mögliche Lösung: *I think these states are called the "Deep South" because they are "deep" in the South. I think there is a lot of nature there. Maybe there aren't many big cities, but only smaller towns and villages. Maybe things are rather traditional or old-fashioned in this part of the USA. People are friendly there and have time to talk to each other, not like in big cities.*

2 Picturing the Deep South

Erarbeitung

a) **SB geöffnet.** Nach dem gemeinsamen Lesen und ▸ Klären der Arbeitsanweisung betrachten die S die Bilder und lesen die Bildunterschriften. Gemäß SB suchen sie sich ein Bild aus, versetzen sich in die dargestellte Situation und machen sich Notizen zu ihren Sinneseindrücken und Gefühlen. L kann vorab darauf hinweisen, dass das *present progressive* verwendet werden muss.

More help p. 136 Bei Bedarf greifen die S auf die Fragen auf SB-Seite 136 zurück, um sich in die Situation zu versetzen.

○ Differenzierung

Für lernschwächere S kann L einige Adjektive zur Beschreibung von Sinneseindrücken in Form einer *Word box* oder Tabelle (Tafel/Folie) bereitstellen, z. B.:

positive:	*neutral:*	*negative:*
• *relaxed*	• *loud*	• *dark*
• *chilled*	• *fast*	• *stormy*
• *easy-going*	• *slow*	• *dangerous*
• *pleasant*	• …	• *threatening*
• *melodious, rhythmic*		• *deadly*
• *bright*		• *alarming*
• *smiling, happy*		• *shocking*
• *thoughtful*		• *paralyzed*
• …		• *horrified*
		• …

Erarbeitung **b)** Die S tauschen sich im ▸ Partner talk mündlich anhand ihrer Notizen über ihre Eindrücke aus. Anschließend Sammeln einiger Impressionen im Plenum.

Auswertung Im Plenum tragen einzelne S / Paare ihre Bildbeschreibung vor. Die Mit-S geben Rückmeldung zur Beschreibung. Dabei werden sowohl die inhaltliche als auch die sprachliche Verständlichkeit erfasst. L stellt dazu Redemittel zur Verfügung (Tafel/Folie), z. B.:

Your description was good / ok / not so good because …
You gave many details about what you saw / … but you could say more about what you heard / felt.
When you said '…' it was clear that you were talking about the photo on page 78/79, but I didn't understand …

Lösungsbeispiel *(p. 78) I can see an old man with his guitar sitting on a chair in front of his home. A black girl on a bike is standing next to him. The man is playing music while the girl is listening to it. I am listening to the music too – it sounds like jazz music. I feel quite relaxed and happy. The man looks friendly and the girl is smiling. The sun is shining and the atmosphere is easy-going.*
(p. 79) Looking at the scene with the tornado, I feel horrified. I can see a tornado hitting a house. Parts of the roof are flying away. I think the tornado will destroy the house completely. I want to run away and look for °shelter (a safe place to hide), but I'm paralyzed. There are dark clouds in the background. The situation is very threatening.

4 What do you know about the Deep South? KV 29

Zusatz Zur Festigung des neuen Wortschatzes bearbeiten die S ▸ KV 29: What do you know about the Deep South? (Part B: Vocabulary). Dabei ordnen sie den neuen Wörtern die entsprechenden Definitionen bzw. Beispiele zu. Als Hilfe ziehen sie dabei zunächst auf der KV Verbindungslinien; nach erfolgter Kontrolle sichern sie die Zuordnungen im Heft. Lösung: ***1** f)* • ***2** e)* • ***3** a)* • ***4** h)* • ***5** g)* • ***6** i)* • ***7** c)* • ***8** b)*

3 PEOPLE AND PLACES A visit to the South

Wortschatz **civil rights**

Einstieg **SB geöffnet.** *Pre-viewing.* L: *Now we are going to watch a slide show about the Deep South. What do you think you'll see in the pictures / slides?* Die S tauschen sich im ▸ Partner talk aus und notieren ihre gemeinsame Liste im Heft.

Erarbeitung ▸ **a)** **SB geöffnet.** Beim **1. Sehen** überprüfen S ihre Vermutungen aus dem Einstieg, indem sie die zutreffenden Aspekte abhaken, und notieren die Aspekte aus dem Film, die sie am meisten interessieren.

Auswertung Im Plenum als ▸ Meldekette.

Zusatz Die Auswertungsergebnisse können als Ausgangspunkt für ein unitbegleitendes Mini-Projekt genutzt werden: L: *What would you like to find out more about? Work in groups. Decide on a topic and find information on the internet. Together, make a poster for the class.*

Lösung Individuelle Lösungen.

Erarbeitung **b)** Anhand ihrer Notizen und Eindrücke benennen die S im ▶ Partner talk oder/und im Plenum mindestens zwei Dinge, die *the Deep South* zu einem besonderen Ort machen.

Lösungsbeispiel *In my opinion the carnival is special. It's very colourful with lots of nice costumes and a big parade. People celebrated it even after a bad hurricane had destroyed many houses. Another fact that makes the South special is the music. There are lots of different styles of music, so there is music for everyone. The people there seem to be happy and relaxed even though there often are hurricanes and tornadoes.*

Erarbeitung **c)** Gemäß SB. Vorbereitend lesen die S den Arbeitsauftrag und die Fragen still in EA oder laut im Plenum. Beim **2. Sehen** der Diashow notieren sie ihre Antworten stichwortartig im Heft.

Differenzierung Lernstärkere S finden zusätzlich die Antworten auf folgende Fragen:

5 *What did the black people still have to fight for in the 1960s? (black people's rights/civil rights)*
6 *What can you often hear people say in the South? ('How y'all doin'?')*

Auswertung Zunächst im ▶ Partner check, danach im Plenum.

Lösung ***1*** *Katrina* • ***2*** *in 1865* • ***3*** *an important role – that's why it was called 'King Cotton'* • ***4*** *King*

Erarbeitung **d)** Gemäß SB.

Hinweis: Es ist günstig, wenn die S die Aufgabe schon vor dem **2. Sehen** lesen. So können sie sich gedanklich bereits ein Bild auswählen.

Differenzierung In lernschwächeren Klassen gibt L den S zunächst Zeit, sich einige vorbereitende Notizen zu machen. Bei Bedarf auch **3. Sehen** der *Slide Show* möglich. Außerdem kann L folgende Redemittel zur Stützung der Sprachproduktion bereitstellen (Tafel / Folie):

- *My favourite picture shows ... I like it because ...*
- *The picture I like best is the one with ...*
- *It's a great picture because it makes you feel ...*

Auswertung Im Plenum.

Lösung Individuelle Lösungen. ▶ WB 1–3, p. 47 ▶ DFF 4.1 ▶ INKL pp. 88–91

Zusatz Lernstärkere S erstellen auf der Basis einer Internetrecherche vorbereitend ein *Fact file* zu einem der nachfolgenden Themen und präsentieren es mündlich vor der Klasse (zusammenhängendes Sprechen):

Alabama • Georgia • Tennessee • Mississippi (state) • Louisiana • South Carolina • Memphis • New Orleans • Mardi Gras • the Mississippi River • cotton farms in the South (past and present)

THEME 1 Home, sweet home

Inhalt

Am Beispiel des Städtchens Guntersville/Alabama lernen die S anhand der Schilderungen des Teenagers Ethan Martin das Leben in einer Kleinstadt in den Südstaaten kennen. Sie vergleichen Ethans Lebensumfeld mit ihrem eigenen und arbeiten am Song *Small-town girl* von Kellie Pickler weitere Besonderheiten des Kleinstadtlebens heraus. Das *Theme* mündet in ein Rollenspiel, bei dem die S ein Radiointerview mit Ethan vorbereiten und durchführen und darin die Perspektivübernahme üben.

S. 80

1 A newspaper article

Wortschatz

dull • **nosey** (*auch:* **nosy**) • **downtown** *(AE)* • **porch** • **iced tea** • People don't **care.** • **hunt** • **barbecued** • **cornbread** • **lemon** • **pie** • **raise (money)** • °backyard *(AE)* • **get around** • **test** (*kurz für:* **driving test**)

Einstieg

SB geschlossen. Aufbau einer Erwartungshaltung und Semantisierung neuen Wortschatzes. L: *What do you think about your hometown (the town or village where you live)? Is your life there exciting or rather dull (boring)? Are the people in your community (village, neighbourhood) nice? Do they talk to each other a lot? Write down three things that you like about your hometown and three things that you don't like. Then talk to your partner.* Umsetzung des Sprechanlasses als ▸ Think-Pair-Share. Auswertung im Plenum.

Überleitung

L: *Let's find out about a small town in the South and a teenage boy who lives there.*

INFO-BOX Kleinstadtleben

Das Kleinstadtleben in den Südstaaten der USA gestaltet sich in der Regel gemächlich und freundlich. Ein starker gesellschaftlicher Zusammenhalt äußert sich in gemeinschaftlichen Aktivitäten wie privaten Flohmärkten bzw. Garagenverkäufen, Picknicks und Barbecues mit Nachbarn und Freunden sowie *block parties*, bei denen die Anwohner einer Straße oder eines Häuserblocks zusammenkommen, um gemeinsam zu feiern. Allgemeine Hilfsbereitschaft tritt in Freundschaftsdiensten für Nachbarn zutage, wie z. B. dem Blumengießen in der Urlaubszeit oder dem Hüten des Nachbarshundes bzw. des Nachbarhauses in Abwesenheit der Besitzer. Begegnet man auf der Straße Unbekannten, werden sie ebenso freundlich gegrüßt wie Bekannte. Essen, insbesondere Selbstgebackenes, wird gern mit Freunden, Nachbarn und der Allgemeinheit geteilt.

Erarbeitung

a) **SB geöffnet.** Gemeinsames Lesen der Situationsbeschreibung und der Leseaufträge (Fragen) im Plenum. In lernschwächeren Lerngruppen wiederholt L zunächst kurz die wichtigsten Aspekte beim *Skimming* (siehe auch ▸ Lesetechniken und *SF 5 Reading course, 1 Scanning*, SB-Seite 164): *Look at the pictures, headings/captions, words in bold print, the first/last sentence.* Zum *Skimming* gibt L eine enge Zeitvorgabe, z. B. *30 seconds.* Bearbeitung gemäß SB zunächst in EA, dann Austausch im ▸ Partner talk. Dabei nennen die S ihre Fundstellen.

Auswertung

L sammelt die Lösungen als ▸ Meldekette im Plenum und hält sie stichwortartig an der Tafel fest (mit Zeilenangaben zur Selbstkontrolle).

Lösungsbeispiel

- *What's the article about? small-town living (l. 1/title + photo of Guntersville)• activities: what you can do in Guntersville (l. 19)/how you can get around (l. 32) • being a small-town kid (l. 42)*
- *How does Ethan feel about his hometown? he likes his hometown and the friendly people there (first sentence/paragraph: People often say that small-town living is boring ... that people are nosey – I don't agree with all that) + subheadings: Friendly people, Lots to do) • he's a happy small-town kid (photo: Ethan is smiling; last line: Maybe ... , but that can wait. I don't mind being a small-town kid (ll. 44–47))*

Überleitung

L: *Let's find out more about Ethan's life.*

Erarbeitung b) Nach dem **1. Lesen** des Artikels (still in EA oder laut im Plenum) fassen die S im ▶ Partner talk mündlich die zentralen Aussagen zusammen (Sicherung des Globalverstehens).

Auswertung Zusammenfassung der Ergebnisse im Plenum (zusammenhängendes Sprechen). Als Hausaufgabe können die Ergebnisse verschriftlicht werden.

Lösungsbeispiel *Ethan's life in Guntersville seems to be quite relaxed but not dull. People know and care about each other and they are very friendly. Ethan does lots of outdoor activities like hunting, fishing or watching the stars and he loves summer fires and barbecues with his friends in the backyard. He says there are lots of things to do in Guntersville, e.g. volunteer work or raising money for charity. In his free time, Ethan drives around the town with his friends or he meets them at the mall. He likes being a small-town kid.*

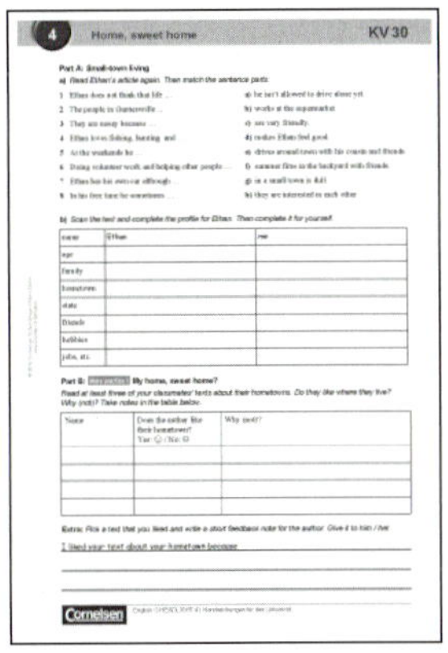

Zusatz Anschließend bearbeiten die S zur Sicherung des Detailverstehens die Aufgaben auf der oberen Hälfte der ▶ KV 30: Home, sweet home (Part A: Small-town living). ▶ WB 5, p. 48

S. 81

2 Ethan's life

Überleitung L: *How is Ethan's life different from yours? Or is it similar in some ways? Let's have a closer look.*

Erarbeitung a) **SB geöffnet.** Bearbeitung in EA gemäß SB. Dazu kann L ggf. zunächst kurz die wichtigsten Aspekte beim *Scanning* wiederholen (siehe auch ▶ Lesetechniken und *SF 5 Reading course, 2 Scanning*, SB-Seite 164): *Look for keywords, don't read everything.* Die S scannen den Text und machen sich Notizen.

O Differenzierung In lernschwächeren Lerngruppen nennen die S zunächst im Plenum zu den Fragen die jeweiligen *keywords*, die sie beim Scannen im Text finden müssen, z. B.: ***1*** *(dis)agree;* ***2*** *neighbours;* ***3*** *grill parties;* ***4*** *work;* ***5*** *car;* ***6*** *wait.*

Auswertung Die S vergleichen und korrigieren ggf. ihre Lösungen zunächst im ▶ Partner check, danach im Plenum.

Lösungsbeispiel ***1*** *(Ethan doesn't agree with people who say) that small-town living is boring / that small towns are dull / that there's nothing to do / that people there are nosey •* ***2*** *they are interested in him / they sit on front porches and offer him iced tea or a cookie •* ***3*** *when there's barbecued chicken, cornbread and his mum's lemon pie •* ***4*** *volunteer work: helping younger kids with homework, raising money for charity •* ***5*** *because nobody walks anywhere – people like to drive •* ***6*** *leaving Guntersville / moving to a bigger city*

Erarbeitung b) ● Auf der Basis ihrer Ergebnisse aus **a)** verfassen die S einen Text, in dem sie Ethans Kleinstadtleben mit ihrem eigenen Leben vergleichen und bewerten. Dazu kann L an der Tafel / auf Folie folgende Redemittel zur Verfügung stellen:

- *If you compare Ethan's life to mine, you will see that ...*
- *This is because ...*
- *Ethan ..., while I ...*
- *The people in Guntersville ..., but in my hometown ...*
- *What I (don't) like about Ethan's life is the fact that ...*
- *I wouldn't want to change lives with Ethan because ...*
- *All in all, Ethan's / my life is ... because ...*
- *If I had to choose, I would ...*

Auswertung L sammelt die Texte ein. Einzelne S ziehen einen Text und lesen ihn vor. Die Mit-S müssen herausfinden, wer ihn geschrieben hat.

Lösung Individuelle Lösungen.

3 SONG Small-town girl

Wortschatz **grandpa • sports car • cheeseburger •** °calamari *(pl)*

Einstieg L: *Kellie Pickler is a famous American singer from the Deep South. Today we're going to listen to one of her songs. It's called 'Small-town girl'. What do you think: What does she sing about in her song? Talk to a partner and collect some ideas. (Remember what Ethan says in his article.)*

Im ► Partner talk spekulieren die S über mögliche Begriffe und Themen und notieren diese im Heft (Aufbau einer Erwartungshaltung). Beim **1. Hören** kann diese Liste als Unterstützung zur Sicherung des Globalverstehens verwendet werden, indem die S richtige Vermutungen abhaken.

INFO-BOX Kellie Pickler

Die US-amerikanische Country-Sängerin Kellie Pickler wurde am 28. Juni 1986 in einer Kleinstadt in North Carolina geboren. Sie wuchs bei ihren Großeltern auf. 2005, ein Jahr nach ihrem High school-Abschluss, nahm die damals 19-jährige an der Casting-Show *American Idol* teil, bei der sie nicht nur die Bewunderung des Jurors Simon Cowell gewann, sondern auch die Sympathie des Publikums. Kellie schied unter den Finalistinnen an sechster Stelle aus, hat ihre Popularität als Sängerin seitdem jedoch erfolgreich ausgebaut. Ihr Debütalbum *Small Town Girl*, das im Oktober 2006 erschien, wurde bereits im Januar 2007 mit dem amerikanischen Äquivalent einer ‚Goldenen Schallplatte' ausgezeichnet (Gold der RIAA, *Recording Industry Association of America*).

Erarbeitung ► 2.07 **a) SB geöffnet. 1. Hören** gemäß SB. Die S notieren entsprechende Wörtern/Sätze im Heft (► Note-taking).

O Differenzierung L kann lernschwächeren S den Songtext (kann im Internet gefunden werden) zum Mitlesen und Unterstreichen der Belegstellen austeilen. Die Wörter, die in **b)** gefunden werden müssen, können dabei entweder ausgelassen (Lücken zum Einsetzen) oder aber zur Auswahl angegeben werden.

Auswertung Die S vergleichen ihre Lösungen in PA oder GA. Danach Besprechung im Plenum.

Lösungsbeispiel *Yes, she likes living in a small town. She sings: "Hey, that's all right with me."* • *"That's where I'm from and there ain't no changing me."*

Erarbeitung **b)** Vorbereitend lesen die S die Lückensätze im Zusammenhang (still in EA oder laut im Plenum). Während des **2. Hörens** notieren sie das jeweils fehlende Wort im Heft.

Auswertung Vergleich im ► Partner check, danach im Plenum. Zur Ergebnissicherung schreiben die S die vervollständigten Sätze ins Heft.

Lösung *fishing • jeans and an old cap • Chevy truck • cheeseburgers • everybody*

Erarbeitung **c)** Die S bearbeiten die Aufgabe schriftlich gemäß SB. Auch als schriftliche Hausaufgabe geeignet.

O Differenzierung Um auch lernschwächeren S die Bearbeitung der Aufgabe zu ermöglichen, kann L einige Satzanfänge (s. Lösungsbeispiel) als Schreibhilfe zur Verfügung stellen. Zusätzlich kann vorab ein Pool an Begriffen an der Tafel gesammelt werden.

Both like:

- *fishing*
- *driving around in an old car/truck*
- *watching the stars*
- *the friendly people/neighbours who know + help each other*
- *...*

Auswertung Im Plenum lesen einzelne S ihre Ergebnisse vor. L hält die zentralen Aspekte stichwortartig an der Tafel fest.

Lösungsbeispiel *Both Kellie and Ethan like fishing. They both have an old car and like driving around in it. The singer and Ethan enjoy the fact that everybody knows you and helps you. And they both like watching the stars.*

Zusatz Übung zur Wörterbucharbeit. L gibt zentralen neuen Wortschatz aus dem Song vor, die S schlagen die ihnen unbekannten Begriffe nach. Vorab können sie anhand des Kontextes über die Bedeutung der Wörter spekulieren und dies dann durch Nachschlagen kontrollieren.

4 YOUR TASK A role-play: small-town life and city life

Einstieg **SB geschlossen.** Zur Einstimmung auf das Rollenspiel notieren die S zunächst in EA drei mögliche Fragen zum Kleinstadtleben und vergleichen diese mit dem Nachbarn. In einer kurzen Sammelphase hält L einige Fragen bzw. Stichpunkte dazu an der Tafel fest; dieser Schritt dient auch als Lernhilfe für schwächere S im **Step 1.**

L: *In the last lesson/s, we found out what Ethan Martin and Kellie Pickler think of the places where they live. If you had the chance to meet them and ask them three questions, what would you like to ask them about their small-town life?*

Überleitung L: *Let's prepare an interview with Ethan.*

Erarbeitung **SB geöffnet.** Gemeinsames Lesen und ► Klären der Arbeitsanweisung **(Step 1–3)** im Plenum.

Step 1: Arbeitsteiliges Vorbereiten des Interviews gemäß SB. Partner A bereitet anhand von Ethans Artikel sowie der Informationen aus dem Song Interviewfragen aus der Sicht eines Radioreporters, der in der Großstadt lebt, vor, während Partner B sich in Ethan hineinversetzt und so seine Rolle als Interviewpartner vorbereitet.

Step 2: Gemäß SB führen die S in PA das Interview mit verteilten Rollen durch. Wenn L einzelne Interviews anschließend im Plenum genauer auswerten möchte, empfiehlt es sich, dass die S ihr Interview in der PA-Phase z. B. mit der Audiofunktion ihres Smartphones aufnehmen.

O Differenzierung Für lernschwächere S kann L einige situationsspezifische Satzanfänge / Redemittel bereitstellen oder im Plenum sammeln lassen, z. B. in einer Tabelle (Tafel/Folie):

Interviewer:	Ethan:
- First of all, I'd like to ask you about ... Where / What / Who / When ... ? - What is it like to ... ? - Could you tell me something about ...? - My next question is ... - Our listeners are also interested in ... - Thank you very much for ... - ...	- Well, to be honest it is ... - You know, life in a small town like Guntersville is ... - There are lots of good things about living in ..., for example ... - Another advantage is ... - What I especially like about my town is the fact that ... - ...

Auswertung

Step 3: Einzelne S-Paare präsentieren ihr Interview im Plenum. Vorab erarbeitet L mit den S wichtige Kriterien eines gelungenen Rollenspiels gemäß der vorgegebenen Situation und hält diese in Form einer Checkliste (Tafel/Folie/KV) fest, z. B.:

Feedback on radio interviews *(Read the statements below and fill in ☺/😐/☹ on the right.)*	***Interview 1***	***Interview 2***	***Interview 3***
Both interview partners played their roles well.			
Partner A (the radio interviewer) asked interesting questions about life in a small town.			
The radio interviewer listened (and reacted) to what Ethan answered.			
It became clear that the radio interviewer lives in the city and doesn't know much about life in a small town.			
Partner B really imagined what it's like to be Ethan and tried to see things from his perspective.			
Ethan's answers showed that he likes living in a small town.			
Ethan used his imagination and added interesting details from his perspective.			
You could follow the interview very well.			
The interview partners talked freely and fluently.			
...			

Anschließend geben die S den Präsentatoren anhand der Kriterien ein kurzes mündliches Feedback zu ihrer Leistung. ► WB 4, 6, p. 48 ► DFF 4.2 ► INKL p. 74–75

More practice 1 p.136 My home, sweet home?

Erarbeitung

SB geöffnet. Orientiert an Ethans Vorlage (SB-Seite 80) verfassen die S einen Artikel über ihren eigenen Heimatort für die Lokalzeitung von Guntersville. Vorab wiederholt L ggf. noch einmal die wesentlichen Schritte des Schreibprozesses (Entwerfen: Ideen sammeln und strukturieren, z.B. in einer Mindmap – Schreiben – Überarbeiten, siehe auch *SF 7 Writing course (A)*, SB-Seiten 171–172).

Auswertung

Um die S in ihrer Schreibkompetenz zu fördern, sollte L die Texte einsammeln, korrigieren und ein individuelles Feedback geben. Die daraufhin überarbeitete Endversion *(fair copy)* können die S in ihr Dossier aufnehmen oder im Klassenraum aufhängen (eigene Wandzeitung). Über Klebepunkte können die S zudem die gelungensten Artikel wählen. Alternativ kann in den Folgestunden zum Stundenbeginn jeweils ein S einen Text ziehen und ihn vorlesen; die Klasse muss anhand der gegebenen Informationen herausfinden, welcher Mit-S ihn geschrieben hat.

Lösung

Individuelle Lösungen.

THEME 2 Native American stories

Inhalt In diesem *Theme* beschäftigen sich die S mit der Situation der *Native Americans* in der Vergangenheit und Gegenwart. Sie erfahren etwas über die leidvolle Umsiedlung der Cherokee in Reservate nach Oklahoma Anfang des 19. Jahrhunderts und den damit verbundenen *Trail of Tears*. Anhand eines Zeitungsartikels über die Schülerin Chelsey Ramer, die – um ihre indianischen Wurzeln zu zeigen – eine Feder zu ihrer *High school*-Abschlussfeier trug und dafür bestraft wurde, setzen sich die S mit der kulturellen Situation und Identifikation der *Native Americans* im heutigen Amerika sowie der Bedeutung von Symbolen auseinander.

S. 82

1 The Trail of Tears

Wortschatz **trail • tear • (American) Indian • tribe • territory • wife, *pl* wives • husband**

Einstieg **SB geöffnet.** Aktivierung von Vorwissen. L verweist auf die Zeichnung zum *Trail of Tears* (oder präsentiert diese über Whiteboard) und semantisiert daran den neuen Wortschatz.

L: *Look at the picture 'On the Trail of Tears'. What do you know about Native Americans (or: American Indians) and (white) settlers (who were looking for land)?*

Anschließend tauschen sich die S im ▶ Partner talk zu ihrem Vorwissen über die amerikanischen Ureinwohner aus. Dazu gibt L folgende Leitfragen vor und sammelt die Ergebnisse stichwortartig im Plenum (Tafel/Folie):

- *Which Native American tribes do you know?*
- *How did American Indians live in the past?*
- *How did they get their food?*
- *Where did they live?*
- *What happened to them when white settlers came?*
- *Where do they live today?*

Hinweis: Unter Umständen haben einige S nur das klischeehafte Bild des kriegerischen, angriffslustigen Indianers vor Augen, das sie z. B. aus Indianerfilmen im Fernsehen kennen. Diese Vorstellungen sollten im Verlauf der Arbeit mit dem *Theme* aufgegriffen und durch entsprechende Informationsbeschaffung kritisch überprüft / revidiert werden. Eine Möglichkeit dazu bietet der Zusatz (s. unten).

Auswertung Sammeln des Vorwissens im Plenum.

Überleitung L: *Let's find out more about what happened to Native Americans when white settlers arrived.*

Gemeinsames Lesen des Einführungstextes. Zur Verständnissicherung beantworten die S folgende Fragen im ▶ Partner talk:

- *How long had Native Americans lived in Alabama before white settlers arrived? (thousands of years)*
- *When did the settlers arrive? (around 1800)*
- *Which tribe lived in the area of Guntersville? (the Cherokees)*

Anhand des letzten Satzes kann L die S zusätzlich auffordern, über das Schicksal der Cherokee zu spekulieren. Die Vermutungen werden an der Tafel festgehalten und dienen der Überprüfung des Globalverstehens in **a)**:

- *What do you think changed for the Cherokee Indians when white settlers came? What happened to them? (They were killed / had to leave their land / ...)*

Erarbeitung ▶ 2.08 **a)** *Pre-listening:* Die S lokalisieren Guntersville auf der Karte im SB. Sie benennen die ursprünglichen Gebiete der unterschiedlichen Indianerstämme und beschreiben ihren

Weg nach Westen in die neuen Reservate. Beim anschließenden **1. Hören** des Textes finden sie anhand der Ausgangsfrage und der Karte mehr über das Schicksal der Cherokee heraus und überprüfen ggf. ihre eingangs aufgestellten Vermutungen (s. Überleitung).

Differenzierung Lernstärkere S ergänzen bereits nach dem **1. Hören** weitere Details zum *Trail of Tears*, die sie in Erinnerung behalten haben (siehe blaue Ergänzungen im Lösungsbeispiel).

Auswertung Vergleich im Plenum.

Lösungsvorschlag *(Pre-listening) The Cherokees lived in what is today Georgia and Alabama. The Creeks lived in Alabama. The Chickasaw and the Choctaw lived in Northern Mississipi. From their original territory, these Indian tribes went west to what today is Oklahoma, South Kansas and North Texas.*

(Listening) When the white settlers arrived, they needed land for their farms. So the US government said that all Native Americans (in the south-west) had to leave their land (= green 'tribal territory' on the map) and go west. They were moved to reservations in Oklahoma.

(The journey is called the 'Trail of Tears' because it was a long and terrible journey for the Indians. They didn't want to leave their homes, but they were forced to go. It was winter and they had to walk. They didn't have warm clothes or shoes and they didn't have enough to eat, so thousands of them got ill and died on the journey. The land in Oklahoma wasn't as good as their old land.)

Erarbeitung **b)** Vor dem **2. Hören** lesen sich die S die Satzanfänge durch. Während des Hörens fertigen sie ggf. Notizen an. Anschließend vervollständigen sie die Sätze 1–8 im Heft.

Differenzierung Lernschwächere S erhalten die Satzenden vermischt (Tafel / Folie / Arbeitsbogen; je nach Leistungsfähigkeit evtl. durch 1–2 Distraktoren ergänzt) und ordnen beim **2. Hören** die Satzhälften zu.

Auswertung Ergebniskontrolle im ▸ Partner check, danach im Plenum.

Lösung

1 ... long before white people came.
2 ... John Gunter (a white settler) who came here in 1785.
3 ... a Cherokee woman.
4 ... wanted land to farm and grow cotton.
5 ... the settlers took the land from them.
6 ... 1830.
7 ... burned their houses and made things really hard for them.
8 ... it was a terrible journey and many Indians got ill or died.

▸ IAT

INFO-BOX Native Americans in the South

Aufgrund der wachsenden Bevölkerung weißer Siedler begann im frühen 19. Jahrhundert die folgenreiche Vertreibung indigener Ureinwohner aus deren Heimat im landwirtschaftlich ertragreichen Süden der USA in eher karge Gebiete im heutigen Bundesstaat Oklahoma. Die Vertreibung indianischer Einwohner wurde 1830 durch die Regierung im *Indian Removal Act* beschlossen und legte die Umsiedlung von fünf unterschiedlichen Stämmen fest: den Choctaw, Seminoles, Muskogee (oder Creek), Cherokee und Chickasaw. Die Vertreibung wurde zwischen 1831 und 1837 vollzogen, sodass im Jahr 1837 insgesamt 46.000 Indianer aus den südöstlichen Bundesstaaten entfernt und 100.000 km² Land an europäische Siedler übergeben worden waren. Zahlreiche Angehörige indianischer Stämme verloren auf den langen Märschen im Verlauf der Umsiedlung durch Krankheiten und Nahrungsmittelknappheit das Leben. Der beschrittene *Trail of Tears* wird daher als das verheerendste Ereignis der Geschichte der *Native Americans* verstanden. Heutzutage existieren in den USA 561 indianische Stammesgruppen, die sich auf 225 km² Stammesland verteilen, welches von einer zentralen Institution der US-Regierung, dem *Bureau of Indian Affairs*, verwaltet wird. Das rechtlich anerkannte Stammesland ist den indianischen Stämmen treuhänderisch überlassen und die in diesen Reservaten lebenden Stämme verfügen weitgehend über politische Souveränität. 78 % der *Native Americans* leben heutzutage außerhalb der offiziell anerkannten Stammesgebiete. Der proportional größte Anteil wurde in den Bundesstaaten Kalifornien und Oklahoma, gefolgt von Arizona, Texas und New York, erhoben.

Erarbeitung

c) Die S übertragen die Zeitleiste in ihr Heft und ergänzen sie, bei Bedarf nach dem **3. Hören**.

More help p. 137 S, die Hilfe benötigen, ergänzen die Lückensätze auf SB-Seite 137.

Auswertung

Kontrolle zunächst in PA / GA, danach im Plenum.

Lösung

1785: *John Gunter moved to* ***Alabama and founded Guntersville.*** • ***1800:*** *More* ***white people / settlers*** *moved to the area.* • ***1830:*** *The government said that all* ***American Indians*** *had to leave.* ***They were forced to go West.*** • ***1838:*** *Some Cherokees left* ***Guntersville*** *by boat.*

▶ DFF 4.3

More challenge 1 p. 137 Talking about the Trail of Tears

Erarbeitung

Lernstärkere S sammeln weitere Informationen zum *Trail of Tears* in einem *Fact file* und bereiten einen Vortrag vor, den sie im Plenum halten. Dazu können sie auf die Anregungen und Redemittel in *SF 9 Giving a presentation and using visuals* (SB-Seite 176) zurückgreifen. Zur Sicherung des Hörverstehens notieren sie vorab zwei bis drei Verständnisfragen an der Tafel, die die Zuhörer nach dem Vortrag beantworten sollen.

Lösung

Individuelle Lösungen.

S. 83

2 The Poarch Band of Creek Indians

Wortschatz

large • **Box: "big – large – huge – tall"** (SB-Seite 221) • **force** sb. **to do** sth. • **peaceful** • **rights** *(pl)* • **member** • **reservation** • **law** • °band

Einstieg

SB geschlossen. Wiederholung der Vorkenntnisse über den *Trail of Tears* im ▶ Partner talk.

L: *What do you know about the Trail of Tears? What happened during this journey? Talk to a partner.*

Anschließend kurze Auswertung und Anknüpfung.

L: *Today we are going to find out about a small group of Indians who did not have to leave their land and go on the Trail of Tears. They are called the Poarch Band of Creek Indians.*

Erarbeitung

a) **SB geöffnet.** Nach dem **1. Lesen** der Aufgabenstellung und des Textes beantworten die S die Fragen 1–5 schriftlich im Heft. Dabei erschließen sie sich den unbekannten Wortschatz aus dem Kontext oder schlagen ihn eigenständig im *Vocabulary* nach. **2. Lesen** zur gezielten Informationsentnahme möglich.

O Differenzierung

Lernschwächere S arbeiten im Tandem mit einem lernstärkeren Partner.

Auswertung

Zunächst Vergleich der Lösungen im ▶ Partner check, anschließend im Plenum.

Lösung

1 *In Alabama and Georgia.*

2 *They were allowed to stay in southern Alabama because they lived peacefully with the white settlers.*

3 *At first they were very poor and didn't have the same rights as the whites. After 1900 their situation got better and today they have found their place in modern America.*

4 *Today the tribe has 2,340 members. It has its own reservation with its own laws and government. The tribe runs some casinos and a hotel.*

5 *Much of the money they make with the casinos and the hotel goes back into projects for the community.*

▶ IAT

Erarbeitung **b)** Die S tauschen sich im ▶ Partner talk über die aus ihrer Sicht interessantesten Aspekte zur Geschichte der *Poarch Creek Indians* aus.

Auswertung Im Plenum nennen die S-Paare ihre Ergebnisse. Je nach Schwerpunktsetzung und Lerngruppe kann L an dieser Stelle ggf. auch näher auf das eventuell vorhandene stereotype Bild des kriegerischen Indianers eingehen: *Why were the Poarch Creek Indians allowed to stay in Alabama? Do you think that the other Indian tribes in Alabama and Georgia fought against the white settlers? Why (not)?*

Lösung Individuelle Lösungen. ▶ DFF 4.4

Zusatz Zur Festigung des neuen Wortschatzes ordnen die S die neuen Lexeme den folgenden Definitionen (Tafel/Folie) zu und übertragen die Zuordnungen ins Heft. Kontrolle im ▶ Partner check, anschließend im Plenum (Lösungen in Klammern im Tafelbild).

Match words from the text to these definitions:
1 another word for 'big' (large)
2 a 'text' that tells you what you are or aren't allowed to do (law)
3 if sb. does not want to fight, they are ... (peaceful)
4 make sb. do sth. against their will (force sb. to do sth.)
5 a person who is part of a family/tribe/club etc. (member)

3 Chelsey's story

Wortschatz **fine** sb. • **fine** *(n)* • **eagle** • **feather** • **graduation** • **gown** • **heritage**

Einstieg L führt in die Situation ein: *We're going to read an article about a young member of the Poarch Band of Creek Indians who had a problem at her graduation (the day when she left high school). Let's find out what it was.*

Erarbeitung **a)** **SB geöffnet.** Die S überfliegen den Artikel, um die Aufgabe zu lösen. In lernschwächeren Lerngruppen wiederholt L noch einmal, worauf es beim *Skimming* ankommt (siehe auch ▶ Lesetechniken und *SF 5 Reading Course*, SB-Seite 168).

Auswertung Zunächst im ▶ Partner talk, anschließend im Plenum.

Lösung *She had to pay a fine/$1000 because she wore an eagle feather in her graduation cap. (The rules about what students can wear to graduation are very strict, so she wasn't allowed to wear that symbol.)*

Erarbeitung **b)** Die S bearbeiten die *True/false statements* mündlich, z. B. mithilfe von ▶ Right/wrong cards, und fertigen dazu ggf. Notizen an.

Differenzierung Lernstärkere S korrigieren zusätzlich die falschen Aussagen (siehe blaue Klammern im Lösungsbeispiel).

Auswertung Als ▶ Meldekette im Plenum.

Lösung ***1*** *true* • ***2*** *true* • ***3*** *true* • ***4*** *false (there are strict rules – students must wear a cap and gown and they aren't allowed to wear any extra symbols)* • ***5*** *true* • ***6*** *false (she wore the feather to show her pride in her culture)* • ***7*** *not in the text* • ***8*** *not in the text*

Zusatz Zur Festigung des Wortschatzes bearbeiten die S die folgende Aufgabenstellung (Tafel/Folie): *Explain these words in English: feather • cap and gown • graduation • fine • eagle • heritage.*

Dazu notieren sie geeignete Definitionen zunächst in EA und vergleichen diese dann in PA. Anschließend Auswertung im Plenum. Mögliche Lösungen:

- ***feather:*** *birds have them all over their body*
- ***cap and gown:*** *special clothes (a special hat and coat) that American students wear when they leave high school / at graduation*
- ***graduation:*** *in the US, you celebrate this when you leave school*
- ***fine:*** *to make sb. pay money because they have done sth. wrong*
- ***eagle:*** *a big proud bird; a symbol of America / Native American culture*
- ***heritage:*** *the history / traditions that people have had for many years and find important*

Erarbeitung

c) Zur Vorbereitung auf die Diskussion sammeln die S zunächst in EA Antworten auf die Fragen sowie Pro- und Contra-Argumente. Anschließend tauschen sie sich in der Gruppe in Form einer „Probediskussion“ aus. Zur sprachlichen Unterstützung der Diskussion greifen die S auf Redemittel zur Sprachfunktion *Giving opinions* bzw. *Discussing a topic* zurück, siehe auch *SF 10 Giving opinions* (SB-Seite 178).

Hinweis: Um den Vorgang an der *Escambia Academy High School* richtig einordnen zu können, ist es notwendig, dass L den S vorab einige kulturspezifische Informationen u. a. zu den Regeln für *High school graduation ceremonies* und deren Einhaltung gibt (s. INFO-BOX).

INFO-BOX **High School graduation ceremonies**

Im Vergleich zur eher informellen Zeugnisübergabe an Abiturienten in Deutschland ist es nicht ungewöhnlich, dass die *graduation ceremonies* an amerikanischen High Schools strengen Regeln unterliegen und z. B. die Kleiderordnung *(dress code)* genauestens vorgeschrieben ist. Neben dem *graduation cap* und *gown* dürfen in aller Regel keine weiteren Schmuck- oder Kleidungsstücke getragen werden. Manche Schulen geben sogar vor, was von Schülerinnen und Schülern unter dem *graduation gown* zu tragen ist. Da der Schulalltag in den USA im Allgemeinen stärker reglementiert ist als in Deutschland und ein vergleichsweise autoritäres Erziehungsverständnis vorherrscht, wird von den Absolventen ausnahmslos erwartet, dass sie sich an die Kleiderordnung sowie sämtliche übrigen Vorgaben halten. Verstöße gegen die Kleidungsvorschriften sind keine Kleinigkeit und werden entsprechend sanktioniert. Da es sich bei *graduation ceremonies* um bedeutsame Festakte handelt, möchten sich Schulen zu diesem Anlass keine Blöße geben und dem (guten) Ruf ihrer Institution gerecht werden.

Auswertung

Im Plenum diskutieren die S die Frage, warum Chelsey die Feder getragen hat und ob die Reaktion der Schule darauf ihrer Meinung nach angemessen war oder nicht.

Alternative

Diskussion im ▸ Fishbowl. Dabei diskutieren zwei oder vier S (je 2 pro / contra) die Problematik. Anschließend gibt die Lerngruppe den Diskutanten Rückmeldung mithilfe der differenzierten ▸ KV 31: Giving feedback on a discussion. Hierzu kopiert L die KV-Vorlage so, dass auf jeder Feedbackkarte am Ende auf einer Seite die leichtere Version für lernschwächere S und auf der Rückseite die Version für lernstärkere S zu finden ist.

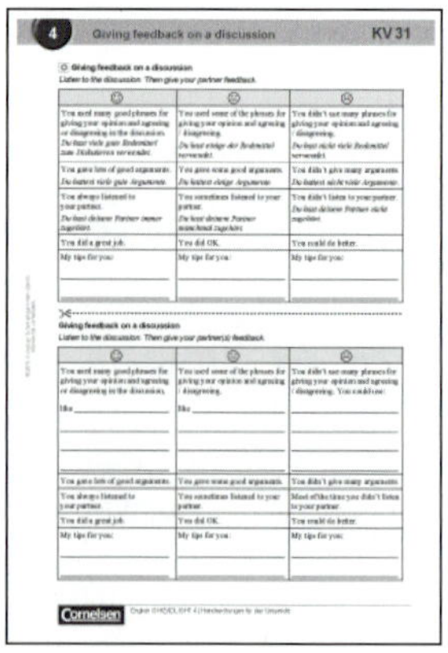

Lösungsbeispiel

Wearing the feather was very important to Chelsea because the feather is a symbol of her Native American culture. She wanted to show that she was proud of her culture.
On the one hand, I don't think the school was unfair because Chelsea knew the rules about what to wear at graduation – and that she wasn't allowed to wear any extra symbols. So she ignored the rules when she wore the feather and she knew that she might have to pay a fine.
On the other hand, I think that the rules about what students can wear at graduation are very strict. There are lots of Native Americans in and around Atmore in Alabama and it would be nice if they changed the rules and allowed Native Americans to wear symbols of their tribe.

▸ WB 7–8, pp. 49–50 ▸ WB 10, p. 51 ▸ DFF 4.5 ▸ INKL pp. 76–77

Zusatz Zur Nachbereitung verfassen die S als HA einen persönlichen Kommentar zur Reaktion der Schule auf Chelseys Verletzung der Kleiderordnung (siehe auch *SF 7B Writing a comment*, SB-Seite 173)

More challenge 2 p. 137 **Find out more**

Erarbeitung Lernstärkere S recherchieren den Ausgang der Geschichte und präsentieren ihre Ergebnisse in Form eines Kurzvortrags im Plenum (siehe auch *SF 9 Giving a presentation and using visuals*, SB-Seite 176).

Lösung *Chelsey Ramer was finally given her diploma and she didn't have to pay the fine. The school's reaction was reported as a scandal in the local newspaper. The principal had to leave the school a few days after graduation. The new principal finally gave Chelsey her diploma a month later.*

Zusatz Lernstärkere S recherchieren Informationen zu einem Indianerstamm im Internet (siehe auch *SKILLS TRAINING Information on the internet*, SB-Seite 69) und erstellen ein *Fact file*. Dabei orientieren sie sich an dem Text und den Fragen zu *The Poarch Band of Creek Indians* auf SB-Seite 83. L gibt dazu u. a. folgende Kategorien vor (Tafel/Folie/Arbeitsbogen):

Native American Tribe (name): ______	
Where did they live?	
How did they live?	
Were they forced to leave their land?	
Where and how do they live today?	
What is special about their culture?	
Other interesting/historic facts:	
Famous people:	

Die fertigen *Fact files* können im Plenum präsentiert oder illustriert (Karte, Stammessymbole, bekannte Stammesvertreter, ...) und in der ► English corner ausgestellt werden.

THEME 3 The story of Rosa Parks

Inhalt

Dieses *Theme* vermittelt den S die Geschichte von Rosa Parks und dem *Montgomery Bus Boycott* und zeigt ihre Rolle und Bedeutung in der amerikanischen Bürgerrechtsbewegung auf. Abgerundet wird die Thematik mit einem Lied der *Neville Brothers* über Rosa Parks und ihren heldenhaften Widerstand gegen das diskriminierende System der Rassentrennung in den USA in den 1950er Jahren.

S. 84

1 Boycott the buses!

Wortschatz

boycott *(v)* • **boycott** *(n)* • **segregation** • **at the front** • **at the back** • **push** sb. **around** • **protest** • **company** • **legal** • **movement**

Einstieg

SB geschlossen. Anhand eines kleinen Experiments versetzt L die S in die Gefühlslage der farbigen Menschen zu der Zeit der Rassentrennung. Dazu lässt er eine bestimmte Gruppe von S, die nach äußeren Merkmalen ausgewählt ist, aufstehen: *All boys and girls with blond hair stand up.* Während die S stehen, erklärt L die Begriffe *colored* (diskriminierender Begriff für: *black people / African-Americans*) und *segregation (black people had to go to different schools, and on the bus they had to give their seats to white people).* Danach kurzes Gespräch mit den stehenden S über ihre Gefühlslage: *How did you feel about having to stand (up) while the others were sitting? How would you feel if you were treated differently in a more important situation – e.g. getting a good job / education, going to a good school etc.?*

Überleitung

L: *In the 1950s black people still didn't have the same rights as white people in some US states. Many white people thought they were 'better' than black people. But black people fought against segregation because it was unfair. Some used violence; others did it peacefully, especially one woman. Let's find out about her.*

Erarbeitung

SB geöffnet. Bearbeitung der *Pre-reading*-Aufgabe im ▸ Think-Pair-Share Verfahren möglich: Die S betrachten zunächst die Bilder und tauschen sich dann mit einem Partner und im Plenum aus.

Auswertung ▸ 2.09

Sammeln der Ideen in Plenum; L notiert an der Tafel. Die S überprüfen ihre Vermutungen beim **1. Lesen** / Hören (Globalverstehen), ggf. im ▸ Mitleseverfahren.

L: *Now read the text and find out if your ideas were right.*

Lösungsbeispiel

The story is about something that happened on a bus. There seems to be a problem between the bus driver, the police and a young black woman, maybe because all the seats on the bus are full and a white man has to stand. Then I can see lots of (black) people in a church and protesting against segregation (with posters: "End segregation now!" / "Bus boycott!"). In the end black people are celebrating, probably because they were successful / segregation became illegal.

Zusatz

Lernstärkere S / *Fast finishers* fassen nach dem **1. Lesen** den Inhalt der Geschichte mündlich in 3–5 Sätzen zusammen, z. B.: *The story is about Rosa Parks, a young woman from Montgomery, Alabama. She was arrested because she didn't want to give her seat to a white person on the bus. After that, black people started a bus boycott and after more than a year, segregation on buses was ended in Alabama.*

S. 85

2 It's wrong!

Erarbeitung

Die Aufgabe dient der Detailverständnissicherung des Textes. Die S finden und verbessern die falsche Information in EA und schreiben die Sätze richtig ins Heft.

Auswertung Zunächst im ▸ Partner check, danach im Plenum.

Lösung ***1*** *Slavery had ~~started~~* ***ended*** *in the US in 1865.* • ***2*** *Rosa Parks sat in the middle of the bus because the seats at the ~~front~~* ***back*** *had filled up.* • ***3*** *The driver called the police because Rosa ~~had~~* ***hadn't*** *moved.* • ***4*** *The people at the meeting decided to protest because the police had ~~helped~~* ***arrested*** *Rosa Parks.* • ***5*** *Before the boycott the people had taken ~~taxis~~* ***buses*** *to work.* • ***6*** *Before the boycott people had done their shopping ~~near their homes~~* ***in the town center****.*

▸ IAT

Zusatz Zur Verständnissicherung und Festigung des Wortschatzes bearbeiten die S folgende Aufgabe auf ▸ KV 32: The story of Rosa Parks (Part A The Montgomery Bus Boycott). Auswertung im Plenum. Lösung:

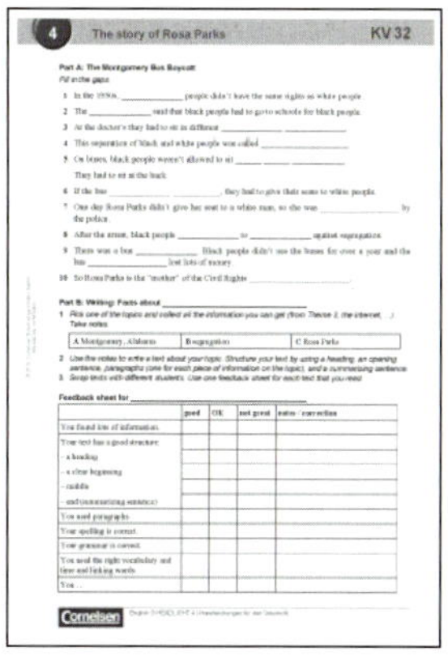

1 *In the 1950s,* ***black*** *people didn't have the same rights as white people.*
2 *The* ***law*** *said that black people had to go to schools for black people.*
3 *At the doctor's they had to sit in different* ***waiting rooms****.*
4 *This separation of black and white people was called* ***segregation****.*
5 *On buses, black people weren't allowed to sit* ***at the front****. They had to sit at the back.*
6 *If the bus* ***filled up****, they had to give their seats to white people.*
7 *One day Rosa Parks didn't give her seat to a white man, so she was* ***arrested*** *by the police.*
8 *After the arrest, black people* ***decided*** *to* ***protest*** *against segregation.*
9 *There was a bus* ***boycott****. Black people didn't use the buses for over a year and the bus* ***company*** *lost lots of money.*
10 *So Rosa Parks is the "mother" of the Civil Rights* ***Movement****.*

3 What do you learn?

Erarbeitung **a)** Die S wählen selbstständig aus den drei Themen eines aus und notieren alle Informationen, die sie dazu im *Theme 3* finden.

More help p. 137 S, die Hilfe benötigen, verwenden die Satzbautafel auf SB-Seite 137, um die Informationen zu Sätzen zusammenzufügen.

Differenzierung Lernstärkere S verfassen einen längeren, freieren Text. Dabei gehen sie entsprechend der Phasen des Schreibprozesses, die L ggf. zunächst kurz anhand des *SF 7 Writing course* (SB-Seite 171) wiederholt, vor:

1. Ideen sammeln (siehe **a)**): Die S rekapitulieren das *Theme*, recherchieren weitere Informationen im Internet und fertigen Notizen zu ihrem Thema an.
2. Entwerfen: Die S erstellen eine Gliederung für ihren Text und strukturieren ihre Ideen.
3. Schreiben: Die S verfassen auf Basis ihrer Notizen ihren Text, wobei sie auf Übersichtlichkeit (Gliederung nach Einleitung, Hauptteil, Schluss; Absätze) und interessante Ausgestaltung (Adjektive, *time/linking words*) achten.
4. Überarbeiten: Aufgrund der Rückmeldungen der Mit-S in der Auswertungsphase (siehe dort) überarbeiten sie ihren Text noch einmal.

Auswertung **b)** Die S tauschen in Form einer ▸ Market-place activity ihren Text mit verschiedenen Partnern, lesen diese und geben einander anhand von ▸ KV 32: The story of Rosa Parks (Part B) Rückmeldung.

Lösung Individuelle Lösungen.

More challenge 3 p. 137 Researching civil rights

Erarbeitung Lernstärkere S suchen ergänzend im Internet weitere Informationen zu Montgomery, zur Rassentrennung und zu Rosa Parks und präsentieren ihre Ergebnisse mündlich im Plenum. Dazu sollten sie einige unterstützende Medien einsetzen (Folien, Bilder als Tafelapplikationen, Plakate usw.).

Hinweis: Aus zeitlichen Gründen bietet es sich an, dass lernstärkere S die *More challenge 3* alternativ zu Aufgabe 3 auf SB-Seite 85 bearbeiten.

Auswertung Als mediengestützer Vortrag im Plenum (siehe auch *SF 9 Giving a presentation and using visuals*, SB-Seite 176).

---

4 SONG Sister Rosa by The Neville Brothers

Wortschatz °come alive • °well-deserved • °mob • °got to • °cuz • °gonna • °rest • °chorus • °spark • °without fail • °off to jail • °obtain • °equality

Einstieg L: *What Rosa Parks did was so important for the fight against segregation that a well-known American Band – the Neville Brothers – sang a song about her.*

Vor der Präsentation des Songs gibt L ggf. einige Informationen zu den *Neville Brothers* (siehe Info-Box) und stellt folgende Höraufträge (Tafel / Folie):
Listen to the song and find out:

- *Why does the band thank Rosa Parks (in the chorus)? (Because she started the freedom movement / Civil Rights Movement.)*
- *What does the song tell you about what happened to Rosa Parks after the police had arrested her? (She was taken to jail. / She had to pay a $14 fine.)*
- *What other famous black fighter against segregation do they sing about in the song? (Martin Luther King)*

INFO-BOX The Neville Brothers

Die vier aus New Orleans stammenden Brüder Art (Keyboard), Charles (Saxophon), Aaron (Gesang) und Cyril (Schlagzeug) Neville gründeten 1976 die nach ihrer Familie benannte Band *The Neville Brothers*. Nachdem jeder der Brüder in vorherigen Jahren eine musikalische Solokarriere verfolgt hatte, die erhofften Erfolge jedoch ausblieben, führten der Tod ihrer Mutter und der Einfluss ihres Onkels George Landry, der selbst Teil einer *Mardi Gras Indian*-Band war, die Brüder auch beruflich zusammen. Dem 1978 erschienenen Debütalbum folgten zahlreiche weitere Veröffentlichungen, wie z. B. *Uptown* von 1987, welches unter Mitwirkung berühmter Sänger wie Branford Marsalis, Keith Richards und Carlos Santana entstand. Der Erfolg stellte sich schließlich 1989 mit dem Album *Yellow Moon* ein, das die Hymne *Sister Rosa* enthielt. Nach der Zerstörung durch Hurrikan Katrina traten die *Neville Brothers* 2008 beim *New Orleans Jazz and Heritage Festival* erstmals wieder in ihrer Heimatstadt auf. Ihr Auftritt stellte den letzten Veranstaltungspunkt des Abends dar – ein Platz im Programm, der ihnen über Jahre hinweg freigehalten worden war.

Erarbeitung ▸ 2.10

a) **1. Hören** / Lesen des Songs im ▸ Mitleseverfahren gemäß SB. Vor der Auswertung des Hörauftrags aus dem Einstieg Spontanphase zur Erfassung der affektiven Eindrücke: *Do you like the song? Why (not)?*

Hinweis: Alternativ kann der Song auch anhand des Videoclips im Internet präsentiert werden. Dabei unterstützt die videografische Umsetzung das Verstehen der Situation.

Zusatz Zur Überprüfung des Detailverstehens ordnen die S folgende zusammenfassende Sätze (linke Tabellenspalte) den sinngemäß entsprechenden Zeilen des Liedes (rechte Tabellenspalte) zu. Die Auswertung kann als ▸ Meldekette im Plenum erfolgen.

	matching sentences from the songtext:
They arrived fast and arrested Mrs Parks.	*"The police came without fail and took Sister Rosa off to jail."*
Rosa said she didn't want to give her seat to another person because she was tired.	*"No, not no more, I'm gonna sit right here and rest my feet."*
Rosa Parks didn't want to get into trouble. She just wanted to relax after a day of hard work.	*"After a hard day on her job. When all she wanted was a well-deserved rest, not a scene from an angry mob."*
The Civil Rights Movement started because of Rosa Parks.	*"Thank you Miss Rosa, you are the spark."*
From now on, we can sit where we want to on the bus.	*"We don't ride on the back of the bus no more."*
Black people in Montgomery wanted to protest until segregation was ended.	*"It was decided all God's children should walk until segregation was brought to its knees."*

Erarbeitung

b) **NOW YOU** Gemäß SB achten die S beim **2. Hören** gezielt auf den Rhythmus und die Reimwörter und singen leise mit. Auf freiwilliger Basis tragen einzelne S-Paare ihre eigene Version vor der Klasse vor.

Zusatz

Musikalisch und tänzerisch begabte S können in einer Kleingruppe eine Choreographie einstudieren und ihren Rap dann vor Publikum aufführen, z. B. an einem Bunten Abend, beim Schulfest oder einer sonstigen Schulveranstaltung.

Erarbeitung

c) Diskussion im Plenum gemäß SB. Zur Vorbereitung ihres Statements machen sich die S zunächst Notizen, wozu sie ggf. ein Wörterbuch verwenden.

Hinweis: Um die Diskussion zu unterschiedlichen Heldenbildern auf einer schülernahen Ebene zu starten, kann L fragen: *What is a typical Hollywood hero? Is Rosa Parks a hero?*

Auswertung

Die S tauschen ihre Meinungen zunächst in PA, danach im Plenum aus.

Lösungsbeispiel

I think that Rosa Parks was a hero because she started the Civil Rights Movement. Because of her, segregation on buses was ended. She was brave enough to do something against the law, even though she knew that she would get into trouble. Today black and white people have the same rights.

▶ WB 9–10, p. 51 ▶ INKL pp. 78–79

More practice 2 p. 138

At the meeting in Montgomery

Erarbeitung

a) Lernschnellere S / *Fast finishers* erstellen in PA eigene Protestschilder für die Bürgerrechtsbewegung, versehen diese mit einem geeigneten Slogan und gestalten sie grafisch aus.

Auswertung

b) Die Schilder werden im Klassenraum aufgehängt. In Form eines ▶ Gallery walk besichtigen die S die Ergebnisse und bewerten sie ggf. mit Klebepunkten.

Hinweis: Wenn einzelne S-Gruppen ihre Version des Raps zu *Sister Rosa* von den Neville Brothers (siehe **4b)**) im Rahmen einer Schulveranstaltung aufführen, können die Schilder zur Darstellung des situativen Kontexts zum Einsatz kommen.

Lösungsbeispiele *Change the law and end segregation now! • Segregation is illegal! • Blacks and whites are equal! Civil rights for all! • Boycott those buses! Let whites have all the seats! • Stop pushing us around!*

Zusatz Die S erarbeiten in einem Kleinprojekt Informationen zu Martin Luther King und seiner Rolle im *Civil Rights Movement*. Anschließend präsentieren sie ihre Ergebnisse mediengestützt im Plenum, wobei sich jeweils eine intensivere, an Kriterien eines guten Vortrags orientierte ▸ Feedback-Phase anschließt.

FOCUS ON LANGUAGE

Inhalt Ausgehend von Beispielen aus dem Text auf SB-Seite 84 erarbeiten die S die grammatische Struktur des *past perfect*.

S. 86

Einstieg **SB geschlossen.** Zur Vorbereitung auf die komplexe Struktur des *past perfect* kann L zunächst Bildung und Gebrauch des *simple past* wiederholen. L: *As you know, we use the simple past to talk about what happened (actions, events) in the past.* (+ Regeln: *regular verbs -ed / irregular verbs 2nd form; negative statements: didn't + infinitive; questions: did*).

Anschließend ergänzen die S die nachfolgenden Sätze (Tafel / Folie); die Infinitive der einzusetzenden Verben sind in Klammern nach der jeweiligen Lücke vorgegeben. Vergleich im Plenum. L: *Last Friday was quite a normal day for Luke. Complete the sentences with the simple past forms of the verbs.*

Last Friday

1 *Last Friday Luke ... (get up) at 7.30. (got up)*
2 *Then his dog Lulu ... (come) in and ... (bark) because she ... (be) hungry. (came, barked, was)*
3 *Luke ... (give) her something to eat. (gave)*
4 *Then he ... (eat) his own breakfast. (ate)*
5 *He ... (leave) the house at 8.30 and ... (arrive) at school at 8.50. (left, arrived)*
6 *Mrs O'Leary ... (be) angry because Luke ... (not have) his English homework. (was, didn't have)*
7 *For lunch he ... (have) sandwiches in the school canteen. (had)*
8 *After school he ... (go) to the gym and ... (practise) some basketball with his teammates from the basketball club. (went, practised)*
9 *In the evening he ... (play) with Lulu. He ... (not do) his homework because it was the weekend – time to chill! (played, didn't do)*

Überleitung L: *If you want to talk about two things that happened in the past and say that one of them happened before the other, you use the past perfect. So, for example, you could say: After Luke had given his dog something to eat, he ate his own breakfast. Let's take a closer look at how you use the past perfect.*

1 The past perfect

Struktur Das *past perfect* (Vorvergangenheit) in bejahten und verneinten Aussagesätzen.

Einstieg L: *Do you remember the events in Montgomery after the police had arrested Rosa Parks? What happened after they had arrested Rosa? (people protested, they didn't use the buses any more, the Civil Rights Movement started, etc.)*

Erarbeitung **a)** 🔧 **SB geöffnet.** Die S bearbeiten die Aufgaben in der Focus-Box zunächst in EA und besprechen ihre Ergebnisse dann mit einem Partner.

Auswertung Besprechung im Plenum. Ein lernschneller S (oder L) schreibt den Beispielsatz aus dem SB zum Vergleich an (Tafel / Folie), und unterstreicht die Verbformen farbig (siehe Tafelbild zur Überleitung). Bei der Besprechung werden die Ereignisse gemäß Aufgabe **a) 2** im Tafelbild nummeriert.

Lösung ***1*** *decided; had arrested* • ***2*** *first event (1): the police had arrested Rosa; second event (2): the people at the meeting decided to protest* • ***3*** *simple past: decided; past perfect: had arrested* • ***4*** *had + 3. Form des Verbs (past participle)*

Überleitung L macht anhand des Zeitstrahls die Form (*had + 3rd form of the verb (past participle)* und Funktion der Struktur (Betonung der Vorzeitigkeit) bewusst, indem er die S die beiden Ereignisse des Beispielsatzes in ihrer zeitlichen Abfolge benennen lässt.

L: *What had happened first? What happened then?*

Als Vorbereitung auf **b)** kann L anhand des Tafelbilds auch die Umstellung erläutern und ggf. weitere Beispiele aus dem Text auf SB-Seite 84 vorgeben und gemeinsam mit den S als Vorbereitung auf **b)** in eine Tabelle einordnen (siehe Tabelle unter dem Zeitstrahl). Mögliches Tafelbild:

The past perfect (die Vorvergangenheit)

(2 = second event) (1 = first event)

The people at the meeting decided to protest because the police had arrested Rosa.

present

1st action in the past:
the police had arrested Rosa Parks
(past perfect: had + 3rd verb form)

2nd action in the past:
the people decided to protest
(simple past: -ed or 2nd verb form)

First this had happened (past perfect)	Then this happened (simple past)
The seats at the back of the bus had filled up,	so Rosa sat in the middle of the bus.
Because Rosa hadn't moved,	the driver stopped the bus and called the police.
After the police had arrested Rosa,	there was a big meeting in Montgomery.
Before the boycott, people had taken the bus to work every day.	But now they stopped using the buses.
After the black people of Montgomery had protested for 381 days,	the law in Alabama was changed and segregation on buses became illegal.

Erarbeitung **b)** ◙ Die S übertragen die Tabelle ins Heft, lesen die Sätze zunächst einmal im Zusammenhang und tragen danach die beiden Ereignisse aus jedem Satz in die entsprechende Spalte ein.

Auswertung Im ▸ Partner check, anschließend als ▸ Meldekette im Plenum.

Lösung

past perfect	simple past
dad hadn't called me	I got up late
my brother had finished the milk	I didn't have breakfast
I had left my bag at home	(At school) I discovered
I had done my homework	I told the English teacher
I had often forgotten my homework before	she didn't believe me
I had put my sandwiches in my bag	I didn't have any lunch
she had found my bag in the dog's bed	(Later at home) mum told me
someone had eaten them	there were no sandwiches in the bag

Zusatz Lernschnellere S finden weitere, eigene Beispiele und ergänzen die Tabelle entsprechend (z. B. *After I had eaten dinner, I watched TV.*).

Erarbeitung **c)** ● Gemäß SB. In lernschwächeren Lerngruppen formulieren die S die Regel zum Gebrauch der Struktur in PA oder GA.

Auswertung Vergleich im Plenum. Die S ergänzen den Merksatz unter der Tabelle im Heft.

Lösungsbeispiel Wir verwenden das *past perfect*, um zu sagen, welches von zwei Ereignissen in der Vergangenheit zuerst stattgefunden hat.
We use the past perfect to say that an action had happened before another action in the past.

2 A big surprise

Wortschatz **email** sb./sth. *(v)*

Einstieg L führt in die Situation ein und lässt die S im Plenum oder im ▸ Partner talk über Marks Geburtstag spekulieren.

L: *Let's read about Mark. He was sad on his 15th birthday. Let's find out what had happened.*

Erarbeitung **a)** ○ Gemäß SB. Die S notieren die Verbformen *(past perfect)* oder die komplettierten Sätze im Heft.

Auswertung Im ▸ Partner check, danach im Plenum.

Lösung *1 had forgotten • 2 had travelled • 3 hadn't come home • 4 had made • 5 had booked*
▸ IAT

Erarbeitung **b)** ● Die S ergänzen die Sätze schriftlich mit den Verbformen im *simple past* bzw. *past perfect*. Der erste Satz wird vorab gemeinsam mündlich im Plenum gelöst.

○ **Differenzierung** Für lernschwächere S verweist L auf die Übersicht der *irregular verbs* auf SB-Seiten 282–283.

Auswertung Im Plenum als ▸ Meldekette.

Lösung *6 didn't look – hadn't made • 7 had got ready – knocked • 8 were – had planned • 9 felt – hadn't bought • 10 didn't matter – had already prepared • 11 was – hadn't forgotten • 12 felt – hadn't noticed*
▸ WB 11–14, pp. 52–53 ▸ DFF 4.6 ▸ IAT ▸ INKL p. 80

Alternative Die Aufgabe kann auch im ▸ Lerntempoduett bearbeitet werden. In Lerngruppen, in denen die Lerngeschwindigkeit sehr stark variiert, kann L ergänzend eine weitere Aufgabe bereitstellen (z. B. *More Practice 3*), die dann an *Bus stop 3* kontrolliert wird.

More practice 3 p. 138 ● Freedom Riders

Erarbeitung Lernschnellere / lernstärkere S bearbeiten die Aufgabe schriftlich in EA. Dabei notieren sie die Verbformen ins Heft.

Auswertung Vergleich im ▸ Partner check oder im ▸ Lerntempoduett (siehe Alternative zu **2**). L kann zur Endkontrolle einen Lösungsbogen bereitstellen.

Lösung *1 had stopped – was • 2 had changed – came • 3 left – had decided • 4 expected / had expected – got – had come • 5 hadn't seen – were • 6 had stopped – attacked • 7 arrived – had already hurt • 8 had taken – became*

STORY Survivors

Inhalt

Die adaptierten Auszüge aus der Reportagesammlung *1 Dead in Attic – After Katrina* des Journalisten Chris Rose beschreiben die Situation von der Flucht und Evakuierung von New Orleans bis hin zur Lage in der Stadt, nachdem der Hurrikan Katrina am 29. August 2005 weite Teile der Stadt überflutet und zerstört hatte. Die S entnehmen den Artikeln Informationen über die Folgen des verheerenden Wirbelsturms für die Menschen in New Orleans und versetzen sich in die Lage des Autors, der einerseits als Journalist um eine sachliche Berichterstattung bemüht, andererseits aber auch als Einwohner der Stadt zusammen mit seiner Familie direkt betroffen und daher emotional berührt war.

S. 87–89

Before you read: What do you know about New Orleans?

Erarbeitung

SB geöffnet. Anhand der Fragen im SB tauschen sich die S zunächst im ▸ Partner talk über ihr Vorwissen zu New Orleans aus, wobei sie auch der Karte auf der Umschlaginnenseite Informationen entnehmen.

Auswertung

Als ▸ Meldekette im Plenum.

Lösung

Where is New Orleans? In the South of the USA. • What state is it in? Lousiana. • What famous river is it on? The Mississippi.

Zusatz

Lernstärkere S recherchieren Informationen zu New Orleans im Internet und notieren Stichpunkte, anhand derer sie zum Beginn der nächsten Stunde eine Minipräsentation halten (siehe auch *SF 9 Giving a presentation and using visuals*, SB-Seite 176). Unterstützend kann L folgende Redemittel (Tafel / Folie) bereitstellen: *The city of New Orleans is in ... (state) on the ... (river). It is in the ... of the USA, near the ... (sea). New Orleans is famous for ... and ...*

INFO-BOX **New Orleans**

New Orleans, die Stadt mit dem malerischen Spitznamen *The Big Easy*, liegt am Mississippi in Louisiana und besteht zu 52 % aus Wasser. Während der Meeresspiegel steigt, haben geologische und geophysikalische Studien anhand von Satellitenmessungen gezeigt, dass New Orleans jährlich um ca. 8mm absackt. Bereits heutzutage liegen bestimmte Bereiche der Großstadt zwischen drei und acht Meter unterhalb des Meeresspiegels. Erosion in den Küstengebieten Louisianas führt zu einem stetigen Landverlust, welcher die Auswirkungen von tropischen Stürmen intensiviert.
Durch den verheerenden Hurrikan Katrina wurden im Jahr 2005 80 % der Stadt überschwemmt. Katrina gilt als der drittstärkste und einer der fünf tödlichsten Hurrikane in der Geschichte der USA. Über 1833 Menschen verloren ihr Leben und der entstandene Sachschaden wurde auf über 108 Billionen US-Dollar geschätzt. Häuser, die (nach wie vor) im Rahmen des Wiederaufbaus errichtet werden, stehen nun zum Schutz vor zukünftigen Überflutungen z. B. auf Stelzen und haben Luken im Dach, durch die sich die Bewohner im Katastrophenfall retten können. Neben derartigen z. T. durch Prominente initiierten und finanzierten Projekten des Wiederaufbaus fehlt in ärmeren Gegenden von New Orleans jedoch das Geld, um nachhaltige Bauprojekte zu realisieren.

Introduction

Wortschatz

rise (by), rose, risen • per cent (%) (*AE usually:* **percent) • flood • tell** sb. **(not) to do** sth. • **escape (from) • journalist • report (on) • report** *(n)* • °reading log

Erarbeitung

SB geöffnet. L: *In 2005 there was a terrible hurricane that destroyed large parts of New Orleans. Let's find out more about it. Read the introduction and take notes: When was it? What happened? What happened to the people?/How many died? What was destroyed?* Die S lesen die Einleitung und machen sich Notizen zu den Leitfragen.

Auswertung

Zunächst Austausch im ▸ Partner talk, danach im Plenum.

Lösung

When was it? 29th August 2005
What happened? Hurricane "Katrina" hit New Orleans with 205 kph, flooded 80 % of city
What happened to the people? 80–90 % of the people escaped / How many died? over 1800

What was destroyed? 300,000 houses destroyed

READING LOG 1 Notes

Erarbeitung Vor dem **1. Lesen** übertragen die S die Tabelle aus dem SB ins Heft und ergänzen nach dem **1. Lesen** des ersten Artikels die Angaben zu *Sep 1st*. Zur grundsätzlichen Verständnissicherung führen sie die Tabelle nach dem **1. Lesen** jedes weiteren Artikels fort, indem sie Notizen zu Schreibdatum, Ereignissen und Gefühlen des Autors und ggf. auch ihren eigenen Reaktionen auf das Geschilderte (siehe Alternative) machen.

Alternative L stellt den S den Tabellenvordruck auf ▸ KV 33: Reading Log 1 – Notes (Survivors) zur Verfügung. Dieser enthält eine zusätzliche Spalte, in der die S ihre eigenen Reaktionen und Gefühle beim Lesen eintragen können (siehe blaue Spalte im Lösungsbeispiel).

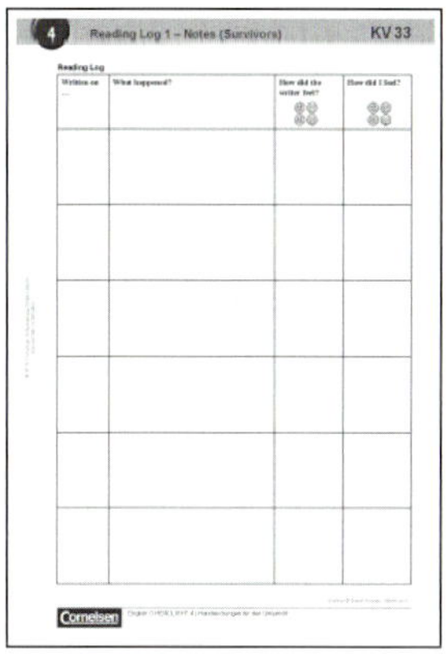

Auswertung Vergleich der Notizen durch ▸ Partner check oder/und im Plenum.

Hinweis: Der Vergleich der Tabelle kann entweder Zeile für Zeile nach jedem einzelnen Artikel erfolgen (als Basis für die komplexeren *Reading log*-Aufgaben 2–7) oder abschließend in der Zusammenschau aller Einträge zu den Artikeln 1–5.

Lösungsbeispiel Zum *Reading Log 1*, Übersicht für alle Textabschnitte (nacheinander zu erarbeiten):

Written on ...	What happened?	How did the writer feel?	How did I feel?
Sep 1st 2005	left NO, went to Picayune (wife's family), stayed in motel in Vicksburg, drove on to Baton Rouge, stayed at sb.'s house, tried to stay busy – life goes on	worried / scared	Individuelle Leseeindrücke.
Sep 7th 2005	went back to NO, saw destroyed houses and looted stores, went by bike to favorite places, saw a dead guy, went into a (destroyed) church, neighbor's porch looked like nothing had happened	sad	
Oct 7th 2005	heard new sounds like helicopters, boats, sirens, big trucks and chainsaws, saw new things like darkness, red and blue lights, soldiers from other parts of the US, (too) much sunlight because the trees are gone, smelled and saw trash everywhere	worried	
Nov 1st 2005	drove around city, saw symbols on houses, wondered about sign 1 DEAD IN ATTIC	worried / sad	
Sep 14th 2006	a woman and a man met while working in NO and got married there one year later	happy	

Survivors

(adapted from *1 Dead in Attic – After Katrina* by Chris Rose)

Wortschatz **S. 87: survivor • attic • category • hope •** drive/run/go/ ... **on • gas** *(AE)* / **petrol** *(BE)* **• Good luck. • radio • looter •** ... **yet? • Box: "yet"** (SB-Seite 223) **• playground • yard** *(AE)* • °folks *(pl)*

S. 88: uptown *(AE)* **• fancy • loot • be gone • rocking chair • remind** sb. **(of** sth.**) • smell • truck • saw • darkness • soldier • sunlight • stink, stank, stunk** • °high ground • °idiot • °mouthwash • °siren • °chainsaw

S. 89: pass sb./sth. **• parade • mailman, mailwoman** *(AE)* **• rescue • get married (to** sb.**)** • °could have been ...

Erarbeitung ► 2.11 Die S lesen die Artikel 1–5 einzeln nacheinander (ggf. im ► Mitleseverfahren) und erarbeiten sich eigenständig anhand des *Dictionary* den unbekannten Wortschatz. Danach bearbeiten sie die jeweils entsprechenden Aufgaben des *Reading log* (1–7).

Hinweis: Der methodische Ansatz über das Lesetagebuch (► Reading log) ermöglicht eine individuelle Begegnung mit dem Text, was zugleich eine schülerbezogene Lesegeschwindigkeit bedingt. Die Lernenden arbeiten in dieser Form weitgehend selbstständig, wobei sie Wortschatz, den sie nicht aus dem Kontext erschließen können, entweder im *Dictionary* des SB oder in einem Wörterbuch nachschlagen. Hier wird eine spezielle Form des *Reading log* genutzt, die auf Einzelaspekte hinweist, um die S an die Lesetagebucharbeit heranzuführen. Das *Reading log* wird nach und nach für alle Abschnitte ergänzt.
Wenn die S den Text im Stillleseverfahren und damit in ihrem eigenen Lesetempo erfassen, bieten sich in der Umsetzung besonders Methoden an, die der unterschiedlichen Lern- und Arbeitsgeschwindigkeit Rechnung tragen. Daher können die einzelnen Aufgaben des *Reading log* im ► Lerntempoduett bearbeitet und ausgewertet werden.
Anfangs führt L die S in die Arbeit mit dem *Reading log* ein und erläutert die Vorgehensweise. Die S lesen in den nachfolgenden Unterrichtsstunden die Artikel 1–5 einzeln nacheinander, betrachten sich den Aufbau und die Fragestellungen der zugehörigen *Reading logs* und klären zunächst mögliche Fragen in PA. Danach Bearbeitung gemäß SB. Die S sammeln ihre Ergebnisse zum *Reading log* in einem Schnellhefter. Anschließend überprüft L im Plenum, ob alle S den Auftrag verstanden haben. L sollte das *Reading log* nach Abschluss der Arbeit mit dem Text einsammeln und korrigieren, um sich einen Eindruck über das Textverständnis zu verschaffen und den S individuelle Rückmeldung zu geben.

1 Escaping

Erarbeitung **1. Lesen** des ersten Artikels und Verständnissicherung gemäß der in *Reading log 1 Notes* geschilderten Vorgehensweise.

READING LOG 2 Imagine

Erarbeitung Nach dem **2. Lesen** bearbeiten die S die Schreibaufgabe in EA. Zur Vorbereitung wiederholt L ggf. im Plenum Merkmale der Textsorte Tagebucheintrag *(use the simple past, describe feelings, ...)* und sichert noch einmal kurz die Stationen der Flucht vor dem Hurrikan (z. B. anhand der Tabelleneinträge aus *Reading log 1*). Die S machen sich zunächst stichpunktartig Notizen, wobei sie explizit auf die Gefühle und Gedanken der Kids eingehen.

More help p. 138 S, die Hilfe benötigen, vervollständigen in einem ersten Schritt den Lückentext auf SB-Seite 138 und schreiben dann in einem zweiten Schritt den Text weiter.

Auswertung Vorlesen der Tagebucheinträge im ► Lerntempoduett oder / und im Plenum.

Lösungsbeispiel

September 1st
Last Saturday was a crazy day. We got up early because we could hear the ***hurricane****. It was really scary. Outside we could see heavy rain and the rising storm. That was amazing. We watched the* ***news on Katrina*** *on TV. It was coming to* ***New Orleans*** *and mom and dad looked really* ***worried/scared****. They said we had to* ***leave our house as fast as we could****. So we put some stuff in the car and we drove to* ***Picayune****. We stayed with* ***grandpa****.*
But dad said the hurricane was getting worse. So we packed our things again and left grandpa's house. I was scared. Mom looked very worried. On Sunday night we slept in a motel in Vicksburg. Monday morning we went on. On the way to Baton Rouge, mom and dad talked about our house. My little brother cried.
In Baton Rouge we stayed with a family I didn't know. They gave us a room to sleep in. The next morning dad went to a playground with us. That was fun. My brother and I played and ran and climbed – and we forgot about the hurricane.

S. 88

2 The first time back

Erarbeitung

1. Lesen des zweiten Artikels und Verständnissicherung gemäß der in *Reading log 1 Notes* geschilderten Vorgehensweise.

READING LOG 3 Face to face in New Orleans

Erarbeitung

Nach dem **2. Lesen** formulieren die S schriftlich in EA Fragen an die Plünderer.

More help p. 139 S, die Hilfe benötigen, lesen die detailliertere Situationsbeschreibung auf SB-Seite 139 und vervollständigen die vorgegebenen Satzanfänge.

Auswertung

Vergleich im ▸Lerntempoduett oder/und im Plenum. Dabei kann jeweils ein S die Frage lesen, der Partner formuliert eine mögliche Antwort.

Lösungsbeispiel

- *Why are you taking/stealing these things?*
- *Are you hungry or thirsty? Do you need food?*
- *Do you really need the radio/fancy shoes/clothes/TV/... now?*
- *Did you pay for the radio? Are you going to pay for it later?*
- *Is your family OK?*
- *Is your house flooded or destroyed?*
- *Do you need the baby food for your little brother or sister?*

More practice 4 p. 139 Life goes on

Wortschatz

°rifle • °power • °Hell no!

Erarbeitung

Diese Leseaufgabe kann als Zusatz für lernschnellere S eingesetzt werden. Zur Vorentlastung erläutert L: *They sent soldiers to deal with the situation in New Orleans because there wasn't any electricity or food. People had to leave because the soldiers wanted to clean up and they wanted people to be safe.* Nach dem **1. Lesen** des Abschnitts wählen die S eine der beiden Aufgabenstellungen **a)** oder **b)** aus und schreiben in EA einen entsprechenden Dialog. Zur Unterstützung kann L folgende Hilfen anbieten (Tafe/Folie/Arbeitsbogen):

- *How – feel?*
- *Why – still here?*
- *What – happen to – house?*
- *Why – not leave?*
- *Where – sleep tonight?*

Auswertung Die S suchen sich einen Partner, der dieselbe Aufgabenstellung bearbeitet hat. Sie lesen und korrigieren ihre Dialoge gegenseitig und entscheiden sich dann für einen, den sie einüben und später im Plenum mit verteilten Rollen vorstellen (ggf. mithilfe der ▶ Read-and-look-up technique). Dazu geben sie vorab eine kurze Situationsbeschreibung, damit S, die die Aufgabe nicht bearbeitet haben, den Kontext erfassen können.

Lösungsbeispiel Individuelle Lösungen.

3 The smell

Erarbeitung **1. Lesen** des dritten Artikels und Verständnissicherung gemäß der in *Reading log 1 Notes* geschilderten Vorgehensweise.

READING LOG 4 New Orleans after the storm

Erarbeitung Gemäß SB. Die S notieren ihre Sinneseindrücke zunächst in einer Tabelle (▶ Note-making; siehe Lösungsbeispiel). Anschließend formulieren sie sie schriftlich in EA oder mündlich im ▶ Partner talk aus.

Auswertung Vergleich im ▶ Lerntempoduett oder / und im Plenum.

Lösungsbeispiel

I can hear ...	*I can see ...*	*I can smell ...*
the noise: helicopters, sirens, ... *people shouting* ...	*trash* *destroyed houses* ...	*smoke* *trash* ...

S. 89

4 1 dead in attic

Erarbeitung **1. Lesen** des vierten Artikels und Verständnissicherung gemäß der in *Reading log 1 Notes* geschilderten Vorgehensweise.

READING LOG 5 The writer

Erarbeitung **a)** Nach dem **2. Lesen** äußern die S Vermutungen zur Gefühlslage des Schreibers, entweder schriftlich in EA oder mündlich im ▶ Partner talk.

Auswertung Im ▶ Lerntempoduett oder / und im Plenum.

Lösungsbeispiel *I think he felt sad that someone had died in the hurricane. He wondered if there had been anyone with them at the end. He was worried too because he might even have known this person. He thought it could have been his mailman or -woman or a waiter he had met at a restaurant.*

Erarbeitung **b)** Schriftlich in EA gemäß SB.

Auswertung Im ▶ Lerntempoduett oder / und im Plenum.

Lösungsbeispiel *Maybe the writer felt happy because the costumes reminded him of 'normal' life in New Orleans. When he thought of Mardi Gras/the carnival and of happy people in colourful costumes he probably thought: "Life goes on and everything will be normal again some day".*

5 Love among the ruins

Erarbeitung 1. **Lesen** des fünften Artikels und Verständnissicherung gemäß der in *Reading log 1 Notes* geschilderten Vorgehensweise.

READING LOG 6 You and New Orleans

Erarbeitung **a)** Nach dem **2. Lesen** formulieren die S schriftlich in EA Fragen an die Katastrophenhelfer.

Auswertung Im ▸ Partner talk stellen sich die S gegenseitig ihre Fragen und versuchen diese vor dem Hintergrund der aus dem Text entnommenen Informationen zu beantworten. Dazu müssen sie sich in die Situation, in der die Helfer waren, hineinversetzen.

Lösungsbeispiel *Why did you come to New Orleans as a volunteer? • What did you see/hear/feel there? • Do you still think about the situation that you found in the city? • What could you do to help the people? • Did you see any dead people? • Was it dangerous in New Orleans? • Where did you stay? • ...* (Antworten: Individuelle Lösungen.)

Zusatz L initiiert Diskussion: *What do you think about this love story? Why do you think they got married in New Orleans?*

Erarbeitung **b)** Gemäß SB. Auch als schriftliche Hausaufgabe geeignet.

Auswertung Austausch über die individuellen Leseeindrücke und Lieblingsabschnitte im Plenum.

Lösung Individuelle Lösungen.

NOW YOU In the photo

Hinweis: Die Aufgabe kann auch im Rahmen der Arbeit mit dem *Reading log* als zusätzliche Aufgabe für lernschnellere S eingesetzt werden.

Erarbeitung **a)** Die S betrachten das Bild und machen sich vorbereitende Notizen. Bei Bedarf greifen sie dazu auf Redemittel zur Bildbeschreibung im *SF 8 Describing photos and pictures* (SB-Seite 175) zurück.

Auswertung Die S beschreiben einander zunächst in PA die dargestellte Szene. Abschließend erfolgt eine mündliche Auswertung im Plenum oder eine Verschriftlichung der Ergebnisse als Ergänzung zum *Reading log*.

Lösungsbeispiel *The photo shows a neighbourhood (probably in New Orleans) that has been flooded. In the background there are houses with water all over the front yards. In the foreground there is a car in the water. I can only see the roof of the car. I can't see any people – they probably escaped from the neighbourhood.*

Erarbeitung **b)** Mündlich in PA gemäß SB. Die S beschreiben, was passiert ist und mutmaßen im ▸ Partner talk, was als nächstes passieren könnte. Dazu kann L folgende Begriffe vorgeben (Tafel / Folie): *looters? soldiers? people in the attic/on the roof? boat? dead body?*

Auswertung Mündliche Auswertung im Plenum oder Verschriftlichung der Ergebnisse als Ergänzung zum *Reading log*.

Lösungsbeispiel *The photo was taken in New Orleans after hurricane Katrina had hit the city. The city was flooded and many parts of the city have been destroyed by the water. I don't think there are still people in the houses – I hope they have all escaped.*
If there are still people in the houses, I think they will climb onto the roofs and shout for help. I'm afraid looters will come and get the TVs and other things out of the empty houses. I hope soldiers will arrive in their boats to help people and chase away the looters.

▸ WB 15–17, p. 54 ▸ INKL pp. 81–83

More challenge 4 p. 139 You're a TV or radio journalist

Erarbeitung Ausgehend von ihrer Bildbeschreibung aus dem NOW YOU (SB-Seite 89) verfassen lernstärkere S ein Skript für einen zwei- bis dreiminütigen Radio- oder Fernsehbericht. Zur Vorbereitung können sie im Internet weitere Bilder und Informationen zur Zerstörung von New Orleans durch den Hurrikan Katrina recherchieren.

Auswertung Die S präsentieren ihren Bericht mithilfe der ▸ Read-and-look-up technique im Plenum. Als Requisite kann dabei z. B. ein Handy als Mikrofon dienen. Vorab legt L mit der Lerngruppe Kriterien fest, nach denen die S anschließend Rückmeldung geben sollen (z. B. *fluency, stress, situation, vocabulary* usw.). Wenn L die Ergebnisse intensiver sprachlich und inhaltlich auswerten möchte, bietet es sich an, die Reportagen digital aufzuzeichnen.

Lösungsbeispiel *This is Charlie MacLean from New Orleans. I'm standing in one of the many streets that have been flooded since hurricane Katrina hit the city on August 29th. At the moment, there is silence. Far away I can see some helicopters which are there to rescue people from the roofs of their houses. Lots of houses have been destroyed. There's trash everywhere. The air smells really bad – it stinks! This is because of the old food in the fridges. An hour ago I passed a house with a sign "1 dead in attic"– I don't know how many people have died. I don't feel safe – it's dangerous because there are lots of looters. They are stealing things from the shops. But you can also see soldiers who are here to help people and to stop the looters.*

SKILLS TRAINING Reading course (4)

Inhalt Im vierten Teil des *Reading course* lernen die S, zentrale Aussagen eines Textes zu erschließen, indem sie Schlüsselwörter (und deren Synonyme) suchen, verschiedene Informationen kombinieren und Sinnzusammenhänge durch „zwischen den Zeilen lesen" herstellen. Dazu lesen sie zwei Filmrezensionen und bearbeiten Aufgaben dazu, die inferierendes Lesen erfordern.

S. 90

Einstieg **SB geschlossen.** L bringt mehrere DVD-Cover von Filmen unterschiedlicher Genres mit und sammelt Filmgenres aus dem Vorwissen der S an der Seitentafel. Anschließend tauschen sich die S im ▸Partner talk kurz über ihre Lieblingsgenres aus.

L: *I like watching crime movies (thrillers)/... because they are so exciting. What kind of films do you like?*

Überleitung L: *If you want to watch a film but you don't know what it is about, what can you do? (read text on cover, ask friends, ...) You can also read a film review, a kind of summary written by a person who has already seen the film. At the end of a review the author draws a conclusion and tells you if he/she thinks it is a good film or not. Today you will learn to understand film reviews better.*

1 Reading between the lines: Working it out

Wortschatz **work** sth. **out** • **exact** • **romantic** • **review** • **draw, drew, drawn** • **conclusion** • **be born** • **divorce** • **relationship** • °designer • °rediscover sth. • °effect • °storm • °feel • °chaser • °relationship • °movie theater

Erarbeitung **a)** **SB geöffnet.** Gemeinsames Lesen und ▸Klären der Arbeitsanweisung und der beiden Tipp-Boxen im Plenum. Dabei ggf. Semantisierung von *work sth. out (= find the answer by putting together different pieces of information).* Vertiefend dazu kann L die Erklärung im *SF 5.5 Reading between the lines* (SB-Seite 169) heranziehen. Nach dem stillen **1. Lesen** der ersten Filmkritik beantworten die S in EA die Frage (anhand der Antwortauswahl im SB).

Auswertung Vergleich im Plenum. Lernstärkere S begründen, wie die blau hervorgehobenen Wörter ihnen geholfen haben *(most of the blue words have to do with love/relationships; it also says "funny", so I think it's a comedy).*

Alternative Die Aufgaben auf SB-Seite 90 und die zugehörigen *More practice* und *More challenge*-Aufgaben im Anhang können in geübten Lerngruppen auch im ▸Lerntempoduett bearbeitet und ausgewertet werden. Abschließende Ergebniskontrolle im Plenum.

Lösung *4 a romantic comedy*

Erarbeitung **b)** **1. Lesen** der zweiten Rezension still, gemäß der Vorgehensweise in **a)**. Zu ihrer Antwort notieren die S außerdem die Schlüsselbegriffe, anhand derer sie die Aufgabe gelöst haben, im Heft.

Auswertung Zunächst im ▸Partner check, danach Vergleich im Plenum.

Lösung *3 a disaster film (keywords: adventure, scary moments, storms, hurricanes, tornadoes, rain, real and very exciting, terrible experience, storm chaser)*

Zusatz Die S bringen englischsprachige Filmrezensionen oder Inhaltsangaben *(blurbs)*, z. B. auf der Rückseite von DVD-Covern, mit (der Filmtitel sollte möglichst abgedeckt sein) und tauschen sie mit einem Partner. Anhand des Textes arbeiten sie das Genre heraus. Alternativ kann L auch verschiedene authentische Filmrezensionen oder -cover mitbringen, aus denen die S in GA das Genre herausfinden. Dabei notieren sie Schlüsselbegriffe, die ihnen beim Finden der Antwort geholfen haben.

2 How many stars?

Wortschatz **excellent**

Erarbeitung Übung zum schlussfolgernden Lesen. Beim **2. Lesen** überlegen die S, wie viele Sterne die Autoren für die Filme vergeben haben könnten, und notieren die Begriffe, an denen sie ihre Vermutungen festmachen, im Heft.

Auswertung Im Plenum.

Lösung *Sweet Home Alabama: *** OK (words: tries to be funny → isn't very successful • film has some nice moments + Reese Witherspoon is good → she often made me laugh • story → isn't very interesting, I wouldn't watch it again)*
*Twister: ***** excellent (words: Twister is the movie for you • feels very real • very exciting • wow • special effects are amazing)*

More practice 5 p.139 Understanding the reviews

Erarbeitung Zur Verständnissicherung lesen die S zunächst die Satzanfänge und die dazugehörige *Multiple choice*-Auswahl. Dann lesen sie die Rezensionen ggf. ein zweites Mal still und notieren die entsprechende Antwort im Heft (als Zahl-Buchstabenkombination).

Auswertung Vergleich im ► Partner check, danach im Plenum. Die S übertragen die komplettierten Sätze ins Heft.

Lösung ***1** b) • **2** d) • **3** c)*

---

3 The best tag line

Wortschatz **inform** sb. • **tag line**

Erarbeitung **a)** ► Klären der Arbeitsanweisung sowie Lesen der Tipp-Box im Plenum. L sichert Verständnis des Begriffs *tag line (the slogan of the film, one sentence that describes the film)*. Die S finden den besten Aufhänger.

Auswertung Im ► Partner talk tauschen sich die S über ihre Ergebnisse aus und begründen ihre Meinung anhand von Wörtern aus dem Text.

Lösung ***2** Sometimes what you're looking for is right where you left it. (It is the best tag line because in the review it says that Melanie "has to go back home" where she "rediscovers her old life in the country and an old love".)*

Erarbeitung **b)** Gemäß SB formulieren die S eine eigene *tag line* für den zweiten Film.

Differenzierung Lernschwächere S erstellen gemeinsam in PA mit einem lernstärkeren Mit-S eine *tag line*.

Auswertung Die S einigen sich in PA oder GA zunächst auf den besten Vorschlag. Im Plenum werden die Vorschläge dann gesammelt und zur Abstimmung gestellt. Dabei begründen lernstärkere S ihre Wahl.

Lösungsbeispiel *In the eye of the storm. • Stormy times are coming. • Will the tornado save their love – or destroy their lives? • ...*

► INKL p. 8

More practice 6 p. 140 **NOW YOU Film talk**

Erarbeitung — **SB geöffnet.** Die S wählen je nach Neigung eine der beiden Aufgabenstellungen **a)** oder **b)** aus.

a) Anhand der Redemittel im SB tauschen sich die S im ▸ Partner talk darüber aus, welchen Film sie lieber sehen würden. Die Aufgabe kann als schriftliche Hausaufgabe vorbereitet werden.
b) Alternativ diskutieren sie über ihre bevorzugten Filmgenres, ihren Lieblingsfilm und ihre Lieblingsschauspieler. Dazu greifen sie bei Bedarf auf passende Redemittel aus den SB-Vorgaben zu **a)** zurück. Auch als schriftliche Hausaufgabe geeignet.

Auswertung — Vorstellung der Diskussionsergebnisse im Plenum. Dabei kann jeweils ein Partner über die Vorlieben des anderen berichten: *Tim/… likes …*

Alternative — Schriftliche Schülerprodukte werden eingesammelt. Ein S liest einen zufällig gezogenen Text vor. Die Zuhörer raten, wer ihn verfasst hat. Lernstärkere S begründen ihre Vermutung. *(I think Lisa/… wrote the text because she likes action films. Her favourite film is 'The Fugitive' with Harrison Ford.)*

Lösung — Individuelle Lösungen.

More challenge 5 p. 140 **Your review**

Erarbeitung — **a)** Anhand der Musterrezensionen auf SB-Seite 90 schreiben lernstärkere S eine eigene Filmrezension zu einem ihnen bekannten Film und bewerten ihn mit Sternen.

Erarbeitung — **b)** Anschließend schreiben sie einen aussagekräftigen Werbeslogan für den Film. Künstlerisch begabte S können auch ein eigenes Werbeplakat entwerfen, das neben der Bewertung auch die *tag line* enthält.

Auswertung — **c)** Die S tauschen ihre Ergebnisse mit verschiedenen Mit-S und geben sich gegenseitig Rückmeldung zum Informations- und Motivationsgehalt. Dabei begründen sie ihre Einschätzung. Nach erfolgter Korrektur durch L können die S ihre überarbeitete Reinschrift ggf. in ihr Dossier heften.

Lösung — Individuelle Lösungen.

SKILLS TRAINING New words

Inhalt In diesem *Skills Training* lernen die S am Beispiel von Stellenanzeigen, die Bedeutung neuer Wörter zu erschließen. Dabei lernen sie unterschiedliche Wortbildungsmuster (z. B. Prä- und Suffixe) kennen und erschließen unbekannte zusammengesetzte Wörter (z. B. Komposita aus zwei Nomen oder zwei Adjektiven) anhand der ihnen bekannten lexikalischen Elemente. Abschließend verfassen sie ein eigenes Stellengesuch, in dem sie ihre Stärken (u. a. mithilfe zusammengesetzter Adjektive) beschreiben.

S. 91

1 Using word-building patterns

Wortschatz **pattern • likeable • thankless • light**

Material Wörterbücher

Einstieg **SB geschlossen.** L schreibt den Satz *"In Sweet Home Alabama, Melanie rediscovers her old life in the country."* an und führt anhand dieses Beispiels in die Thematik ein.

L: *Last lesson we talked about a review of this film. This could be a tag line for the film. Imagine you read the tag line, but you don't understand the word 'rediscover'. How can you find out what it means? (look it up in a dictionary, look up the meaning on the internet, find parts of the word that you know)*

L: *Word building patterns can help you to understand unknown words. For example, if you know the word 'discover', this part of the word can help you. And 're' as a prefix often means 'again'. So what could the word mean? (discover again)*

Überleitung L schreibt zwei weitere Begriffe aus der Filmrezension an *(successful/good-looking)* und lässt diese im Plenum analysieren.

L: *Now look at these two words from the review. Can you name their different parts? (success + ful; good + look(ing)) Do you know what they mean? (erfolgreich; gutaussehend) Let's find out how you can use word-building patterns like this to guess the meaning of new words.*

Erarbeitung **a)** Gemeinsames Lesen der Tipp-Box und Bearbeitung im Plenum und ggf. Vertiefung anhand *Skills File 1* (SB-Seite 163). Die S erschließen anhand des Beispiels im SB die Bedeutung des Wortes *likeable* und überprüfen sich mithilfe eines Wörterbuchs.

Hinweis: Aufgrund der Mehrteiligkeit und progressiven Anlage eignet sich die Aufgabe auch zur Bearbeitung im ▸ Lerntempoduett. Die Auswertung im Plenum erfolgt in diesem Falle nach Bearbeitung der kompletten Aufgabe.

Lösung *someone/something you can like* (sympathisch, liebenswert)

Erarbeitung **b)** Gemäß SB.

Auswertung Vergleich im ▸ Partner check oder im ▸ Lerntempoduett. Zur Kontrolle können die S die Bedeutung der Wörter im Wörterbuch nachschlagen.

Lösung *playful:* spielerisch, verspielt • *respectful:* respektvoll • *skilful:* geschickt, gekonnt • *thankful:* dankbar • *truthful:* wahrheitsgetreu, ehrlich • *memorable:* erinnerungswürdig, unvergesslich • *unbelievable:* unglaublich • *understandable:* verständlich

Differenzierung Lernstärkere S finden weitere Beispiele: *colourful, meaningful, beautiful, lovable, unsure, ...*

Erarbeitung **c)** Die S ergänzen die Sätze schriftlich in EA mit den Wörtern aus Aufgabenteil **b)**.

Auswertung Vergleich im ▸ Partner check oder im ▸ Lerntempoduett.

Lösung *1 memorable • 2 playful • 3 skilful • 4 unbelievable • 5 understandable • 6 respectful* ▸ IAT

Erarbeitung **d)** Bearbeitung schriftlich in EA.

Auswertung Vergleich im ▸ Partner check oder im ▸ Lerntempoduett. Zur Kontrolle schlagen die S die Wörter im Wörterbuch nach.

Lösung *hard-won:* hart erkämpft / hart erarbeitet • *part-way:* zum Teil / teilweise, halbwegs

Erarbeitung **e)** Bearbeitung innerhalb einer vorgegebenen Zeit schriftlich in EA gemäß SB. Als Hilfe können die S die Prä- und Suffixe aus der Wordbank (p. 147) verwenden.

Auswertung Austausch im ▸ Partner talk oder im ▸ Lerntempoduett. Abschließende Kontrolle aller Lösungen als ▸ Meldekette im Plenum.

Lösungsbeispiel *playful, (to) play – player – DVD-player – playable • respectful – (to) respect – respectable • skilful unskilful – skill – skilled • truthful – untruthful – truthfulness – truth • memorable – (to) memorize – memory – memorial • unbelievable – (to) believe – believer – belief – believable • understandable – (to) understand – misunderstand – understanding*

2 A part-time job

Wortschatz °fun-loving • °loveable • °stressful • °housework • °pet-lover • °unforgettable • °enjoyable

Einstieg Einführung in die Situation. Kurzes Gespräch über mögliche Nebenjobs der S.

L: *Do you do work after school or at the weekend? (...) Would you like to have a part-time job or a weekend job to earn some money? Let's have a look at a job advert. If you want to get the job, you have to understand what they are looking for.*

Erarbeitung **a)** Gemäß SB erproben die S ihre in **1** geübten Erschließungsstrategien. Sie notieren ihre Vermutungen im Heft.

Auswertung Im ▸ Partner check vergleichen die S ihre Ergebnisse.

Lösung *fun-loving*: lebenslustig • *loveable*: liebenswürdig • *stressful*: stressig • *housework*: Hausarbeit • *yardwork*: Gartenarbeit • *pet-lover*: Tierfreund • *unforgettable*: unvergesslich • *enjoyable*: unterhaltsam, angenehm

Zusatz Die S ordnen die roten Beispielwörter aus **a)** gemäß ihrer jeweiligen Wortbildungsmuster in einer Tabelle, sammeln in PA oder GA weitere Beispiele (z. B. aus Aufgabe **1**) und übersetzen sie. L erläutert zuvor die Bedeutung von *prefix* und *suffix*. Mögliches Heftbild:

prefixes	suffixes	compound words	
(un-, in-, dis- ...)	(-able, -ful, ...)	nouns	adjectives
unforgettable	loveable	housework	fun-loving
	stressful	yardwork	part-time
	unforgettable	pet-lover	hard-working
	enjoyable	weekend	
	playful		
	respectful		
	skilful		
	likeable		
	understandable		
	...		

Erarbeitung **b)** Gemäß SB überprüfen die S ihre Vermutungen anhand eines Wörterbuchs.

Auswertung Vergleich im Plenum. Die S ergänzen ggf. ihre Tabelle aus dem Zusatz. Zur Vertiefung betrachten sie anschließend die Grafik in der *Wordbank 4* (SB-Seite 147). L erläutert kurz auf Deutsch, warum eine Gruppierung von Wörtern mit demselben Wortstamm als Lerntechnik sinnvoll ist.

3 Looking for part-time work

Erarbeitung Lesen und ► Klären der Arbeitsanweisung. Gemäß SB. Zur Beschreibung ihrer Stärken können die S die Beispiele von SB-Seite 91 sowie das Wortschatzangebot aus der *Wordbank 4* (SB-Seite 147) zu Hilfe nehmen. Vorab sammelt L im Plenum Aspekte, die das Stellengesuch integriert in werden können, z. B. *work experience, different jobs you could do, strengths, ...*

More help p. 140 S, die Hilfe benötigen, nutzen die Tipps und Redemittel aus der *Diff Bank*, SB-Seite 140.

Auswertung Die fertigen Stellengesuche werden eingesammelt. Jeder S zieht einen fremden Text und liest ihn im Plenum vor. Die Mit-S müssen raten, von wem der Text verfasst wurde. L sollte die Texte anschließend einsammeln und korrigieren. Die überarbeiteten Ergebnisse können die S in ihr Dossier heften.

Lösungsbeispiel *Hard-working, likeable, skilful and truthful German exchange student is looking for a part-time job as a babysitter, waiter or yard worker. I can speak English fluently and I have done two weeks of work experience at a fast food restaurant. In Germany I babysit my neighbour's son once a week. I am reliable and responsible as well as careful and well-behaved. Interested? Call me on my mobile: (+ name and mobile number)*

► WB 20, pp. 56–57 ► DFF 4.7 ► INKL p. 85

SKILLS TRAINING Summarizing texts

Inhalt Die S lernen ein fünfstufiges Verfahren zur Zusammenfassung eines unbekannten (Sach-)Textes kennen. Dazu verschaffen sie sich zunächst einen Überblick über den Inhalt (Initiative gegen getrennte Abschlussbälle an einer High school in Georgia), versehen dann die einzelnen Absätze mit Überschriften, markieren Schlüsselwörter und erschließen unbekannten Wortschatz. Anhand dieser Vorarbeit fassen sie den Text dann zusammen. Anschließend geben sie sich gegenseitig kriterienorientiertes Feedback zu ihren Zusammenfassungen.

S. 92

1 A high school in the Deep South

Wortschatz **separate** • **rural** • **integrate** • **racism** • **segregate** • **attract** • **pay** • **success** • **calendar** • **focus on** sth. • **look up** a word • **brief**

Einstieg **SB geschlossen.** Informierender Einstieg zur Zielorientierung.

L: *Today you are going to learn how to write a summary of a text in five steps. It is a newspaper article about a high school in the Deep South.*

Alternative *30-second activity:* L schreibt *High school prom in the Deep South* an die Tafel. Die S haben 30 Sekunden Zeit, um möglichst viele passende Begriffe (Vorwissen, Vermutungen) zu notieren. Anschließend sammelt L die Begriffe im Plenum.

Überleitung **SB geöffnet.** Vor der schrittweisen Erarbeitung gemäß SB in EA ggf. gemeinsames Lesen und ▸ Klären der Arbeitsanweisung zu den Steps 1–5 im Plenum .

L: *Let's find out more about what happened at this high school. Your task is to sum up the article – in five steps. (Let's read the steps together first.)*

Students say 'no more' to separate proms

Step 1: What's the text about?

Erarbeitung S überfliegen den Artikel, um sich einen groben Überblick über den Inhalt zu verschaffen. Bei Bedarf kann L vorab noch einmal die Vorgehensweise beim *Skimming* wiederholen, siehe auch ▸ Lesetechniken und *SF 5 READING COURSE, 1 Skimming* (SB-Seite 168). Anschließend benennen die S in einem Satz das Thema des Textes.

More help p. 140 S, die Hilfe benötigen, wählen aus den vorgegebenen Einführungssätzen den passenden aus.

Lösung *C The article is about how some students ended a long tradition of segregated proms at their high school.*

Step 2: Give the paragraphs headings

Erarbeitung Gemäß SB.

More help p. 141 S, die Hilfe benötigen, wählen aus den vorgegebenen Teilüberschriften die für jeden Absatz passende aus.

Lösung *Paragraph 1: c) A historic event*
Paragraph 2: a) A tradition of segregated proms
Paragraph 3: c) Students decide what's right
Paragraph 4: b) Making it happen
Paragraph 5: b) Living the dream

Step 3: Pick the important words and phrases

Erarbeitung Die S markieren auf ▸ KV 34: Summarizing texts die wichtigsten Schlüsselbegriffe. Vorab wiederholt L mit den S, worauf es beim Markieren ankommt: nur einzelne Wörter/Phrasen mit zentraler Bedeutung hervorheben; keine ganzen Sätze markieren; sparsam vorgehen; Zeichen am Rand; ...

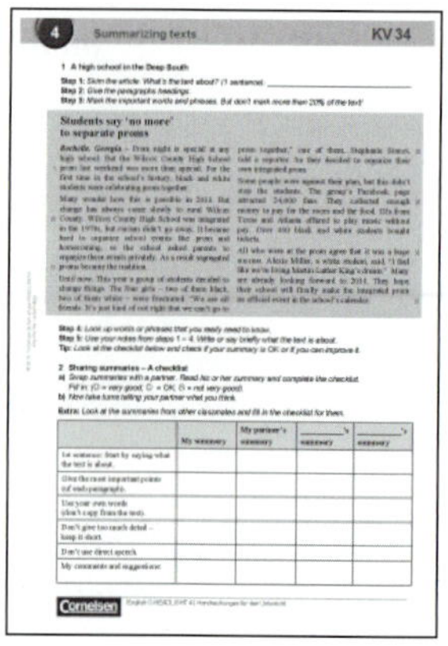

Step 4: Look up words or phrases that you really need to know

Erarbeitung Gemäß SB. L weist vorab noch einmal darauf hin, dass die S die Bedeutung von unbekanntem Wortschatz oftmals anhand des Kontexts oder des lexikalischen Vorwissens erschließen können.

Step 5: Ready to summarize the text

Erarbeitung Gemeinsames Lesen des gelben Tipp-Kastens im Plenum. L wiederholt bei Bedarf im Plenum noch einmal das Schreiben einer Zusammenfassung anhand von *SF 7D Summarizing texts* (SB-Seite 174). Anschließend fassen die S den Inhalt des Artikels in EA zusammen. Dazu bedienen sie sich der Arbeitsergebnisse aus den vorhergehenden Steps (1–4).

Auswertung Die Auswertung erfolgt in Aufgabe **2** *(Sharing summaries).*

Lösungsbeispiel *The article is about the first integrated prom at a high school in Rochelle, Georgia. Even though the school was integrated over 40 years ago, the proms were still celebrated separately. But in 2013, some black and white students decided that this was not right. They changed this 'tradition' and organized the first integrated prom on their own. It was a great success and lots of black and white students came. Now the students hope that the school will make integrated proms an official school event.* ▸ DFF 4.8

Überleitung L: *Now I want you to check your summaries with a partner and give each other feedback.*

2 Sharing summaries

Erarbeitung **a) SB geöffnet.** Die S lesen die Aufgabenstellung und nennen wichtige Kriterien zur Bewertung von *Summaries* im Plenum. Anschließend sichten sie die *Summary* ihres Partners anhand der Punkte in der gelben Box und notieren sich dazu Stichworte für ihr Feedback. Dabei sollten sie ggf. auch sprachliche Fehler anstreichen / korrigieren.

Alternative Die S bereiten ihr Feedback anhand der Checkliste auf ▸ KV 34: Summarizing texts vor. Im zweiten Teil der Tabelle auf der KV können sie ggfs. weitere Kriterien ergänzen.

Auswertung **b)** Im ▸ Partner talk geben sich die S anhand ihrer Notizen gegenseitig kriterienorientiert Feedback. Dabei beginnen sie mit den gelungenen Aspekten. Auf der Grundlage des erhaltenen Feedbacks überarbeiten die S ihre *Summary* abschließend.

O Differenzierung Für lernschwächere S kann L an der Tafel einige Satzanfänge zur Verfügung stellen, damit die S ihre Rückmeldung im *simple past* geben können, z. B.:

- *In the first sentence, you said ...*
- *You gave / used / ...*
- *You didn't give / use / ...*

Alternative Um eine breitere Basis für die Überarbeitung der eigenen Texte zu haben, kann die Aufgabe auch als ▸ Reading Circle bearbeitet werden, bei dem die S ihre Texte in Vierergruppen reihum lesen und anschließend mit wechselnden Partnern mehrere Feedback-Durchgänge durchlaufen.

Lösungsbeispiel Individuelle Lösungen. ▸ WB 21, p. 57 ▸ INKL p. 86

SKILLS TRAINING Viewing

Inhalt In den vier Teilen dieser Ausgabe des Jugendmagazins *Young in the USA*, die einzeln nacheinander angeschaut werden, berichten Layla und Dylan über unterschiedliche Nebentätigkeiten, die amerikanische Jugendliche ausüben. In *Part 1* studieren sie zunächst die Stellenanzeigen am Schwarzen Brett einer *High school* und befragen dann einzelne Schüler zu ihren Jobs. In *Part 2* schildert Brady Walker, die neben der Schule in einem Süßigkeitsladen arbeitet, exemplarisch ihre Aufgaben und Tätigkeiten im Nebenjob. In *Part 3* erfahren die S am Beispiel einer örtlichen Wohlfahrtsküche *(food pantry)* in Boston etwas über das in den USA weit verbreitete *volunteering; Part 4* schildert die ehrenamtliche Tätigkeit einer Jugendorganisation, die in New Orleans den von Hurrikan Katrina betroffenen Menschen beim Wiederaufbau hilft.

S. 93

Jobs and volunteering

1 Part 1: Part-time jobs for teens

Einstieg L: *Today we're going to watch a film about jobs and volunteering in the US. A lot of students in the US have part-time jobs. What about students in Germany? Do they work part-time as well?/Do you have a job? (...)*

INFO-BOX Part-time jobs/Volunteering in den USA

Jugendliche, die neben dem Schulbesuch ein bis zwei Stunden am Tag oder einige Stunden pro Woche arbeiten, erwerben neben einem Taschengeld auch Qualifikationen und bilden für das spätere Leben bedeutsame Eigenschaften wie Verantwortungsbewusstsein, Pünktlichkeit, Zuverlässigkeit, Selbstbewusstsein, Kritik- und Teamfähigkeit aus. Die Vor- und Nachteile von Neben- und Ferienjobs sind folglich in Deutschland und den USA vergleichbar. Ein wesentlicher Unterschied besteht jedoch in der Bedeutung, die außerschulischen Aktivitäten in den USA auch im Hinblick auf die Bewerbung an Colleges nach dem Schulabschluss beigemessen wird. Aushilfsjobs und ehrenamtliches Engagement werden als Indikatoren dafür gewertet, dass junge Menschen reif und verantwortungsbewusst agieren. Insbesondere die unentgeltliche, ehrenamtliche Arbeit (z.B. in sozialen Projekten der Gemeinde o.Ä.) wird wertgeschätzt und ist insofern in den USA auch unter Schülern verbreitet. Damit Jugendliche jedoch ‚hauptberuflich' Schüler bleiben, sind ihre möglichen Arbeitszeiten gesetzlich geregelt. Sowohl in den USA als auch in Deutschland soll somit der schulische Erfolg im Fokus des jugendlichen Alltags stehen.

Überleitung L: *Let's find out find out more about the part-time jobs of some American high school students.*

Erarbeitung a) **SB geöffnet.** *Pre-viewing* gemäß SB: Die S lesen die vier Stellenanzeigen und begründen ihrem Partner gegenüber, welche Anzeige für sie am interessantesten klingt.

Auswertung Einzelne S benennen im Plenum ihren Favoriten.

Lösung Individuelle Lösungen.

Erarbeitung b) Vor der Präsentation des Films lesen die S zunächst gemeinsam im Plenum (oder still in EA) die Fragestellungen durch, damit sie sich beim **1. Sehen** von *Part 1* (bis zur Zwischenmoderation von Dylan und Layla) dazu gezielt Notizen machen können.

Differenzierung Lernstärkere S beantworten zusätzlich folgende Fragen zu den Anzeigen aus dem Film:

What is a cashier? (the person who takes customers' money in a shop or supermarket)
What is a host/hostess? (the person who takes you to your table in a restaurant)

Auswertung Im ▸ Partner check, danach im Plenum.

Lösung *You can see all four advertisements in the film.*
They talk about the jobs as a dog walker, babysitter, waitress, shop assistant and cashier.

Zusatz Zur Sicherung des Detailverstehens aller vier Parts bearbeiten die S – ggf. jeweils nach dem 2. Sehen – die ▸ KV 35: VIEWING Jobs and volunteering. Für *Part 1: Part-time jobs for teens* ordnen sie den Interviewten in der vorgegebenen Tabelle die passenden Jobs zu und machen außerdem Notizen zu der Frage: *What do they do with their money?*

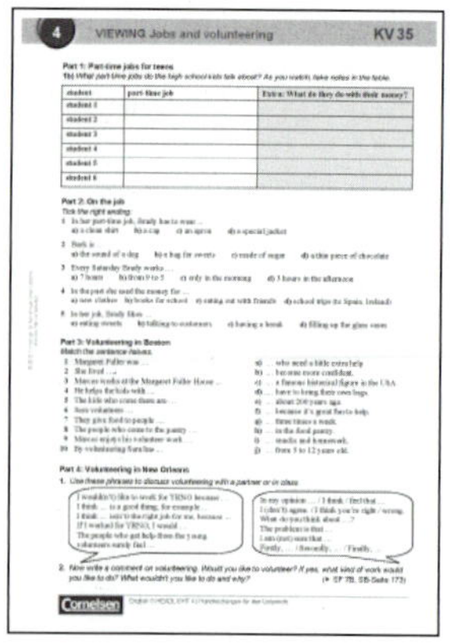

Mögliche Lösung:

student (name)	part-time job	What do they do with their money?
student 1 (Liz)	dog walker	save it for college, textbooks
student 2 (Hannah)	babysitter	spend it on clothes and coffee or save it
student 3 (Aisling)	waitress	spend it on gas, her car and shopping
student 4 (Brady)	shop assistant	spend it on things or save up for things
student 5 (Jack)	cashier	save for college
student 6 (Teresa)	no part-time job	...

2 Part 2: On the job

Wortschatz **on the job**

Erarbeitung ▸ **a)** Lesen der Aufgabenstellung (still in EA oder im Plenum). Nach dem **1. Sehen** äußern die S sich dazu, ob Brady ihren Job mag oder nicht (Globalverstehen). Um zu vermeiden, dass die S die Frage nur mit ja / nein beantworten, kann L nach einer Begründung fragen: *Why do you think so? Think of what she does and says in the film.*

Zusatz Abschließend bearbeiten die S die *Multiple choice*-Aufgabe auf ▸ KV 35: VIEWING Jobs and volunteering *(Part 2: On the job)*. Lösung: ***1*** c) • ***2*** d) • ***3*** a) • ***4*** d) • ***5*** b).

Auswertung Im ▸ Partner check, danach im Plenum.

Lösung *Brady likes her job a lot. (She smiles a lot, so I think she really enjoys selling chocolate and talking to customers.)*

Erarbeitung **b)** Die S lesen sich die Detailverstehensfragen 1–3 durch (still in EA oder laut im Plenum). Bei Bedarf **2. Sehen** zur Beantwortung möglich.

Auswertung Als ▸ Meldekette im Plenum.

Lösung
1 *open the store, make sure everything is full, serve customers*
2 *I think she likes her job. She says she likes recommending chocolates to customers and talking to them. The candy shop is also quite close, so she can walk to work.*
3 *She spends the money on school trips to Europe (e.g. Spain and Ireland). She also spends money to go shopping or to the movie theatre with her friends.*

3 Part 3: Volunteering

Wortschatz **volunteering**

Erarbeitung Lesen der Aufgabenstellung (still in EA oder laut im Plenum). Beim **1. Sehen** machen die S Notizen, um anschließend die Sätze schriftlich zu vervollständigen. Danach ggf. **2. Sehen** zur Kontrolle.

Auswertung Zunächst im ► Partner check, anschließend im Plenum.

Lösungsbeispiel
1 ... *plays with them, prepares snacks and helps them with their homework.*
2 ... *meat, bread and canned fruits.*
3 ... *it feels good to help other people and to see the smile on their faces.*

Zusatz Zur Inhaltssicherung bearbeiten die S die Zuordnungsaufgabe auf ► KV 35: VIEWING Jobs and volunteering *(Part 3: Volunteering in Boston)*. Lösung: ***1*** c) • ***2*** e) • ***3*** g) • ***4*** i) • ***5*** j) • ***6*** h) • ***7*** a) • ***8*** d) • ***9*** f) • ***10*** b).

4 Part 4: Volunteering in New Orleans

Einstieg Aufbau einer Erwartungshaltung. L: *What could volunteers do in New Orleans? Remember hurricane Katrina. (help people to clean up or build new houses, give them food, ...)*

Erarbeitung Nach dem **1. Sehen** des Films äußern sich die S zunächst im ► Partner talk zur Leitfrage im SB. Dazu können sie die Ideen und Redemittel auf ► KV 35: VIEWING Jobs and volunteering *(Part 4: Volunteering in New Orleans)* verwenden.

Zusatz In der Schreibaufgabe auf der KV werden die S angeregt, ihre Meinung zum *volunteering* zu formulieren und sich zu überlegen, welche ehrenamtlichen Aufgaben sie in ihrem eigenen Umfeld übernehmen könnten. Eignet sich auch als schriftliche Hausaufgabe.

Auswertung Die S diskutieren die Frage im Plenum.

Lösung Individuelle Lösungen.

► DFF 4.9 ► INKL p. 87

MORE CHALLENGE

Inhalt Auf der *More Challenge*-Seite erarbeiten die S anhand eines Textes sowie einer Zeitleiste weitere Informationen zur amerikanischen Bürgerrechtsbewegung der 1950er und 60er Jahre. Sie ordnen Überschriften den Ereignissen zu und wählen dann ein Event aus, zu dem sie eine fünfminütige Präsentation vor der Klasse halten.

S. 94

The Civil Rights Movement

Einstieg **SB geschlossen.** Ausgehend von den Informationen aus *Theme 3* animiert L lernstärkere S, sich detaillierter mit der Bürgerrechtsbewegung auseinanderzusetzen.

L: *Rosa Parks is called the "mother" of the Civil Rights Movement, but she wasn't the only person who fought for equal rights for African Americans. There were many more. You can find out more about this important movement in American history on page 94 of your book.*

Alternative L präsentiert Bild von Martin Luther King (z. B. bei seiner berühmten Rede anlässlich des *March on Washington*) und fordert S auf, ihr Vorwissen zu sammeln (z. B. im ▸ Think-Pair-Share Verfahren).

L: *Dr. King wasn't the only person who fought for equal rights for black and white people. Many others fought with him. Let's find out more about the Civil Rights Movement.*

1 African Americans and civil rights – a timeline

Erarbeitung **a) SB geöffnet.** Die S lesen die Aufgabenstellung und überfliegen den Text sowie die Timeline, um die Verständnisfrage zu lösen, siehe auch ▸ Lesetechniken *(Skimming)*.

Auswertung Vergleich durch ▸ Partner check.

Lösung *From 1954 to 1968.*

2 Moments in history

Erarbeitung **a)** Gemäß SB. Die S lesen zunächst alle Überschriften einmal durch. Dann lesen sie den Text aus **1** intensiv und erschließen dabei unbekannten Wortschatz anhand geeigneter Erschließungstechniken (siehe ▸ Semantisierungstechniken). Zur Sicherung des Detailverständnisses übertragen die S die Jahreszahlen der *timeline* ins Heft, z. B. in Form einer Tabelle, ordnen die jeweilige Überschrift zu und ergänzen ggf. noch einige Schlagworte zu den Ereignissen (siehe dritte Spalte im Lösungsbeispiel).

Auswertung Vergleich durch ▸ Partner check. Zur Endkontrolle stellt L ein Lösungsblatt bereit.

Lösung (in Tabellenform:)

date	*heading*	*event/situation*
1861–1865	*A war for freedom*	*The Civil War*
until the early 1950s	*Before the movement*	*segregation: African Americans were not allowed in many shops, restaurants and hotels; they had to use separate entrances, waiting rooms, seats, etc.*
1954	*Schools for all*	*US Supreme Court decides that segregation in schools is illegal*

date	*heading*	*event/situation*
1955	*A woman says "no"*	*Rosa Parks is arrested in Montgomery, Alabama, for not giving up her bus seat to a white person.*
1955–1957	*We won't ride*	*Martin Luther King, Jr. leads the Montgomery Bus Boycott to stop segregation on public buses.*
1957	*High school heroes*	*The US president sends army troops to protect nine black students who want to start school at an all-white high school in Little Rock, Arkansas.*
1961	*Riding for freedom*	*Black and white student activists ride buses through the South to test new laws against segregation.*
1963	*A march and a dream*	*Martin Luther King, Jr. leads over 200,000 people in the March on Washington, the biggest peaceful protest in US history.*
1964	*An act of justice*	*The Civil Rights Act outlaws segregation.*
1968	*A leader is lost*	*Martin Luther King, Jr. is shot and killed at a hotel in Memphis, Tennessee by a white man.*

Erarbeitung

b) Gemäß SB suchen sich die S ein Ereignis aus der Zeitleiste aus und bereiten eine fünfminütige, mediengestützte Präsentation vor. Dazu recherchieren sie im Internet. Zur Unterstützung können sie auf *SF 9 Giving a presentation and using visuals* (SB-Seiten 176–178) zurückgreifen.

Auswertung

Die S halten ihre Präsentation vor der Klasse. Vorab lässt L wichtige Kriterien für eine gelungene Präsentation wiederholen. Dazu lesen die S bei Bedarf *SF 9* nochmals intensiv durch. Zur eigentlichen Feedback-Phase verweist L auf die Tipps und Hinweise in *SF 9, Step 6 Feedback* (SB-Seite 178).

Alternative

L erarbeitet mit den S ein Raster für einen Feedbackbogen zur Auswertung von Präsentationen, z. B.:

Feedback for:						
Assessment	☺		😐	☹		*Comments*
Criteria: You …						
introduced your topic.						
explained the structure of your presentation.						
spoke loudly and clearly.						
kept eye contact with your audience.						
spoke freely/with short notes.						
didn't speak too fast.						

Feedback for:						
Assessment	☺		😐	☹		*Comments*
presented interesting facts.						
were relaxed and you smiled.						
used and explained visuals.						
stood straight and didn't move too much.						
asked for questions and answered them.						
respected the time limit (5 minutes).						

Hinweis: Um die Feedbackphase möglichst schülerzentriert zu gestalten, ist es denkbar, dass der präsentierende S selbst Schwerpunkte festlegt, zu denen er eine Rückmeldung haben möchte.

Lösung Individuelle Lösungen.

► WB Fast Finishers, p. 59 ► DFF 4.10

STOP! CHECK! GO!

Hinweis

Übungsaufgaben zu wichtigen Themen und Kompetenzbereichen aus Unit 4. Bei geschlossenen Aufgabenformaten können die S ihre Ergebnisse mithilfe des Lösungsschlüssels auf ▶ KV 36: Answers to STOP! CHECK! GO! (Unit 4) überprüfen (auch als ▶ Partner check).

Die KV bietet eine Auswertung nach Punkten, die in drei verschiedene Smileys (☺/😐/☹) übersetzt werden. Diese Smileys können auch für die Selbsteinschätzung im *Workbook* (STOP AND CHECK, p. 58) und in *Differenzieren – Fördern – Fordern* herangezogen werden. Weitere grundsätzliche Hinweise zur Konzeption und Durchführung von STOP! CHECK! GO! finden sich im Vorwort.

Die Hörtexte zu STOP! CHECK! GO! sind für die S auch auf der Audio-CD im *Workbook* zugänglich.

S. 95

1 REVISION Who was Jesse Owens?

Wortschatz: °postage stamp • °be born • °Aryan • °athlete • °medal

Erarbeitung: **SB geöffnet.** Die S lesen den Lückentext zunächst im Zusammenhang und schreiben dann die fehlenden Passivformen der passenden Verben aus der grünen Box ins Heft.

Auswertung: Mündlich im ▶ Partner check. Die S lesen die vervollständigten Sätze abwechselnd vor.

Hinweis: Das SB sieht für Aufgabe 3 und 4 (sowie ggf. *More challenge 6* und *More practice 7*) die Bearbeitung und Auswertung in Form des ▶ Bus stop-Verfahrens bzw. ▶ Lerntempoduett vor. Die Aufgaben 1–5 (SB-Seiten 95–96) können aber auch als Paket im ▶ Lerntempoduett bearbeitet werden. Abschließend erfolgt dann entweder eine Kontrolle im Plenum oder individuell anhand des Lösungsschlüssels.

Lösung: ▶ KV 36: Answers to STOP! CHECK! GO! (Unit 4)

2 LANGUAGE *The Adventures of Tom Sawyer* by Mark Twain

Wortschatz: °steamboat • °paint • °pirate

Einstieg: **SB geöffnet.** Die S betrachten die Bilder 1–6, lesen die zugehörigen Lückensätze a)–f) im Zusammenhang und reaktivieren dabei eventuelle Vorkenntnisse der Geschichte. L kann vorab ausdrücklich darauf hinweisen, dass die verschiedenen Farben der Verben in Klammern auf die gesuchte Zeitform hindeuten und dass die S bei Bedarf die *List of irregular verbs* (SB-Seiten 282–283) zu Hilfe nehmen können.

Erarbeitung: Schriftlich in EA gemäß SB. Die S schreiben die vervollständigten Sätze ins Heft.

Auswertung: Vergleich durch ▶ Partner check oder im ▶ Lerntempoduett möglich.

Lösung: ▶ KV 36: Answers to STOP! CHECK! GO! (Unit 4)

S. 96

Hinweis: Das SB sieht für Aufgabe 3 und 4 (sowie ggf. *More challenge 6* und *More practice 7*) die Bearbeitung und Auswertung in Form des ▶ Bus stop-Verfahrens vor.

3 WORDS Opposites

Erarbeitung: **a) SB geöffnet.** Die S notieren Gegensatzpaare aus den beiden Kästen.

Lösung: ▶ KV 36: Answers to STOP! CHECK! GO! (Unit 4)

Auswertung **b)** Gemäß SB vergleichen die S ihre Ergebnisse zu **a)** am ▸ Bus stop (A).

Erarbeitung **c)** Gemäß SB. Kann auch als Wettbewerb durchgeführt werden. Dabei bekommt zunächst Partner B für jedes genannte Gegenteil einen Punkt, für jedes nicht gewusste Wort bekommt Partner A einen Punkt. Rollentausch nach fünf Wörtern wie beschrieben.

More practice 7 p. 141 Opposites in daily life

Erarbeitung Die S schreiben sechs Sätze, die jeweils ein Gegensatzpaar aus Aufgabe **3 a)** enthalten.

Lösungsbeispiel
In the country it's very quiet but in the city it's noisy.
A sunny day in the country is awesome, but a cloudy day at school is terrible.
I got better at English but worse at Maths.
A sports lesson is exciting but a French lesson is very boring.
Yesterday it was sunny but today the weather is rainy.
A mobile can be very useful but if you don't charge it, it's useless.

---

4 WORDS Finding new words (compound nouns)

Erarbeitung **a) SB geöffnet.** Die S notieren Komposita aus den vorgegebenen Wortschatzelementen.

Lösung ▸ KV 36: Answers to STOP! CHECK! GO! (Unit 4)

Auswertung **b)** Gemäß SB vergleichen die S ihre Ergebnisse zu **a)** am ▸ Bus stop (B). Abschließend Kontrolle mithilfe von Wörterbüchern.

Erarbeitung **c)** Die S verfassen in EA sieben Sätze mit Komposita aus **a)**.

Auswertung Die S vergleichen ihre Ergebnisse am ▸ Bus stop und korrigieren sich ggfs. gegenseitig.

Lösung Individuelle Lösungen.

More challenge 6 p. 141 Phrases with *get*

Erarbeitung **SB geöffnet.** Lernstärkere S verfassen eine Geschichte, in der (mindestens) fünf Kollokationen mit dem Verb *(to) get* enthalten sind. Auch als schriftliche Hausaufgabe geeignet.

Auswertung Einzelne S lesen ihre Geschichte im Plenum vor. Die Lerngruppe wählt die kreativste Story.

Lösungsbeispiel *I got up late last Saturday. After I had got dressed, my best friend Charlie came round. "Get ready, we are going to town," he announced. We got on the bus and drove to the town centre. When we got off the bus, we saw a strange young man. He had already got drunk early in the morning. When we stared at him, he got angry and shouted, "Why are you looking at me? Get lost!" So we got away from him and went to the movie theatre. There was a great movie – 'Twister', a real classic! After the movie, Charlie and I went to a nice diner and had a burger with chips. Yummy. When we got home, it was late already. But it was a great day out with my best friend.*

5 MEDIATION Talking about films and film stars

Wortschatz °nationality • °typically • °award • °breakthrough

Erarbeitung Die S lesen den Text und beantworten anschließend die Fragen schriftlich auf Englisch.

Auswertung Mündlich im ▶ Partner check. Dabei liest ein S die Frage vor, die der Partner beantwortet. Nach jedem Satz wechseln die S die Rollen.

Lösungsbeispiel

- *(Who ...?) He's a famous actor.*
- *(How old ...?) He was born on 29th May 1982 in Munich, so now he is ... years old.*
- *(Which films ...?) His most famous films are* 'Die Welle *(The Wave)*', 'Türkisch für Anfänger *(Turkish for beginners)*', 'Fack ju Göhte' *and* 'Der Medicus'.
- *(Nationality?) He is Austrian.*
- *(Name?) His father is from Tunisia, his mother from Austria.*
- *(Kind of films?) He usually plays in comedies. He also played in the TV series* 'Türkisch für Anfänger *(Turkish for beginners)*'.
- *(Awards?) He won an award as best actor for his role in the TV series 'Turkish for beginners'.*
- *(International breakthrough?) He had his international breakthrough with the film* 'Der Medicus' *(with Ben Kingsley).*

More challenge 8 p. 142 **More about Elyas**

Auswertung Die S sprachmitteln zwischen der amerikanischen Gastschülerin Emily und der Schwester Laura, abwechselnd auf Deutsch und Englisch.

Lösungsbeispiel

You: Emily sagt, dass sie deine Poster mag. Sie nimmt an, dass du ein echter Fan dieses gutaussehenden Typen sein musst.

You: My sister thinks that he's the greatest actor in Germany. She has every DVD. Her favourite film is 'Türkisch für Anfänger (Turkish for beginners)'. It's one of the funniest films she has ever seen.

You: Emily sagt, dass sie Komödien zwar mag, aber noch viel lieber Science-Fiction und Fantasy-Filme sieht. Ihr Lieblingsfilm ist ‚Avatar'. Sie will wissen, wie wir ihn finden.

You: My sister prefers romantic comedies. But she also likes 'Avatar', especially the special effects in 3D and the exciting story which is a bit romantic too.

You: Emily fragt, ob wir in Deutschland auch die *Pirates of the Caribbean* (Fluch der Karibik)'-Filme kennen. Die findet sie auch total toll.

You: Yes, we know the films. Laura thinks that Johnny Depp is great in the role of Captain Sparrow. She also loves the music – she even had it as a ringtone on her mobile.

You: Emily sagt, dass die Musik von Hans Zimmer stammt, den sie großartig findet. Sie hat viel von seiner Filmmusik auf ihrem Handy.

S. 97

6 READING Mardi Gras in New Orleans

Wortschatz °Fat Tuesday • °Ash Wednesday • °colourful • °entertaining • °float • °design • °decorate • °masked • °coin • °bead

Erarbeitung **SB geöffnet.** Nach dem **1. Lesen** des Textes bearbeiten die S die *True/false statements* schriftlich in EA. Sie suchen ggf. Belegstellen für ihre Antworten im Text, notieren die Zeilennummern im Heft und korrigieren die falschen Aussagen.

Auswertung Vergleich durch ▶ Partner check, im ▶ Lerntempoduett oder mithilfe von ▶ Right/wrong cards im Plenum.

Lösung

1 *Mardi Gras in New Orleans is a carnival.*	***true***	*l. 6*
2 *Mardi Gras is a French tradition.*	***true***	*l. 5*
3 *Mardi Gras always takes place in February.*	***false***	*ll. 8–9: It falls on a different date each year. It can be any Tuesday between February 3rd and March 9th.*
4 *Mardi Gras is celebrated for one weekend.*	***false***	*l. 6–7: Today Mardi Gras is a 12-day-carnival in New Orleans that ends on Fat Tuesday.*
5 *The Captain is always at the front of the parade.*	***true***	*l. 11*
6 *The floats are prepared only a few weeks before the parades begin.*	***false***	*ll. 15–16: Designing and decorating the floats takes thousands of hours.*
7 *The parade-goers along the street don't like it when people on the floats throw things.*	***false***	*ll.22–23: Many parade-goers shout "Throw me something, Mister!" to the people on the floats.*
8 *All-the parade goers come from New Orleans.*	***false***	*l. 25: People from different places in the US and other countries come together to enjoy this special event.*
9 *You can hear lots of jazz music in the parades.*	***true***	*l. 12–13: A good parade needs great music, so high school bands and jazz bands from the area play an important role.*
10 *It's a good idea for tourists to make their plans early for Mardi Gras in New Orleans.*	***true***	*ll. 26–27*

7 WRITING Summarizing a text

Erarbeitung **a) SB geöffnet.** Die S fassen das Thema des Textes schriftlich in EA in einem übergreifenden Einführungssatz zusammen.

Lösungsbeispiel *The text is about Mardi Gras, a big festival in New Orleans that people celebrate with parades, music and costumes.*

Erarbeitung **b)** Die S finden Überschriften zu jedem Textabschnitt und notieren sie z. B. in Form einer Tabelle (siehe Lösungsbeispiel zu **c)**).

Lösung Individuelle Lösungen, Erwartungshorizont siehe zweite Spalte im Lösungsbeispiel zu **c)**.

Erarbeitung **c)** Die S notieren die wichtigsten Informationen zu jedem Absatz, z. B. in Form einer Tabelle (siehe Lösungsbeispiel).

Lösungsbeispiel Erwartungshorizont für Teilaufgaben **b)** und **c)**:

	b) heading	*c) notes*
paragraph 1 (lines 1–9)	*Mardi Gras – a carnival tradition from France*	• *Mardi Gras = most important festival in New Orleans, a carnival, 12 days long* • *from France, first celebrated in NO in 1837* • *named after last day of festival: "Fat Tuesday" (= the day before Ash Wednesday, 47 days before Easter)*
paragraph 2 (lines 10–14)	*Parades, music and dancing*	• *parades: at least one a day; largest on Fat Tuesday* • *Captain, King + Queen at the front* • *music bands, dancers, costumes*
paragraph 3 (lines 15–24)	*Fantastic floats and costumes*	• *floats = fantastic: lots of work designing and decorating the floats, people start preparing early* • *masked characters on floats throw coins etc. to parade-goers in costumes*
paragraph 4 (lines 25–27)	*Visitors from everywhere*	• *lots of tourists from the US + other countries* • *visitors should book early because NO is very full at this time*

Erarbeitung

d) Mithilfe ihrer Notizen aus **a)–c)** schreiben die S eine Zusammenfassung des Textes. Dabei beachten sie die Hinweise und Kriterien aus dem *Skills Training* (SB-Seite 92) sowie dem *SF 7D Summarizing texts* (SB-Seite 174).

Auswertung

Vergleich durch ▸ Partner check oder im ▸ Lerntempoduett möglich. Anhand des unteren Teils der ▸ KV 34: Summarizing texts *(Sharing summaries)* können die S sich z. B. im ▸ Reading circle gegenseitig kriterienorientiert Feedback zu ihren Texten geben.

Lösungsbeispiel

Mardi Gras is a 12-day festival in New Orleans that comes from a French carnival tradition. It is celebrated about seven weeks before Easter. There are great parades with fantastic floats, music bands, dancers and lots of people in costumes. The event is extremely popular with tourists.

▸ WB Stop and check, p. 58 ▸ WB Revision, pp. 60–61

Family secrets

5

Kommunikative Kompetenzen

Listening

- Trash or treasure? (p. 99, 2)*
- Jack and Madison (p. 101, 7)
- Finding out more (p. 103, 10)
- The end of the story (p. 105, 12)

Reading

- READING LOG Hannah's journal (p. 99, 3)
- The New World (pp. 100–101)
- Before you read (p. 100, 4)
- READING LOG The story so far (p. 100, 5a)
- READING LOG Questions for Hannah (p. 101, 6)
- Going West (pp. 102–103)
- While you read (p. 102, 8)
- READING LOG The story so far (p. 103, 9)
- A new life in the West (pp. 104–105)
- Before you read (p. 104, 11)
- A German baker in America (p. 107, 1)
- On the Oregon-California Trail (p. 108, 1)

Speaking

- Old things in the attic (p. 99, 1)
- ROLE-PLAY (p. 105, 14)
- A German baker in America (p. 107, 1)
- QUIZ What is it? (p. 109, 4)
- Where they came from, where they went (p. 110, 1)
- YOUR TASK Mapping your family (p. 110, 2)

Writing

- READING LOG Hannah's journal (p. 99, 3a)
- READING LOG The story so far (p. 100, 5b)
- READING LOG The story so far (p. 103, 9)
- ROLE-PLAY (p. 105, 14a)
- Actions and feelings (p. 106, 2)
- Another point of view (p. 106, 3b)
- QUIZ What is it? (p. 109, 4)
- YOUR TASK Mapping your family (p. 110, 2)

Mediation

- A German baker in America (p. 107, 1)

Family secrets

In Unit 5 begleiten die S zwei amerikanische Jugendliche auf einem Ausflug in deren Familiengeschichte. Anhand von (fiktiven) Tagebuchaufzeichnungen und verschiedenen alten Gegenständen erhalten sie dabei subjektive Eindrücke einiger historisch bedeutsamer Ereignisse in den USA, z. B. *immigration from Europe, California Trail, life in the West, the Civil War, ...*

Interkulturelle Kompetenzen

- Historische Fakten zur Geschichte der USA erschließen *(immigration from Europe, California Trail, life in the West, the Civil War, ...)*
- Sich historischen Lebenssituationen anhand einer subjektiven Schilderung annähern

Methodische Kompetenzen

Lern- und Arbeitstechniken

- READING LOG (pp. 99, 100, 101, 103, 105)
- Eine Geschichte aus verschiedenen Perspektiven erzählen (p. 106)
- Familiengeschichten darstellen (p. 110)

Kooperative Lernformen

- ROLE-PLAY (p. 105)
- Reading circle (p. 111, 2 Step 4)
- Weitere Formen von PA und GA (p. 99, 1; p. 100, 4; p. 101, 6b; p. 105, 14b/c; p. 106, 3; p. 108, 1a; p. 109, 2b; p. 109, 4b; p. 110, 1; p. 111, 2 Step 2)

Sprachliche Mittel

Wortfelder

- Talking about old things / understanding their history (pp. 98/99)
- Describing long and dangerous journeys / starting a new life in America (pp. 98–105)
- Finding out about American and family history (pp. 98–105)

Grammatische Strukturen

- Countable and uncountable nouns (p. 109; LF 24, p. 198)

* p. 99, 2 = SB-Seite, Übungsnummer

5 Family secrets

LEAD-IN

Inhalt Jack und Madison, zwei Geschwister aus San Francisco, durchforsten den Dachboden nach Dingen, die sie zur Aufbesserung ihres Budgets für den Sommerurlaub verkaufen können. Dabei stoßen sie auf verschiedene Sachen, die ihnen wertvoll erscheinen, da sie über Herkunft und Geschichte der Familie Auskunft geben könnten. Um mehr über die gefundenen Sachen, die Personen (z. B. Hannah Jones) und deren Zusammenhang zur Familie herausfinden, fangen sie an, in Hannahs Reisetagebuch zu lesen.

Die S spekulieren über Alter und Bedeutung der abgebildeten Objekte, machen sich dazu Notizen und überprüfen diese im Verlauf der Unit anhand der Hördialoge zwischen Jack und Madison sowie der abgedruckten Tagebuchauszüge von deren Vorfahrin Hannah Jones.

S. 98/99

1 Old things in the attic

Wortschatz **drawing** • °secret • °wanted • °robbery

Einstieg **SB geschlossen.** L schreibt *Old things in the attic* an als Thema für ein gelenktes Unterrichtsgespräch, in dem gleichzeitig zentraler neuer Wortschatz für **1** und **2** im Plenum vorentlastet werden kann. Mögliche L-Impulse: *Look what I've found in my attic: an old necklace and a badge* (Realia mitbringen und zeigen) *that belonged to my grandmother and some old drawings* (ggf. zeigen) *and photos from my great-grandfather. Do you/your parents keep old things at home/in the attic/cellar/garage? What things do you keep? (a family tree, photos, old books, old tables or chairs, old rings or earrings, ...)*

Überleitung L: *Let's have a look at some more old things on page 98 in your book.*

Erarbeitung **SB geöffnet.** Bildbetrachtung und ▸ Note-making gemäß SB: Die S spekulieren über die dargestellten Sachen, deren Alter und Herkunft.

Alternative L verteilt Kopien (jeweils ein Gegenstand) der im SB abgebildeten Gegenstände. S bilden themengleiche Gruppen und stellen Vermutungen zu den Gegenständen an. Anschließend tauschen sie ihre Spekulationen im Plenum aus.

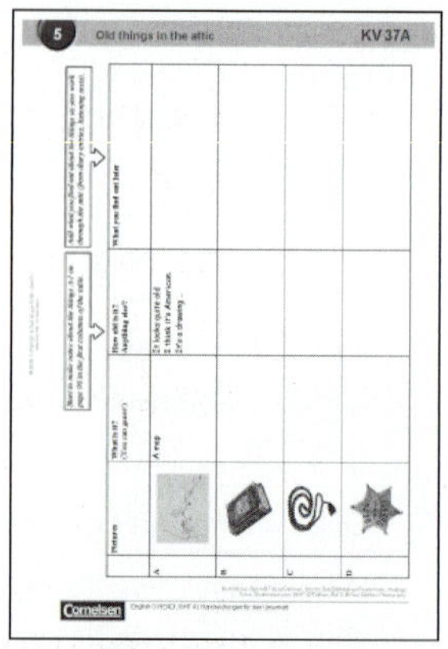

Hinweis: Zur Formulierung ihrer Eindrücke können die S Wörterbücher bzw. das Dictionary im SB nutzen. Zur Versprachlichung der Altersschätzung kann L ggf. Beispiele vorgeben, z. B.: *I think the book "Rezepte"/... is about 100/150/... years old.* Oder: *The map/... must be from about 1850/1900/...*
S nutzen die Tabelle aus dem SB mit ersten Einträgen als Vorlage für das Sammeln und Formulieren ihrer Ideen zu den Gegenständen.

Alternative L verteilt ▸ KV 37A/B: Old things in the attic mit einem Tabellenvordruck zum schrittweisen Vervollständigen im Laufe der Unit.

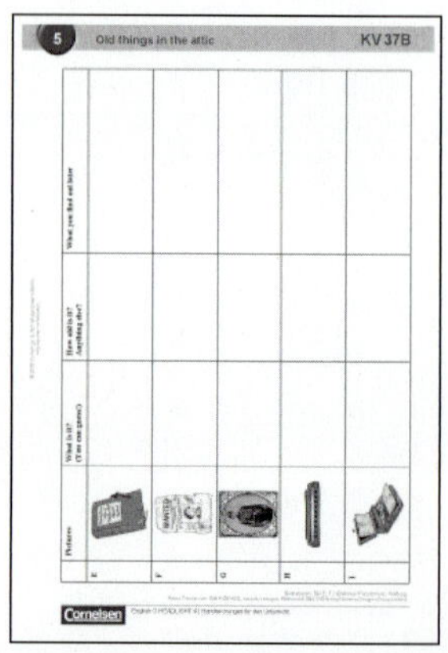

Auswertung Austausch zu den Ideen im ▸ Partner check und ggf. abschließende Auswertung im Plenum.

Lösungsbeispiel (Siehe auch Spalte 1 und 2 im Lösungsbeispiel zu **2c**).)

A *a map – very old (from about 1850?) – from the West of the USA*
B *a book with recipes – very old (from around 1900) – from Germany*
C *a necklace – ???*
D *a badge – ??? – from the USA/Wild West*
E *a diary – very old (from around 1900) – from England*
F *a wanted poster – ??? – from the USA/Wild West*

G an old photo of a soldier – ???
H a harmonica – ???
I an old pencil case / treasure box – ???

Zusatz L: *Why do you think that people keep old things like these? (Because they belonged to sb. in their family / they remind them of sb. in their family or of the time when their grandparents lived / ...)*
Are the old things on page 98 worth keeping? Are they treasure or trash? Why? (I think they are treasure because they are very old and maybe the necklace / box / ... is worth a lot of money / ...)

Überleitung L: *Let's listen to two American teens talking about things that they found in their attic.* ▶ IAT

2 LISTENING Trash or treasure?

Wortschatz **treasure • necklace • harmonica • belong to** sb. / sth. • **badge**

Erarbeitung ▶ 2.12 **a)** **SB geöffnet.** Gemeinsames Lesen der Arbeitsanweisung und der Fragen 1–3 im Plenum. Beim **1. Hören** notieren die S die Antworten (stichwortartig) im Heft.

Differenzierung Lernstärkere S erfassen zu Frage 2 auch die Begründung *(Why?* – siehe blaue Klammer im Lösungsbeispiel*)*.

Lösungsbeispiel
1 For their yard sale: They want to make money / need some money for their summer vacation.
2 They're treasure. (They're very old, they tell us sth. about the people they belonged to.)
3 They want to use them to find out about the history of their family.

Zusatz S sammeln jetzt und im weiteren Verlauf der Unit Fragen zu Hannahs Geschichte im ▶ Question pot. Zum Abschluss der Geschichte ziehen einzelne S eine Frage und versuchen diese zu beantworten. Bsp.: *What happened during the journey? (At first Hannah was seasick and she wasn't having a good time. Later she met a boy from Germany and they became friends.)* ▶ IAT

Erarbeitung **b)** In Vorbereitung auf das **2. Hören** (Detailverstehen) übertragen die S die Satzanfänge in ihr Heft, die sie beim **2. Hören** vervollständigen.

Lösung *1 writing box • 2 1864 • 3 Jack • 4 Native American • 5 their grandpa • 6 her history teacher • 7 1863 • 8 Hannah Jones* ▶ IAT

Erarbeitung **c)** S vergleichen ihre Vermutungen aus Aufgabe **1** mit den Angaben aus dem Hörtext, korrigieren ggf. und ergänzen weitere Informationen nach jedem der vier Hörtexte der Unit (vgl. Einträge in der letzten Tabellenspalte). Kontrolle ggf. mithilfe eines in der Klasse ausgelegten Lösungsblattes (siehe Lösungsbeispiel).

Lösungsbeispiel **Hinweis:** Die Lösungstabelle wird nach und nach beim Hören (und Lesen) der verschiedenen Story-Abschnitte befüllt; in diesem Lösungsbeispiel sind mögliche Informationen aus allen Texten der gesamten Unit zusammengestellt.

	What is it? (You can guess!)	*How old is it? Anything else?*	*What you find out later*
A	*a map, it isn't from a book, there are drawings on it*	*it looks quite old, I think it's American. It's a drawing. It shows the West of the USA*	• *map of the old West with drawings from Hannah Jones – from 1866* • *shows trail to California / Oregon* • *Hannah and her family travelled west on the California trail because you could get cheap farm land there*
B	*„Rezepte"*	*it looks very old, and it's German / from Germany*	• *book with German recipes* • *present for Heinrich from his mum (writing on inside cover: Good luck in America)* • *from Tübingen / Germany, 1863* • *Hannah met Heinrich on the ship*
C	*necklace*	*green, Native American*	• *Native American* • *an Indian girl gave the necklace to Hannah's sister Rosie and Rosie gave her one of her dolls* • *the girl probably died of measles* • *Rosie died so Hannah wore it (p. 104)*
D	*sheriff's star / badge*	*very old, from the Wild West*	• *a deputy sheriff's badge* • *Hannah's brother Tom was a deputy sheriff*
E	*diary*	*written by Hannah Jones, 14, from Plymouth, England*	• *journal, date (started on): April 3rd, 1863* • *maybe it tells more about the other things?* • *worth a lot of money?*
F	*wanted poster*	*Allen Kelly: who was he?*	• *wanted poster* • *from the 1800s / old Wild West* • *worth a lot of money?* • *Allen Kelly was a robber / famous outlaw* • *he wasn't in J&M's family* • *Tom (the deputy sheriff) helped to find him*
G	*photo of a soldier*		• *postcard with a soldier* • *written in 1864* • *from sb. called Tom* • *from Gettysburg* • *from Hannah's brother Tom* • *he was hurt in a battle in Gettysburg (July 1st – 3rd, 1863): lost his right arm*
H	*instrument: harmonica*		• *maybe grandpa played this harmonica* • *German harmonica (Höhner)* • *belonged to Heinrich* • *he gave it to Hannah on the ship*

▶ DFF 5.3

More challenge 1 p. 142 **Write a story**

Erarbeitung **SB geöffnet.** Lernstärkere S nutzen sowohl die Fakten aus dem Hörtext als auch ihre Fantasie und mögliche Geschichtsvorkenntnisse, um über die Bedeutung einiger der dargestellten Dinge zu spekulieren. Gemeinsam kann im Vorfeld eine Gliederung als Basis für das ▶ Note-making und die Präsentation der Ideen im Plenum überlegt werden:

What is it? Where is it from? How did it get in the attic? Who did it belong to? Who is this person?/Does he/she belong to Jack and Madison's family?

Auswertung S tragen ihre Ideen zusammenhängend im Plenum vor und am Ende der Story wird festgestellt, wer der Wahrheit am Nächsten war.

Lösungsbeispiel *"Rezepte" is an old book with German recipes. Somebody wrote a message in German for their son Heinrich inside the book. So I think Heinrich went to America and his mum or dad gave him this book. I'm sure Heinrich was in Jack's and Madison's family and he came to America from Germany in 1863. Maybe he used the recipe book to become a cook and open his own restaurant in the New World.*

3 READING LOG Hannah's journal

Wortschatz **journal**

Einstieg **SB geöffnet.** L sammelt Informationen über Hannah im gelenkten Unterrichtsgespräch im Plenum.

L: *What do we know about Hannah Jones so far? You can look at the cover of the journal (picture E on page 98) for help. (She was 14, came from Plymouth in England, started writing the journal on April 3rd, 1863)*

L: *Why do you think Hannah started this journal? Look at her drawing. (I think she started the journal to remember everything that happened on the journey.)*

Alternative S notieren in der Methode des ▶ Round robin Informationen zu Hannah. Sie schreiben eine Information auf und tauschen anschließend die Blätter.

Überleitung L: *Let's read Hannah's journal and find out more about Hannah, her life, her family, the things in the attic and maybe some secrets. Let's start our detective work.*

Erarbeitung **a)** **SB geöffnet.** Beim **1. Lesen** kontrollieren die S ihre Vermutung aus dem Einstieg (Globalverstehen: *Hannah and her family want to go to America by ship.*). Anschließend fertigen sie zur Sicherung des Detailverstehens mithilfe der Satzanfänge Notizen zu Hannahs erstem Tagebucheintrag an. Dazu ggf. **2. Lesen** möglich.

Auswertung S tragen ihre Antworten im Plenum vor; evtl. abweichende Lösungen (besonders zu Satzanfängen 2 und 3) können abschließend im Plenum diskutiert werden.

Lösungsbeispiel
Today I read about ***Hannah and her family.***
I learned that ***they left Plymouth and took the train to Liverpool.***
I wonder why ***they want to start a new life in America.***
I hope that ***they don't have to wait too long for their ship.***
I want to find out ***what the future will bring for Hannah and her family.***

b) S stellen Vermutungen über den weiteren Verlauf der Geschichte Hannahs an und halten diese schriftlich fest, um sie am Ende der *Story* im Plenum zu überprüfen.

Lösungsbeispiel *I think they will have a hard life in the beginning. But in the end they will be happy. Perhaps Hannah and Heinrich become a couple.*

▶ WB 1–3, pp. 62–63 ▶ DFF 5.1 ▶ DFF 5.2 ▶ INKL pp. 92–93

STORY part 1

Inhalt Anhand von Hannahs Tagebucheinträgen erfahren die S etwas über die fünfwöchige Schiffsreise von England nach Amerika sowie über das Leben der Familie Jones in den ersten Monaten in New York.

S. 100

The New World

Wortschatz **S. 100: voyage • deck • wooden • roll • seasick • oatmeal • sick**

S. 101: backyard *(AE)* • **roof • carpenter • servant • housework • army • go off** (to a place) • **battle • baker** • I hope you are **well.**

4 Before you read

Erarbeitung **SB geöffnet.** *Pre-reading* / Bildbetrachtung gemäß SB. Die S formulieren anhand ihrer Bildeindrücke Gedanken zu den drei Leitfragen im Heft (► Note-making), ggf. in Tabellenform (siehe Lösungsbeispiel).

Auswertung Beim **1. Lesen** der vier Tagebucheinträge überprüfen S ihre Ideen aus der *Pre-reading*-Phase. Anschließend ggf. Semantisierung des neuen Wortschatzes.

Differenzierung Lernstärkere S ergänzen ihre Notizen mit weiteren Details / Belegstellen aus Hannahs Reisebeschreibungen (siehe blaue Ergänzungen im Lösungsbeispiel).

Lösungsbeispiel (In Tabellenform:)

Question	*Pictures*	*More details from the text*
– What does the title 'The New World' mean?	*America is the New World. / People wanted to start a new life in America, so it was a new world for them.*	
– What was the journey to America like?	*They went by ship. / It was a long journey. / Perhaps it was stormy and the ship was full of people. / The rooms were very small. / They sometimes played music. / …*	*– the journey took at least five weeks – it was uncomfortable because they were in a room under the deck with lots of other people – they slept in wooden beds – it was very dark and smelly – the food wasn't very good, the water smelled terrible – the ship rolled a lot: people got seasick – in bad weather: people lay on their beds, played cards, drew pictures, sang songs – in good weather: people went on deck, played music, danced – there were people from lots of different countries like Poland, Germany, …*

Question	Pictures	More details from the text
– What was Hannah's new home in New York like?	I think they lived in a small flat in a big house in New York. The house wasn't very nice.	– shared a house with four other families – had two small rooms in the attic, toilet was in the backyard – it was very hot

5 READING LOG The story so far

Erarbeitung **a)** **SB geöffnet.** S fertigen Notizen zu Hannah in Form eines Steckbriefs an.

Differenzierung Lernstärkere S ergänzen weitere Details zu den Familienmitgliedern und zum neuen Zuhause (siehe Ergänzungen in blauen Klammern im Lösungsbeispiel).

Auswertung Vergleich der Fakten im ▸ Lerntempoduett (Bus stop) und ggf. abschließende Auswertung im Plenum.

Lösungsbeispiel

Hannah Jones	
age:	14
family:	mother (works as a servant in NY) father (works as a carpenter in NY) older brother Tom (joined the army, went off to war, was hurt in a big battle in Gettysburg) baby sister Rosie grandma in England (gave her the journal)
from (old home):	Plymouth, England
journey:	from Liverpool (England) to New York (USA) on the ship Missouri took about 5 weeks
new home:	New York (lives in a house with four other families) two small rooms in the attic, toilet in the backyard

Zusatz S sprechen in PA mithilfe ihrer Notizen zusammenhängend über Hannah. Partner A spricht über die Kategorien *age, family, old home,* Partner B über *journey* und *new home.*

Erarbeitung **b)** Gemäß SB. S formulieren ihre Meinung mit Begründung schriftlich. Als HA geeignet.

Lösungsbeispiel ***I would like to be in Hannah's place.*** *I think a journey by ship across the Atlantic to America is very exciting. I would like to go there and start a new life in America. The journey sounds interesting because there are people from lots of different countries so you have the chance to meet people from other cultures and learn about their lives. New York, what a great place to live. Maybe it's not easy in the beginning but ...*
I wouldn't like to be in Hannah's place. *I'm sure it's very sad to leave your grandma, your friends and to go so far away. You don't know if you can / will see them again. I wouldn't like the journey either. Being on a ship for five weeks could be very boring and in bad weather you can get seasick. I can't imagine staying with lots of other people under the deck without any sun. I think it sounds terrible. ...*

▸ DFF 5.1

More practice 1 p.142 Heinrich's diary

Erarbeitung

SB geöffnet. In Vorbereitung auf das Verfassen von Heinrichs Tagebucheintrag lesen die S nochmals Hannahs Text vom 3. Mai 1863 auf SB-Seite 100. Davon ausgehend können sie einige Notizen aus Heinrichs Perspektive anfertigen, die sie anschließend in ihrem Text verwenden.

- *What's the weather like? (nice, sunny)*
- *What am I doing?/What are the other people doing? (we're on deck, playing music, I'm playing the harmonica, some girls are dancing)*
- *What has happened? (I have met a nice girl, Hannah, 14, from England, we often talk, she's teaching me English, I'm teaching her to play the harmonica)*

Auswertung

Überarbeitung der Tagebucheinträge in einer ▸ Schreibkonferenz (4–5 S/Gruppe). Anschließend stellt die Gruppe den gelungensten Eintrag vor.

Lösungsbeispiel

Today is a really nice and sunny day. After all the storms over the past few days, we are really enjoying being outside. There are lots of people on deck. We have lots of fun together. Some other boys and I play music and some girls dance. There's one very nice girl. Her name is Hannah. She often comes on deck with her little sister Rosie. Hannah is 14 and she comes from England. We often talk together. That's good because she's teaching me English and I'll need English in America. She likes my harmonica. I'm teaching her to play it. We have a good time together.

More challenge 2 p.143 Heinrich and Hannah

Erarbeitung

SB geöffnet. Leistungsstärkere S erstellen einen Dialog gemäß SB. Sie überlegen zunächst gemeinsam, welche Fragen Hannah und Henry einander stellen könten (s. Lösungsbeispiel).

Auswertung

Für die Präsentation fertigen die S sich Karteikarten mit Notizen an und spielen den Dialog dann der Klasse vor. Alternativ nehmen sie den Dialog auf (Smartphone), und spielen ihn anschließend in der Klasse vor.

Tipp: L fordert S auf, Gefühle (*fear, hope,...*) deutlich (Gestik, Mimik, Tonfall) zum Ausdruck zu bringen.

Lösungsbeispiel

Hannah: *Hello, my name's Hannah. What's your name?*
Henry: *My name's Heinrich, but you can call me Henry. I'm from Germany. And you?*
Hannah: *I'm from Plymouth in England and I'm here with my family. My parents, my older brother Tom and my baby sister Rosie. She's really cute.*
Henry: *Oh, sorry. My English isn't very good. What did you say about your sister?*
Hannah: *I'll speak more slowly. Her name's Rosie and she is really cute. Is your family also here?*
Henry: *No. I'm alone. I really miss them. When I'm very sad I play the harmonica. I can teach you to play it*
Hannah: *That's a good idea. And I can teach you English.*
Henry: *Great. You're my first friend in the New World. I hope I'll meet many more nice people there.*
Hannah: *I'm sure you will. If my parents find a job everything will be fine. What do you want to do?*
Henry: *I'll try to get a job. I want to be a baker. If I don't get a job in New York, I'll go to California. People say it's the Golden State.*
Hannah: *You're really brave. I'm happy that my family is here. ... Oh look, they're playing music over there. Let's go there and dance.*
Henry: *Good idea!*

S. 101

6 READING LOG Questions for Hannah

Erarbeitung — **a)** **SB geöffnet.** Gemäß SB; als Hausaufgabe möglich.

Auswertung — Vorlesen der Fragen im Plenum.

Lösungsbeispiel
- *What was the food / weather on the journey like?*
- *What was the best / worst thing on the ship?*
- *How long did the journey take?*
- *How did you feel when the ship left Liverpool / arrived in New York?*
- *Can you tell me more about the German boy you met / about your life in New York City?*
- *What do you like here in New York City? / What don't you like?*
- *What about the future? Do you think you'll stay in New York City?*
- *Do you think you'll see Henry again one day? Are you going to write back to him?*

Erarbeitung — **b)** Je zwei S übernehmen die Rollen von Hannah (lernstärkerer Partner) und dem Fragenden (lernschwächerer Partner), so dass daraus kleine Interviews entstehen können.

Auswertung — In PA, anschließend Zusammentragen im Plenum.

Lösung — Individuelle Lösungen.

▶ DFF 5.4

7 LISTENING Jack and Madison

Erarbeitung ▶ 2.13 — **a)** **SB geöffnet.** Beim **1. Hören** erfassen S die Dinge, über die sich Jack und Madison unterhalten, und halten neue Informationen schriftlich fest.

Auswertung — Vergleich der Fakten im ▶ Partner check und ggf. abschließende Auswertung im Plenum.

Lösung — ***book with German recipes:*** *belongs to Heinrich, the German boy on the ship* • ***postcard:*** *from Gettysburg, there was a terrible battle for three days, Tom was hurt, Tom must be Hannah's brother* • ***harmonica:*** *it's a German instrument, it must be Heinrich's harmonica, he gave it to Hannah*

▶ IAT

Zusatz — S sprechen mithilfe der Notizen zusammenhängend zu allen bisher gefundenen Fakten über das Kochbuch, die Mundharmonika und die Postkarte.

Erarbeitung — **b)** **SB geöffnet.** Beim **2. Hören** erfassen die S Informationen über Hannahs Bruder und notieren diese im Heft.

Auswertung — Vergleich durch ▶ Partner check oder / und im Plenum.

Lösung

Hannah's brother	
name:	Tom
job:	– joined the army, got $600 and went off to war – was in a battle in Gettysburg in 1863 – was hurt, but says he's OK

▶ DFF 5.1 ▶ DFF 5.3

STORY part 2

Inhalt Hannah und ihre Familie machen sich auf den langen Weg in den Westen der USA, um dort Land zu erwerben und eine Farm zu gründen. Anhand von Hannahs Tagebucheinträgen erfahren wir interessante Details über den mühsamen Weg über die Prärien und Berge nach Kalifornien.

S. 102

Going West

Wortschatz **S. 102: shoot, shot, shot • little • wagon • ox,** *pl* **oxen • gun • woodwork(ing) • tool • doll • milk** *(v)* **• illness • grave • by** the trail / pool / ... • °cholera

S. 103: halfway • frying pan • comb (your hair) • modest • buffalo, *pl* **buffalo** *or* **buffaloes • chip • dung • meadow • burn • as • disgusting • dry** *(adj)* • °moccasin • **get friendly with** sb. • **spot** *(n)* **• measles • skin** *(v)* **• ladylike**

Einstieg **SB geöffnet.** S betrachten die Zeitungsannonce und spekulieren im gelenkten Unterrichtsgespräch im Plenum darüber, wer sich davon angesprochen fühlt und warum.

Mögliche L-Impulse: *Look at the newspaper. What does it say? Where is the West? Who do you think might want to go there and why? How are they going to get there?*

Alternative Mithilfe der Notizen zu Hannah (SB-Seite 100, **5a)**) gelenktes Unterrichtsgespräch zu den Personen, über die Jack und Madison bereits etwas herausgefunden haben. Mögliche Impulsfragen:

- *What have Jack and Madison found out about Hannah?*
- *What do we know about her family?*
- *Who else is important for Hannah?*
- *On pages 102/103, there are lots of texts and drawings from Hannah's journal. Skim the two pages and find out what she is writing about. (her journey West)*

Hinweis: Mithilfe der Zeichnungen ist auch die Semantisierung von zentralem neuen Wortschatz möglich: *wagon, oxen/...*

8 While you read

Erarbeitung **SB geöffnet.** S vollziehen auf der Karte auf SB-Seite 98 (oder einer ähnlichen Karte) den Reiseverlauf und die Stationen der Reise nach.

Alternative Die S tragen die Reisestationen (ggf. mit Zeitangaben aus dem Tagebuch) auf der Karte auf ▸ KV 38: Going West ein und erfassen somit die Dauer der Reise in den Westen der USA (von Mai 1866 bis September 1866 = 5 Monate)

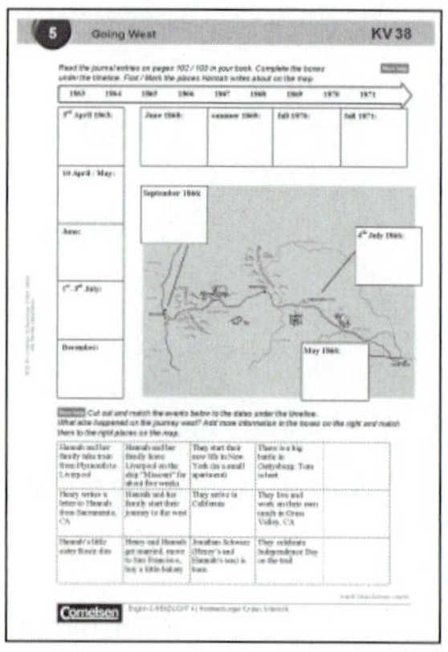

Auswertung Karte aus SB SB-Seite 98 oder ähnliche Karte auf Folie / Whiteboard: S markieren und zeigen die Orte, über die Hannah schreibt.

Lösung *Independence • Independence Rock • Fort Hall • Sierra Nevada mountains • Sacramento / California*

S. 103

9 READING LOG The story so far

Erarbeitung

SB geöffnet. Gemäß SB wählen S mindestens eine der Aufgaben zur Bearbeitung aus, lernstärkere/schnellere S werden motiviert, möglichst alle drei Aufgaben zu erledigen.

Auswertung

Vergleich der Fakten im ▸ Lerntempoduett mit einem Partner, der dieselbe Aufgabe gewählt hat. Zu diesem Zweck begeben S sich an Plätze, die L mit den Ziffern 1, 2 oder 3 markiert hat. Ggf. abschließendes Vortragen der Antworten im Plenum.

Lösungsbeispiel

1 I learned that .../2 What surprised me most was that ...

- *they had to walk most of the way because the wagons were full of things/because there was no space in the wagons/the wagons were too heavy.*
- *they needed a wagon, four oxen to pull it and a cow for milk.*
- *the journey west was about 2000 miles long and it took about 5 months.*
- *there were lots of people with about 20 wagons in a wagon train.*
- *they walked about 10 or 15 miles a day.*
- *there were a lot of problems/ dangers on the way: accidents, storms, illnesses like cholera or measles, people died etc.*
- *there were lots of things that people had thrown away because their wagons were to full/too heavy, even a piano. You could see them on the side of the trail.*
- *they used buffalo dung on the fire instead of wood.*
- *Hannah was sad that the journey was nearly over.*
- *Hannah learned to ride a horse like a man, shoot a rabbit and skin it.*

3 I think Hannah ...

- *will stay with her parents and start a new life on the farm.*
- *will help/work on the farm.*
- *won't stay with her parents but will move to Sacramento.*
- *will find/meet Henry in Sacramento.*
- *will start a new life with Henry.*

More practice 2 p. 143

You have to choose

Erarbeitung

SB geöffnet. In Vorbereitung auf das Schreiben erstellen die S eine Liste mit Dingen, die ihnen wichtig sind (z. B. *smartphone, tablet, favourite book, favourite T-shirt/ pullover/jeans/ shorts/...*) und sammeln Gründe, warum ihnen diese Dinge wichtig sind. Anschließend verfassen S ihren Text.

Alternative

Falls diese Aufgabe von allen S bearbeitet werden soll: S sammeln Dinge in der Methode des ▸ Placemat. Sie einigen sich auf acht wichtige Gegenstände, die sie unbedingt mitnehmen würden und schreiben diese ins Zentrum des *Placemat*. Sie nennen dabei Gründe, wieso diese Gegenstände für sie wichtig sind.

Auswertung

Einzelne/freiwillige S lesen ihre Texte im Plenum vor. Abschließend können sie sie illustrieren und im DOSSIER ablegen.

Alternative

Überarbeitung der Texte und damit verbundene Präsentation in einer Schreibkonferenz.

Lösung

Individuelle Lösungen.

10 LISTENING Finding out more

Erarbeitung ▸ 2.14

a) Beim **1. Hören** rekonstruieren die S – ggf. mithilfe der Abbildungen SB-Seite 98 bzw. ihrer Notizen in der Tabelle (▸ KV 37A/B: Old things in the attic) – über welche Dinge Jack und Madison bereits etwas herausgefunden haben und für welche die Erklärung noch aussteht.

Auswertung

Vergleich im ▸ Partner check.

Lösung

Jack and Madison ...	
have already found out about:	*still have to find out about:*
– *the journal* – *the harmonica* – *the recipe book* – *the postcard* – *the map* – *the necklace*	– *the poster* – *the sheriff's badge* – *the writing box*

Erarbeitung

b) Beim **2. Hören** fertigen die S Notizen zu den drei SB-Fragen an.

Differenzierung

Lernstärkere S notieren zur ersten Frage mindestens drei Fakten, lernschwächere S notieren nur einen Fakt.

Auswertung

Vergleich der Fakten im ▸ Partner check und ggf. abschließende Auswertung im Plenum.

Lösung

1 • *Lots of Native Americans died of European illnesses like measles.*
• *Native Americans were there before the Europeans arrived to start a new life.*
• *The whites came and took everything.*
• *Nobody respected the Native Americans' rights.*

2 *I think she is, but they still have to find that out.*

3 *Yes, they would like her to be because she was a pretty cool girl/she was an optimist/she had an interesting life/she was a brave girl/pioneer.* ▸ DFF 5.1 ▸ DFF 5.3 ▸ IAT

STORY part 3

Inhalt Hannah berichtet in ihrem Tagebuch über das Leben auf der Farm und ihre Hochzeit mit Henry, mit dem sie nach San Francisco zieht und eine Bäckerei eröffnet.

S. 104

A new life in the West

Wortschatz **S. 104:** °ranch • **almost** • **worth** • **mining** • **cut down trees** • **plough** *(BE)* / **plow** *(AE)* • **cattle** *(pl)* • **corn** • **twin sister/brother** • **twins** *(pl)* • **cougar** *(bes. AE)* • **steal, stole, stolen** • **rustler** • **deputy** • **outlaw** • °acre

S. 105: wedding • **grandson, granddaughter** • **role-play**

11 Before you read

Einstieg **SB geschlossen.** Gelenktes Unterrichtsgespräch zur Anknüpfung an die Reise in den Westen Amerikas: *Hannah and her family went West. Can you remember why? (Tom wanted them to go to California because they could get good farm land for little money there.) Let's find out where Hannah's family started their new life and what happened to them.*

Alternative L zeigt zunächst lediglich ungeordnet die Bilder und die Anzeige (Beamer / OHP) und die S spekulieren über den weiteren Verlauf der Geschichte Hannahs. Ggf. lenkt L das Unterrichtsgespräch durch die Fragen aus dem SB. Anschließend gemäß SB.

Erarbeitung **SB geöffnet.** In der *Pre-reading*-Phase beantworten die S zunächst die Fragen zu der Annonce und Hannahs Zeichnungen. Anschließend lesen die S die Tagebucheinträge und vergleichen, korrigieren und ergänzen dabei ggf. ihre Notizen zu den drei Leitfragen (siehe blaue Ergänzungen im Lösungsbeispiel).

Auswertung Vergleich der Fakten im ▸ Partner check/Lerntempoduett und ggf. abschließende Auswertung im Plenum.

Lösungsbeispiel (In Tabellenform:)

Question	*Pictures*	*More details from the text*
Where did the family live?	• *They lived in a nice little house in Grass Valley, California.*	• *They had their own ranch there.*
What work did they do?	• *They worked on their farm: built a house, worked in the fields, ...*	• *They cut down lots of trees, plowed the land with the oxen, they had their cattle in the fields and grew corn.* • *Hannah helped her dad on the ranch.* • *Her mother looked after their new twin sisters.*
What do you think happened?	• *I think Rosie died because there's a grave with her name on it.* • *Maybe Hannah met Henry again in a bakery because there's a drawing of a bakery.*	• *Tom became a deputy sheriff in Sacramento.* • *Hannah's sister Rosie died after an accident in the river.* • *Tom met Henry and so he visited Hannah's family.* • *Hannah and Henry got married. They moved to San Francisco and bought a little bakery where they made German bread.* • *Hannah and Henry had a little son, Jonathan.*

S. 105

12 LISTENING The end of the story

Erarbeitung ► 2.15

SB geöffnet. 1. Hören gemäß SB. Die S erfassen Informationen über die noch ausstehenden Dinge stichwortartig im Heft oder in der Tabelle auf ► KV 37A/B: Old things in the attic.

Abschließend verschaffen sich die S mithilfe ihrer Notizen (Tabelle / ► KV 37A/B: Old things in the attic) nochmals einen Überblick darüber, ob nun alle Dinge aus dem Lead-in von SB-Seite 98 eine befriedigende Erklärung gefunden haben.

Auswertung

Vergleich der Fakten im ► Partner check / Lerntempoduett und ggf. abschließende Auswertung der gesamten Tabelle im Plenum.

Lösung

- *the badge: it was Tom's badge because he became a deputy sheriff*
- *the wanted poster: Tom helped to find the famous robber Allen Kelly*
- *the writing box: grandpa gave it to their mother a long time ago, he thinks it's just old stuff*

► DFF 5.3

More practice 3 p. 143 More about the end of the story

Erarbeitung

SB geöffnet. Beim **2. Hören** fertigen die S Notizen zu den sechs Fragen an.

Auswertung

Vergleich der Fakten im ► Partner check / Lerntempoduett und ggf. abschließende Auswertung im Plenum.

Lösungsbeispiel

- *The kids are surprised about the advert for land* ***because the land was very cheap.***
- *It makes them feel sad* ***that Hannah's little sister Rosie died (she was only nine years old).***
- *They find it cool* ***that Hannah's brother Tom was a deputy sheriff.***
- *They find it sweet* ***that Hannah and Henry got married.***
- *Madison is excited* ***because her grandpa's name is Black, like Hannah's family name, so this must be grandpa's family.***
- *Hannah was part of their family* ***because she was Jack and Madison's great-great-great grandmother (their grandpa's great grandmother).***

13 READING LOG Looking back at the story

Erarbeitung

SB geöffnet. S erstellen eine Zeitleiste zu den Ereignissen der Geschichte. In EA oder PA möglich.

● Differenzierung

Lernstärkere oder schnellere S werden motiviert, Notizen zu ihrer Lieblingsperson anzufertigen.

○ Differenzierung

Lernschwächere S erhalten auf ► KV 38: Going west eine Vorlage für die *timeline* (Aufgabe 1).

Auswertung

Die fertigen *timelines* können im Plenum vorgestellt bzw. im Klassenraum ausgehängt und in Form eines ► Gallery walk begutachtet werden.

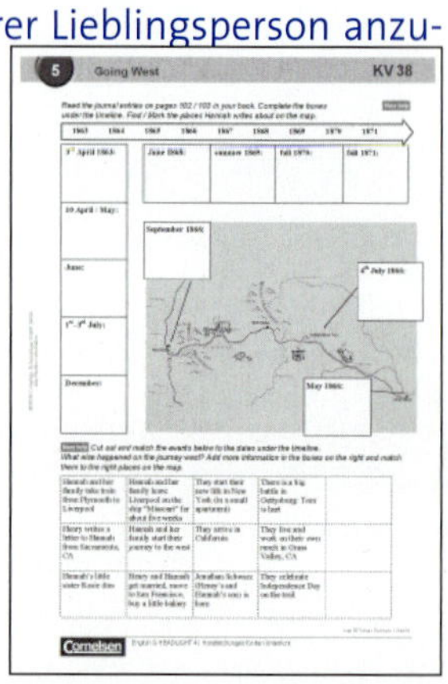
5 Going West KV 38

Lösungsbeispiel

Hannah's story – a timeline:	
3rd April 1863	*Hannah and her family take train from Plymouth to Liverpool*
10 April/May 1863	*Hannah and her family leave Liverpool on the ship "Missouri" for about five weeks*
June 1863	*They start their new life in New York (in a small apartment)*
1st–3rd July 1863	*There is a big battle in Gettysburg: Tom is hurt*
December 1863	*Henry writes a letter to Hannah from Sacramento, CA*
May 1866	*Hannah and her family start their journey to the West*
4th July 1866	*They celebrate Independence Day on the trail*
September 1866	*They arrive in California*
June 1868	*They live and work on their own ranch in Grass Valley, CA*
(summer) 1869	*Hannah's little sister Rosie dies*
(fall) 1870	*Henry and Hannah get married, move to San Francisco, buy a little bakery*
(fall) 1871	*Jonathan Schwarz (Henry and Hannah's son) is born*

Zusatz Freiwillige S stellen ihre Lieblingsperson anhand ihrer Notizen zusammenhängend mündlich im Plenum vor. Die Informationen können als inhaltliche Vorbereitung des Role-play in **4** genutzt werden. Mögliche Lösung:

My favourite person		
Henry:	*Tom:*	*Hannah:*
– was from Germany, Tübingen – went to America alone – German name was Heinrich Schwarz – left Germany in 1863 – mother gave him a German cookbook – played the harmonica – met Hannah on the ship – gave Hannah his harmonica – didn't stay in NY – went to the West, to Sacramento – found a job in a bakery – became a baker – Heinrich visited Hannah and her family on the ranch in the West – Hannah and Heinrich got married – had their own bakery in San Francisco = Black's bakery (made good German bread)	*– was from Plymouth – left England with his family in 1863 – first lived in NY – joined the army: was in a big terrible battle in Gettysburg; was shot and lost his right arm – went with his family to the West in a wagon train (it took 5 months) – didn't stay on the ranch (because he couldn't work a lot on the ranch) – went to Sacramento and became a deputy sheriff – helped to find the famous outlaw Allen Kelly*	*– was from Plymouth – left England with her family in 1863 – met a German boy (Heinrich) on the ship – lived first with her parents and her sister in NY (looked after her sister) – went West in a wagon train with her family: learned a lot of things on the trail – from 1866 on she lived with her family on a ranch in California – helped her father on the ranch – Heinrich visited her family on the ranch – later they got married – had a little son, Jonathan – had their own bakery in – San Francisco = Black's bakery (made good German bread)*

14 ROLE-PLAY

Erarbeitung

a) **SB geöffnet.** S wählen eine der drei Figuren aus und formulieren zu dieser passende Fragen.

Lösungsbeispiel

Questions to all three of them:
- *Where are you from?*
- *When did you come to America?*
- *Who came with you to America?*
- *What was your journey (across the ocean) like?*
- *How long did it take?*
- *What did you do on the ship?*
- *What was the best part of being on the ship?*
- *When did you go to California?*

Extra questions:
- ***to Henry:*** *How did you get together with Hannah again? • Why do you make German bread? • Where did you get the recipe?*
- ***to Tom:*** *What happened to your arm? • What's your job now? • What is the best thing about this job?*
- ***to Hannah:*** *What can you tell us about your family? • What can you tell us about the trail to the West? • What was the best thing on the trail? • How long did it take?*

Erarbeitung

b) Gemäß SB. S finden einen Mit-S, der dieselbe Person gewählt hat, und tauschen sich zu ihren Fragen aus. Anschließend erarbeiten sie gemeinsam das Interview zunächst in PA, präsentieren dies einem anderen Paar (geschützter Raum) und geben sich ein Feedback zu Inhalt und Präsentation.

Differenzierung

Lernschwächere bzw. weniger kreative S erhalten ▸ KV 39A/B: Role-play: Interviews mit *jumbled interviews* zwischen Hannah und dem Reporter bzw. Heinrich und dem Reporter zum Ausschneiden und Zuordnen der Fragen und Antworten.

Hinweis: S können entweder sowohl die Fragen und Antworten der jeweiligen Interviews ausschneiden, mischen und ordnen oder sie schneiden nur Hannahs bzw. Heinrichs Antworten aus, die sie den Fragen zuordnen.

Auswertung

c) Freiwillige S-Paare tragen ihre Interviews mit verteilten Rollen im Plenum vor.

Lösung

Siehe Dialogvorlagen auf ▸ KV 39A/B: Role-play: Interviews.

▸ DFF 5.1 ▸ DFF 5.4 ▸ INKL pp. 94–95

More challenge 3 p.143 Then and now

Erarbeitung — **a)** **SB geöffnet.** Ideensammlung und ▸ Note-making gemäß SB.

Auswertung — Vergleich durch ▸ Partner check, im ▸ Lerntempoduett oder / und im Plenum.

Lösungsbeispiel

life in the US in the 1860s	*my life today*
• *teenagers helped in the house / did housework because parents had to work very hard in the New World* • *went on a wagon train to the West: walked the whole way, sometimes there were big problems (accidents or broken wagons, illnesses)* • *learned to ride horses, shoot rabbits or skin them* • *helped on the ranch to build houses, to cut down trees or helped with work in the fields*	• *I do some chores at home* • *I go to school* • *I have to do homework* • *I have lots of free time* • *I spend my free time with friends*

Erarbeitung — **b)** Kreative Schreibaufgabe gemäß SB. Die S können ihre Texte illustrieren und im DOSSIER ablegen.

Auswertung — Freiwillige S lesen ihre Texte im Plenum vor.

Alternative — Vor der Präsentation überarbeiten S ihre Texte in einer ▸ Schreibkonferenz.

Lösungsbeispiel — *I'm really happy that I live now. I don't think life in the US in the 1860s was easy. The journey West was really hard. They walked the whole way and sometimes there were problems. For example, a wagon broke or an accident happened. Some people died from illnesses. When they started a new life in the West they had to work really hard. Kids or teenagers my age worked a lot. They helped to build houses or they cut down trees. They also learned to ride horses or shoot rabbits. It sounds interesting but they didn't have a lot of free time. I have lots of free time and can do a lot with my friends. I also have to do some chores at home but that's nothing compared to what teenagers had to do in the 1860s.*

▸ WB 4–5, pp. 64–65

SKILLS TRAINING Reading and writing

Inhalt Die S betrachten die Story aus verschiedenen Perspektiven und versetzen sich in die Lage von Hannah bzw. Henry. Dabei lernen sie etwas über den Einsatz der *point of view*-Technik in literarischen Texten.

S. 106

Point of view

1 Getting a perspective

Wortschatz **perspective**

Einstieg **SB geschlossen.** L präsentiert drei Aussagen (Tafel / Whiteboard), die sich auf den Beginn der Geschichte beziehen. S sagen, welcher Person diese Aussage zugeordnet werden kann. Anhand des Beispiels wird der Begriff *point of view* erklärt.

I hope I will find a good job. I'm responsible for my children and my wife. (Hannah's father)
I'm afraid I'll never see my grandchildren again. (Hannah's grandmother)
Today I left my family in Germany behind. I'm looking forward to America. (Henry)

Erarbeitung **SB geöffnet.** Gemäß SB. S lesen zunächst den Tipp im SB.

Alternative Leitungsstärkere S begründen ihre Antwort (siehe blaue Klammern im Lösungsbeispiel).

Auswertung Im Plenum.

Lösungsbeispiel *The events in the journal are told from Hannah's point of view. The writer of the journal often uses 'I' and 'we'. (On the front of the journal you can read the name of the writer, Hannah Jones. So it's Hannah's point of view of the events.)*

2 Action and feelings

Einstieg **SB geschlossen.** L verweist auf die Aussagen aus dem Einstieg zu **1**.

L: *How do you think Hannah's dad, grandma and Henry felt when they said goodbye in Plymouth?*
S: *I think they were all sad, but Henry was also looking forward to going to America. Hannah's father was worried because he didn't know if he could find a job. Grandma was definitely the saddest of all because she was afraid she would never see her family again.*

Erarbeitung **SB geöffnet.** In einem Unterrichtsgespräch wird geklärt, dass Hannah nicht nur schildert was passiert *(action)*, sondern auch ihre Gefühle *(feelings)* zum Ausdruck bringt. S lesen zunächst den Hinweis im SB und erstellen anschließend eine Tabelle (▸ KV 40: Point of view – tables), wobei sie bestimmten Ereignissen Hannahs Gefühle zuordnen.

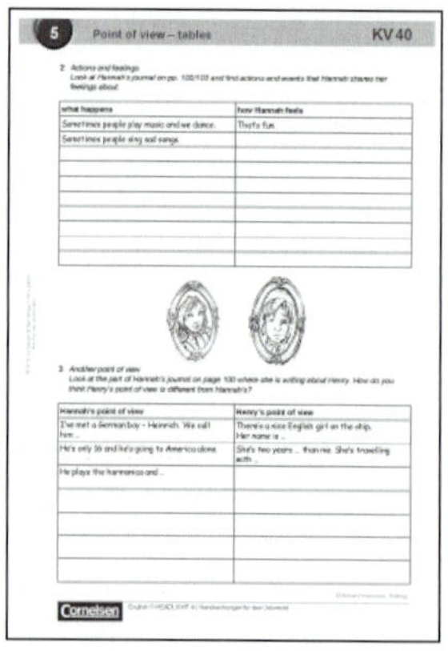

Auswertung Vergleich der Ergebnisse im ▸ Partner check/Lerntempoduett. Vorstellen der Ergebnisse ggf. im Plenum.

Lösungsbeispiel

what happens	how Hannah feels
Sometimes people play music and we dance.	That's fun.
Sometimes people sing sad songs.	She's homesick.
Tom is back from the war.	She's happy.
They have to walk a lot on their way to California.	That's hard.
Many people die of cholera.	That's sad.
They find a piano and play some songs.	That was strange.
They celebrate independence from England with lots of music and singing.	That's fun.
They have a bath in the river.	That's wonderful.
Her sister Rosie gets the measles.	She's worried.
The journey is nearly over.	In some ways she's sad.

3 Another point of view

Wortschatz **meaning**

Erarbeitung **a) SB geöffnet.** Die S versetzen sich in Henrys Lage und betrachten die Ereignisse, die Hannah schildert, aus dessen Perspektive. Sie übertragen die Tabelle aus dem SB ins Heft und füllen sie gemäß SB aus.

Alternative Befüllen der Tabelle auch auf ▸ KV 40: Point of view – tables möglich.

Auswertung Im ▸ Partner check / Lerntempoduett. Vorstellen der Ergebnisse ggf. im Plenum.

Lösung

Hannah's point of view	Henry's point of view
I've met a German boy – Heinrich. We call him Henry.	There's a nice English girl on the ship. Her name is Hannah.
He's only 16 and he's going to America alone.	She's two years younger than me. She's travelling with her parents, her brother and her younger sister.
He plays the harmonica and he'll teach me.	She wants to play the harmonica. I'll teach her.
He wants to learn English. I'll teach him.	She teaches me English. She's a good teacher.

Erarbeitung **b)** S schreiben Text in EA. Als Hausaufgabe geeignet. Lernschwächere S füllen zur Vorbereitung des Schreibens die Tabelle aus **a)** für die Seiten 101 und 104–105 aus.

Auswertung Im ▸ Partner check/Lerntempoduett. Vorstellen der Ergebnisse ggf. im Plenum.

Lösungsbeispiel *New York, 30 June 1863*
When we arrived in New York I was happy and sad. Happy because the long journey across the Atlantic Ocean was over and we were finally in the USA. Sad because I have to say goodbye to Hannah. I'm leaving for Independence tomorrow. There I'll join the California trail.

Sacramento, 1 June 1868
I changed my name. It's Black now. It's much easier for the Americans than Schwarz. At first it was strange for me, but now I'm used to it. I'm quite happy now. I've found a job in a German bakery. My boss is rather nice, but my dreams haven't come true yet. Tomorrow will be my 22nd birthday and I'm still dreaming of a bakery of my own. Sometimes I remember the English girl – Hannah. I wonder where she is and what happened to her.
Sacramento, 20 August 1869
Great news! Today I met Hannah's brother Tom. He's a deputy sheriff here in Sacramento. He told me about Hannah. They have a ranch in Grass Valley. I'm going to visit them next month. I'm really nervous.
San Francisco, 5 December 1870
My dream has come true! I have a bakery in San Francisco and the Americans love my bread. I use my German recipe book that I brought the whole way from Germany. Sometimes I miss Germany and my family, but I'm happy because Hannah and I married last fall.

Erarbeitung **c)** Gemäß SB.

Auswertung Im ▶ Partner check. Freiwillige S tragen ihren Text im Plenum vor.

Alternative Auswertung in einer ▶ Schreibkonferenz. S bilden Gruppen von 3–4 S und bearbeiten die Texte ihrer MitS. Sie bearbeiten abwechselnd die Unteraufgaben 2+3. Bei einer Gruppengröße von 3 S bearbeitet ein S *grammar and spelling*, bei einer Gruppengröße von 4 S übernimmt einer den Bereich *grammar*, ein anderer den Bereich *spelling*. Um ausreichend Platz für die Bemerkungen zu lassen, falten die S das Blatt längst in der Mitte. Jeder S gibt sein Votum gemäß **1** ab und der beste Text wird anschließend im Plenum vorgestellt.

Lösung Individuelle Lösungen.

▶ DFF 5.1 ▶ DFF 5.5

SKILLS TRAINING Mediation

Inhalt
Die S üben das Vermitteln (aus dem Deutschen ins Englische) anhand eines Zeitungsartikels, der die Geschichte eines Bäckergesellen aus Deutschland erzählt, welcher mithilfe einer Green Card sein berufliches Glück in den USA gefunden und damit seinen amerikanischen Traum verwirklicht hat.

S. 107

1 A German baker in America

Wortschatz
optimistic • visa

Einstieg
SB geschlossen. Unterrichtsgespräch über den amerikanischen Traum.

L: *What do people mean when they talk about the American Dream?*
S: *You can become rich ("from dishwasher to millionaire"). Everybody has the same chances to be successful. Everyone is equal./...*
L: *Let's read a newspaper article about a German baker and his American dream.*

Erarbeitung
SB geöffnet. S lesen zunächst den Artikel und ggf. die Tipps aus dem *Skills file (SF 11 Mediation,* SB-Seite 179). Anschließend erläutern sie den Inhalt des Artikels einer amerikanischen Austauschschülerin.

Alternative
Bearbeitung der Aufgabe in PA. Partner A bearbeitet die Sprechblasen auf der linken, Partner B die auf der rechten Seite.

Auswertung
Im ► Partner check oder im ► Lerntempoduett.

Lösungsbeispiel
1. *No, he didn't have his own bakery in Germany. He had just finished his training as a baker and it was hard for him to find a job in Germany.*
2. *No, he didn't get a job offer. He saw a report on TV and found out that Americans really love German bread and cakes. They don't get these products in the USA. So he decided to go there.*
3. *He was fascinated that Americans don't have a bakery tradition like Germany. Research on the internet confirmed this. So he was optimistic that German bread and cakes would sell well in the US.*
4. *He needed a Green Card to work in the USA. He took part in the Green Card Lottery, won and was allowed to work in the USA.*
5. *He has been in Ithaca, New York, for four years. He has a shop, 'Tom's German Bakery'. He has to work long hours, but he makes profit and he is happy.*
6. *He started to sell typical German products at a market and soon he was successful.*
7. *He knew someone in Ithaca, so he decided to start there.*

► DFF 5.1 ► DFF 5.6

FOCUS ON LANGUAGE

Inhalt Die S lesen einen Text über den Oregon-California Trail und beantworten dazu inhaltliche Fragen.

Anhand des Textes erarbeiten die S die Regeln für den Gebrauch von *countable* und *uncountable nouns* und wenden diese in verschiedenen Aufgaben und einem Quiz an.

S. 108

1 On the Oregon-California Trail

Wortschatz **timeline • link • journey • supplies** *(pl)* **• furniture • own** sth. **• bacon • repair • protect (from) • swap (for) • continent**

Erarbeitung **a)** **SB geöffnet. 1. Lesen** (*Scanning*). Zunächst überlegen die S, nach welchen *key words (Oregon-California Trail, travel, dangerous, Indians, died*) sie den Text scannen, um Antworten auf die Fragen zu erhalten. Danach bearbeiten sie die Aufgabe gemäß SB.

Auswertung Im ► Partner check.

Lösung
1 It was the 'easiest' way to the West Coast.
2 They travelled with a wagon pulled by oxen or horses. They packed as much food as possible into their wagons and left the rest of their things behind.
3 Native Americans were not a great danger. They were usually friendly and they even wanted to swap things with the settlers.
4 They were killed by cholera, extreme weather or accidents.

Erarbeitung **b)** Gemäß SB.

Differenzierung Leistungsstärkere S decken die einzusetzenden Wörter in der grünen Box ab.

Auswertung Vergleich im ► Partner check, ggf. Kontrolle im Plenum.

Lösung *1 furniture, money • 2 people, wagon • 3 news, information • 4 food, water • 5 cows, milk • 6 tools, equipment*

S. 109

2 Countable and uncountable nouns

Wortschatz **several • ... shall we ...? • kilogram, kilo**

Einstieg **SB geschlossen.** L präsentiert einige Nomen (*milk, water, butter, bottle, piece, advice, kilo, information)* und Kombinationen daraus *(bottles of milk/water, two kilos of butter, a piece of advice/information*) und wiederholt damit die Begriffe *singular/plural, countable/uncountable.*

Erarbeitung **a) SB geöffnet.** Gemäß SB. S übertragen die vervollständigte Regel ggf. in ihr Regelheft.

Auswertung Im ► Partner check, ggf. unter Verwendung des *Language file (LF 24 Countable and uncountable nouns,* SB-Seite 198).

Lösung

Countable nouns:

These nouns have a ***singular*** *form and a plural form.* — *a settler → three* ***settlers***; *the* ***trail*** *→ several trails*

Uncountable nouns:

These nouns have no ***plural*** *form, and are never used with a/an or with one, two, three, etc.* — ***some news***; ***furniture***; ***lots of rice***

Erarbeitung **b)** Gemäß SB.

Alternative S erhalten eine Kopie des Textes, unterstreichen die zählbaren / nicht zählbaren Nomen zunächst in unterschiedlichen Farben und übertragen sie anschließend in die Tabelle.

Auswertung Vergleich der Tabellen im ▶ Partner check oder im ▶ Lerntempoduett. Ggf. Kontrolle im Plenum und gemeinsames Sammeln zusätzlicher Nomen, siehe blaue Einträge in der Tabelle.

Lösung

countable nouns	*uncountable nouns*
settler/settlers – trail/trails – route/routes – journey/journeys – mile/miles – way/ways – spring/springs – supply/supplies – trip/trips – thing/things – house/houses – wagon/wagons – ox/oxen – horse/horses – potato/potatoes – bean/beans – egg/eggs – cow/cows – situation/situations – tool/tools – shoe/shoes – gun/guns – animal/animals – outlaw/outlaws – knife/knives – river/rivers – accident/accidents – wheel/wheels – track/tracks – grave/graves – train/trains – continent/continents – million/millions	*money – news – information – furniture – food – rice – flour – water – bacon – fruit – water – milk – meat – equipment – wood – clothes – danger – cholera – weather*
job/jobs – bottle/bottles – table/tables – report/reports	*music – butter – wine – power*

3 They didn't have much ...

Erarbeitung **a) SB geöffnet.** Die S ergänzen die Sätze mit Wörtern aus der grünen Box.

Zusatz S suchen aus der Tabelle in **2b)** jeweils ein weiteres Nomen, das ebenfalls für die Beispielsätze zutreffend ist, z. B.: *How much wood do we need?*

Auswertung Im ▶ Partner check.

Lösung ***1, 5:*** *flour, fruit, water* • ***2, 3:*** *potatoes, eggs, tomatoes* • ***4*** *potatoes, flour, fruit, eggs, water, tomatoes* • ***6*** *potatoes, flour, fruit, tomatoes* • ***7*** *water*

Erarbeitung **b)** Gemäß SB. L erinnert ggf. an die Pluralbildung.

Auswertung Vergleich im ▶ Partner check und/oder im Plenum.

Lösung ***1*** *time, months* • ***2*** *furniture, decisions* • ***3*** *luck, accidents* • ***4*** *information, dangers*

▶ IAT

More practice 4 S. 143 Getting ready for the trail

Erarbeitung **SB geöffnet.** Die S üben die Verwendung von *a/an, some, much/many* bei zählbaren und nicht zählbaren Nomen.

Auswertung Vorlesen der komplettierten Sätze im Plenum.

Lösung ***1*** *much* • ***2*** *some* • ***3*** *a* • ***4*** *many* • ***5*** *some* • ***6*** *much* • ***7*** *many* • ***8*** *a*

4 QUIZ What is it?

Erarbeitung — **a)** **SB geöffnet.** Gemäß SB. Die S orientieren sich an den Beispielen in den Sprechblasen.

Tipp: Die S schreiben die Definitionen auf Karteikarten oder DIN A6-Zettel.

Differenzierung — L stellt lernschwächeren S ein einsprachiges Wörterbuch zur Verfügung, aus dem sie sich Definitionen heraussuchen können.

Differenzierung — *Fast finishers* wählen mehrere Nomen aus.

Auswertung — Siehe Auswertung von **b)**.

Lösung — Individuelle Lösungen.

Erarbeitung — **b)** Gruppenbildung und Erarbeitung gemäß SB.

Auswertung — Die S lesen sich abwechselnd die Definitionen vor und schreiben die Lösung auf. Für jede richtige Lösung erhalten sie einen Punkt. Gruppensieger ist der S, der am Ende die meisten Punkte hat.

Alternative — L sammelt die Karten mit den Erklärungen ein und spielt das Quiz mit den S gemäß der Methode ▶ Numbered heads together.

Lösung — Individuelle Lösungen.

▶ WB 7–9, p. 67 ▶ DFF 5.1 ▶ DFF 5.7

PROJECT

Inhalt In dem Projekt *'Family movements'* setzen die S sich ausgehend von Hannahs und Henrys Geschichte mit ihrer eigenen Familien- und Migrationsgeschichte auseinander. Sie arbeiten produktorientiert und erstellen u. a. eine Landkarte mit Informationen zu ihrer Familie, die sie den Mit-S in einem Galeriegang präsentieren.

S. 110–111

1 Where they came from, where they went

Wortschatz **continue to ... • map**

Erarbeitung **SB geöffnet.** Gemäß SB. Die S machen sich zunächst in EA Notizen oder schreiben einen Text zu Hannahs und Henrys Reise nach San Francisco.

Alternative Die Partner sammeln Informationen entweder zu Hannah oder Henry. Anschließend tauschen S sich im ▸ Kugellager über Henry und Hannah aus (Hannah – Innenkreis, Henry – Außenkreis).

Auswertung Die S reden oder vergleichen ihre Informationen im ▸ Partner check oder ▸ Kugellager.

Lösungsbeispiel *Hannah started her journey with her family in Bristol, where she had to say goodbye to her grandma. She got aboard the Missouri in Liverpool. There they started their journey across the Atlantic Ocean. Many weeks later she arrived in New York, where she stayed for almost three years. Later they decided to move West. From there they went to Independence, Missouri, and joined a wagon trail to California. After many months they finally arrived in Grass Valley. They had a ranch there, the Bear River Ranch. Hannah helped her parents on the ranch. Some years later she married Henry and finally made her home in San Francisco. Henry opened a bakery and they started a family.*
Henry was from Tübingen in Germany and first he travelled to Liverpool. There he boarded the Missouri and crossed the Atlantic Ocean. After he had arrived in New York, he went to Sacramento City, California, where he got a job in a bakery. He ended his journey in San Francisco and bought a little bakery there.

2 YOUR TASK Mapping your family

Wortschatz **relative**

Erarbeitung **Step 1:** **SB geöffnet.** Im Rahmen des Projektes erstellen die S eine Landkarte zu den Migrationshintergründen ihrer Familie. Die Recherche erfolgt in der eigenen Familie, indem Familienangehörige befragt werden und sie kann ggf. durch weitere Recherche im Internet vertieft werden. S suchen im Atlas / Internet eine passende Karte als Vorlage und halten die Rechercheergebnisse stichwortartig fest. Dies sollte als vorbereitende HA erledigt werden.

Alternative Als Alternative zu der Landkarte können die S ihre Informationen individuell in Form eines ▸ Buddy book zusammenstellen. Die Landkarte kann ein Bestandteil davon sein.

Auswertung Erfolgt durch das Vorstellen der Ergebnisse in **Step 2**.

Lösung Individuelle Lösungen.

Erarbeitung **Step 2:** In Gruppen von 3–4 S tauschen die S sich über die Ergebnisse ihrer Recherche unter Verwendung der Redemittel aus der blauen Box in **1** aus.

Auswertung Austausch in der Gruppe. Freiwillige Gruppenmitglieder stellen ihre Ergebnisse im Plenum vor.

Lösungsbeispiel *My grandparents moved from Ankara to Cologne in 1972 because my grandpa got a job there. They spoke Turkish and German at home. My aunt moved from Cologne to Stuttgart in 1991. She speaks Turkish and German at home. My uncle moved to Dortmund in 1994. My parents finally made her home in Bremen in 1998 because my father lost his job in Cologne and found a new job in Bremen. We speak Turkish and German at home.*

Erarbeitung **Step 3:** S erstellen die Landkarte mit der dazugehörigen Information gemäß der Hinweise im SB. Sie orientieren sich an dem vorgegebenen Muster.

Alternative S erstellen ein ▸ Buddy book. L gibt folgende Tipps zur Gestaltung:

first page: family photo and name
page 2+3: map of family movements
page 4+5: great-grandparents + grandparents
page 6+7: my parents, siblings and me
last page: aunts / uncles or signatures of family members

Auswertung **Step 4: Reading circle:** Die Auswertung der Landkarte (oder des *buddy book*) erfolgt in einem Galeriegang, wobei die S die Produkte ihrer Mit-S in einem ▸ Reading circle nach Kriterien (gemäß SB Fragen 1–3) beurteilen.

Hinweis: Aufgrund der Klassengröße ist es empfehlenswert, Zufallsgruppen (7–8 S) für den ▸ Reading circle zu bilden. L verteilt zu diesem Zweck farbige Zettel. S mit gleichen Farben bilden eine Gruppe und die Zettel können gleichzeitig für die Rückmeldung verwendet werden. (Tipp: S halten die Rückmeldung mit einem Klebezettel, den sie mit ihrem Namen versehen, unmittelbar auf dem Poster fest.)

Lösung Individuelle Lösungen.

Auswertung **Step 5:** Falls die Rückmeldung unter Verwendung von Klebezetteln gegeben wurde, haben die S nun die Gelegenheit, Nachfragen an die Rückmelder zu stellen: *What do (don't) you like about my poster? How can I make it more interesting? Is there anything that you don't understand about ... ?*

Anderenfalls haben die S nun die Gelegenheit, sich in den Gruppen aus **Step 2** über die Poster und ihre Beurteilungen auszutauschen. Aufgrund der Thematik Migration weist L ggf. darauf hin, dass die Kritik sachlich und auf gestalterischer und inhaltlicher Form geäußert werden soll.

Lösungsbeispiel *I like Mina's map the most because it's not too full and it's easy to understand.*
For me the most interesting piece of information is that Jesse's family lives all over Europe.
On Yusuf's map the places and the routes are easy to follow, but he doesn't give any information about the dates and not all parts of his family are included. ▸ DFF 5.1

TF 1 Americana

Inhalt In diesem *Text file* erfahren die S weitere Daten und Fakten zu den Vereinigten Staaten. Hierzu zählen Informationen zu Geografie und Zeitzonen, politischen und sozialen Symbolen, Multikulturalität sowie sonstigen Besonderheiten (z. B. Führerschein mit 16, Währung, Rechte, Waffenrecht, etc.).

S. 148–149

1 Make your own US quiz

Einstieg **SB geöffnet.** Gemeinsames Lesen und ▸ Klären der Arbeitsanweisung für das ▸ Jigsaw (Gruppenpuzzle) im Plenum.

L: *You've just done a quiz on the US. Now I want you to make some more quiz questions on the US for your classmates using information in Text file 1 Americana. Let's read the instructions for the group puzzle together.*

Hinweis: L kann ggf. Zeitvorgaben für die verschiedenen Bearbeitungsschritte geben und gut sichtbar festhalten (Tafel / Folie). Der Wechsel von **a)** zu **b)** usw. kann in der Erarbeitungsphase durch (akustische) Signale angekündigt werden.

Erarbeitung **a)** Für das Gruppenpuzzle bilden die S zunächst möglichst Gruppen à vier S. Möglichkeiten der ▸ Gruppenbildung:

- mit ihrer Tischgruppe / ihren Banknachbarn
- Klasse zählt immer auf vier durch; die 1-er, 2-er usw. bilden eine Gruppe
- L zerschneidet Postkarten in vier Teile – die jeweiligen Gruppenmitglieder finden sich über die so entstehenden Puzzleteile
- Wenn die Ergebniskontrolle zum Quiz im Intro (SB-Seite 10/11) im ▸ Bus stop erfolgt, finden sich jeweils zwei S-Paare, die mehr oder weniger zeitgleich fertig sind, zu einer Vierergruppe zusammen.

Hinweis: Zur Verteilung der Textzuständigkeiten innerhalb der Gruppen kann L Symbole (z. B. von der Rückseite der Quizkarten auf ▸ KV 3B: US quiz – pictures) austeilen, die für die einzelnen Themen A–D stehen (s. u.).

Nach dem **1. Lesen** ihres Textes notieren sich die S (aus dem Gedächtnis) wichtige Informationen, siehe auch ▸ Note-taking. Je nach Zeitvorgabe für diese Phase (siehe Hinweis im Einstieg) ggf. **2. Lesen** zur Überprüfung und Ergänzung der Notizen möglich.

Lösung Individuelle Lösungen.

Auswertung **b)** Die S kommen in Expertengruppen (zu Text A, Text B usw.) zusammen und vergleichen und ergänzen ihre Notizen aus **a)**.

Lösung Individuelle Lösungen.

Erarbeitung **c)** In den Stammgruppen berichten die einzelnen „Experten" über interessante Details aus ihren jeweiligen Texten. Anschließend stellen die Gruppen aus den gewonnenen Informationen nach dem Muster aus dem Intro *(The BIG American quiz,* SB-Seiten 10/11*)* Quiz-Fragen und *Multiple choice*-Lösungen für die anderen Gruppen zusammen. Als Gestaltungsvorlage können sie die leeren Quizkarten von ▸ KV 3 A: US quiz nutzen.

O Differenzierung L kann eine Auswahl an Fragen (z. B. in Briefumschlägen zu den verschiedenen Themen A–D) auf dem Lehrerpult bereithalten, mit denen lernschwächere oder weniger kreative S bzw. Gruppen ihr Quiz auf mindestens sechs Fragen „aufstocken" oder / und weitere Ideen und Formulierungen für eigene Fragen ableiten können (siehe auch Lösungsbeispiel).

Lösungsbeispiel Mögliche Quiz-Fragen zu den Texten A–B:

A It's a huge country (p. 148)	***B Symbols of America (p. 148)***
1 America is ... ***A*** *... the largest country in the world.* ***B*** *... the second largest country in the world.* ***C*** *... the third largest country in the world. (✓)*	***1 How many stars does the US flag have?*** ***A*** *51* ***B*** *50 (✓)* ***C*** *13*
2 How many people live in the US? ***A*** *over 500 million* ***B*** *just over 300 million (✓)* ***C*** *under 300 million*	***2 What do the stars represent (stand for)?*** ***A*** *the (number of) states today (✓)* ***B*** *the first states in 1776* ***C*** *the largest cities in the US*
3 Which sentence is correct? ***A*** *When it's 11 a.m. on the West Coast, it's only 8 a.m. in the morning on the East Coast.* ***B*** *When it's 11 a.m. on the East Coast, it's only 8 a.m. in the morning on the West Coast. (✓)* ***C*** *When it's 11 a.m. on the East Coast, it's already 8 p.m. on the West Coast.*	***3 Uncle Sam is a symbol of ...*** ***A*** *the first US states in 1776* ***B*** *freedom* ***C*** *the US government (✓)*
4 Which is the largest city in the US? ***A*** *Washington DC* ***B*** *Chicago* ***C*** *New York City (✓)*	***4 Which country gave the Statue of Liberty to the US?*** ***A*** *France (✓)* ***B*** *Spain* ***C*** *England*

Mögliche Quiz-Fragen zu den Texten C–D:

C Multicultural America (p. 149)	***D America – things that are different (p. 149)***
1 What percent (%) of the US population are Native Americans? ***A*** *13 %* ***B*** *5%* ***C*** *1% (✓)*	***1 On American road signs, they use ... to tell you how far it is from one place to another.*** ***A*** *miles per hour* ***B*** *kilometres* ***C*** *miles (✓)*
2 How many Americans today have a German background? ***A*** *50 million (✓)* ***B*** *15 million* ***C*** *12 million*	***2 When can most American teenagers get a driver's license?*** ***A*** *at the age of 18* ***B*** *at the age of 15* ***C*** *at the age of 16 (✓)*
3 Slavery is a terrible part of US history, especially for ... ***A*** *African Americans (✓)* ***B*** *Native Americans* ***C*** *Europeans*	***3 What is a 'quarter'?*** ***A*** *a 25 cent coin (✓)* ***B*** *a 20 dollar bill* ***C*** *a 5 cent coin*

C Multicultural America (p. 149)	D America – things that are different (p. 149)
4 *Where do most of the immigrants to the US today come from?* ***A*** *Europe* ***B*** *Africa* ***C*** *Asia and Latin America (✓)*	**4 *Which special 'freedom' do US citizens have that Europeans don't?*** ***A*** *freedom of the press* ***B*** *the right to say what they want (freedom of speech)* ***C*** *the right to carry guns (✓)*

Zusatz Anschließend kann das Quiz auch – je nach Ausstattung – im PC-Raum gestaltet werden. L kann dazu ggf. ein Template zur Verfügung stellen.

Auswertung **d)** Austausch und Bearbeitung der Quizfragen zwischen den Gruppen gemäß SB.

Lösung Individuelle Lösungen.

TF 2 Holidays and Festivals

Inhalt Die S lernen anhand vier verschiedener Texte typisch amerikanische Feiertage und Feste wie den *Thanksgiving Day, Independence Day, Martin Luther King Day* und *Saint Patrick's Day* kennen. Dazu tragen sie nach dem Lesen der Texte Informationen zu den einzelnen Feiertagen in eine Tabelle ein und berichten im Anschluss, welcher Feiertag bzw. welches Fest ihnen am besten gefällt.

S. 150–151

Einstieg **SB geschlossen.** L schreibt die vier Feiertage aus dem SB an die Tafel und ergänzt diese ggf. durch weitere Feste. Die S tragen in ▶ Buzz groups à vier S Informationen zusammen, die ihnen zu den Feiertagen einfallen (Aktivierung von Vorwissen), und notieren diese an der Tafel. Um Wiederholungen zu vermeiden, weist L im Vorfeld darauf hin, dass S vor dem Eintragen an der Tafel überprüfen sollten, welche Informationen bereits notiert wurden. Vor dem **1. Lesen** der Texte können die gesammelten Informationen im Plenum versprachlicht werden.

Alternative L zeigt die Bilder aus dem SB und / oder die Bilder der ▶ KV 41: Holidays and Festivals (in gemischter Reihenfolge) auf Folie / Whiteboard. Die S beschreiben im Plenum die Bilder und versuchen, die verschiedenen Feiertage zu erraten. Nachdem die Feiertage identifiziert wurden, werden weitere Assoziationen zu den Festen gesammelt und an der Tafel notiert.

1 Copy the table. Make notes about the festivals.

Erarbeitung ▶ 2.16 **SB geöffnet.** Das **1. Lesen** der Texte im Zusammenhang findet still in EA / laut im Plenum statt. Im Anschluss übertragen die S die Tabelle aus dem SB in ihr Heft und beginnen, sie mit Informationen aus den Texten A–D zu füllen. Die Vervollständigung dieser Notizen kann beim **2. Lesen** in EA mittels *Scanning* (▶ Lesetechniken) erfolgen.

Zusatz Die S können sich das Gedicht *Don't Pinch* anhören.

Alternative Die S nutzen die ▶ KV 41: Holidays and Festivals als Vorlage und tragen die relevanten Informationen in die vorgegebene Tabelle ein.

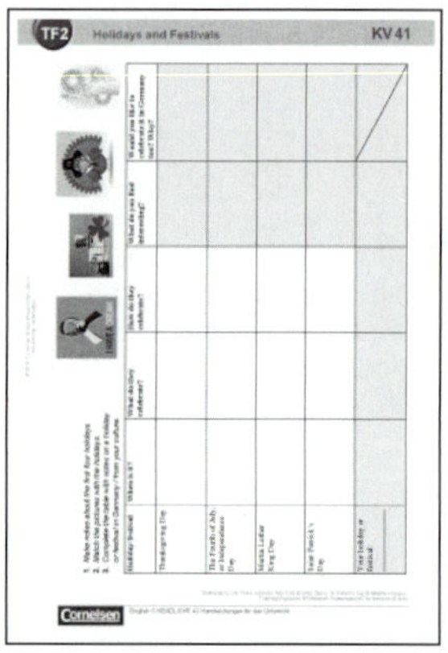
TF2 Holidays and Festivals KV41

Differenzierung Lernstärkere S geben auf der ▶ KV 41: Holidays and Festivals zusätzlich eine schriftliche Rückmeldung, welche Aspekte der amerikanischen Feiertage sie besonders interessant finden und ob bzw. warum sie diese Feste gerne in Deutschland feiern würden (siehe grau hinterlegte Felder im Tabellenvordruck auf der KV).

Lösungsbeispiel

	Festival	When is it?	What do they celebrate?	How do they celebrate?
A	***Thanksgiving Day***	*fourth Thursday in November*	*Native Americans helped the Pilgrims with food; the Pilgrims thanked them with a Thanksgiving meal*	*visit family, have a big meal, watch the parade in NYC, eat turkey and pumpkin pie*
B	***The Fourth of July, or Independence Day***	*July 4th*	*13 American colonies became independent from Britain; the USA was 'born'*	*you can see the flag everywhere (they are proud of their country), have picnics and barbecues, watch baseball games and parades*

Lösungsbeispiel

	Festival	When is it?	What do they celebrate?	How do they celebrate?
C	***Martin Luther King Day***	*third Monday in January*	*Martin Luther King's birthday (to remember him)*	*no school and a day off work for most employees, people go to church, help others, go on marches, listen to speeches*
D	***Saint Patrick's Day***	*March 17th*	*Irish culture (symbol of immigration)*	*people wear green, dance to Irish music, enjoy green food and drinks, parade in NYC*

Alternative

SB geöffnet. Nach dem **1. Lesen** der Texte in EA / im Plenum werden (Stamm-) Gruppen à je 4 S gebildet. Die Texte A–D werden entsprechend eines ▸Jigsaw je einem S aus der Stammgruppe zugeordnet. Alle S, die denselben Text erhalten haben, finden sich dann in Expertengruppen zusammen und erschließen sich die Texte beim **2. Lesen**:

(A) Thanksgiving Day: Die S strukturieren die Inhalte, indem sie den Textabschnitt in Absätze unterteilen und diesen passende Überschriften geben (z. B. *lines 1–9: The history of Thanksgiving; lines 10–14: Thanksgiving food; lines 14–20: How people celebrate Thanksgiving; lines 21–25: The day after Thanksgiving).*
(B) The Fourth of July, or Independence Day: Die S erstellen ein *true/false*-Quiz über den Feiertag, welches anschließend im Plenum / den Stammgruppen durchgeführt werden kann. Das Buch muss vor der Durchführung des Quiz geschlossen werden (z. B. *14 colonies made a Declaration of Independence – wrong (13 colonies); everything is decorated in red, white and green – wrong (red, white and blue); ...*).
(C) Martin Luther King Day: Die S erstellen auf der Grundlage der im Textabschnitt enthaltenen Informationen ein Profil zu Martin Luther King. L gibt hierzu eine Tabelle vor, welche die S ausfüllen (z. B. *Martin Luther King – a profile: job; born / died; important aspects of his life; ...*).
(D) Saint Patrick's Day: Die S lesen sich den Text in Form einer ▸Leseacht gegenseitig vor und besprechen nach jedem Absatz, welche der enthaltenen Informationen neu/überraschend / besonders interessant waren.
Im Anschluss an die Arbeit in den Expertengruppen kehren die S in ihre Stammgruppen zurück. Jeder S bringt sein Expertenwissen ein, um in GA die Tabelle aus dem SB zu füllen.

2 Write about your favourite festival. When is it? What and how do you celebrate? Why do you like it?

Erarbeitung

SB geöffnet. Gemäß SB schriftlich in EA. Die S entscheiden sich für einen Feiertag / ein Fest in Deutschland oder aus ihrer eigenen Kultur, der/das ihnen besonders gut gefällt und beantworten die Fragen im SB.

Hinweis: Die Notizen zum ausgewählten Feiertag können in der letzten (grau hinterlegten) Zeile der Tabelle auf ▸KV 41: Holidays and Festivals gesammelt werden. Falls auf die KV verzichtet wird und die S die Tabelle in **1** selbst zeichnen, kann L die S bereits im Vorfeld dazu auffordern, in Vorbereitung auf **2** eine fünfte Zeile in der Tabelle anzulegen.

Lösung

Individuelle Lösungen.

TF 3 What's special about US high schools?

Inhalt Die S entnehmen sechs kurzen Sachtexten grundlegende Informationen über das amerikanische *High school*-System, u. a.: das Alter und die Bezeichnungen der Jahrgänge (*Freshman, Sophomore, Junior, Senior*), die Größe von *High schools*, den Ablauf eines typischen Schultags, einige Pflicht- und Wahlfächer, (Buchstaben-)Noten sowie Sportangebote in unterschiedlichen Jahreszeiten. Ergänzend hören sie die Aussagen von fünf Austauschschüler/-innen aus Europa und Asien. Diese beschreiben Merkmale und Besonderheiten des *High school*-Alltags, welche sie vor dem Hintergrund eigener Erfahrungen im Heimatland als ungewöhnlich oder beeindruckend wahrnehmen.

S. 152–153

The facts

Einstieg **SB geschlossen.** L schreibt das Thema *US high schools* an und aktiviert anhand dieses stillen Impulses das Vorwissen der S. S reagieren in Form einer ▸ Meldekette auf den Impuls und nennen die ihnen bekannten Details in Stichworten oder kurzen Sätzen (z. B. *A student in his first year is called a freshman. / Students can have lunch in the school cafeteria or they can leave school during the break.*).

Überleitung L: *Now let's find out a bit more about high school life in the US.*

Erarbeitung **SB geöffnet. 1. Lesen** der Informationstexte im Zusammenhang, entweder still in EA oder laut im Plenum.

1 Differences

Erarbeitung Die S übertragen die Tabelle aus dem SB ins Heft und erfassen darin beim **2. Lesen** in EA die Unterschiede der eigenen Schule zu einer *US high school.*

Alternative **SB geöffnet.** Die S arbeiten mit der ▸ KV 42: High school life in the US. Diese enthält sowohl eine Vorlage für die Tabelle in **1** (Part B) als auch ergänzende Fragen zum Textverständnis (Part A), welche die S vorab beantworten können.

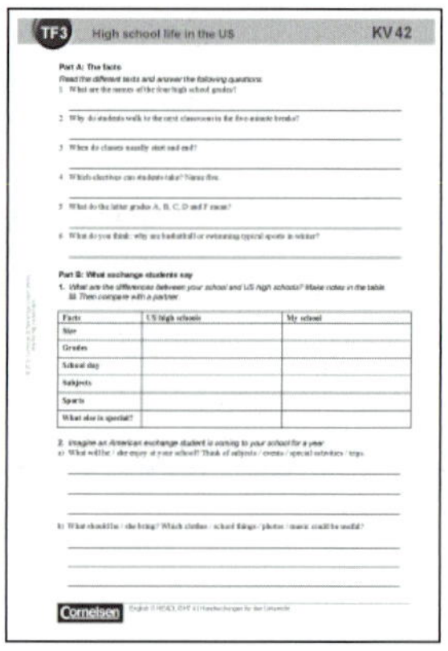

Auswertung Die S vergleichen die Inhalte ihrer Tabellen in PA, wobei jeweils ein S entweder die Merkmale einer *US high school* oder der eigenen Schule vorstellt.

Lösungsbeispiel

facts	US high schools	My school
size	big, often 2,000 students or more	Individuelle Lösungen.
grades	only 4 grades, 9th–12th grade, students are 14–18 years old (freshman, sophomore, junior, senior)	
school day	long: starts at 8 a.m. and ends at 3 p.m., lunch break: 1 hour, usually at 12 p.m.	
subjects	English, math, science, health, PE, social studies, languages and electives (e.g. art, drama, journalism)	

Lösungsbeispiel

facts	*US high schools*	*My school*
sports	*important, different sports for different seasons (e.g. American football in fall, basketball in winter, baseball in spring)*	
What else is special?	*letter grades; teachers have their own rooms ...*	

What exchange students say

Einstieg — **SB geschlossen.** Unterrichtsgespräch zum Thema Schüleraustausch.

L: *Imagine you went to an American high school for a year as an exchange student. What would be strange / different / awesome / interesting?*

Erarbeitung ► 2.17 — **SB geöffnet. 1. Lesen/Hören** (ggf. im ► Mitleseverfahren): S erschließen die Texte in EA und notieren stichwortartig im Heft zu den Namen der Austauschschüler die von diesen genannten Besonderheiten (► Note-taking).

Auswertung — Die Besonderheiten werden im ► Partner check verglichen.

Lösungsbeispiel — ***Libby:*** *teachers are cool, they chat and joke; we can use first names with some teachers* • ***Ankit:*** *there's great school spirit; everybody is proud of their school* • ***Silke:*** *the Pledge of Allegiance is strange for me* • ***Timo:*** *lots of kids drive to school and there's a student parking lot* • ***Gosia:*** *the marching bands are great*

2 An email to an exchange student

Einstieg — **SB geöffnet.** In Vorbereitung auf die Schreibaufgabe notieren die S Dinge, die für Austauschschüler in Deutschland interessant sein könnten und nennen Gegenstände, welche für das Leben / den Schulalltag in Deutschland mitgebracht werden sollten. Die Notizen können in Aufgabe **2** (Part B) auf ► KV 42: High school life in the US festgehalten werden.

O Differenzierung — Falls *More practice 3* (SB-Seite 122) bearbeitet wurde, können die Top-5-Listen und die Diskussionsergebnisse lernschwächeren S als Hilfe dienen.

Erarbeitung — Die S verfassen unter Verwendung ihrer Notizen in EA eine E-Mail an einen amerikanischen Austauschschüler / eine amerikanische Austauschschülerin.

Auswertung — Die E-Mails werden im Rahmen von ► Appointments 2–3 Mit-S vorgelesen, wobei Inhalte verglichen und im Sinne eines ► Feedback positive Aspekte betont und Verbesserungsvorschläge formuliert werden können.

Lösung — Individuelle Lösungen.

TF 4 Fascinating facts about California

Inhalt Die S erhalten in diesem *Text file*, der wie eine Broschüre gestaltet ist, Informationen zur Natur, Geschichte und Kultur Kaliforniens. Anhand der kooperativen Methode ▶ Think-Pair-Share tauschen sie sich mit ihren Mit-S zu diesen Fakten aus.

S. 154–155

Einstieg **SB geschlossen.** L verteilt einzelne Bildkarten oder unterschiedlich beschriftete Karteikarten mit den im SB abgebildeten Gegenständen (Jeans, Computermaus, Weintrauben, Tsunami, Kaktus usw.) an die S und stellt die Frage:

L: *What does this have to do with California?*
S1: *Perhaps the first jeans were made in California.*
S2: *There is a danger of tsunamis in California. / ...*

L sammelt diese (und weitere) Informationen und hält sie ggf. an der Tafel fest.

Überleitung L: *Let's find out some more interesting facts about California.*

1 Your favourite facts

Erarbeitung **SB geöffnet. 1. Lesen** gemäß SB. L verweist ausdrücklich darauf, dass auch Fakten aus der Unit oder eigener Recherche verwendet werden sollen.

a) Think: Die S verschaffen sich einen Überblick über die Themen und notieren sich Schlüsselwörter zu den einzelnen Texten.

L: *Take notes. What are the three most fascinating facts for you?*

Die S erstellen eine Liste mit den drei Fakten, die ihnen am Interessantesten erscheinen.
b) Pair: Die S vergleichen ihre eigene Top-3-Liste in PA mit der eines Mit-S, wobei sie ihre Auswahl begründen und erklären.
c) Share: Jeweils zwei Paare kommen in einer Gruppe à 4 S zusammen, tauschen sich über die Gemeinsamkeiten und Unterschiede der Listen aus und einigen sich auf ihre Top-3.

Auswertung Zur Ergebnissicherung im Plenum kann L eine Liste der *Top-5-Facts* erstellen.

Lösungsbeispiel *My most interesting facts are about the General Sherman tree. I think it's really fascinating that it is 83.3 m tall and 2500 years old. I'd like to go there and see / touch it / take a photo in front of it ...*

O Differenzierung Leistungsschwächere S ordnen folgende Begriffe (Tafel / Folie) den einzelnen Texten und Bildern zu: *tarantula, General Sherman tree, Silicon Valley, jeans, San Francisco, surfing, skiing, desert, banana slug, earthquakes and tsunamis, multicultural California.*

Zusatz Lernstärkere S erstellen anhand zuvor erarbeiteter Kriterien eine Broschüre (z. B. Titelblatt, Inhaltsverzeichnis, Kommentare, Fotos, Illustrationen, etc.), die Informationen zu den für sie interessantesten Fakten zu Kalifornien bündelt und veranschaulicht. Besonders gelungene Broschüren werden in der Klasse ausgelegt und anschließend ins Dossier übernommen.

TF 5 Child farm workers in the US (Bilingual module SOCIAL STUDIES)

Inhalt In diesem bilingualen Modul aus dem Gesellschaftskundeunterricht verwenden die S die englische Sprache als Arbeitssprache. Sie entnehmen verschiedenen Sachtexten Informationen über die Hintergründe und Arbeitsbedingungen von Arbeitskräften und insbesondere auch Kinderarbeit in der Landwirtschaft in den USA. Dabei erstellen die S Tagesabläufe eines arbeitenden Jugendlichen, werten eine Tabelle über Kindergesetze aus und beschreiben die Relevanz der kalifornischen Landwirtschaft für das Land sowie die Schulprobleme der arbeitenden Jugendlichen.

S. 156

Einstieg **SB geschlossen.** Die S führen ein ▸Brainstorming zur Reaktivierung des Vorwissens zum Thema *Child farm workers* durch. L hält die Ergebnisse des Brainstormings z. B. in Form einer ▸Mindmap an der Tafel fest. Das Tafelbild kann im weiteren Verlauf der Arbeit mit den Texten ergänzt werden. Mögliche Impulse durch L: *family of farm workers (e.g. poor, children have to work to earn more money), background of farm workers (e.g. illegal in the country), work (e.g. hardly earn any money, a lot of working hours, no protection).*

1 A day in the life of a child farm worker

Erarbeitung **a)** **SB geöffnet. 1. Lesen** (detailliert) des Tagesablaufs von Kinderarbeitern in der Landwirtschaft mithilfe von *key terms*. Die S erstellen dazu eine Tabelle mit Zeitangaben und Aktivitäten aus der Sicht des Jugendlichen Oscar Ramirez.

Differenzierung Lernstärkere S oder *fast finishers* können in PA oder in Gruppen à 3–4 S Informationsplakate zu den Arbeitsbedingungen eines Kinderarbeiters in der Landwirtschaft erstellen. Dazu können der zeitliche Ablauf und die Aktivitäten des Kinderarbeiters aus der Geschichte mit Bildern illustriert und um zusätzliche Informationen ergänzt werden, welche die S selbst recherchieren.

Auswertung Die Ergebnisse werden als ▸Meldekette im Plenum vorgestellt und tabellenartig an der Tafel notiert.

Lösung

time	activity
4.00 a.m.	wakes up
5.00 a.m.	leaves the house to work on a strawberry farm
5.30 a.m.	begins picking strawberries
7.30 a.m.	has a sore back from bending over
10.30 a.m.	takes a break and eats tacos; his hands smell of chemicals
1.30 p.m.	has an accident and cuts his hand on a farm machine
5.00 p.m.	goes home; takes a shower and eats dinner
8.00 p.m.	falls asleep

Erarbeitung **b)** Die S versprachlichen gemäß SB in PA den Tagesablauf des arbeitenden Jugendlichen. Im ▸Partner talk beschreiben und begründen sie, welche Details sie (besonders) schockieren. Die Informationen über den Tagesablauf von Oscar Ramirez werden hierbei mit dem eigenen Tagesablauf an einem Samstag kontrastiert.

Hinweis: Falls L den S die Gelegenheit geben möchte, vor dem mündlichen Austausch in PA kurz im Stillen zu reflektieren, kann **b)** auch als ▸Think-Pair-Share durchgeführt werden.

Auswertung Die S stellen die Ergebnisse im Plenum vor. Die Tagesabläufe einzelner S werden (freiwillig) als neue (dritte) Spalte zum Vergleich an der Tafel notiert und besprochen.

Lösung Individuelle Lösungen.

2 A huge industry

Erarbeitung — a) **SB geöffnet.** Die S finden anhand eines Informationstextes beim **1. Lesen** Detailinformationen zur Bedeutung der kalifornischen Landwirtschaftsindustrie für die USA heraus und notieren für die Beantwortung der Fragen relevante Stichpunkte im Heft.

Auswertung — Vergleich der Ergebnisse im Plenum.

Lösungsbeispiel — *biggest industry • huge export market • working place for 400,000 to 1.1 million farm workers • farms grow nearly half of the nation's fruits and vegetables • over 80,000 farms in California*

Erarbeitung — b) Die S lösen die Aufgabe beim **2. Lesen** gemäß SB in EA.

Auswertung — Die Begriffe *farmers* und *farm workers* werden an der Tafel kontrastiv notiert. Die Argumente der S werden jeweils den beiden Begriffen an der Tafel zugeordnet und im Plenum versprachlicht.

Lösungsbeispiel — ***Farmers:*** *Farmers need farm workers, especially at harvest time, to pick and package the crops, but they don't pay them much.*
Farm workers: *Most farm workers are Hispanic. Farm workers need jobs to take care of their families (some may send money to family in Mexico/...). Some of them are in the US illegally and don't have much choice about which jobs they take.*
I think farmers profit more than farm workers.

Erarbeitung — c) Die S beantworten die Frage gemäß SB in EA und erkennen dabei die Bedeutung der Mitarbeit der Kinder als landwirtschaftliche Hilfsarbeiter (ggf. anhand des **3. Lesens** des Textes).

Auswertung — Die Ergebnisse der S werden als Kausalitätskette an der Tafel visualisiert.

Lösungsbeispiel — *Farmers often pay less than the minimum wage for farm workers. → This is not enough to feed their families. → As a result, the children of farm workers have to work too to earn more money.*

S. 157

3 Children in the fields

Einstieg — **SB geschlossen.** Unterrichtsgespräch und Äußerung von Vermutungen über die Arbeitsbedingungen der Kinder.

L: *Do you sometimes complain about having too much homework and no time for yourself? How do you think child farm workers feel? When do they do their homework? (...)*

Überleitung — L: *Now let's read some more about the lives of child farm workers and find out if our guesses are correct.*

Erarbeitung — a) **SB geöffnet.** Gemeinsames Lesen des Arbeitsauftrages im Plenum vorab. Die S lösen die Aufgabe nach dem **1. Lesen** im Zusammenhang (still in EA / laut im Plenum) gemäß SB. Zur Erläuterung der Aussage werden Schlüsselwörter / wichtige Informationen im Heft notiert (▸ Note-taking).

Auswertung — Versprachlichung und Vergleich der Notizen im Plenum.

Lösung — *children are very young • have to work full days without drinking enough • earn little money • come into contact with chemicals • don't have any protection (e.g. gloves) • sometimes get hurt in accidents or have to carry heavy things*

Erarbeitung — b) Nach dem **2. Lesen** des Textes verfassen die S einen eigenen Text zu den Problemen der Kinder in der Schule.

Auswertung Ausgewählte Texte werden im Plenum vorgestellt.

Lösung Individuelle Lösungen.

Zusatz L nimmt Bezug auf die zum Einstieg gestellten Fragen.

L: *Now that you have read the text, how do you think the children feel? Do you think they would prefer to do their homework to working?*

4 Laws for child workers

Erarbeitung **a)** **SB geöffnet.** Die S vergleichen im ▶ Partner talk unter Zuhilfenahme vorgegebener sprachlicher Mittel die gesetzlichen Vorgaben im Hinblick auf Kinderarbeit in der Landwirtschaft mit den für andere Industriezweige geltenden Vorgaben.

Alternative **SB geöffnet.** Die S bereiten unter Verwendung der vorgegebenen sprachlichen Mittel sowie der Tabelle mit Gesetzesvorgaben in PA eine ▶ One-minute presentation zum Thema Kinderarbeit vor. Die Präsentation des Vortrags kann zunächst mit dem Partner geübt und dann im Plenum vollzogen werden.

Auswertung Die S-Paare stellen die gemeinsam erarbeiteten Unterschiede im Plenum vor.

Lösungsbeispiel *The table gives information about different child labor laws for agriculture and other industries. It shows that in agriculture children can already do full-time work at the age of 12, but in other industries they have to wait until they are 16. Children only have to be 12 to do dangerous work in agriculture, but they have to be 18 in other industries. When there's no school, children are allowed to work up to 8 hours in other industries, but there's no maximum in agriculture.*

Erarbeitung **b)** Die S lesen den Text und diskutieren auf Basis der Informationen aus **a)**, **b)** und der Schilderungen in Aufgaben **1** und **3** in PA, warum und inwiefern die bestehenden US-Gesetze zur Kinderarbeit geändert werden sollten.

Auswertung Die Argumente und Ideen der S werden an der Tafel gesammelt. Abschließend kann im Plenum abgestimmt werden, welche der vorgeschlagenen Gesetzesänderungen als besonders hilfreich / realistisch erscheinen.

Lösung Individuelle Lösungen.

Zusatz **SB geöffnet.** Die S erstellen in PA anhand der bisher gesammelten Informationen ein Plakat gegen Kinderarbeit in der Landwirtschaft. Thematisch integrieren sie dabei die Schulprobleme, die Arbeitsbedingungen und fehlende Schutzmaßnahmen. Die Plakate können in Form eines ▶ Gallery walk vorgestellt und versprachlicht werden. Lernschwächere S können sich auf die Präsentation von Informationen aus den Texten beschränken, während lernstärkere S die Informationen der Texte um eigene Argumente ergänzen können.

TF 6 US Timeline

Inhalt Die S lernen anhand eines Zeitstrahls wesentliche Ereignisse der US-amerikanischen Geschichte kennen. Kurze Textabschnitte und die dazugehörigen Bilder (A–J) werden unbesetzten Daten auf der *Timeline* chronologisch zugeordnet. Ausgehend von den Impulsen im Schülerbuch erarbeiten die S selbstständig und in EA entweder ein Poster oder einen zweiminütigen, mündlichen Vortrag zu einem der Ereignisse aus der US-Geschichte.

S. 158–159

Einstieg **SB geschlossen.** L verteilt Karteikarten mit Ereignissen aus der Geschichte der USA (z. B. *Columbus discovered America; the USA became independent; George Washington became president; first man on the moon; two planes were flown into the World Trade Center; Barack Obama became president*). Die S kommen in Gruppen à 4 S zusammen und ordnen die Ereignisse chronologisch.

Hinweis: Um die Aufgabe **1** im SB nicht vorwegzunehmen, sollte L keine ‚roten' Ereignisse auswählen.

Auswertung L zeichnet Zeitleiste *1400–today* an die Tafel / Wandtapete. S schreiben die historischen Ereignisse an die von ihnen vermutete Stelle.

Alternative L schreibt die historischen Ereignisse ungeordnet an die Tafel, S übertragen diese in EA ins Heft und ordnen sie dabei.

Überleitung L: *Now let's check if you were right. Check with the timeline on pages 158–159.*

1 The pictures A–J on the right show some important events in the history of the US. Match them to the red dates ...

Erarbeitung **SB geöffnet.** Gemäß SB. S lesen die Zeitleiste und überprüfen zunächst mithilfe des SB (und ggf. ergänzender Recherche im Internet) ihre Vermutungen zur Chronologie der Ereignisse. Anschließend werden die Abbildungen A–J den roten Ereignissen auf dem Zeitstrahl zugeordnet und die Wahl wird begründet.

Alternative Als ▸ Think-Pair-Share geeignet:

Think: S ordnen in EA die Ereignisse den Daten der Zeitleiste zu.
Pair: S vergleichen in PA ihre Ergebnisse und begründen ihre Überlegungen (z. B. *I think picture B goes with 2013. It shows the new One World Trade Center that was opened twelve years after the attacks.*)
Share: Die Ergebnisse der PA werden im Plenum präsentiert, indem S die Ereignisse der Zeitleiste (Tafel / Wandtapete) zuordnen.

Auswertung Kontrolle im Plenum mithilfe einer Zeitleiste (Tafel / Wandtapete).

Lösung *1621: F • 1776: C • in the 1830s: G • 1848: D • 1911: A • 1955: E • 1963: I • 1969: H • 2005: J • 2013: B*

2 Choose one date or event from US history and find out more ...

Erarbeitung **SB geöffnet.** S suchen sich eines der Daten auf den SB-Seiten 158–159 aus, recherchieren mithilfe des Internets ergänzende Informationen zu ihrem Ereignis und bereiten eine Präsentation (Poster / Computer) dazu vor.

Hinweis: Um eine ausgewogene Anzahl an Präsentationen pro Ereignis zu erzielen, kann L alternativ Jahreszahlen auf Karteikarten schreiben und S nach dem Zufallsprinzip je eine Karte ziehen lassen.

Differenzierung Diejenigen S, welche sich für eine Posterpräsentation entscheiden, erstellen Poster im DIN A3-Format inklusive Visualisierungen / Illustrationen.

Differenzierung S, die sich für eine computerbasierte Präsentation entscheiden, bereiten einen mündlichen, zweiminütigen Vortrag vor, bei dem sie sich auf Notizen / Präsentationsfolien stützen.

Auswertung Die Ergebnisse derjenigen S, die sich für eine Posterpräsentation entschieden haben, werden in Form eines ▸ Gallery walk vorgestellt. Die computerbasierten Präsentationen werden der Klasse im Plenum vorgestellt.

Lösung Individuelle Lösungen.

TF 7 US immigration today (Bilingual module GEOGRAPHY)

Inhalt Dieser *Text File* beschäftigt sich mit den USA als Einwanderungsland. Die S lernen zwei Jugendliche kennen, die in die USA immigriert sind und ihre Lebensverhältnisse beschreiben. Einem Kreisdiagramm entnehmen sie, welches die Haupteinwanderungsländer sind, und sie lernen die wichtigsten Gründe für Einwanderungsbewegungen in die USA kennen. Ein weiterer Text informiert die S über die *Green Card Lottery* als eine Möglichkeit der Einwanderung.

S. 160

Einstieg L: *In our class (at our school) there are students who come from foreign countries or whose family members still live there. What do you think is different there? How might this influence their lives?*

Differenzierung In lernschwächeren Gruppen schreibt L die Oberbegriffe (*family, house, school, food, sport*) an die Tafel.

S: *They eat different food at home. Maybe they miss their food in Germany. They speak another language at home. The school system in foreign countries is different. They don't have the same subjects. Teachers are stricter (than) in Germany. They miss family members. ...*

1 Immigrant stories

Erarbeitung ▶ 2.18 **a)** / **SB geöffnet.** S erstellen eine Tabelle (s. u.) in ihrem Heft und füllen diese beim **1. Lesen/Hören** aus.

Alternative *Paired reading and thinking:* S lesen zunächst beide Texte still, S1 füllt anschließend die Tabelle zu Aarav und S2 die zu Marua aus. S2 liest Aaravs Text laut, S1 hört zu und korrigiert ggf. die Aussprache. S1 teilt S2 die Lösungen (s. Tabelle) zu Aarav mit. S2 notiert sich die Antworten, stellt ggf. Nachfragen oder korrigiert. Anschließend Rollentausch.

Auswertung Kontrolle im ▶ Partner check. S stellen sich die Kategorien abwechselnd vor. Bei Unklarheiten nennen sie die Belegstellen im Text.

Lösung

	family	*house*	*school*	*food*	*sport*
Aarav	*mother, father (computer engineer in New York), brother, sister; misses his family in India*	*India: big house with four bed-rooms; New York: small apartment, two bedrooms*	*okay; teachers are nice, not many friends; English: quite good, but American English is different; favorite subject: Math*	*mostly eats Indian food, it's easy to get the ingredients; favorite Indian food: vegetable curry; favorite American food: macaroni with cheese and apple pie*	*likes: baseball, soccer, basketball; misses: cricket*

Lösung

	family	*house*	*school*	*food*	*sport*
Marua	*Marua, her mom and dad are from Somalia; they are Muslims; she feels mostly American, her parents Somalian*	*Somalia: small house, later they lived in a camp. USA: bigger house with a nice yard*	*does sports at school: basketball, cheerleading*	*favorite American food: hamburger, ice cream; special: turkey on Thanksgiving Day*	*plays basketball, is a cheerleader; no sports in Somalia*

Erarbeitung **b)** S teilen sich die beiden Texte und sammeln Informationen zu dem Leben der Teenager in ihrem jeweiligen Heimatland. Anschließend stellen sie sich diese gegenseitig vor und vergleichen Aarav und Marua.

Auswertung Im ▸ Partner check, danach werden ausgewählte Antworten im Plenum vorgestellt.

Lösungsbeispiel ***Aarav:*** *Aarav had a comfortable life in India. He had many friends, and a big family in India. He lived with his family in a big house with four bedrooms. He played cricket and he enjoyed the life in the streets of India with bicycle rickshaws, fruit sellers, relaxed people and cows. And he loved the warm weather in India.*

Marua: *She lived in a small house that she had to leave when the fighting began. Then the family moved into a camp. She also had friends in Somalia. She didn't do any sports.*

Comparison Aarav and Marua: *They both had friends and family in their home country. But I think Aarav's life was a bit easier, because he lived in a big house whereas Marua and her family lived in a small house. They even had to leave their country because there was fighting in her town. Aarav seemed to have enjoyed the peaceful life in the streets of India.*

c) Gemäß SB. Als schriftliche HA geeignet.

Differenzierung Leistungsschwächere S schreiben nur über eine Person: *You can write about Marua or Aarav only.*

Lösungsbeispiel *I think both had very different lives in their home countries, which, on the one hand, made their new lives a little bit difficult. They had a lot of friends, but in the USA they had to find new friends. Even the climate is quite different. This seems to be a bigger problem for Aarav than for Marua. I can imagine that at the beginning they felt rather homesick. They missed their friends, the food and the culture of their home countries. Even the language was a problem.*

On the other hand, it is a new challenge for them. Marua's life is now more peaceful, there is no war in the USA. She left her country because there was a conflict. Now she is safe and can do things that she couldn't do in Somalia.

They learned a lot in the USA: new sports, new customs and holidays. In my opinion Aarav still feels more like an Indian. He seems to miss his old life, e.g. he still eats Indian food. Marua, however, tries to be American, she even feels mostly American.

S. 161

2 Where they come from and why

Einstieg **SB geschlossen.**

L: *Today we're going to have a look at immigrants who came to the US in 2013. Were do you think most of them came from?*

L sammelt die Länder an der Tafel und nutzt dies ggf. zum Wiederholen von Nationalitäten (s. a. *countries and nationalities*; innere Buchumschlagseite hinten).

L: *Now let's check if you were right.*

Erarbeitung **a) SB geöffnet.** S vergleichen zunächst das Kreisdiagramm mit den eigenen Vermutungen. S versprachlichen das abgebildete Kreisdiagramm unter Verwendung der Redemittel im SB.

Auswertung Einzelne S stellen ihre Auswertung im Plenum vor.

Zusatz
1. S können eine Umfrage in der Klasse / dem Jahrgang machen und ein ähnliches Kreisdiagramm erstellen, das sie in der Klasse präsentieren.
2. S recherchieren Daten über die Zuwanderung in die Bundesrepublik Deutschland und präsentieren diese im Plenum ebenfalls als Kreisdiagramm.

Lösung Individuelle Lösungen.

Erarbeitung **b)** L erklärt zunächst die Begriffe *push* und *pull*, wobei vorab ein kleines Rollenspiel inszeniert werden kann. L stellt dafür drei geeigneten S Karteikarten mit kurzen Texten zur Verfügung. Die S kommen nach vorn und stellen eine kleine Szene dar.

A: (fragend) *I'm looking for somebody to play with. And I'd like an ice cream. Who would like to play with me?*
B: (verärgert) *I don't have time to play. And I don't have money for ice cream. You should get a job and work!*
C: (freundlich) *I have money for two ice creams. Let's get one. We can also watch TV!*

L klärt die Begriffe, indem er fragt, für wen sich A wohl entscheiden wird. Anschließend stellt L die beiden Begriffe in den Kontext der Ein- und Auswanderung und fragt: *What are reasons to leave your home country? (How can your country "push" you out?) What are reasons to immigrate into another country? (How does a country "pull" you in?)*
L erfragt konkrete Beispiele aus dem Weltwissen der S, um *push* oder *pull* zu illustrieren.

L: *Do you know any people who have been pushed out of their country? Where are they from? Any other examples?*

Anschließend gemäß SB.

Auswertung Gemäß dem ▸ Think-Pair-Share zuerst im ▸ Partner check, danach im Gespräch mit einem weiteren Paar.

Lösungsbeispiel *There may be different reasons for Aarav and Marua to leave their home country. I think Marua's family was pushed, because there was fighting in their town and life there was dangerous. This was the most important reason for them.*
In my opinion Aarav and his family left India for better economic chances in the USA because his father got a good job as a computer engineer. So his family was pulled.

Erarbeitung **c)** S recherchieren im Internet (ggf. als HA) zu den im Kreisdiagramm aufgeführten Ländern und stellen ihre Ergebnisse im Plenum vor.

Alternative S recherchieren in Kleingruppen zu je 2 bis 3 der vorgestellten Ländern im Internet und sammeln ihre Ergebnisse anschließend arbeitsteilig und in kurzer Form auf verschiedenen DIN A3-Blättern, die später aufgehängt werden.

Differenzierung Leistungsstärkere Gruppen stellen ihre Ergebnisse in Interviewform (dialogisches Sprechen) vor. Ein S übernimmt dabei die Rolle eines Zeitungsreporters, ein anderer die des Einwanderers. In ihren Gruppen überlegen die S zunächst gemeinsam, welche Fragen sie stellen können.

Auswertung Im Plenum.

Alternative — Im ▶ Gallery walk.

● Differenzierung — Im Interview.

Lösungsbeispiel — *Most of the immigrants in 2013 came from Mexico. There are several reasons for this. On the one hand, Mexico borders on the USA. This makes it easier for people to get there. Some of them try to enter the USA illegally. On the other hand, Mexico is a poor country and the USA are a rich country. The Mexicans hope that they will have better economic chances in the USA.*

3 The Green Card Lottery

Einstieg — **SB geschlossen.**

L: *You know of yellow cards and red cards from football. Have you ever heard of green cards? What's a green card?*

S stellen Vermutungen an oder bringen Vorwissen ein. S: *You need a green card if you want to work in a foreign country. / I think it's a special card in hockey ...*

L: *Let's see what a Green Card really is.*

Erarbeitung — **a)** **SB geöffnet.** S lesen den Text, überprüfen ihre Vermutungen und beantworten die Frage im SB.

Auswertung — Im Plenum.

Lösung — *A Green Card is a visa that allows you to live and work in the US for as long as you want.*

Erarbeitung — **b)** Gemäß SB.

○ Differenzierung — L stellt leistungsschwächeren S Antwortmöglichkeiten zur Verfügung (Tafel / Whiteboard / AB).

1 *Who is allowed to take part in the lottery?*
- *a) People from countries all over the world.*
- *b) Only people from poor countries.*
- *c) People from low-immigration countries. (✓)*
- *d) People who have family members in the US.*
- *e) Only well-educated people.*

2 *Do all applicants have equal chances?*
- *a) Yes, they do. The chances are equal for all applicants.*
- *b) No, they don't. The chances are better for women from India.*
- *c) No, you must be lucky.*
- *d) If you live in a big country, your chances are better.*
- *e) If you live in a small country with few immigrants, your chances are better. (✓)*

Auswertung — Im ▶ Lerntempoduett.

Lösung — *People from low-immigration countries.*
Applicants from smaller countries with very low immigration have better chances.

Erarbeitung — **c)** Partner, die sich über das Lerntempoduett gefunden haben, bearbeiten auch diese Aufgabe gemeinsam.

Auswertung — Im ▶ Partner talk.

Lösung — Individuelle Lösungen.

Didaktisch-methodisches Glossar

Akrostichon *(Acrostic)*

Das Akrostichon (griechisch *akros:* Spitze, *stichos:* Vers) ist eine Versform, bei der die Zeilenanfänge hintereinander gelesen einen Sinn, z. B. einen Namen oder einen Satz, ergeben. Dies können Buchstaben bei reinen Wortfolgen oder Worte bei Versfolgen sein.

Im Unterricht wird meist folgende vereinfachte Form eingesetzt: Die Buchstaben eines Wortes werden senkrecht untereinander geschrieben. Jeder Buchstabe kommt auch in einem anderen Wort vor (häufig als Anfangsbuchstabe), diese Wörter werden waagerecht um das senkrechte Startwort angeordnet.

Antwortkärtchen

► Right/wrong cards

Appointments

Die kooperative Lernform *Appointments* ist eine gesteuerte Form von wechselnder PA in vier Phasen:

1. Die S schreiben drei vorgegebene Uhrzeiten in eine Tabelle. Dann gehen sie zu drei Mit-S, bitten jeweils um ein *appointment* zu den drei notierten Zeiten *(Can we meet at 1/2/3 o'clock?)* und tragen die Namen der Mit-S bei der entsprechenden Uhrzeit in ihrer Tabelle ein.
2. Im zweiten Schritt bearbeiten die S die Aufgabenstellung zunächst für sich und halten ihre Antwort in der Tabelle fest.
3. Auf das Signal von L *(It's 1/2/3 o'clock.)* gehen die S zum jeweiligen *appointment* mit ihrem Mit-S, befragen ihn und notieren die Antwort in der Tabelle.
4. In der letzten Phase berichten die S im Plenum über ihre Umfrageergebnisse.

Thema	Me: ______	1 o'clock Name: ______	2 o'clock Name: ______	3 o'clock Name: ______
Frage 1				
Frage 2				
Frage 3				

Bewegtes Lernen

Insbesondere die Ausweitung von Ganztagsschulen führt dazu, dass S länger im Unterricht sitzen und sich weniger bewegen. Neben gesundheitlichen Auswirkungen ist dies auch aus lernpsychologischer Sicht nicht förderlich für den Lernprozess. Der Faktor Bewegung verhilft S u. a. durch die Verknüpfung beider Hirnhälften miteinander, ihre Aufnahme- und Konzentrationsfähigkeit zu erhalten bzw. wiederherzustellen.
Im Sinne eines effektiven Fremdsprachenlernens sollten Bewegungselemente daher ein integrativer Bestandteil des Unterrichts sein. Dazu zählen neben dem Prinzip der ► Total Physical Response, bei dem Formulierungen in der Zielsprache mit „passenden" Bewegungen assoziiert werden, auch kooperative Lernformen (z. B. ► Bus stop), bei denen dem Aspekt Bewegung in einem inhaltlichen Kontext Rechnung getragen wird.

Binnendifferenziertes Arbeiten

Heterogene Lerngruppen erfordern einen individualisierten Unterricht, in dem differenziert auf lernstärkere sowie lernschwächere S eingegangen wird.
Zum einen kann hier das Potential lernstärkerer S genutzt werden, indem sie aufstehen, sobald sie eine Aufgabe fertig bearbeitet haben. S, die sich mit der Aufgabe schwertun, können sich melden und von einem der stehenden S Unterstützung holen (siehe: Schüler als Experten). Dieses Vorgehen gewährleistet einen weitestgehend ruhigen Arbeitsablauf.
Da es in vielen Situationen nicht nötig ist, allen S der Lerngruppe Differenzierungshilfen zu geben, bietet es sich zum anderen an, diese verdeckt zu geben (► Optional help). Von den Gegebenheiten im Unterrichtsraum abhängig können Hilfen z. B. hinter die Tafel oder auf

ein verdecktes Flipchart geschrieben werden. Sie können auch kopiert in Briefumschläge gelegt werden, die sich die S an ihren Tisch holen und nach Gebrauch wieder zurücklegen.

Blitzlichtrunde Die Methode der Blitzlichtrunde ermöglicht es allen S, eine kurze, persönliche Stellungnahme zu einem bestimmten Impuls (z. B. Fragen, Themen, Zitate etc.) mündlich abzugeben. Dabei strukturieren die S ihre Gedanken in jeweils nur einem Satz und äußern diesen einer nach dem anderen (meist im Sitzkreis). Die Beiträge der S werden nicht gewertet oder kommentiert. Die Einsatzmöglichkeiten der Methode umfassen den Einstieg in ein neues Thema, als Ritual für die Stundeneröffnung (z. B. Rückmeldungen oder Austausch zum letzten Lernstoff) oder für Evaluationen (z. B. als Reflexion für Gruppenarbeiten oder zu Aufgabenstellungen).

Brainstorming *Brainstorming* ist eine Methode, bei der durch freies Assoziieren möglichst viele – auch ungewöhnliche und zunächst scheinbar abwegige – Ideen und / oder Lösungsmöglichkeiten zu einem bestimmten Thema gefunden werden sollen. In der ersten Phase werden Ideen gesammelt, erweitert, kombiniert und schriftlich festgehalten. In der zweiten Phase stehen das Kommentieren und die Bewertung der einzelnen Ideen im Mittelpunkt, um zu einer Entscheidung zu gelangen. Verschiedene Techniken können beim *Brainstorming* zum Einsatz kommen:

- Listensystem: Alle Ideen werden untereinander aufgelistet; dabei bekommt jede Idee eine eigene Zeile. Wichtige Ideen werden dann unterstrichen und ggf. nach Wichtigkeit nummeriert, unwichtige gestrichen.
- Mindmap: Das Thema wird in der Mitte des Blattes festgehalten. Dann werden Oberbegriffe, die zu diesem Thema passen, mithilfe von Hauptästen hinzugefügt. Schließlich kommen Ideen, die zu den Oberbegriffen passen, auf Nebenäste. Die Mindmap erfordert bereits bei der Erstellung eine Strukturierung.
- W-Fragen: *Who? What? When? Where? Why?* Diese Fragewörter werden in eine Tabelle geschrieben. Die Ideen zur jeweiligen Frage werden darunter festgehalten.

***Bus stop* (Lerntempoduett)** Die Methode des Lerntempoduetts *(Bus stop)* ermöglicht es den S, gemäß ihrer individuellen Arbeitsgeschwindigkeit zu arbeiten und ihre Arbeitsergebnisse eigenverantwortlich in PA zu kontrollieren, z. B. in gestuften Übungsarrangements. Dabei ist es nicht das Ziel, alle Aufgaben zeitlich zu schaffen, sondern je nach individuellem Lernstand das eigene Pensum zu erledigen (Ermöglichen zieldifferenten Arbeitens).
Um jederzeit auf diese kooperative Lernform zurückgreifen zu können, empfiehlt es sich, dass L im Klassenraum – z. B. in den vier Raumecken – Schilder mit dem Symbol einer Bushaltestelle anbringt, die entsprechend durchnummeriert sind (A–D oder 1–4). Diese Schilder können von den S selbst erstellt und für alle Fächer genutzt werden.

Ablauf:

1. Die S bearbeiten die erste Aufgabe ihrer Wahl in EA.
2. Wenn ein S fertig ist, begibt er sich zum jeweiligen *Bus stop* im Klassenraum und wartet auf einen Mit-S, der die gleiche Aufgabe bearbeitet hat. Um evtl. Wartezeiten zu überbrücken, kann L dort kleinere (spielerische) Aufgaben mit hohem Aufforderungscharakter bereitlegen. Die S besprechen ihre Ergebnisse in PA. Um zu gewährleisten, dass der Austausch auf Englisch stattfindet, kann L im Vorfeld Redemittel zur Verfügung stellen.

   Alternativ (z. B. wenn keine Schilder zur Verfügung stehen) kann die Methode auch durchgeführt werden, indem S, die fertig sind, aufstehen und durch vorher vereinbarte Handzeichen, z. B. das Hochhalten von Fingern (1 Finger: Aufgabe 1 usw.) einen entsprechenden Partner finden, der die gleiche Aufgabe bearbeitet hat und für die PA bereit ist.

3. Nach erfolgtem Lösungsvergleich begeben sich die S wieder an ihre Plätze und arbeiten an der nächsten Aufgabe weiter. Die Kontrolle erfolgt am nächsten *Bus stop*, i. d. R. mit einem anderen Mit-S, der ebenfalls die Aufgabe schon bearbeitet hat.

   Eine abschließende Kontrolle aller Aufgaben im Zusammenhang kann schließlich im Plenum oder mithilfe eines Lösungsblattes erfolgen und durch eine Reflexion der Methode ergänzt werden.

Buddy book

Ein *Buddy book* ist ein individuelles, von den S gestaltetes Merkheft, das in Kurzform wichtige Informationen zu einem Thema (z. B. Grammatikregeln, Lesetexte, Landeskunde, Vokabelsammlungen, Recherche, etc.) enthält und auch zur Präsentation von Ergebnissen oder für das Dossier verwendet werden kann. Zu diesem Zweck wird ein DIN A4-Blatt wie folgt gefaltet:

1. Ein normales DIN A4-Blatt wird auf DIN A5-Format gefaltet. Das DIN A5-Format wird ein weiteres Mal zu DIN A6 gefaltet und dieses anschließend zu DIN A7.
2. Das auf DIN A7-Format gefaltete Papier wird wieder aufgeklappt, sodass man wieder ein DIN A4-Blatt erhält.
3. Das Blatt wird erneut auf DIN A5-Format gefaltet. Im Hochformat betrachtet wird die waagerechte Faltkante von der geschlossenen Seite aus bis zur Mitte eingeschnitten.
4. Abschließend wird das Blatt so gefaltet, dass ein *Buddy book* mit acht Seiten entsteht.

Zur Visualisierung der Falttechnik siehe z. B.: http://wikis.zum.de/zum/Buddy_Book.

Buzz group (Murmelgruppe)

Die *Buzz group* ist eine variabel einsetzbare Methodik, um S zu eigenen Stellungnahmen anzuregen oder auch Verständnisfragen zu klären.

1. L bittet S, mit den Nachbarn spontane Kleingruppen zu bilden und sich in den nächsten (zwei) Minuten leise über die Frage / das Thema zu unterhalten.
2. L sorgt wieder für Ruhe (akustisches Signal) und animiert einige Gruppen dazu, die Klasse kurz über die Inhalte ihres Gesprächs zu informieren.

Tipp: Bei schwierigeren Themen ist es sinnvoll, Moderationskarten bereitzustellen, um offene Fragen an Pinnwänden auszuhängen und damit weiterzuarbeiten.

Buzz reading (Lesegemurmel)

Das *Buzz reading* dient dazu, den Redeanteil aller S zu erhöhen und Sprachhemmungen abzubauen. Alle S lesen einen bekannten Text gleichzeitig und leise murmelnd vor sich hin. Die Methode kann flexibel im Unterricht eingesetzt werden. Es empfiehlt sich, diese Phase kurz zu halten und sie z. B. zur Vorbereitung auf einen Lesevortrag einzusetzen. In Kombination mit dem ▶ Mitleseverfahren trägt diese Methode besonders zur Festigung von Aussprache und Intonation bei.

Continue my story

Nach Vorgabe eines spannenden / interessanten Einstiegssatzes erstellen die S mündlich eine fortlaufende Geschichte, wobei jeder S nacheinander einen semantisch passenden Satz zur Geschichte ergänzt.

Correcting circle (Schreibkonferenz)

Bei der Methode *Correcting circle* (auch *Peer correction*) handelt es sich um die gegenseitige Textkorrektur und Hilfe der S untereinander. Diese Form des Feedbacks ist für manche S weniger einschüchternd als die Fehlerkorrektur durch L. Die Methode eignet sich besonders für die Arbeit in Kleingruppen. Es sollte ein Kriterienkatalog für die Textkorrektur vorliegen, der vorher gemeinsam erarbeitet werden kann.

Ablauf:
1. Jedem S wird ein spezielles Gebiet zugeteilt (z. B. *content, structure, spelling, tenses, word order*).
2. Die S geben ihre Texte reihum weiter und nehmen Korrekturen zu ihrem Gebiet vor, bis der Text wieder bei seinem Verfasser angekommen ist.
3. Zum Abschluss fertigt jeder S eine Reinschrift seines Textes an.

L sammelt nach dem Zufallsprinzip einige Ergebnisse zur Bewertung ein. Im Sinne des selbstständigen Lernens kann vereinbart werden, dass S eine *DOs-and-DON'Ts*-Liste anlegen, die in der Klassenarbeit verwendet werden darf. Dies hilft S bei der Selbstkorrektur und motiviert, an den eigenen Fehlern zu arbeiten.

Democratic vote Davon ausgehend, dass bei Gruppenarbeiten häufig die Frage aufkommt, welches Gruppenmitglied das Ergebnis präsentiert, stellt die *Democratic vote* ein Zufallsprinzip zur Auswahl eines S aus einer Gruppe dar. Um möglichst alle S in den Arbeitsprozess einzubinden, sollte erst am Ende der Arbeitsphase ein S bestimmt werden, der das Ergebnis vorstellt. Zur Auswahl dieses S stellen sich alle Gruppenmitglieder in einem Kreis auf und zeigen auf ein Signal hin auf einen S der Gruppe. Der S, auf den die meisten oder die wenigsten Finger zeigen, trägt das Ergebnis vor. Damit sich jedoch die S nicht schon vorher einen Mit-S „aussuchen", sollte regelmäßig zwischen beiden Varianten gewechselt werden.

Didaktische Folge Für den effektiven Spracherwerb ist es bei der Einführung von neuem Wortschatz wichtig, die didaktische Folge zu beachten. Dabei ist die Reihenfolge der Fertigkeiten, die im Zusammenhang mit einem neuen Lexem gefordert sind, genau festgelegt:

1. Hören: Die S hören ein neues Wort mehrfach (Sprachvorbild L oder CD).
2. Sprechen: Die S sprechen das neue Wort mehrfach nach (► Lautschulung).
3. Lesen: Die S sehen das Schriftbild und lesen das neue Lexem.
4. Schreiben: Erst in diesem Schritt produzieren die S das neue Wort schriftlich.

Mit zunehmendem Lernstand können S in verstärktem Maße, vor allem in der Textarbeit, auf erworbene Erschließungstechniken zurückgreifen.

Discussion tickets Die S erhalten vor einer *speaking activity* (z. B. *discussion, role play* etc.) jeweils drei bis vier *discussion tickets,* mit denen sie während der Diskussion für jede Äußerung bezahlen. Dadurch müssen alle S mindestens drei- bis viermal reden, dürfen aber auch nicht mehr beitragen, sodass die Diskussion gleichmäßig von allen getragen wird.
Variante: Die *discussion tickets* können auch bestimmte Redemittel enthalten, die von den S an passenden Stellen in der *speaking activity* verwendet werden müssen. Sie können auch Angaben für den Diskussionsprozess enthalten, die im Laufe der Diskussion befolgt werden müssen (z. B. *In the course of the discussion ask one of the students in your group for his/her opinion./In the course of the discussion use the following phrase: I see what you mean but ...).*

***Double circle* (Doppelter Stuhlkreis, Kugellager)** Die kooperative Lernform *Double circle* ist eine Form von wechselnder PA, die sich zum Üben von Diskussionsstrategien eignet. Sie ermöglicht einen hohen Sprachumsatz bei niedriger Hemmschwelle zur aktiven Teilnahme.

Ablauf:
1. Die S sitzen (oder stehen) sich in einem Innen- und einem Außenkreis gegenüber. Sie diskutieren ein vorgegebenes Thema oder eine Fragestellung mit ihrem Gegenüber und machen sich ggf. Notizen.
2. Auf ein (akustisches) Signal von L hin bewegen sich entweder die S im Innen- oder im Außenkreis um einige Plätze weiter, damit neue Paarungen entstehen. L bestimmt sowohl die Länge der Gesprächszeit als auch die Anzahl der weiterzurückenden Plätze.
3. In einem zweiten Durchgang berichten sich die S über das Gehörte, wobei die Partner jeweils korrigieren und erganzen. So sind die S zum aktiven Zuhören gezwungen.

Als Variante bietet es sich an, Innen- und Außenkreis verschiedene Themen oder Fragestellungen zu geben, die sich die S gegenseitig erklären oder beantworten.

English corner Die *English corner* ist eine Pinnwand bzw. ein Teil einer Pinnwand im Klassenzimmer, die ganz dem Fach Englisch vorbehalten ist. In der *English corner* werden z. B. Unterrichtsergebnisse (Texte, Poster etc.) ausgestellt. Der Bereich wird von den S grafisch-visuell gestaltet, sodass er leicht erkennbar ist. Zum einen ergibt sich hierdurch die Möglichkeit, z. B. an

Elternabenden oder sonstigen Schulveranstaltungen die Unterrichtsprodukte zu veröffentlichen. Zum anderen können in der *English corner* weitere Lernangebote für *fast finishers* dargeboten werden.

Im Sinne des ▸ Binnendifferenzierten Arbeitens können zudem lernstärkere S die ausgestellten Produkte korrigieren bzw. den Mit-S nach vorgegebenen Kriterien Feedback geben.

English-only-Karte Die *English-only*-Karte ist ein nützliches Hilfsmittel um den S einen Anreiz zu geben, Hemmungen zu überwinden und auch in GA mit den Mit-S Englisch zu sprechen. Sie wird als Hinweis für die S zu Beginn einer einsprachigen Arbeitsphase an die Tafel geheftet und fungiert dann wie ein „Schwarzer Peter": Wer Deutsch spricht, erhält die Karte und darf sie erst abgeben, wenn ein anderer S Deutsch spricht. Wer bei Beendigung der Arbeitsphase die Karte besitzt, muss eine kleine Pflicht erfüllen, wie z. B. einen Zungenbrecher oder Limerick vortragen oder einen spontanen Kurzvortrag (z. B. *My life as a chair*) halten.

Feedback Die Durchführung von Feedback-Phasen ist von grundlegender Bedeutung für die Entwicklung von methodischen Kompetenzen wie beispielsweise Vortragstechniken. Als Grundlage werden im Vorfeld klare Kriterien definiert, an denen sich das Feedback orientiert. Folgende Regeln sollten dabei beachtet werden:

1. Das Feedback wird so konkret wie möglich formuliert. Dabei werden immer zuerst positive Dinge genannt, bevor in einer zweiten Runde optimierungswürdige Aspekte angeführt werden – am besten mit Handlungsalternativen.
2. Zunächst hat der Präsentierende Gelegenheit, sich zu äußern, danach die übrigen S und zuletzt ergänzt L.
3. Wer ein Feedback gibt, sollte versuchen, das Gesehene zu beschreiben, anstatt zu bewerten. Dabei redet man den Angesprochenen am besten direkt an (also 2. Person, nicht 3.), wobei Meinungen in der Ich-Form vorgetragen werden sollten.

Die Person, die das Feedback erhält, sollte zuhören und es vermeiden, sich zu verteidigen. Letztlich geht es darum, sich selbst durch die Kritik der anderen zu verbessern. Hierzu ist es auch sinnvoll die Rückmeldungen in einer Art *DOs and DON'Ts*-Liste zu notieren.

Film dice Den Zahlen 1–6 eines Würfels werden Satzanfänge zugeordnet, mit deren Hilfe die S den Film oder Filmausschnitt kommentieren. Alternativ basteln die S einen Würfel, auf dem die Satzanfänge stehen. Die Methode ist in PA oder in Vierergruppen möglich. Falls ein S einen Satzanfang ein zweites Mal würfelt, muss er den Wurf wiederholen.

Fishbowl discussion Es handelt sich um eine dynamische Diskussionsform, die eine Mischung aus Podiumsdiskussion und Diskussion im Plenum darstellt. In einem Innenkreis sitzend tauschen fünf S ihre Argumente aus, während die übrigen S im Außenkreis sitzend oder stehend die Diskussion beobachten. Ein Stuhl im Innenkreis ist frei. Auf diesen kann sich jederzeit ein Beobachter aus dem Außenkreis setzen, um selbst aktiv an der Diskussion teilzunehmen. Nach seinem Beitrag kehrt dieser S wieder in den Außenkreis zurück und der nächste Beobachter kann teilnehmen. Auf diese Weise können auch stillere S ihre Sprechhemmungen abbauen, da sie sich zunächst als Beobachter in die Diskussion einfinden können, bevor sie selbst aktiv werden. Gleichzeitig haben sie die Sicherheit, dass sie jederzeit wieder in ihre Beobachterrolle im Außenkreis zurückkehren können.

Vor Beginn der Diskussion sollte bestimmt werden, welche Positionen (Ansichten) die fünf S im Innenkreis in der Diskussion einnehmen. Ggf. werden Rollenkarten verteilt. Die S im Außenkreis beobachten den inhaltlichen und formalen Verlauf. Über gezielte und differenzierte Beobachtungsaufträge (z. B. Verwendung von Redemitteln, Beitragshäufigkeit, Gesprächsverhalten, Argumentationstiefe, Sprechlautstärke etc.) kann anschließend der Diskussionsverlauf reflektiert werden.

Five-finger brainstorming — Das *Five-finger brainstorming* intendiert eine begrenzte Sammlung von Informationen zu einem Thema bzw. Sachverhalt. Die S zeichnen dazu ihre eigene Hand auf ein Blatt Papier und notieren in jedem Finger einen Aspekt zur vorgegebenen Frage- oder Themenstellung. Einsatzort ist insbesondere die Einstiegsphase zur Reaktivierung oder zur Sammlung des Wortschatzes als Grundlage für den weiteren Ablauf der Unterrichtsstunde (z. B. die Sammlung von Vor- und Nachteilen für eine sich anschließende Diskussion; die Sammlung von eigenen Interessen für eine folgende kurze Mini-Präsentation etc.).

Flashcards — *Flashcards* sind Bildkarten, die den S helfen, das Laut- bzw. Schriftbild eines Wortes nachhaltig mit seiner Bedeutung zu verknüpfen. Sie nutzen den auditiven und visuellen Lernkanal parallel *(Dual Code Theory)*, wenn ihnen ein Wort mit dem entsprechenden Bild präsentiert wird und damit im Gehirn verknüpft werden kann. Als Applikationen an der Tafel eignen sich *Flashcards* auch besonders zur schüleraktivierenden Wortschatzarbeit, z. B. indem in einer Reorganisationsphase die Bilder den entsprechenden Wörtern zugeordnet werden.

Gallery walk (Galeriespaziergang) — Die kooperative Lernform *Gallery walk* bietet eine gute Möglichkeit, Arbeitsergebnisse zu präsentieren und zu diskutieren.

Ablauf:

1. Die S sind in EA oder GA zu einem Arbeitsergebnis gelangt (z. B. Text, Bild, Poster), das im Raum ausgestellt wird.
2. Die S gehen einzeln oder in Gruppen im Uhrzeigersinn von Station zu Station und schauen sich die Ergebnisse der anderen an.
3. Wenn alle S alle Arbeitsergebnisse gesehen haben, präsentieren sie entweder nacheinander ihre Eindrücke oder besprechen sie gemeinsam in der Klasse.

Als Variante der GA bietet es sich an, die S neu aufzuteilen. In jeder neuen Gruppe sollte jeweils ein S aus den ursprünglichen Gruppen sein. Derjenige aus der neuen Gruppe, der an dem ausliegenden Produkt mitgewirkt hat, präsentiert es den anderen. Die Gruppen wechseln im Uhrzeigersinn so lange die Tische, bis jeder S jedes Gruppenergebnis einmal erklärt bekommen hat und sein eigenes Gruppenprodukt einmal erklären musste.

Gruppenbildung — Eine Einteilung der S in Gruppen kann mithilfe folgender Methoden erfolgen:

1. Methoden mit gelenktem Zufall: L bereitet Elemente vor, die zusammen ein Ganzes ergeben. Dies können z. B. Puzzleteile sein, die ein Bild ergeben, oder Wortkarten, die einem Oberbegriff zugeordnet werden können. Die S ziehen ein solches Element und finden sich in den jeweils entsprechenden Gruppen zusammen.
2. Gruppen können durch Auszählen, Würfeln oder nach dem *Line-up*-Verfahren gebildet werden. Bei diesem stellen sich S in der aufsteigenden Reihenfolge ihrer Geburtstage oder Hausnummern auf. L zählt dann die benötigten Gruppen ab, z. B. die ersten drei S, die gemeinsam eine Gruppe bilden, usw.
3. L teilt Gruppen ein und gibt die Namen der Gruppenmitglieder bekannt. Dabei sollten Leistungsniveau, Arbeitstempo und Sozialverhalten der S berücksichtigt werden.

Herringbone technique — Diese Technik fungiert als *graphic organizer* und ermöglicht es den S, Informationen aus einem Text (in der Regel den fünf *wh*-Fragen und *how*) in übersichtlicher Form zusammenzufassen. Zu diesem Zweck zeichnen die S eine schematische Fischgräte mit sechs Abzweigungen in ihr Heft und notieren dazu das jeweilige Fragewort und die entsprechenden Informationen.

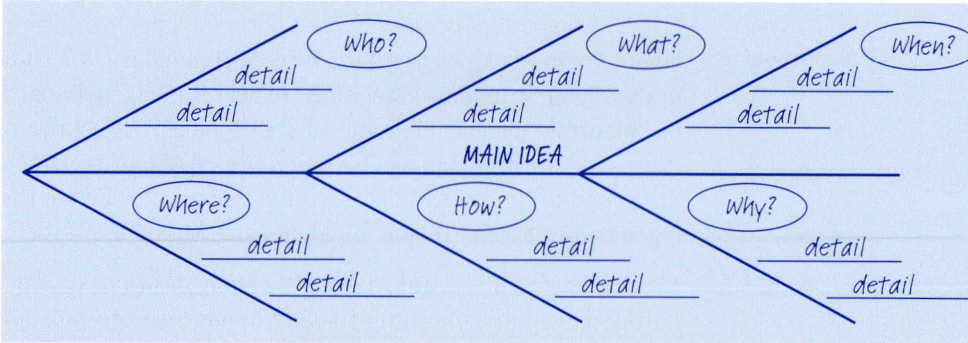

Hot seat

Bei der Methode *Hot seat* setzt sich ein S auf einen „heißen Stuhl", d. h. der Fokus des Unterrichtsgeschehens liegt für einen Moment auf ihm. Er wird entweder von den Mit-S befragt oder muss selbst seine (kontroverse) Meinung wiedergeben. Auf diese Weise können zuvor erarbeitete Unterrichtsinhalte zur Diskussion gestellt bzw. genutzt werden. L kann hierzu einen *Hot seat* gut sichtbar für alle S in der Klasse platzieren oder der „heiße Stuhl" wird sinnbildlich auf einen S übertragen, der an seinem Platz sitzen bleibt.
Variante: L stellt fünf Stühle vor der Klasse auf. Vier Stühle werden von S besetzt. Jeweils zwei vertreten den gleichen Standpunkt (z. B. *We like the film, because.../We don't like it, because...*). Der freie Stuhl kann von Mit-S, die die Diskussion verfolgen, belegt werden, um fehlende Gesichtspunkte zu ergänzen.

Info-gap activity

Bei der *Info-gap activity* handelt es sich um eine kooperative Lernform, die den aktiven Umsatz der Fremdsprache erfordert und schult. Den S fehlen Informationen zum Lösen einer Aufgabe, die ihrem Partner vorliegen und die sie durch gegenseitiges Befragen herausfinden. Es empfiehlt sich PA in einem festem Team (Partner A, Partner B).

Für die Durchführung müssen den S die Informationen und die zu füllenden Lücken vorliegen (Kopiervorlage, Arbeitsblatt, Tabelle im SB etc.). Es ist sinnvoll, den S eine Zeitvorgabe für die Bearbeitung zu machen. Eine Auswertung der Ergebnisse kann zunächst mit einem anderen S-Paar und anschließend im Plenum geschehen.

Jigsaw (Gruppenpuzzle)

Als *Jigsaw* wird eine arbeitsteilige Gruppenarbeit in zwei Phasen bezeichnet.

1. Phase: Die S bilden Expertengruppen (Gruppe A, B, C etc.), innerhalb derer jedem Gruppenmitglied eine Nummer zugeteilt wird (1, 2, 3 etc.). Alle S einer Expertengruppe (A1, A2, A3 etc.) bearbeiten innerhalb einer vorgegebenen Zeitspanne die gleiche Aufgabe in EA. Anschließend diskutieren die S ihre Arbeitsergebnisse und halten die wichtigsten Informationen fest. Bei Abschluss der 1. Phase verfügen somit alle Mitglieder der Expertengruppe über die gleichen Informationen.

2. Phase: Es werden nun Querschnittsgruppen gebildet, in denen alle S mit der gleichen Nummer zu einer neuen Gruppe zusammenkommen (A1, B1, C1 etc.). Die S berichten den neuen Gruppenmitgliedern über die Ergebnisse ihrer Expertenrunde und beantworten Fragen. Alle S machen sich hierbei Notizen, sodass sie abschließend in der Lage sind, die Ergebnisse sowohl in ihrer Stammgruppe als auch ggf. im Plenum zu präsentieren.

Klären der Arbeitsanweisung

Für das Klären von Arbeitsanweisungen gibt es unterschiedliche Möglichkeiten. Im Hinblick auf selbstständiges Arbeiten sollten S möglichst früh dazu befähigt werden, Arbeitsanweisungen ohne Hilfe von L zu erschließen. Damit S sich aktiv mit der Arbeitsanweisung auseinandersetzen, empfiehlt sich folgendes Vorgehen:

1. Stilles Lesen der Arbeitsanweisung
2. Verständnisklärung mit einem Partner
3. Erklärung der Arbeitsanweisung durch einen S im Klassenverband
4. Bestätigung oder Korrektur durch L

Andere Möglichkeiten sind:
1. L demonstriert die Vorgehensweise (ggf. mit einem S) anhand von Gesten, einem Produkt oder Beispielen.
2. Die Arbeitsanweisung wird gemeinsam im Plenum gelesen und erläutert.

Kugellager ▶ Double circle

Lautschulung Für die Lautschulung bieten sich verschiedene Techniken an:

1. Chorsprechen: Es bietet besonders zurückhaltenden S eine gute Übungsmöglichkeit. Hoher Sprachumsatz, da alle S gleichzeitig sprechen. L spricht jeweils vor und gibt dann ein Zeichen (z. B. Gestik: Hand ans Ohr halten), auf das hin die S nachsprechen.
2. Nachsprechen im Teilchor: L teilt Gruppen ein (z. B. Tischgruppen, Sitzreihen, Jungen/Mädchen), die auf das Signal hin nachsprechen. Diese Methode dient dazu, Fehler genauer zu lokalisieren.
3. Einzelsprechen: Dies bietet die Möglichkeit, eine individuelle Korrektur durchführen zu können.

Nachsprechen sollte generell abwechslungsreich gestaltet werden – durch Lautstärke, Geschwindigkeit, verstellte Stimme *(like a parrot, like a computer)*. Neben der Lautschulung von einzelnen Wörtern können auch ganze Sätze nachgesprochen werden, um das Intonationsmuster der Fremdsprache zu üben.

Lerntempoduett ▶ Bus stop

Leseacht Die Methode Leseacht ermöglicht den S ein kooperatives Erschließen eines Sachtextes, indem sie sich den Text absatzweise abwechselnd vorlesen und sich beim Erfassen des Textinhaltes gegenseitig unterstützen können. Dabei werden zwei Stühle so aufgestellt, dass die S in entgegengesetzte Richtungen blicken. Mit der „20-cm-Stimme" klappt der verbale Austausch untereinander ohne Mit-S zu stören.

Lesegemurmel ▶ Buzz reading

Lesetechniken Die Leseintention legt fest, wie tief die S in einen Text eindringen müssen, um die gewünschten Informationen zu erhalten. Die S müssen lernen, dass die Tiefe des Textverständnisses eng an die gestellten Aufgaben gebunden ist, und abhängig davon eine passende Lesetechnik auswählen und anwenden. Für L bedeutet dies sorgfältig zu prüfen, welche Intention die Aufgaben zum Leseverstehen haben und welche Leseleistungen die S zur Lösung jeweils erbringen müssen.
Die folgenden Lesetechniken eignen sich für unterschiedliche Aufgabenstellungen. Als überfliegende Lesetechniken stehen sie dem vollständigen Lesen eines Textes, dem *Reading for detail*, gegenüber:

Skimming: Das *Skimming* stellt eine erste, oberflächliche Beschäftigung mit dem Text dar. S überfliegen Überschriften, Fotos/Zeichnungen oder die Aufmachung des Textes. Dies gibt ihnen z. B. Aufschluss über das Thema oder den möglichen Inhalt und zeigt, ob der Text für sie interessant ist oder ihnen zum Lösen einer Aufgabe nützt.

Speed reading: Beim *Speed reading* geht es darum, einen Text zu überfliegen, einen groben Eindruck zu gewinnen und nach *key words* zu suchen. *Speed reading* bedeutet, mit einem Blick mehr Wörter zu erfassen als gewöhnlich, um eine höhere Lesegeschwindigkeit zu erreichen.

Scanning: Das *Scanning* ist eine suchende Lesetechnik, die auf Schlüsselwörter und -gedanken ausgerichtet ist. Dabei gehen die S von einer Frage oder Aufgabe aus und überfliegen den Text, bis sie die gesuchte Information gefunden haben. Auch hier ist es nicht das Ziel, den Inhalt des gesamten Textes oder jedes unbekannte Wort zu verstehen.

Line-up-Verfahren ▶ Gruppenbildung

Market-place activity (Marktplatz)
Bei der kooperativen Lernform *Market-place activity* sprechen die S mit verschiedenen Partnern über ein vorgegebenes Thema.

Ablauf:
1. Die S bewegen sich frei im Klassenraum. L stellt eine Aufgabe, die S in einem vorgegebenen Zeitrahmen bearbeiten. Dieser kann durch ein akustisches Signal wie z. B. das Abspielen und Anhalten von Musik begrenzt werden.
2. Auf das vereinbarte Signal hin bleiben die S stehen und tun sich mit dem S zusammen, der vor ihnen steht. Die Partner tauschen sich über das Thema bzw. die Aufgabe aus. Je nach Aufgabenart machen sich die S Notizen.
3. Auf das erneute Signal durch L wechseln die S ihren Partner, sodass sie in einem begrenzten Zeitraum mit möglichst vielen S sprechen.
4. Die Ergebnisse können in einem anschließenden Unterrichtsgespräch ausgewertet werden.

Die *Market-place activity* ist eine Form der ▸ Milling-around activity.

Mediation (Sprachmittlung)
Vermittlungsstrategie zwischen Gesprächspartnern, die sich nicht direkt sprachlich verständigen können. Im Englischunterricht bedeutet dies die zusammenfassende, paraphrasierende Wiedergabe eines Hör- oder Lesetextes in der jeweils anderen Sprache. Bei der *Mediation* werden vom Sprachmittler sowohl rezeptive Kompetenzen (einen Ausgangstext zu verstehen) als auch produktive Kompetenzen (einen Ausgangstext in der anderen Sprache wiederzugeben) und häufig auch interkulturelle Kenntnisse verlangt.

L kann den S zur Unterstützung folgende Leitregeln geben:
- Keine Wort-für-Wort-Übersetzung!
- Freie Wiedergabe der wichtigsten Informationen!
- Nicht alle Details wiedergeben!

Meldekette
Die Meldekette dient der Förderung der Schüler-Interaktion. Sie ist in Plenumsphasen universell einsetzbar, z. B. zur Auswertung von Ergebnissen oder zur Besprechung von Aufgaben. Die S rufen sich gegenseitig auf, wobei jeder S einen Satz oder eine Antwort nennt. L greift nur bei Bedarf korrigierend ein.

Metakognition
Metakognition bedeutet, dass S über ihr Lernen nachdenken, Strategien und Methoden reflektieren und daraus die für sie geeigneten Lernstrategien ableiten. Bereits zu Beginn des Sprachenlernens ist es wichtig, dass S hinterfragen, warum sie in einer Lernsituation so vorgehen, wie sie es tun. Die Erkenntnis dieses Prozesses soll den S helfen, das Sprachenlernen bewusst zu erlernen.

Milling-around activity
Bei dieser Methode bewegen die S sich innerhalb einer vorgegebenen Zeitspanne frei im Klassenraum und begeben sich wieder auf ihren Platz, sobald sie die relevanten Informationen erfragt haben. Auswertung im Plenum. ▸ Market-place activity

Mindmap
Eine Mindmap dient den S als „Gedankenkarte". Sie ordnen darin ihre Ideen übersichtlich an, wobei Zusammengehöriges beieinander steht, alle Ideen vernetzt werden können und Farben sowie Zeichnungen Wichtiges hervorheben. Mindmaps können individuell und in der Gruppe erstellt werden und eignen sich als Anregung für mündliche und schriftliche Äußerungen. Mögliches Vorgehen:

1. Die Ideen werden zuerst ungeordnet gesammelt (z. B. auf Kärtchen).
2. Im zweiten Schritt werden Oberbegriffe für die Ideen gefunden (z. B. auf farbigen Kärtchen).
3. Im letzten Schritt visualisieren die S diese Grundlagen systematisch in einer Mindmap.

Mini saga
Die S schreiben zu einem bestimmten Thema eine Geschichte, wobei die exakte Wortzahl von 50 erreicht werden muss. Aufgrund der begrenzten Wortzahl setzen sich die S lexikalisch, textlich und inhaltlich aktiv mit der Geschichte auseinander (z. B. *Write a mini saga about your best school day so far.).*

Mitleseverfahren Beim Mitleseverfahren hören die S während des Lesens eines neuen Textes diesen zugleich. Die Aktivierung des visuellen und des auditiven Kanals (Mehrkanallernen) ermöglicht eine enge Verknüpfung von Laut- und Schriftbild, sodass unbekannte Lexeme nachhaltiger verarbeitet werden können. Das Mitleseverfahren ist didaktisch dem Leseverstehen zugeordnet, da die primäre Sprachaufnahme über die Textvorlage erfolgt.
Das laute Lesen dient der Ausspracheschulung und nicht dem Leseverstehen, da durch die Konzentration auf die phonologische Oberfläche das Erfassen des Textinhalts erschwert wird. Als Faustregel gilt: Das laute Lesen sollte immer erst eingesetzt werden, nachdem ein Text bereits inhaltlich erarbeitet worden und unbekannter Wortschatz erschlossen worden ist.

Mnemotechniken Unter dem Begriff Mnemotechniken werden verschiedene Methoden des Gedächtnistrainings zusammengefasst. Im Fremdsprachenunterricht eingesetzt, helfen sie S, sich Worte und Informationen über die Schritte des Rekodierens, Assoziierens und schließlich des Abrufens besser einprägen zu können. Häufig verwendete Mnemotechniken sind das ▸ Akrostichon, das Finden von Ersatzwörtern, das Einprägen von Merkversen, die Assoziation von Begriffen/Schriftbild und Bildkarten (▸ Flashcards) und das Memo-Spiel.

Mothering *Mothering* beschreibt ein Korrekturverhalten der Lehrkraft, das mit dem Korrekturverhalten der Mutter bzw. der Eltern beim Mutterspracherwerb vergleichbar ist. Fehlerhafte Aussagen der S werden dabei z. B. durch Wiederholung, übertriebene Intonation oder übertrieben langsames Sprechtempo korrigiert.

Note-making Das Anfertigen von Notizen ist eine Methodenkompetenz, die auch im Alltag bedeutsam ist. Das *Note-making* ist für die S eine wichtige Fertigkeit zum Generieren und Organisieren von Informationen und Ideen. Die dazu notwendigen Arbeitsschritte reichen vom Sammeln, Sichten und Ordnen der Notizen bis zum Überarbeiten und Anwenden von Stichwörtern, Themen etc. Für das Ordnen von Notizen eignet sich auch eine ▸ Mindmap.

Note-taking Das *Note-taking* ist eine Strategie des Hörverstehens. Wenn möglich, versuchen die S zunächst aus Titel oder Überschrift und ggf. aus Fotos, Bildern oder Grafiken erste Informationen über den Hörtext abzuleiten. Sie stellen sich darauf ein und bauen inhaltliche Erwartungen auf. Während des Hörens machen sie sich Notizen. Diese dienen ihnen dazu, wichtige *key words* oder Ideen aus dem Hörtext festzuhalten. Grundlegendes in Form von Stichpunkten aufzuschreiben, ermöglicht nicht nur einen besseren Zugang zu einem Text, sondern den Zugriff auf das Notierte an späterer Stelle. Insgesamt wird dadurch das Lernen effektiver.

L kann folgende Tipps geben:
- Höre auf das, was gesagt wird und wie es gesagt wird.
- Halte einen Stift bereit und schreibe mit. Nicht jedes Wort ist wichtig.
- Nutze Abkürzungen und Symbole beim Notieren (z. B. Sternchen, Ausrufezeichen, Fragezeichen).
- Achte auf Schlüsselwörter und -sätze, besonders solche, die wiederholt werden.

Numbered heads together Diese kooperative Lernform ermöglicht eine hohe Schüleraktivierung, da die S, die das Gruppenergebnis präsentieren, per Zufallsprinzip ausgewählt werden und somit jeder S Verantwortung für das Gruppenergebnis übernehmen muss. Zunächst bildet L Gruppen (▸ Gruppenbildung). Innerhalb dieser Gruppen erhält nun jeder S eine Zahl (abhängig von der Gruppengröße). L (oder auch eine der Gruppen) stellt nun eine Aufgabe, die die Gruppen gemeinsam bewältigen. Das Startsignal für die Beratungsphase ist *Numbered heads together!* Nach Ablauf einer zuvor festgelegten Zeit beendet L die Beratung und wählt durch Nennung einer Zahl die Person aus, die aufsteht und für die Gruppe antwortet. Pro richtige Antwort erhält die Gruppe einen Punkt.
Die einzelnen Gruppen können unterschiedliche, aber auch gleiche Aufgaben bearbeiten. Um bei gleichen Aufgaben zu verhindern, dass die ausgewählten S mit der gleichen Zahl die Antworten der anderen Gruppe mithören, verlassen sie zunächst den Klassenraum.

One-minute presentation Eine *One-minute presentation* ist ein Mini-Referat, in dem einzelne S die Klasse über ein zuvor besprochenes/gewähltes Thema informieren. Der Vortrag erfolgt möglichst frei. Der Zeitrahmen von ca. einer Minute dient zur Beschränkung auf wesentliche Punkte (kann aber bei Bedarf beliebig variiert und z. B. auch auf zwei Minuten ausgeweitet werden; siehe: *2-minute talk*). Gleichzeitig ermöglicht die Zeitbeschränkung das Halten von mehreren Vorträgen, ohne dass es für die zuhörenden S langweilig wird. In fortgeschritteneren Lerngruppen achten die S auf eine kurze Anmoderation und geeignete Überleitungen zwischen den vorgetragenen Aspekten.

Optional help Bei der *Optional help* handelt es sich um eine Form der Differenzierung (▶ Binnendifferenziertes Arbeiten), bei der die S individuell bei Bedarf eine zusätzliche Lernhilfe verwenden können. Dies kann z. B. ein Hilfsblatt sein, das auf dem Pult bereitliegt und dort eingesehen oder mitgenommen werden kann. Es kann zudem eine zusätzliche Hilfe auf den Arbeitsmaterialien sein. Ideal ist es, wenn die *Optional help* zunächst nicht für S sichtbar ist (z. B. als umgeknickter Wort-/Lösungspool am unteren Blattrand) und sie nur dann darauf zurückgreifen, wenn sie Hilfe benötigen.

Partner check Die Methode des *Partner check* ist eine Form der ▶ Peer correction. Sie fördert einerseits die Eigenverantwortung der S für ihre Lernergebnisse und ermöglicht andererseits eine breite Aktivierung der S und einen hohen Sprachumsatz. Auch kann damit in gestuften Aufgabenstellungen den unterschiedlichen Lerntempi der S Rechnung getragen werden, z. B. mithilfe der Methode ▶ Bus stop. Beim *Partner check* tauschen sich die S nach Bearbeitung einer Aufgabe bzw. eines Aufgabenteils mündlich zu den Ergebnissen aus und korrigieren mögliche Fehler. Dieses Vorgehen gibt besonders lernschwächeren S zusätzliche Sicherheit für die anschließende Auswertung im Plenum und ist schnell und flexibel einsetzbar.

Partner talk Die Methode des *Partner talk* ist eine einfache Methode, die sich an vielen Stellen des Lernprozesses einsetzen lässt und die dazu dient, Schüleraktivität und Sprechzeit der Lernenden zu erhöhen. S tauschen sich dabei kurz (oft sind ein bis zwei Minuten ausreichend) mit einem Partner über einen vorgegebenen Sprechanlass (bestimmte Fragestellung, Vorerfahrungen etc.) aus. Die Fragestellungen sollten – wenn nicht im SB enthalten – an der Tafel oder auf Folie festgehalten werden, damit S darauf zurückgreifen können. In lernschwächeren Gruppen sollte L zusätzlich einige situationsbezogene Redemittel anbieten.

Peer correction ▶ Correcting circle

Phasen des Schreibprozesses Zur nachhaltigen Schreibförderung sollten S bei der Textproduktion grundsätzlich folgende drei Phasen durchlaufen:

1. Entwerfen *(Brainstorming)*: Die S sammeln Ideen, z. B. in einer Mindmap oder bei einem stummen Schreibgespräch *(Round robin)*.
2. Schreiben: Die S verfassen auf dieser Grundlage einen ersten Entwurf. Dieser sollte entweder von L oder in höheren Klassenstufen durch Mit-S, z. B. in Form eines *Correcting circle*, korrigiert werden.
3. Überarbeiten: Auf der Grundlage der Korrekturanmerkungen fertigen die S eine Reinschrift an.

Im Sinne einer Differenzierung (▶ Binnendifferenziertes Arbeiten) ist es oftmals hilfreich oder gar notwendig, entsprechende Schreibhilfen oder Sprachmuster bereitzustellen.

Picture dictation Die S malen bzw. zeichnen nach den genauen Anweisungen der Lehrkraft ein Bild (z. B. *In the middle of the picture there is a big house.)*. Alternativ kann auch ein S die Rolle der Lehrkraft übernehmen und Bildanweisungen geben.

Placemat Bei einer *Placemat activity* sitzen vier oder fünf S um ein Blatt Papier (DIN A3 oder DIN A4), welches in einen Schreibbereich pro S sowie einen zusätzlichen Bereich für die Gruppe in der Blattmitte eingeteilt ist.

1. *Placemat* in Gruppen à vier S:

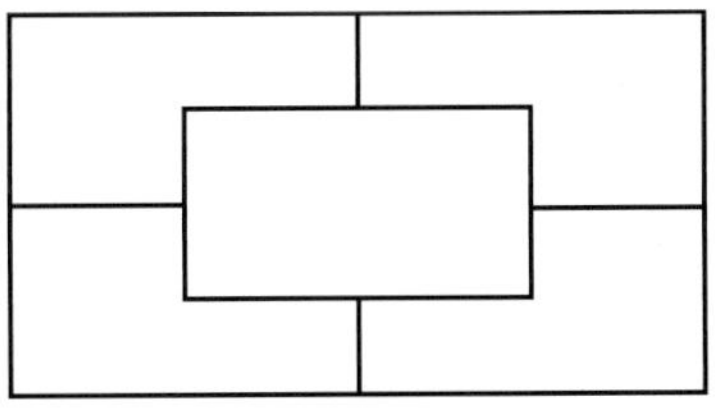

2. *Placemat* in Gruppen à fünf S:

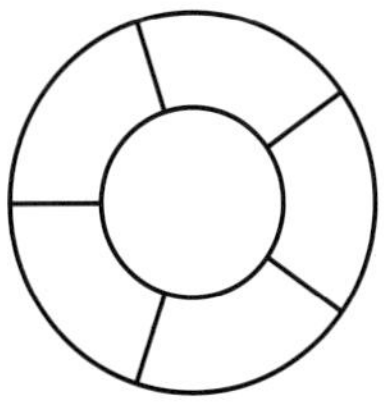

Zu Beginn der Gruppenarbeit schreibt jeder S zunächst seine Ideen in den eigenen Schreibbereich. Anschließend wird die *placemat* so lange gedreht, bis jedes Gruppenmitglied die Ideen der anderen S kommentieren und zudem die Kommentare der anderen zu den eigenen Ideen lesen konnte. Um zu verdeutlichen, wer welche Kommentare verfasst hat, sollten die S verschiedenfarbige Stifte verwenden. Im nächsten Schritt diskutiert die Gruppe die notierten Gedanken und schreibt die wichtigsten Punkte oder Argumente in die Mitte der *placemat*. Auch kontroverse Positionen sollten dabei aufgenommen werden. Abschließend werden die Ergebnisse im Plenum ausgewertet.
Der Zeitbedarf variiert je nach Komplexität des Themas von zehn bis 30 Minuten. Die Vorgabe eines Zeitlimits für die einzelnen Phasen kann sinnvoll sein.

Question pot Die Methode des *Question pot* eignet sich besonders gut zur Sicherung des Hör-/Sehverstehens von Filmen oder des Leseverstehens von längeren (fiktionalen) Texten. In einem Gefäß auf dem Lehrertisch werden Fragen oder (*True-False*-)Aussagen zu einem gezeigten Film oder einem Lesetext auf Papierstreifen gesammelt. Anschließend ziehen die S einen Streifen, beantworten die Frage oder sagen, ob die Aussage richtig oder falsch ist. Wird die Methode zur Sicherung des Hör-/Sehverstehens eingesetzt, so sollten sich die Aufgaben nicht nur auf das Gesagte, sondern besonders auch auf Gesehenes beziehen. Die Fragen und Aussagen können je nach Leistungsstand der Klasse entweder von L vorgegeben oder von (lernstärkeren) S formuliert werden.

Read-and-look-up technique Diese Lesetechnik dient der Förderung des freien Sprechens und bildet für die S einen behutsamen Übergang zwischen dem Ablesen und Vortragen von Texten, Informationen und Inhalten. Der präsentierende S hält die Vorlage in den Händen und liest sich einen (Teil-)Satz still durch, bevor er die Klasse oder seinen Partner anschaut und den Satz aus dem Gedächtnis wiedergibt. Dabei ist es wichtig, dass S erst dann spricht, wenn er Blickkontakt hergestellt hat. Diese Technik bereitet den freien Vortrag bzw. die Präsentation (auch mithilfe von Stichwortzetteln) vor und hilft unsicheren S, Inhalte vor dem Plenum darzustellen.
L kann die *Read-and-look-up technique* zunächst anhand eines beliebigen Textes demonstrieren. Die S üben danach mit geeigneten kurzen Texten, wobei der zuhörende Partner darauf achtet, dass nicht abgelesen, sondern vor dem Sprechen Blickkontakt hergestellt wird.

Reading circle Beim *Reading circle* lesen alle S den gleichen Text oder die gleichen Texte (z. B. S-Produkte), wobei jeder S eine andere Rolle übernehmen oder sich auf einen bestimmten Aspekt des Textes konzentrieren kann. Die S schreiben dazu jeweils Informationen, Aussagen oder Assoziationen auf ein Blatt, das anschließend ausgelegt oder bei dem Text (oder S-Produkt) aufgehängt wird. Sie gehen herum, lesen die Beiträge der anderen S und tragen ihre Kommentare dazu ein. Die Eindrücke der S werden anschließend im Plenum diskutiert.

***Reading log* (Lesetagebuch)** Ein *Reading log* dient als Unterstützung beim Lesen einer Ganzschrift (Lektüre) oder von längeren Texten. Der Text wird dabei in entsprechende Abschnitte aufgeteilt, z. B. Kapitel oder Sinneinheiten. Zu diesen Abschnitten gibt L Aufgaben und Arbeitsaufträge – im besten Fall bereits als *Reading log*-Heftchen zusammengestellt - vor, die die S nach dem Lesen des entsprechenden Teils bearbeiten.
Kernbereiche eines *Reading log* sind grundlegende Informationen zu den 5 W-Fragen *Who? When? Where? What? Why?* sowie eine kurze Inhaltsangabe des jeweiligen Kapitels.

Eine vertiefende Charakterisierung der Protagonisten kann den S dabei helfen, ein tieferes Verständnis für die Handlungszusammenhänge und -motive zu erlangen.
Zusätzlich kann ein Lesetagebuch den S Raum geben, um vor dem Lesen des Abschnitts jeweils ihre Erwartungen zu notieren; diese werden dann anschließend mit den Leseerfahrungen verglichen und können am Ende so eine Bewertung des gelesenen Buchs/Texts unterstützen.
Für die Lehrkraft bietet sich der Vorteil, dass durch den Einsatz eines *Reading log* besser kontrolliert werden kann, ob die S die Lektüre tatsächlich lesen oder nicht.
Hinweis: Bei dem in Unit 4 verwendeten *Reading log* handelt es sich um eine spezielle Form des Lesetagebuchs, die schrittweise für alle Abschnitte des Leseprozesses ergänzt wird. Der Leseprozess soll so in einzelne Sinnabschnitte zerlegt werden, um den S das Textverständnis zu erleichtern und sie zudem langsam an die Methode des *Reading Log* heranzuführen.

***Right/wrong cards* (Antwortkärtchen)**
Der Einsatz von *Right/wrong cards* eignet sich besonders zur Überprüfung von Aussagen zum Textverständnis. Die Karten können sowohl zur Lese- als auch Hörverstehenskontrolle eingesetzt werden. Ihr Einsatz ermöglicht eine valide Erfassung des Detailverständnisses und erfordert dabei keine eigene Sprachproduktion der S.
L stellt den S Karten aus farbigem Karton zur Verfügung (alternativ auch farbige Gegenstände, z. B. Stifte). Es wird vereinbart, dass grün für *right* und rot für *wrong* sowie ggf. blau für *not in the text* steht. Nachdem L eine Aussage zum Text vorgelesen hat, halten die S auf Kommando eine Karte in die Höhe. L erhält auf diese Weise auf einen Blick eine breite Rückmeldung darüber, ob der jeweilige Textinhalt von den S verstanden wurde. Wenn sich hier größere Abweichungen zeigen, sollte L dies zum Anlass nehmen, einen erneuten Lese-/Hörauftrag zu stellen, um das gesuchte Detail zu erfassen (selektives Lese-/Hörverstehen).
Das synchrone Ausführen auf Kommando ist wichtig, damit sich unsichere S nicht an ihren Mit-S orientieren. Wenn die Methode mehrfach eingesetzt wurde, können lernstärkere S die L-Rolle übernehmen.

Role-play
Role-plays dienen der Förderung des freien Sprechens und Reagierens in klar umrissenen Gesprächssituationen. Die S schlüpfen in die Rolle einer anderen Person und orientieren sich bei der Ausgestaltung an den Rollenvorgaben bzw. füllen ein vorgegebenes Dialoggerüst mit eigenen Ideen. Dürfen leistungsschwächere bzw. unsichere S Notizen zu Hilfe nehmen, sollte L die ▸ Read-and-look-up technique einsetzen und darauf achten, dass S nicht „am Blatt kleben", um das freie Sprechen zu schulen.
Für die Präsentation ist es vorteilhaft, einen Tisch zwischen die Klasse und die Präsentierenden zu stellen, um somit v. a. für verunsicherte S einen „geschützten Raum" zu schaffen. Bei relativ frei zu gestaltenden *Role-plays* sollte vor der Einübung auf jeden Fall eine Kontrolle und Korrektur stattfinden, um ein Einschleifen von fehlerhaften Sprachmustern zu verhindern.

Round robin
▸ Stummes Schreibgespräch

Running competition
Die Methode *Running competition* ist eine Form der *whole-class activity* mit Wettbewerbscharakter. Sie vereint das Festigen von Vokabeln oder Strukturen mit Bewegung und kommt daher insbesondere jüngeren S sehr entgegen.

Ablauf:
L platziert eine Liste (z. B. mit unregelmäßigen Verben, wobei die Anzahl der Hälfte der Klassengröße entspricht) auf dem Lehrerpult, ohne dass diese für die S von ihrem Platz aus einzusehen ist. Die Klasse wird in zwei Gruppen eingeteilt und jeder Gruppe wird eine Tafelseite zugeteilt.

Die Teams legen fest, in welcher Reihenfolge die S „aktiv" werden (am besten von vorne nach hinten). Pro Gruppe geht ein S zum Pult und schaut nach, welches Verb dort steht. Er oder sie bildet die entsprechende unregelmäßige Form des *simple past* und schreibt diese an die Tafelseite seines Teams. Ähnlich wie bei einem Staffellauf, kehrt S möglichst

schnell zu seiner Gruppe zurück und übergibt die Kreide an den Nächsten in der Reihe. Dabei darf weder gerannt, noch dürfen Hinweise von den nicht agierenden S gegeben werden. Die Gruppe, die als erste die Liste abgearbeitet hat, bekommt einen Punkt.
Im Anschluss erhält jede Gruppe die Möglichkeit ihre Ergebnisse zu verbessern. Dabei sollte L die Zahl der S, die verbessernd eingreifen dürfen, sowie die zur Verfügung stehende Zeit begrenzen (z. B. zwei Minuten). Die festgelegten S kommen an die Tafel und greifen korrigierend in das Ergebnis ein. Es folgt eine Auswertung im Plenum, bei der pro richtige Form ein Punkt vergeben wird. Die Gruppe mit den meisten Punkten hat gewonnen.
Diese Form der Wiederholung und Festigung von sprachlichen Mitteln ist auf zahlreiche Inhalte, wie z. B. Vokabeln, Adjektive, Steigerungsformen und Wortfelder, übertragbar.

Scenic play (Szenisches Spielen)

Durch die Methode des *Scenic play* werden kognitive Fähigkeiten, emotionale und körperliche Ausdruckskräfte sowie manuelle und künstlerische Fertigkeiten der S entwickelt und geschult. Das szenische Spielen von Geschichten bettet die Fremdsprache in einen Kontext ein, an dem die S selbst mit allen Sinnen beteiligt sind. L sollte vorher mit den S besprechen, was für das Nachspielen benötigt wird, und dann die Rollen verteilen. Benötigte Requisiten können oft als Zeichnungen an der Tafel dargestellt werden oder es finden Gegenstände aus dem Klassenraum Verwendung.

Schreibgespräch

Ein Schreibgespräch ist eine schriftliche Form der Kommunikation, bei der zwei Partner in Stillarbeit auf einem Blatt und mit nur einem Stift einen Dialog führen. Jeder Partner schreibt abwechselnd und in Reaktion auf den vorherigen Beitrag seine Gedanken auf, wobei ihn der andere nicht beobachten darf. Es entsteht somit ein Text, in dem sich beide Partner intensiv und konzentriert mit den Gedanken des Gegenübers auseinandersetzen und welcher im Anschluss mündlich diskutiert und kommentiert werden kann.

Schreibkonferenz

▶ Correcting circle

Schüler als Experten

▶ Binnendifferenziertes Arbeiten

Semantisierungstechniken

Neuer Wortschatz sollte grundsätzlich nicht isoliert, sondern stets im Zusammenhang eingeführt werden. Hierbei bieten sich verschiedene Verfahrensweisen an:

1. **Deiktische Semantisierungstechniken:**
   Hierunter versteht man bildhafte, nonverbale Verfahren, die sich besonders in der Orientierungsstufe eignen. Zum Einsatz kommen:

   Realia: Realgegenstände eignen sich vorrangig zur anschaulichen Vermittlung konkreter Begriffe. Geht es z. B. um das Wort *pencil case*, so hält L ein Federmäppchen hoch und sagt: *This is a pencil case*. Wort und Bedeutung können so nachhaltig miteinander verknüpft werden.

   Flashcards: ▶ Flashcards

   Mimik, Gestik, Demonstration: Lebendiges Lehrerhandeln kann den S die Bedeutung entsprechender Lexeme nachhaltig vermitteln. Dies kann geschehen durch:
   a) **Mimik:** L demonstriert ein Wort mithilfe des entsprechenden Gesichtsausdrucks, z. B. *angry*, *happy*, *sad*. Dies kann auch verbal unterstützt werden, z. B. *angry: Hey, stop that!*
   b) **Gestik:** Wenn es um das Wort *first* geht, streckt L den Daumen nach oben und sagt: *It's the first morning in London.*
   c) **Demonstration:** Das Verb *open* wird eindeutig demonstriert, indem L das Fenster öffnet und dabei sagt: *Let's open the window.* Noch lernwirksamer ist es, wenn dazu das gegenteilige Lexem *close* demonstriert und eingeführt wird: *Now let's close the window.*

2. **Verbal-definitorische Semantisierungstechniken:** Mit zunehmendem Lernstand spielen verbal-definitorische Semantisierungstechniken in der Zielsprache eine stärkere

Rolle. Dabei sollten den S alle zur Semantisierung herangezogenen Wortschatzelemente bekannt sein. Zum Einsatz kommen:

Ganzheitliche Verfahren: Verwendung des Wortes in einem typischen Kontext: *We wash our hands with soap and water.*

Logische Bezüge: Einführung eines Lexems durch:
a) Definition: *A dog is an animal with four legs and a tail. It barks.*
b) *Rule of three* (Dreisatz): *A man has a mouth, a bird has a beak, ...*
c) *Part – whole* (Rückschluss vom Ganzen aufs Einzelne): *a week = seven days*

Lexikalische Bezüge: Einführung eines Lexems mithilfe von:
a) Synonymen: *shop – store*
b) Antonymen: *young ≠ old*
c) Über-/Unterordnung: *Dogs, cats and rabbits are pets.*
d) Herleitung: *happy – happiness*

Der Rückgriff auf die Muttersprache sollte nur sehr selten erfolgen. In einigen Ausnahmefällen kann dieser allerdings hilfreich sein:
- um auf orthografische Ähnlichkeiten aufmerksam zu machen: *theatre* – Theater
- um phonetische Ähnlichkeiten hervorzuheben: *shoe* – Schuh
- wenn die fremdsprachliche Erklärung sehr umständlich wäre (z. B. *although*)

3. Erschließungstechniken:
Mit zunehmendem Lernstand sollten wichtige Erschließungstechniken (Kontext, Vorwissen aus der Fremdsprache, Ähnlichkeiten im Schrift- oder Lautbild zur Muttersprache etc.) trainiert werden. Ein neues Wort sollte v. a. dann semantisiert werden, wenn:
a) es sich um ein Schlüsselwort für das Textverständnis handelt,
b) eine hohe Diskrepanz zwischen Laut- und Schriftbild besteht, die Aussprachefehler bewirken kann,
c) es nicht aus dem Kontext oder auf andere Weise erschließbar ist.

Situativer Wortschatz, der keine zentrale Bedeutung für das Textverständnis hat, muss nicht semantisiert werden. Den S wird auf diese Weise verdeutlicht, dass sie einen Text auch dann verstehen können, wenn sie nicht jedes einzelne Wort kennen (= Training der Toleranz im Umgang mit „Verständnislücken").

7 letters Die S wählen sieben Buchstaben des Alphabets und nutzen diese als Anfangsbuchstaben für das Schreiben von Wörtern zu einem bestimmten Thema. Anschließend wird aus diesen Wörtern ein zusammenhängender Text geschrieben.

Sprachmittlung ► Mediation

Stimmungsbarometer Diese Methode wird i. d. R. zu Beginn oder zum Abschluss einer Gruppenarbeit angewandt, um die anfängliche bzw. abschließende Stimmungslage der Mitglieder zu erfassen und zu veranschaulichen. Die moderierende Person stellt hierzu ein Plakat bereit, auf welchem z. B. eine Sonne, Nebel und Gewitterwolken abgebildet sind. Die Gruppenmitglieder erhalten die Gelegenheit, je einen Punkt neben diejenige Abbildung zu kleben bzw. zeichnen, die ihrer Stimmung am ehesten entspricht. Das entstandene Stimmungsbild dient der Gruppe als Diskussionsgrundlage und sofern die Methode regelmäßig durchgeführt wird, kann eine langfristige Entwicklung der Gruppenstimmung protokolliert werden.

Stummes Schreibgespräch *(Silent dialogue)* Hierbei kommunizieren zwei oder mehrere S schriftlich und bei absolutem Schweigen miteinander. Die S geben ein Blatt herum und jeder von ihnen schreibt nacheinander eine These zu einem Thema, eine Antwort auf eine Frage, einen Kommentar o. Ä. auf und gibt das Blatt dann weiter. Der Nächste schreibt eine Ergänzung oder eine neue Stellungnahme dazu, die wichtig für das Thema ist. Auch Schlagworte, Zeichnungen oder Symbole sind erlaubt.

Auf diese Weise lassen sich Ideen und Antworten zu einem Thema entwickeln, Beziehungen aufbauen und vertiefen und es kann ein Gedankenaustausch entstehen. Falls die Ergebnisse im Plenum präsentiert werden sollen, bietet es sich an, dass die beteiligten S sich auf eine festgelegte Anzahl von Ideen oder Thesen einigen, die ihnen am wichtigsten oder prägnantesten erscheinen.
Variante: Es besteht auch die Möglichkeit, dass jeder S auf einem eigenen Blatt anfängt und die Blätter reihum zur Kommentierung weitergegeben werden. Wenn am Ende alle jedes Blatt kommentiert haben, liest jeder die Kommentare auf seinem eigenen Blatt.

Szenisches Spielen ▸ Scenic play

Think – Pair – Share Diese kooperative Lernform dient den S dazu, von einer individuellen zu einer gemeinsamen Lösung zu gelangen.

Ablauf:
1. EA: S denken allein über die Aufgabenstellung nach und machen sich ggf. Notizen.
2. PA: Zwei S besprechen ihre Notizen und kommen zu einer gemeinsamen Lösung.
3. GA: Zwei Paare bilden eine Vierergruppe, die gemeinsam ihre Lösungen bespricht. Eine andere Möglichkeit ist, dass die Paare ihre Lösungen im Plenum vorstellen.

L sollte für jeden Arbeitsschritt ein Zeitlimit setzen.

Ticket vote Die Methode des *Ticket vote* dient dazu, eine Einschätzung der Lerngruppe zu einem Film zu erhalten. Zu diesem Zweck erhält jeder S eine (imaginäre) Eintrittskarte, die nach dem Sehen in vorbereitete Schachteln geworfen wird. Die Schachteln können zwei (+, -) oder drei (+, O, -) Kategorien haben. Das Ergebnis kann als Grundlage zu einer Diskussion über den Film dienen, die z. B. als ▸ Hot seat organisiert werden kann.

Total Physical Response (TPR) Das Konzept der *Total Physical Response (TPR)* beruht auf der Einbeziehung von Körpersprache und Bewegung, um das Hörverstehen der S zu fördern. *TPR* spricht in besonderem Maße S mit Sprechhemmungen oder geringem Sprachinventar an, die mithilfe der Methode die Fremdsprache handelnd umsetzen und so Erfolgserlebnisse erzielen.
S reagieren auf eine Anweisung von L oder einem anderen S nonverbal, indem sie diese in Bewegung umsetzen. Die Anweisungen sollten z. B. durch Gestik oder den Einsatz von Realgegenständen verständlich gemacht werden. Durch mehrfache Wiederholung kann die Behaltensleistung gesteigert werden, indem Handlung und Sprache nachhaltig miteinander verknüpft werden.

2-minute talk ▸ One-minute presentation

Voting finger ▸ Democratic vote

Word memory Der Wortschatz (einzelne Wörter, Wortgruppen) wird senkrecht an der Tafel notiert und nacheinander im Chor gesprochen. Nach jedem Chorsprechen wird ein Wort / eine Wortgruppe von der Tafel gewischt. Die abgewischten Wörter werden jedoch beim Chorsprechen weiterhin (auswendig) mit aufgesagt. Am Ende ist der gesamte Wortschatz von der Tafel gewischt worden und wird komplett auswendig (nacheinander) im Chor gesprochen. Zusätzlich kann der verwendete Wortschatz anschließend versprachlicht werden (z. B. indem Beispiele oder Definitionen genannt werden).

Wortschatzsemantisierung ▸ Semantisierungstechniken

Zufallsgenerator Mithilfe dieser Methode kann man nach Zufallskriterien S auswählen, die eine Aufgabe, ein Projekt oder ähnliches präsentieren sollen. Zu diesem Zweck stehen zunächst alle S auf und L nennt ein Kriterium. Falls S dieses erfüllen, setzen sie sich hin. Die Person, die am Ende noch steht, präsentiert die Aufgabe.
Tipp: Um zu verhindern, dass sich am Ende alle S setzen können, wählt L Sätze mit Superlativen (z. B. *The youngest / the tallest / ...*).

1 Famous places

Look at the pictures in your book. Do you know where these famous places are on the map?
More help *Cut out the captions below and match them to the places (A–G) on pp. 8/9.*

2 PEOPLE AND PLACES In America

a) *Watch the slide show. Which places did you see? Tick (✓) the boxes on the captions.*

b) *Watch the slide show again. Glue the captions from 1 into the table below (in the order of the "Top 10 list"). Add the letters from the map on pp. 8/9 and take notes about each place in the right column.*

c) *Tell your partner about the three places you picked. Say why they're interesting.*

"The place that I found most interesting are the Everglades because I want to see alligators. My second / third most interesting place is ... What about you?"

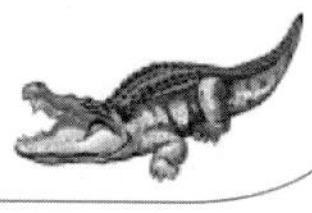

"Well, I love wild animals too. So the Rockies are interesting for me because you can find buffaloes and bears there."

Top 10 list			**Why are they interesting?**
No.	**map**	**place**	**What's special about them? / What can you see or do there? / ...**
1	**E**		
2			
3			
4			
5			
6			
7			
8			
9			
10			

More help *Captions for exercise 1*

The Everglades in Florida ☐	New York Harbor ☐	Back to nature in the Rockies ☐	The Grand Canyon, Arizona ☐
The Golden Gate Bridge, SF, California ☐	Venice beach, near Los Angeles ☐	Mardi Gras in New Orleans ☐	

Extra: *There are three more places in the slide show. Write their names on labels like this. Then find them on the map in your book.*

a) Think: *Where would you like to go in the US? Why? What could you do there? What's the weather like there? Who would you like to go there with?*

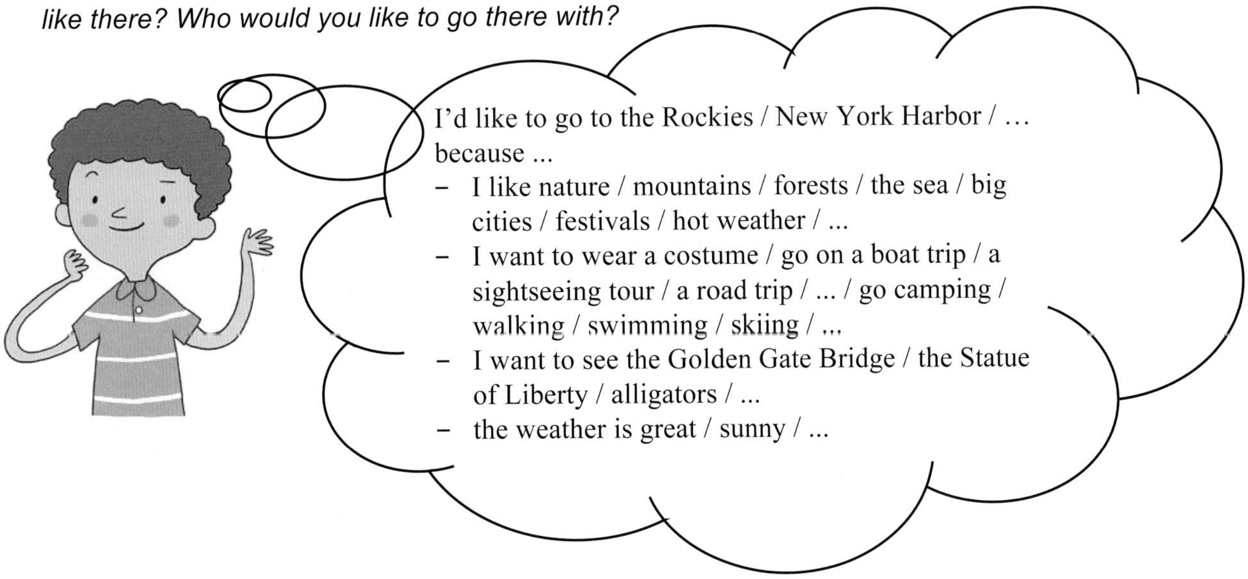

b) Pair: *Talk to a partner. Tell him or her about where you want to go. Say why. Ask where he or she wants to go. Agree on one place to visit together.*

c) Share: *Tell the class what place you've picked and why.*

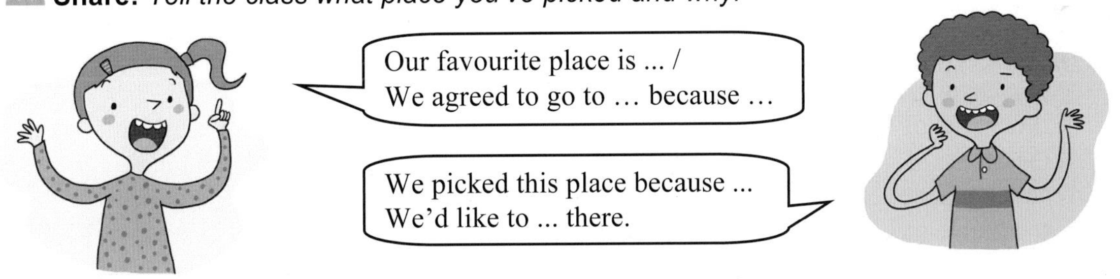

Extra: *Bring a photo of your dream holiday place. Show it to your classmates and explain where you want to go and why. Then listen to your classmates talking about their places.*

More challenge 1 **Imagine**

a) *Pick your favourite picture. Imagine you're there. Make notes about these questions:*

the place:	
the activity:	
the people:	
your plans:	

Shutterstock.com: kids thinking and talking © i359702

1 *Read the quiz cards and tick the answers that you think are correct.*
Then check your answers on page 108 to find out how much you already know about the US.

2 *Make your own quiz cards with information from the Text file (TF 1 All about America, pp. 146/47). Cut them out and give them to other groups.*

1 What's the capital of the US?
- ☐ **A** New York
- ☐ **B** Los Angeles
- ☐ **C** Washington DC

2 Why does the American flag have 50 stars?
- ☐ **A** The US has 50 cities.
- ☐ **B** The US has 50 states.
- ☐ **C** The US has had 50 presidents.

3 How many people live in the US?
- ☐ **A** about 3 million
- ☐ **B** about 30 million
- ☐ **C** about 300 million

4 Who were the first Americans?
- ☐ **A** the Native Americans
- ☐ **B** black slaves from Africa
- ☐ **C** Europeans from Plymouth

5 When did the first Europeans start to live in North America?
- ☐ **A** about 1000 years ago
- ☐ **B** about 400 years ago
- ☐ **C** about 100 years ago

6 What country did America fight in the War of Independence (1775–1783)?
- ☐ **A** France
- ☐ **B** Spain
- ☐ **C** England

7 Why is Barack Obama famous?
- ☐ **A** He was the first black president.
- ☐ **B** He was a great film star.
- ☐ **C** He was a rock singer.

8 Which country is north of the US?
- ☐ **A** Mexico
- ☐ **B** Canada
- ☐ **C** Iceland

9 Who is this famous American?
- ☐ **A** Uncle Bill
- ☐ **B** Uncle Joe
- ☐ **C** Uncle Sam

10 If it's 6 p.m. in New York, what time is it in Los Angeles?
- ☐ **A** 3 p.m.
- ☐ **B** 10 p.m.
- ☐ **C** 6 a.m.

11 Which city did a terrible hurricane partly destroy in 2005?
- ☐ **A** Boston
- ☐ **B** New Orleans
- ☐ **C** New York

12 What's the most famous American game?
- ☐ **A** soccer
- ☐ **B** rugby
- ☐ **C** American football

13 What's the name of this famous American symbol?
- ☐ **A** the Statue of Freedom
- ☐ **B** the Statue of Independence
- ☐ **C** the Statue of Liberty

14 How old do you have to be to drive on the road in the US?
- ☐ **A** 15
- ☐ **B** 16
- ☐ **C** 17

15 What's the Mississippi?
- ☐ **A** a high mountain
- ☐ **B** a long river
- ☐ **C** a big city

16 How many hours would it take to drive from LA to NY without stopping?
- ☐ **A** less than a day
- ☐ **B** about two days
- ☐ **C** more than a week

17 ____________________
____
- ☐ **A** ____________________
- ☐ **B** ____________________
- ☐ **C** ____________________

18 ____________________
____
- ☐ **A** ____________________
- ☐ **B** ____________________
- ☐ **C** ____________________

19 ____________________
____
- ☐ **A** ____________________
- ☐ **B** ____________________
- ☐ **C** ____________________

20 ____________________
____
- ☐ **A** ____________________
- ☐ **B** ____________________
- ☐ **C** ____________________

21 ____________________
____
- ☐ **A** ____________________
- ☐ **B** ____________________
- ☐ **C** ____________________

US quiz – pictures

Cut out the pictures and glue them on the back of the matching question cards.
Add pictures for your own quiz questions (17–21).

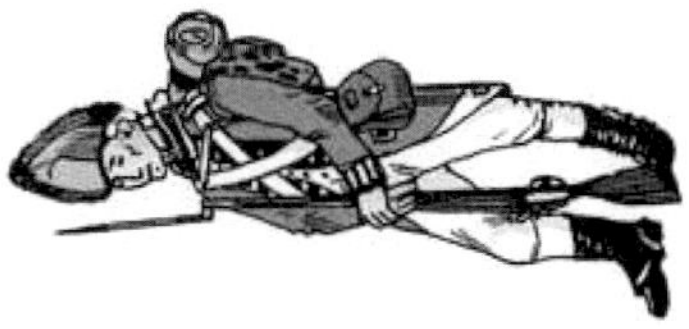

Illustrationen (zu 4–6, 8, 10, 15–16) © Dorina Tessmann, Berlin; Fotos Shutterstock.com: White House, Washington DC (1) © Orhan Cam; US flag (2) © Inge Schepers; people (3) © Denis Cristo; Barack Obama (7) © Action Sports Photography; Uncle Sam (9) © S K Chavan; Statue of Liberty (13) © Luciano Mortula; Fotolia.com: American football game (12) © John Johnson; action press, Hamburg: destruction after hurricane Katrina (11) © ZUMA PRESS; laif Agentur für Photos & Reportagen, Köln: hurricane weather image (11) © NOAA / GAMMA; Corbis GmbH, Düsseldorf: driving lessons, girl, car (14) © Ocean/Corbis

Travel quiz

1 *Imagine that you won a trip to New York. What would you do? Tick your answers. Then compare with a partner.*

1 If I won a trip to New York,

- ☐ **A** I would ask a friend to come.
- ☐ **B** I'd take my mum or dad with me.
- ☐ **C** I wouldn't go. I don't like travelling.

2 If I had the chance to go on one special tour,

- ☐ **A** I'd choose a helicopter trip over NYC.
- ☐ **B** I'd choose a hip hop tour of Brooklyn.
- ☐ **C** I'd go on a bike taxi tour of Central Park.

3 If I met Lady Gaga in the subway,

- ☐ **A** I'd try to take a photo of her.
- ☐ **B** I'd say hi and I'd chat with her.
- ☐ **C** I wouldn't say or do anything. I'd be too nervous!

4 If somebody on the street asked me to be in a film,

- ☐ **A** I'd be very excited.
- ☐ **B** I'd be very nervous.
- ☐ **C** I wouldn't do it. That's too silly.

5 If I got lost in Manhattan,

- ☐ **A** I'd ask somebody for directions.
- ☐ **B** I'd look for the nearest subway station.
- ☐ **C** I'd take a taxi back to my hotel.

6 If I saw $50 on the ground,

- ☐ **A** I'd spend it in a department store.
- ☐ **B** I'd give it to the police.
- ☐ **C** I wouldn't pick it up.

2 If … (Conditional sentences type 2): *Complete the rules.*

1 a) *Look at the examples from part 1 of the quiz and finish the sentences below.*

Im **if**-Teil steht das Verb im ____.

Im Hauptsatz steht __________ oder ____ oder ________________ und die Grundform des Verbs (= der Infinitiv).

b) *Look at the other quiz sentences. Underline the verbs in the if-part of each sentence in green and the verbs in the main part of the sentence in yellow (would(n't) / 'd) and blue (infinitive).*

2 What does the ***if***-part of the sentence in 1a) mean:

☐ **A** Der Sprecher ist **sicher, dass** er eine Reise nach New York gewinnt.

☐ **B** Der Sprecher ist **nicht sicher, ob** er eine Reise nach New York gewinnt oder nicht.

If I won a million dollars, I'd …

a) *Listen to seven teens. What would they do if they won a million dollars? Take notes in the table:*

teen 1	
teen 2	
teen 3	
teen 4	
teen 5	
teen 6	
teen 7	

b) *What would you do if you won a million dollars? Make a list.*

– ______________________

– ______________________

– ______________________

– ______________________

– ______________________

c) *Walk around: Talk to people in your class like this: Note down their ideas in the table below.*

If I won a million dollars, I'd …
What about you?

Partner 1 (name): ______________	
Partner 2 (name): ______________	
Partner 3 (name): ______________	
Partner 4 (name): ______________	
Partner 5 (name): ______________	

d) *Tell the class about the most interesting answers you heard.*

If Pia won a million dollars, she'd buy a farm and she'd have a quad.

If Hakan won a million dollars, he'd help homeless children in Thailand.

Step 1: *What can you find out about the two boys? Tick (✓) things about them in the table below.*

	Ricky	Lance
is black		
is white		
is tall		
has a bike		
has a car		
is good at basketball		
is at a high school		
is quiet		
lives in Freetown		

Step 2: *Understanding the story: Work on the story together with a partner – part by part.*

Part 1: Lines 1–26

Partner A and B both read the text, ll. 1–26 → Partner A reads the text aloud to partner B → Partner A and B talk about what they have read

a) Find a headline for the lines 1–26: ____________________

b) What is this part of the story about? Write down five keywords. ____________________

____

Part 2: Lines 27–51

Partner A and B both read the text, ll. 27–51 → Partner B reads the text aloud to partner A → Partner A and B talk about what they have read

a) Find a headline for the lines 27–51: ____________________

b) What is this part of the story about? Collect ideas in a mind map or in a table like this:

Who?	When?	Where?	What?	Why?	How?

Part 3: Lines 52–71

Partner A and B both read the text, ll. 52–71 → Partner A reads the text aloud to partner B → Partner A and B talk about what they have read

a) Find a headline for the lines 52–71: ____________________

b) What is this part of the story about? Draw a comic that shows what happened.

Part 4: Lines 72–89

Partner A and B both read the text, ll. 72–89 → Partner B reads the text aloud to partner A → Partner A and B talk about what they have read

a) Find a headline for the lines 72–89: ____________________

b) What is this part of the story about? Write 3–4 quiz questions for other students / pairs.

1 On the street / At the tourist information KV 7

1 On the street

Listen to dialogue 2 again and complete it:

Boy: __________ ____ (1) please. I wonder if you could _________ ____ (2)?

Woman: ________ (3) What's the ______________________ (4)?

Girl: We're lost. _______________ (5) tell us where Macy's is, __________ (6)?

Woman: _______________ (7)! Macy's is on West 34th Street.

Boy: Great, __________ (8). And __________ (9) you please show us where we are now?

Woman: Yes, ____________________ (10). You're here – on 7th Avenue.

Girl: Thanks for _________ ____ (11). Have a ______________________ (12).

Woman: You too. You're very ____________________ (13). Bye.

Note down the polite words and phrases. Then put them in a table like this:

asking for help	giving help	other polite phrases

2 At the tourist information

Cut out the sentences below, put them in the right order and act the dialogue with your partner.

A: Excuse me, please.	**B:** Hello, how can I help you?
A: I wonder if you could give me some advice? I'd like to visit an interesting sight in New York City.	**B:** No problem. What are you interested in?
A: Well, I'd really like to find out more about some of the famous skyscrapers ...	**B:** So, you could visit the 9/11 Memorial to learn more about the sad history of the Twin Towers. Or would you prefer to go to the Rockefeller Center and enjoy great views of the city from the 70th floor?
A: I think I'd like to visit the Rockefeller Center first. Can you tell me how much that costs, please?	**B:** Yes, of course. It's $27 for adults and $17 for children.
A: Great. Thanks for your help.	**B:** You're welcome. Have a nice day.
A: You too. Bye.	

Getting around in NYC

NOW YOU *Look at the map. You're standing in front of the Empire State Building / … and you want to get to Central Park / … Make a dialogue like the one on page 24 in your book with your partner.*

- Excuse me, please. Is Central Park / ... near here?
- Can you tell me the way, please?
- Thanks for your help.
- I wonder if you could help me?
- I'm lost. Can you show me where we are now, please?

- Sure. What's the matter?
- We're here, on ...
- Yes, Central Park / is … on 5th Avenue / ...
- Go along … Street / Avenue.
- Go past …
- Cross … Street / Avenue / ...
- Turn left/right into …
- … is on the right/left.

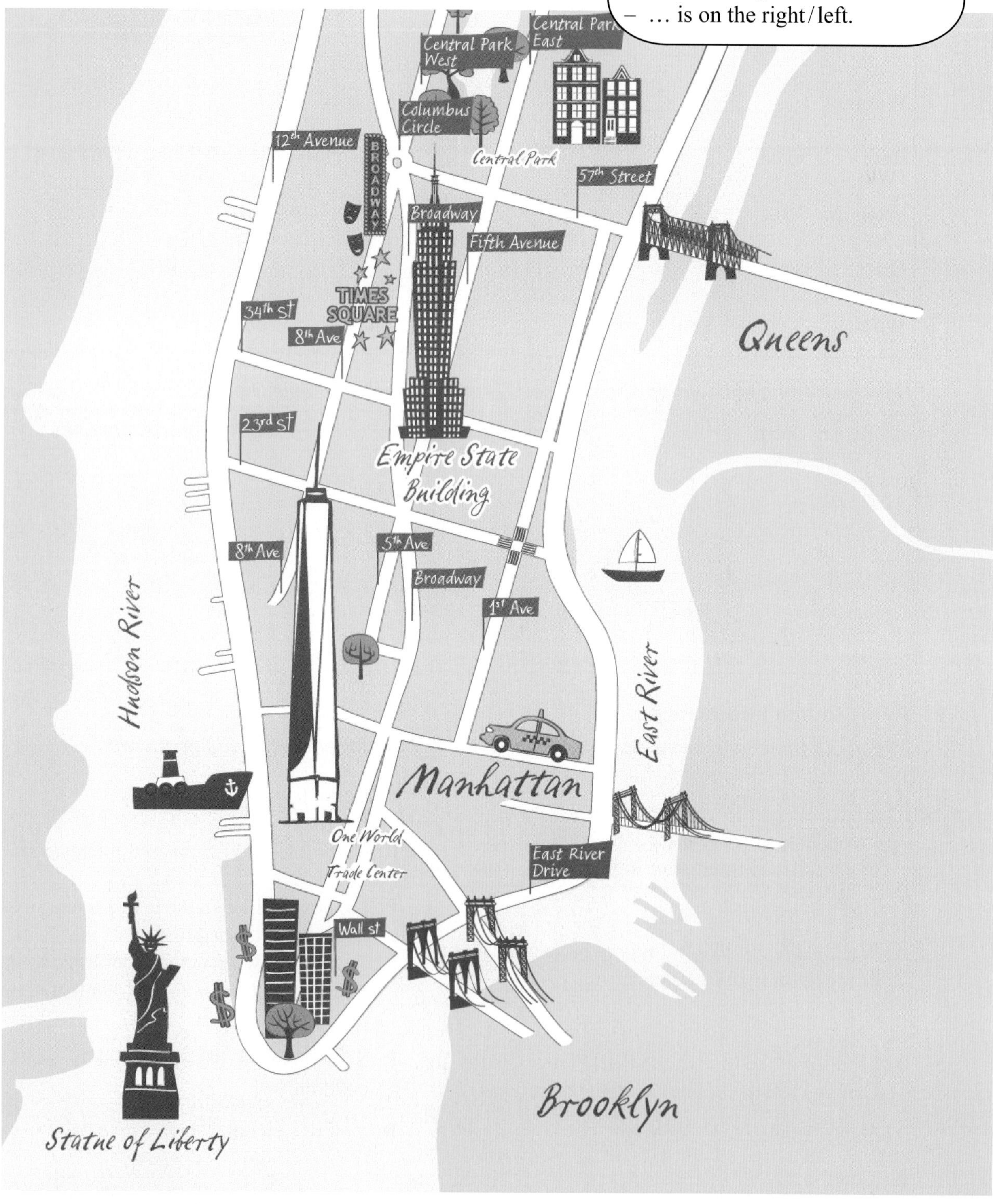

Shutterstock.com: New York sights / Manhattan © alien-tz

Look at the role cards and act the dialogue with your partner.

Partner B: ***You start!*** *You work at the tourist information in Manhattan. Ask the tourist if you can help. Ask what he / she would like to do and remember – be polite.* ***Tip****: You can find ideas and information on NYC sights in your student's book on page 112.*	**Partner A:** ***Your partner starts!*** *You're a tourist in NYC. You want to do something nice today, but you don't know what. Decide what you want to do and how much you can spend. Then ask the person at the tourist information for help. Answer his / her questions about your plans.*
– Hello! How can I help you?	– Excuse me, please. I wonder if you could give me some advice. I'd like to ... – do sth. nice today but I don't know what. – spend a day in New York but I haven't got much money. – ...
– ... What are you interested in? – Sure! – Yes, of course. – No problem!	– Well, I'd like to ... – go for a walk in the city. – go on a bus tour. – visit an interesting sight. – see NYC from the water. – ...
– Well, you could ... Or would you prefer to ... – go on a bus tour of NYC's coolest filming locations. – visit the Rockefeller Center. – walk around High Line Park. – take the Staten Island ferry. – visit the 9/11 Memorial. – ...	– ... sounds good. Can you tell me ..., please? – High Line Park – The bus tour – The Staten Island Ferry – The 9/11 Memorial – how much that costs – a bit more about it – ...
– ... It's ... – Sure! – Yes, of course. – No problem! – free. – $ ... for adults and $ ... for children. And you can ... – enjoy great views of NYC / Lower Manhattan. – see the Statue of Liberty / Brooklyn Bridge / ... – walk / meet friends / eat / relax there. – ...	– ... Have a nice day. – Thanks for your help. – Great, thanks. – ...
– You're welcome. Have a nice day too.	– Bye.

You're in a diner with your friends. Help them to order. Listen. When you hear a beep, try to mediate. Take notes on the empty lines (YOU) below – in English and in German.

Part 1

Teen 1: Da kommt der Kellner. Also ich werde fragen, ob sie Spiegeleier haben. Excuse me, I have a question.
Waiter: Sure. How can I help?

YOU: (1) ____________________

Waiter: Sure. We have eggs in any style you like – fried, boiled, ...
Teen 2: Und was ist mit Rührei?

YOU: (2) ____________________

Waiter: Scrambled eggs? Yes, we have scrambled eggs too.

Part 2

Teen 1: Ich kenne 'French fries'. Aber was sind 'home fries'? Weißt du das?
Teen 2: 'Home fries'? Keine Ahnung. Frag mal nach.

YOU: (3) ____________________

Waiter: Well, home fries are fried potatoes. They're good. You should try them.

YOU: (4) ____________________

Part 3

Teen 2: Sieh nur, man kann English muffin nehmen statt Toast. Aber muffin ist doch süß, oder? – Ich frag mal nach.

YOU: (5) ____________________

Waiter: Well, this is an English muffin. It isn't cake, it's bread. An English muffin is round, it's a special kind of white bread. It's a bit hard. It's good.
Teen 1: Davon hab ich nichts verstanden. Erklär es mir bitte.

YOU: (6) ____________________

Teen 2: OK, ich riskiere es! Ich denke, wir können bestellen. Also Rührei mit English muffin für mich und Spiegelei mit Toast für dich oder?
Waiter: So are you guys ready to order?

YOU: (7) ____________________

More practice *Now make your own dialogue at a diner. You can order what you like. Look at the picture above for ideas.*

More help *Cut out the sentences below. Match them to the numbers (1)–(7) in the dialogue.*

And do you have ..., you know eggs mixed with milk ...	Do you have fried eggs?
Er sagt, das sind 'fried potatoes', also vielleicht so was wie Bratkartoffeln. Er sagt, sie sind gut.	
Excuse me, I don't know what 'home fries' are. Could you explain, please?	
Yes please, we'd like scrambled eggs and an English muffin, and fried eggs and toast.	
I have another question. What's an English muffin? Is it like a cupcake?	
OK, ein English muffin ist kein Kuchen, es ist ein kleines rundes Weißbrot, eben was Spezielles.	

Shutterstock.com: diner food © blue67design

a) *Read the descriptions of the five boroughs of New York City and find them on the map. Then write the names of the boroughs on the correct lines.*

(A) This is probably the most famous of NYC's five boroughs. It's on an island with the Hudson River in the west, the East River in the east and the Harlem River in the north. The name of the island is also the name of the borough: ____________________

(B) If you fly from Germany to New York City, you'll probably land at John F. Kennedy Airport. It's the biggest of New York City's three airports and it's in the south-east of the biggest of the five boroughs. The name of this borough is: ____________________

(C) This borough lies west of Queens. It's very multicultural with lots of different neighborhoods, e.g. Brownsville, which is home to a large African-American community. A famous bridge over the East River links it to the island of Manhattan. The name of the bridge tells you the name of the borough:

____

(D) North of Manhattan there's the Harlem River and across the river there is the only NYC borough that is almost completely on the US American mainland (Festland). Lots of famous black musicians come from this borough. It's name is: *the* ____________________

(E) This borough is an island – just like Manhattan. If you want to get there, you can take the ferry that goes from Manhattan to the south-west, past Ellis Island and the Statue of Liberty on Liberty Island. The name of this borough is: ____________________

b) *Colour the five boroughs in different colours (like in the book).*

c) *Read the descriptions in* **a)** *again. Then label the following rivers and places on the map:*

- the Hudson River
- the Harlem River
- the East River
- Liberty Island / the Statue of Liberty
- John F. Kennedy airport
- Brownsville

Shutterstock.com © chrupka

4 LISTENING and SPEAKING Being polite

a) *Cut out dialogues 1–3 below. Listen and match them with the correct pictures. Say who is polite.*

Ⓐ 
Ⓑ 
Ⓒ 
Ⓓ 

b) *Listen again. Underline the polite phrases in each dialogue. Complete dialogues 1 and 3 politely.*
Act out the dialogues with a partner. Be polite.

Dialogue 1

R: Good evening. Welcome to the New York City Resort Hotel. How can I help you?
G: My name is Liebig. I have a reservation.
R: One moment, please Mrs Liebig. Ah yes, here it is. A single room for five nights. Ah, I see you're from Germany! Did you have a good trip?
G: ______________________
R: If you're new to New York, I'd be more than happy to give you sightseeing tips - if you need any help, please just ask.
G: ______________________
R: Would you fill in this form, please?
G: OK.______________________
R: Sure. Here you are.

Dialogue 2

W: Good morning. May I have your room number, please?
G: Good morning. Yes, it's room 305. Could I sit next to the window, please?
W: Sure. How about this table?
G: That's great. Thank you very much.
W: Would you like tea or coffee for breakfast?
G: I'd prefer tea, please. Oh, and could you bring me some orange juice, please?
W: The cold drinks are over there, ma'am, next to the muesli. Please help yourself. I'll be back in a minute with your tea.

Dialogue 3

S: Hi. Can I help you?
C: I need a New York City guidebook.
S: Sure. Please follow me. Our New York guidebooks are over here. And here, on this table, you'll find our special offers.
C: ______________________
S: OK, no problem. If you need any help, please feel free to ask.
S: Did you find what you were looking for?
C: ______________________
S: Oh, good. Is there anything else I can do for you today?
C: ______________________
S: OK. So that's $12.99, please. Thank you very much. Have a nice day.

5 READING Your tour of New York City

a) *Scan the three brochures on page 33 and complete the table for a tour in September.*

	Tour 1	Tour 2 (A)	Tour 2 (B)	Tour 3
Can I go in September?				
What time does it start?				
How much does it cost for an adult?				
How long is it?				
Kind of tour: walking / bus / boat tour?				

b) *Look at the brochures again and find the answers to these questions:*

1 Which tour goes to the Statue of Liberty? ______________________

2 You want to stop and have dinner during your tour. Which is the right tour for you? ______________________

3 Where do tourists meet for Tour 1? ______________________

4 Which tours go to the United Nations building? ______________________

5 Which tour should you take if you want to walk along Fifth Avenue? ______________________

6 Which tours start before 9 a.m.? ______________________

7 Which tour is the cheapest for a child? ______________________

1 REVISION In the holidays ► Unit 1, p. 31

a) Hey guys! I'm glad you **liked** my last blog. Here's my news: I **had** an awesome weekend. On Saturday I **wanted** to thank my Aunt Barbara for everything, so I **took** her to Tom's Diner in Brooklyn for breakfast. The pancakes **were** sooo yummy! I **tried** to pay for us both, but my aunt **didn't want** that. "No way. Maybe when you're older", she said. That's Aunt Barbara – I love her! In the afternoon I **took** the subway to the East Village and **went** shopping. I **didn't find** anything, but it was fun! For lunch I **bought** a sandwich at Tompkins Square Park. That's where I **met** Serena. She's our age and really nice. I told her I didn't know the city very well, so yesterday she **showed** me her favorite places (see the photo!). We **spent** all day together. I was cool! ☺ More soon! Jenna (14 points)

☺	😐	☹
14–10	9–5	4–0

2 MEDIATION Music in Central Park

(Erwartungshorizont)

1 Das Musikfestival findet von Juni bis September jeden Samstagnachmittag von 14:00 bis 16:00 Uhr statt.
2 Es ist kostenlos.
3 Man braucht keine Karten.
4 Ja, ist es.
5 Nein, wenn man sich eine Decke mitbringt, kann man sich auch hinsetzen (z. B. mit einem Picknick).
6 Bei Regen müssen die Konzerte abgesagt werden. (6 points)

☺	😐	☹
6–5	4–3	2–0

3 LANGUAGE If I moved to NYC, … (conditional sentences type 2) ► Unit 1, p. 32

a)

1	If I moved to New York,	**B**	I'd live in Queens.
2	If my brother visited me,	**D**	I'd visit all the famous sights with him.
3	We'd go to a diner	**F**	if we were hungry.
4	If my parents didn't come with me,	**A**	I'd miss them and phone them every day.
5	I would fly home	**G**	if I missed my parents too much.
6	It would be very expensive	**C**	if I flew home every month.
7	If my friend Jasmin came with me,	**E**	it would be more fun with her.

(7 points)

☺	😐	☹
7–5	4–3	2–0

b)
Jasmin If you **(1) moved** to New York, you **(2) 'd need / would need** to find a job.
Jenna I know I **(3) 'd open / would open** a diner if I **(4) had** enough money.
Jasmin If you **(5) had** a diner in New York, I **(6) 'd be / would be** your business partner.
Jenna Great! If we **(7) were** partners, we **(8) 'd call / would call** the diner Jas & Jen's.
Jasmin I like it! But we **(9) wouldn't have** any customers if you **(10) cooked**!
Jenna That's true, but if you **(11) did** the cooking, it **(12) would be** OK.
Jasmin So, you **(13) 'd serve / would serve** the customers if I **(14) worked** in the kitchen, right?
Jenna Yeah. But I **(15) 'd find / would find** that difficult if the customers **(16) were** rude.
Jasmin Erm. Maybe a diner isn't the best idea. Let's think of something else. (16 points)

☺	😐	☹
16–11	10–5	4–0

4 LISTENING and SPEAKING Being polite

a) dialogue 1: picture **C** • dialogue 2: picture **A** • dialogue 3: picture **D**
Which people are polite?: Dialogue 1: receptionist •
Dialogue 2: guest and waiter • Dialogue 3: shop assistant (4 points)

b) **dialogue 1:** How can I help you? / One moment, please. / Did you have a good trip? / If you need any help, please just ask. / Would you …
dialogue 2: May I have your room number please? / Could I sit by the window, please? / Sure. How about this table? / Would you like … / I'd prefer …, please. / Oh, and could you bring me …, please?
dialogue 3: Can I help you? / Sure. Please follow me. / OK, no problem. If you need any help, please feel free to ask. / Oh good. Is there anything else for you today? / Thank you very much. / Have a nice day. (17 points)

☺	😐	☹
21–17	16–11	10–0

Part A: *Listen to Blake and Stella and take notes in the table.*

question	Blake	Stella
How old are they?		
Who is new at the school?		
How long have they been there?		
Who is a freshman/junior?		
How do they get to school?		
What things do they like at school?		
What things don't they like?		

Part B: US school words

Match (←——→) the following US school words to the definitions.

grade	a third-year student at an American high school
prom	an activity students organize to get money for a charity or a party
library	to help other people without getting paid
elevator	people who sing and dance to motivate a sports team
hallway	a place where you can read and borrow books
locker	students with disabilities can use it instead of stairs
cheerleaders	a group of school classes in which the students are of a similar age
volunteer	a box where students can keep their things
fund-raising event	party for students in their final year
junior	a space in a building onto which rooms open

Scrambled words: Find more US school words!

phoomsore: ____________________ ronesi: ____________________

soreslac: ____________________ ancementnoun: ____________________

doxeut: ____________________ delpeg fo ginacellae: ____________________

Step 1: *Make notes about life at your school in the mind map below. You can also use them for your talk.*

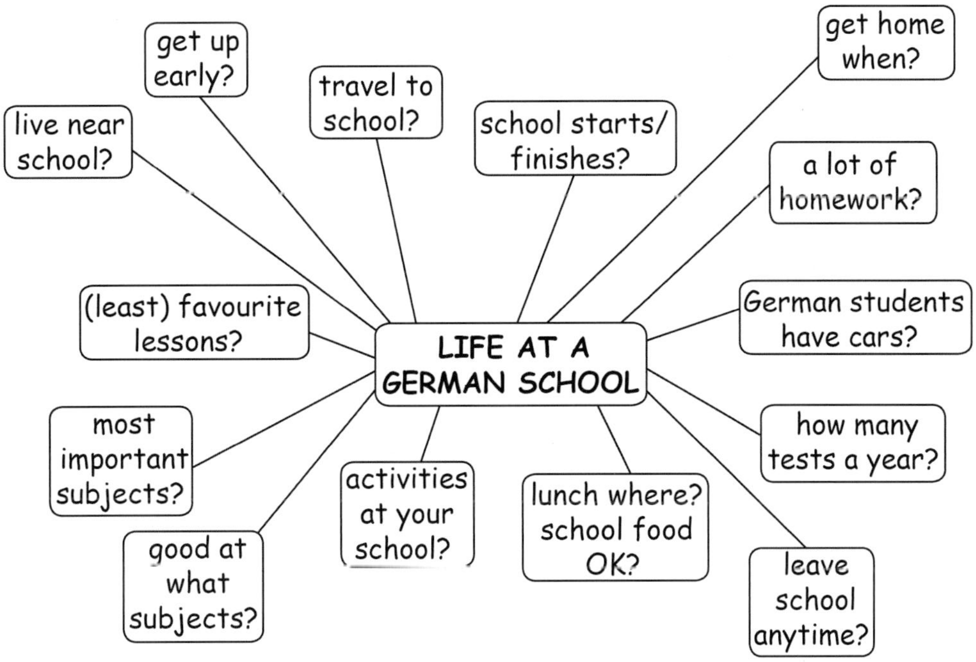

Step 3: *You can use this table as a checklist for your presentation and for giving feedback to your partners (☺ / 😐 / ☹ or notes).*

	My checklist	Partner 1	Partner 2	Partner 3
introduced topic				
explained structure of presentation				
spoke clearly				
looked at audience				
used good phrases (give examples!)				
used and explained visuals				
talked about the important points				
summarized main points				
thanked audience for listening				
asked for questions and answered them				
respected time limit (3 minutes)				
What you can do better next time:				

Find someone who ...

1 *Complete the questions in the table. Then walk around and talk to different people. Ask your questions. Make notes in your table.*

Are you good at singing?

No, sorry, I'm not.

Yes, I am.

That's interesting! What / When / Where / Why?

questions	name	follow-up questions / notes
1 Are you good at singing?		
2 Do you hate ______ ?		
3 Do you enjoy ______ ?		
4 Do you prefer ______ to ______ ?		
5 Do you dream about ______ ?		
6 Do you like ______ ?		
7 Do you worry about ______ ?		
8 Are you looking forward to ______ ?		

More practice *Think of more questions and write them in the table. Use phrases like these and a gerund:*

be afraid of • feel like • get used to • think of • be against • imagine • complain about • miss • mind • stop somebody from • …

2 GAME: *Pick one person and let the class guess who it is:*

This person is good at singing / ... He / She would like to sing in a rock band / ... – Who is it?

Is it Luka ...?

The 9/11 Memorial – Find out more

Learn more about the 9/11 Memorial and Museum and take a look at its website: https://www.911memorial.org/. Find the answers to the following questions.

1 *How much does a museum ticket for somebody your age cost? Do you always have to pay?*

2 *When can you visit the memorial? When can you visit the museum?*

3 *How much time will you need to visit the memorial and museum?*

4 *How many exhibitions[1] are there in the museum? What are they about?*

5 *What does the museum collect? Where do the collected things come from?*

6 *Make notes about one more piece of information that you read and found interesting.*

Get together with a partner. Compare your answers.

[1] exhibition: *Ausstellung*

Step 1

a) *Fill in the mind map for your school.*

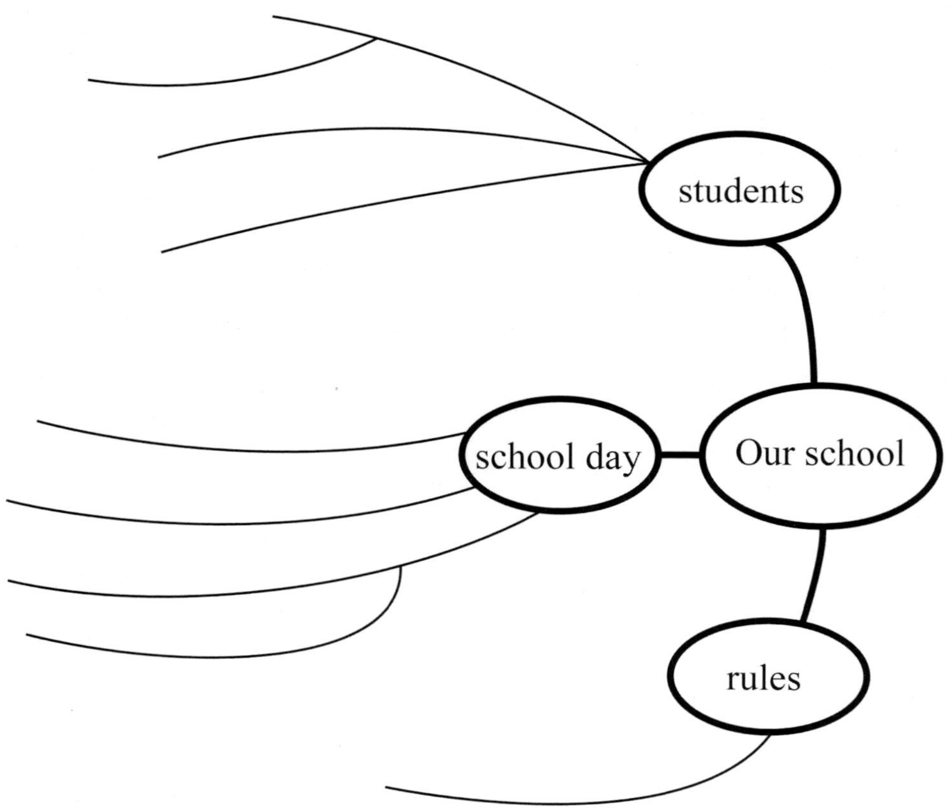

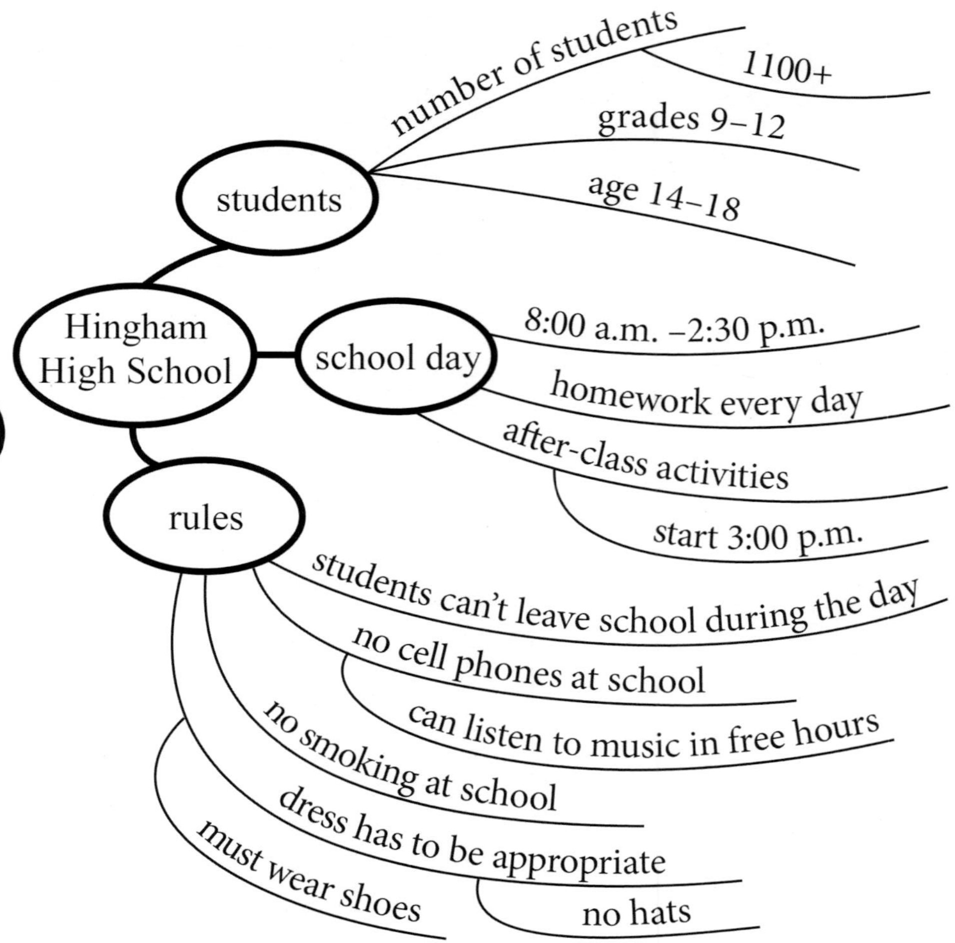

b) *Work in a group of three. Compare and complete your mind maps.*

c) *Mark in red things that are different at your school. Mark in blue things that are the same at your school.*

Name: ______________________________

Topic: ______________________________

Step 2 *Your group has to write a text comparing your school and Hingham High School.*
a) *Look at your mind map and agree (☑) on an **opening sentence**.*
b) *Each group member chooses one topic:*

step	part of the text	
2a)	**opening sentence:** Hingham High School and our school are… ☐ very different. ☐ quite similar. ☐ similar in some ways, but different in others.	
2b)	**paragraph/topic**	**Who has to write it?**
	1. students	name:
	2. school day	name:
	3. rules	name:

*Now plan a **paragraph** about your topic. Look at your mind map again and explain what you said in your **opening sentence:** What's different? What's similar? Make notes:*

____

____

____

____

____

Step 3 *Write your paragraph. Use these phrases and the checklist to improve it.*

firstly / secondly / … • and, also, plus • but, on the other hand • however • so, as a result • because of this • for example • actually • to sum up

younger / older / bigger / … than • as … as • different from • similar to • the same as • At both schools …

step	part of the text	checklist for my own paragraph
3	**my paragraph:** ☐ 1. students ☐ 2. school day ☐ 3. rules	☐ I give examples. ☐ I use linking phrases. ☐ I use comparisons. ☐ My paragraph matches the opening sentence. ☐ I checked my text for mistakes.

Name: ______________________

Topic: ______________________

Step 4 Correcting circle

a) *Sit in your group.*

- ***author:*** *Give your paragraph and this sheet to the first corrector. Don't forget to write your name and topic at the top.*
- ***first corrector:*** *Use this checklist for the paragraph that the author gives you and fill in ☺, ☺ or ☹. When you're finished, give the paragraph and this sheet to the second corrector.*
- ***second corrector:*** *Use this checklist for the paragraph that the first corrector gives you and fill in ☺,☺ or ☹. When you're finished, give this sheet back to the author.*

step	checklist for this paragraph	1. corrector:	2. corrector:
4a)	The author gives examples.		
	The author uses linking phrases.		
	The author uses comparisons.		
	The paragraph matches the opening sentence.		
	The author should check/correct these words:	examples	examples

b) *When you get your paragraph and this sheet back, read the feedback and write a new draft.*

c) *Together write a final paragraph for your text. Make sure it matches the opening sentence. Then put everything together.*

More challenge *Which school would your group prefer to go to – your school or Hingham High School? Add your opinion to your final paragraph.*

1 ◯ **REVISION If I had a second chance, I would …** ► Unit 2, p. 51 (//● p. 127)

2 If somebody **didn't like** the way I dress, I wouldn't worry about it.
3 I'd ask other students for directions if I **got** lost on the first day.
4 If I **didn't understand** the math exercises, I'd get help from the teacher.
5 I'd work harder if my grades **were** bad.
6 If I had some free classes, **I'd spend** more time in the library.
7 I'd bring my lunch from home if the cafeteria food **didn't taste** good.
8 If I **felt** lonely in the first week, I'd join some after-class clubs.

◯ 1 Punkt pro Verbform (**fett** gedruckte Formen) (7 points)

● ½ Punkt pro Verbform (**fett** gedruckte Formen und unterstrichene Formen) (7 points)

☺	😐	☹
7–6	5–4	3–0

2 **WORDS High school words** ► Unit 2, p. 51

a) **1** principal • **2** prom • **3** freshman • **4** cheerleader • **5** volunteering • **6** ticket • **7** rules (7 points)

b) **1** incredible • **2** lockers • **3** elevator • **4** advice • **5** lacrosse • **6** interested in • **7** join • **8** discussing (8 points)

☺	😐	☹
15–12	11–8	7–0

3 **READING and WRITING If you found $40,000, what would you do?** ► Unit 2, p. 52

a) **3** (special people and good things they do) (1 point)

b) 1st paragraph: **B** • 2nd paragraph: **A** • 3rd paragraph: **A** (3 points)

c)

– Glen's personal information: • family name • age • where he was living when he found the backpack	• (Glen) James • mid-fifties • was homeless / living on the street (3 points)
– where Glen found the backpack	in front of a store in South Bay Mall, Boston (1 point)
– what was in the backpack	a passport and a large sum of money (in all, about $41,900) (1 point)
– what happened to Glen after he gave the backpack to the police (name at least five things)	He got (1) an award from the Boston Police. (2) more than $160,000 / a large sum of money. (3) an apartment. (4) a job. (5) a bank account. (6) a positive change in his life. (5 points)

(10 points)

d) **1** a large sum of money • **2** a shelter • **3** start a fund-raising website • **4** he got a positive change in his life (4 point)

e) (Individuelle Lösungen)

☺	😐	☹
18–15	14–9	8–0

California Fact File

a) *Look at the map on page 54 and make notes in the table below.*

flag: 	– Look up the flag on the internet and colour it in. – What's the name of the flag? ______ – What's California's nickname? ______
capital:	
biggest cities: (name at least 3)	
neighbouring country:	
neighbouring states:	
highest mountain:	
national parks: (name at least 3)	
largest lake:	
deserts:	
industries:	
activities: (name at least 4)	
animals: (name at least 3)	
fruits and vegetables:	
My favourite (fascinating) facts about California:	1. ______ 2. ______ 3. ______

b) *Compare your table with a partner.*

c) *Present your fact file to your group / class. You can add pictures here:*

Draw / Glue your pictures of California here

Part A: What do you know about San Francisco? *Look at the photos. Do you know these famous sights?*

Part B: How much do you know about Kenzie, Tim and Andi?

a) *Read the text on page 56, 1 The Jacksons. Then fill in the table – as much as you can.*

name	age	from	hobby	job	likes	other information
Kenzie 						
Tim 						
Andi 						

Extra *What information do you get about Ally?* ______________________

b) *Now listen to the three cousins chatting. Find more information for your table. Compare your table with a partner.*

1 *Read Kenzie's road trip diary. Mark the route on the map with a coloured pencil.*

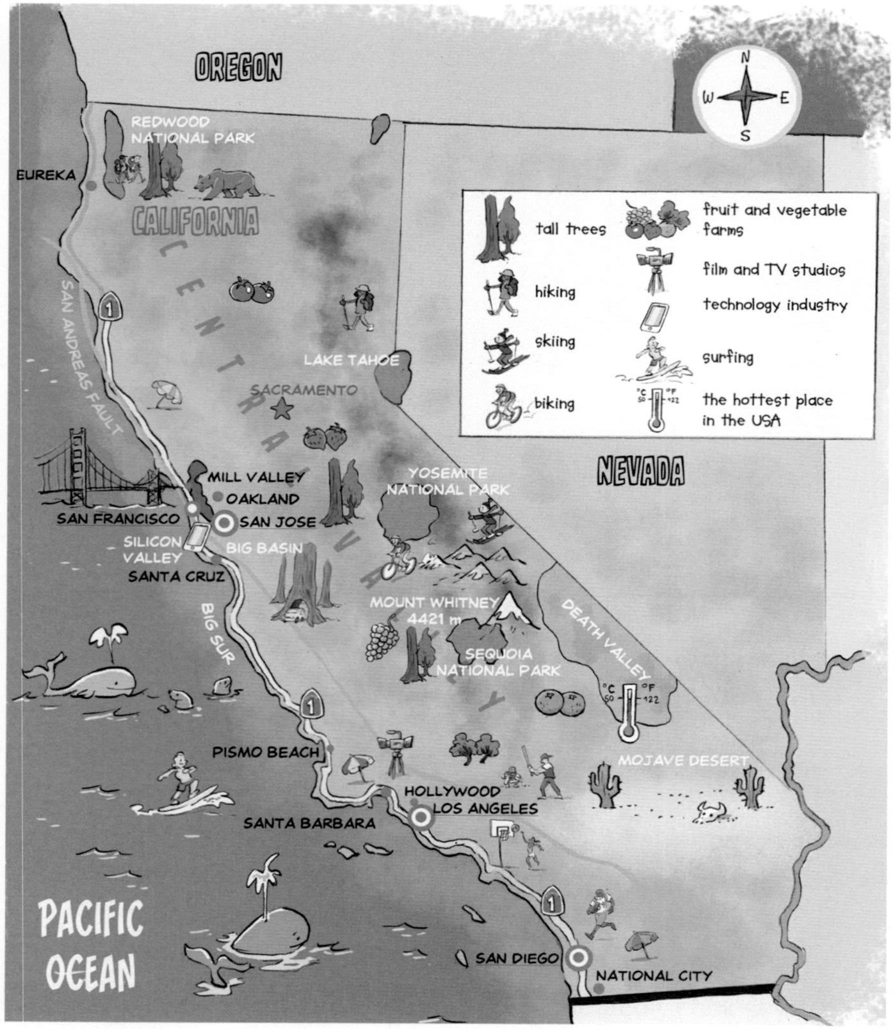

2 More about the trip
Read Kenzie's diary on pages 58–59 again and complete this table.

Date	Where did they stay?	What did they do?	Things that surprised Andi
3/20			
3/21			
3/22			
3/23			
3/24			

My favourite day: ______________________

The passive – Rules and examples

a) *Read the examples and tick the right answers (✓) to the questions.*

active: Your guide will show you things.
passive: You're taken on a two-hour tour. The groups are kept small.

1 Which sentence tells you what happens and who does it? ☐ **active** / ☐ **passive**
2 Which sentence tells you what happens? It isn't so important who does it. ☐ **active** / ☐ **passive**

b) *Find more sentences with the passive in the* simple present *on page 60 and complete the table:*

	passive verb form		
subject	**form of 'to be'**	**past participle**	**(rest of sentence)**
You	're	taken	on a two-hour tour.

c) *Now look again and find examples in the* simple past. *Add them to the table.*

d) *Finish this rule: To make the* **passive**, *you need a* ________ *and the* ________.

What is it? *Complete the sentences with the correct form of the verb in bracket and* be. *Then do the quiz.* *Compare with a partner.*

1 It ________________ (discover) in California in 1849. It's a metal. It's expensive.

What is it? ____________________

2 They're red. They ____________ (grow) in California. They ____________ (use) in smoothies.

What are they? ____________________

3 They ________ first ________ (make) in Italy. Today they ____________ (eat) all over the world.

Americans love them. ____________________

4 It's a language. It ____________ (speak) in Spain, but also in Mexico, and in California. __________

5 They're trousers. They're blue. They _____ first _____ (make) in the US by Levi Strauss. __________

6 These animals ____________ (find) in California and also in Germany. They're grey and white.

____

7 They ____________ (make) of metal. They ____________ (find) in US schools.

Students keep school books in them. ____________________

Read the four parts of the story (A–D). After each part make notes about the questions in the table.
Then compare your answers with a partner. Agree on the best title.

Story: Mexican Whiteboy		**Name:** ________________	
	Who are the characters in this part of the story?	**What happens?**	**What's a good title for this part?**
part A			my idea: ________ my partner's idea: ________ our idea: ________
part B			my idea: ________ my partner's idea: ________ our idea: ________
part C			my idea: ________ my partner's idea: ________ our idea: ________
part D			my idea: ________ my partner's idea: ________ our idea: ________

Mexican Whiteboy: One text, four roles

Step 1: *Make groups of four.*

Step 2: *Divide the text in four parts:*
- *Part A (pp. 63–64)*
- *Part B (pp. 64–65)*
- *Part C (p. 65)*
- *Part D (p. 66)*

Step 3: *Cut out the role cards. Each of you takes one of the role cards and reads it.*

Step 4: *Read part A. Remember the tasks on your role card and take notes.*

Step 5: *Talk about part A in your group. You can look at your role card and your notes for help. The clarifier (1) starts, the others follow from 2–4.*

Step 6: *Swap roles clockwise and go on with parts B–D.*

Step 7: *Now do exercises 3–5 in your textbook (p. 66–67).*

Role cards

1 The clarifier

Your tasks:

1 Read the part carefully.
2 Mark difficult or new words and phrases.
3 Try to guess what they mean. Check in a dictionary if necessary.
4 Present your ideas to your partners.

2 The describer

Your tasks:

1 Have a look at the pictures on the page/s and read the part.
2 Who or what can you see?
3 What are the people doing?
4 Present your ideas to your partners.

3 The questioner

Your tasks:

1 Read the part carefully.
2 Write down two or three questions. Use the question words above.
3 Ask your partners the questions.
4 Check their answers.

4 The predictor

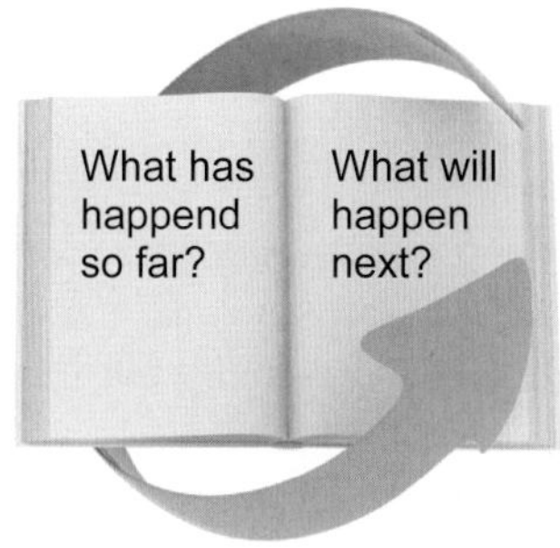

Your tasks:

1 Read the part carefully.
2 What will happen in the next part? Guess – or can you find any clues[1] in the part/s before?
3 Discuss your ideas with your partners.

[1]clue *Hinweis*

BUS STOP: Listening – TV and movies

Choose tasks from below: you can get 1 ⚀, two ⚁ or three ⚂ points.
You should collect at least 5 points altogether.

- *Listen and do your first task. When you're ready, go to the matching bus stop A, B, C, D or E.*
- *Wait for a partner and compare your answers.*
- *Go back to your seat. Listen again and do your next task.*

⚀ **BUS STOP A:** Who says it? – Kenzie, Tim or Andi?

1 ____________________: 'I'm just showing Andi all the different channels we have.'

2 ____________________: 'I hate the shopping channels.'

3 ____________________: 'My dad says I watch too much TV.'

4 ____________________: 'Tell me your top three movies.'

⚀ **BUS STOP B:** True or false? Correct the false statements.

	true	**false**
1 'Spider-Man' is a fantasy movie.	☐	☐ ____________________
2 'Brick' is a horror movie.	☐	☐ ____________________
3 'Chasing Mavericks' is boring.	☐	☐ ____________________
4 'One direction – *This is Us*' is a music movie.	☐	☐ ____________________
5 'Keith' is an action movie.	☐	☐ ____________________

⚁ **BUS STOP C:** Connect the sentence halves.

1 'Spider-Man' is	**a)** because I'm a big surfing fan.
2 'Brick' is about	**b)** some high school kids and drugs.
3 'One direction' is really nice	**c)** a boy who meets a girl.
4 I really like 'Chasing Mavericks'	**d)** my absolute favorite movie.
5 'Keith' is about	**e)** and the music is good.

⚂ **BUS STOP D:** Finish the sentences.

1 It's better to pick ____________________

2 How much TV ____________________

3 And what's your third ____________________

4 I've never heard of this movie – what's ____________________

5 I'm not going to ____________________

⚂ **BUS STOP E:** Answer the questions.

1 How much TV does Andi watch? ____________________

2 What are his favorite movies? ____________________

3 What is Tim's favorite movie? ____________________ And Kenzie's? ____________________

4 Why doesn't Tim like 'Keith'? ____________________

Part A: (3) LISTENING Places in California

a) *Seven people are talking about places in California. For each, choose the best word (Ⓐ, Ⓑ or Ⓒ).*

1	Ⓐ interesting	Ⓑ boring	Ⓒ scary
2	Ⓐ great	Ⓑ terrible	Ⓒ ugly
3	Ⓐ small	Ⓑ quiet	Ⓒ noisy
4	Ⓐ cheap	Ⓑ expensive	Ⓒ loud
5	Ⓐ quiet	Ⓑ big	Ⓒ interesting
6	Ⓐ dangerous	Ⓑ safe	Ⓒ loud
7	Ⓐ cloudy	Ⓑ dry	Ⓒ rainy

b) *Eight people are talking about their holidays in California. Listen. What did they think? Tick the correct answer (Ⓐ, Ⓑ or Ⓒ).*

	1	2	3	4	5	6	7	8
Ⓐ **Everything was great** ☺								
Ⓑ **Liked some things** 😐								
Ⓒ **Didn't like it at all** ☹								

✂- -

Part B: (6) READING and WRITING What's your favourite TV series?

a) *Complete the table with information from Olivia's review.*
b) *Make notes about your favourite TV series in the last column of the table.*
c) *Use the information from* **b)** *to write a review of your favourite TV series and present it to the class.*

	Olivia's review	My favourite TV series
Name of series		
When?		...
Channel?		...
How long?		...
Genre		...
Favourite character(s)		...
Characteristics		...
What's it about?		...
Two things that make it special		...

1 REVISION An interview for a school magazine ► Unit 3, p. 75 (// p. 134)

Sandra Andi, you arrived from Germany a week ago. Do you like it here?
Andi Yes, I do. I especially like **spending (1)** time with my American cousins and I'm looking forward to **going (2)** to your high school with them next week.
Sandra What has been the best part of your stay?
Andi I really enjoyed **visiting (3)** Big Basin State Park last week. But I was nervous about **sleeping (4)** in a tent because I was afraid of **waking up (5)** next to a bear.
Sandra I'm sure our readers are interested in **learning (6)** more about you. What do you like doing in your free time?
Andi I love **collecting (7)** model cars – and I enjoy **doing (8)** all kinds of water sports. And I dream of **swimming (9)** with dolphins or whales.
Sandra You can do all that here in California. But do you miss anything about Germany?
Andi Hmm, only one thing: **playing (10)** football with my friends. Er, I mean soccer.

(10 points)

☺	😐	☹
10–8	7–5	4–0

2 LANGUAGE Facts about California and the USA ► Unit 3, p. 75

a)

1 California **is known** as the	**Golden State (S)**
2 Most big films **are made** here.	**Los Angeles (O)**
3 Oscars **are given** to these people.	**film stars (F)**
4 Spanish **is spoken** by more people here than in any other US state.	**California (T)**
5 Lots of computer software **is made** here.	**Silicon Valley (W)**
6 Tomatoes and strawberries **are grown** here.	**Central Valley (A)**
7 The hottest temperatures **are found** here.	**Big Basin (R)**
8 New York **is called** this.	**Big Apple (E)**

Lösung (eight letter word): software

(16 points)

b) **1** The first frisbee was made by Fred Morrison in California in 1948.
2 Gold was found in California in 1848.
3 The first Star Wars film was made in Hollywood by George Lucas in 1977.
4 The Golden Gate Bridge was opened in 1937.

(4 points)

☺	😐	☹
20–16	15–10	9–0

3 LISTENING Places in California ► Unit 3, p. 76

a) **1 A** interesting; **2 A** great; **3 C** noisy; **4 B** expensive; **5 A** quiet, **6 B** safe; **7 C** dry (7 points)

b)

	1	2	3	4	5	6	7	8
A Everything was great ☺	✗				✗		✗	
B Liked some things 😐		✗		✗		✗		
C Didn't like it at all ☹			✗					✗

(8 points)

☺	😐	☹
15–13	12–8	7–0

Part A: Quiz – The Deep South

Read the questions and tick the answers that you think are correct.
Check your answers while working through the Unit.

1 Which state is not in the 'Deep South'?
☐ **a)** Arizona ☐ **b)** Alabama ☐ **c)** Louisiana ☐ **d)** Tennessee

2 What can make life in the Deep South extremely dangerous?
☐ **a)** hot sun ☐ **b)** deep snow ☐ **c)** strong rain ☐ **d)** powerful tornadoes

3 Which river flows down from the North to the South of the USA?
☐ **a)** Colorado River ☐ **b)** Ohio River ☐ **c)** Mississippi River ☐ **d)** Red River

4 What happened to Native Americans in the South of the US when white settlers arrived in the early 1800s?
☐ **a)** They had to move to special areas (reservations).
☐ **b)** They were put in prison.
☐ **c)** They lived happily together with the settlers.
☐ **d)** They left the South and moved to better land in the West.

5 Until the 1950s, black people in the South …
☐ **a)** were slaves.
☐ **b)** didn't have the same rights as white people.
☐ **c)** played a special kind of music.
☐ **d)** couldn't go to school.

6 In 2005 a terrible hurricane destroyed large parts of the city of …
☐ **a)** Memphis. ☐ **b)** New Orleans. ☐ **c)** Jackson. ☐ **d)** Montgomery.

Part B: Vocabulary

1 *Match the new words with their definitions. Write the sentences in your exercise book. Be careful: There are more definitions than you need!*

	a) sth. that can kill you is probably _______________
1 swamp	**b)** a 'twister': very strong winds that move in a circle
2 thunderstorm	**c)** a very slow and sad type of music that comes from the South
3 deadly	**d)** a typical meal in the South
4 cotton	**e)** a very strong wind with lots of rain, thunder and lightning
5 (to) picture sth.	**f)** a piece of land with muddy ground; you can sink in if you aren't careful
6 powerful	**g)** another word for *(to) imagine sth.*
7 blues	**h)** T-shirts and jeans are made of this material
8 tornado	**i)** very strong
	j) (to) put a picture on the wall

2 *Fast Finishers: Find examples or definitions for the following words. Write them down. Then find a partner and read your definition to him / her. Can he / she guess the word?*

– *alligator:* ______________________________

– *slave:* ______________________________

– *hurricane:* ______________________________

– *carnival:* ______________________________

Shutterstock.com: alligator © insima

Part A: Small-town living

a) *Read Ethan's article again. Then match the sentence parts:*

1 Ethan does not think that life …	**a)** he isn't allowed to drive alone yet.
2 The people in Guntersville ...	**b)** works at the supermarket.
3 They are nosey because …	**c)** are very friendly.
4 Ethan loves fishing, hunting and …	**d)** makes Ethan feel good.
5 At the weekends he …	**e)** drives around town with his cousin and friends.
6 Doing volunteer work and helping other people …	**f)** summer fires in the backyard with friends.
7 Ethan has his own car although …	**g)** in a small town is dull.
8 In his free time he sometimes …	**h)** they are interested in each other.

b) *Scan the text and complete the profile for Ethan. Then complete it for yourself.*

name	Ethan	me
age		
family		
hometown		
state		
friends		
hobbies		
jobs, etc.		

Part B: More practice 1 My home, sweet home?

Read at least three of your classmates' texts about their hometowns. Do they like where they live? Why (not)? Take notes in the table below.

Name	Does the author like their hometown? Yes: ☺ / No: ☹	Why (not)?

Extra: *Pick a text that you liked and write a short feedback note for the author. Give it to him / her.*

I liked your text about your hometown because ____________________

____

____

Giving feedback on a discussion

Listen to the discussion. Then give your partner feedback.

☺	😐	☹
You used many good phrases for giving your opinion and agreeing or disagreeing in the discussion. *Du hast viele gute Redemittel zum Diskutieren verwendet.*	You used some of the phrases for giving your opinion and agreeing / disagreeing. *Du hast einige der Redemittel verwendet.*	You didn't use many phrases for giving your opinion and agreeing / disagreeing. *Du hast nicht viele Redemittel verwendet.*
You gave lots of good arguments. *Du hattest viele gute Argumente.*	You gave some good arguments. *Du hattest einige Argumente.*	You didn't give many arguments. *Du hattest nicht viele Argumente.*
You always listened to your partner. *Du hast deinem Partner immer zugehört.*	You sometimes listened to your partner. *Du hast deinem Partner manchmal zugehört.*	You didn't listen to your partner. *Du hast deinem Partner nicht zugehört.*
You did a great job.	You did OK.	You could do better.
My tips for you: __________ __________	My tips for you: __________ __________	My tips for you: __________ __________

✂- -

Giving feedback on a discussion

Listen to the discussion. Then give your partner(s) feedback.

☺	😐	☹
You used many good phrases for giving your opinion and agreeing or disagreeing in the discussion, like __________ __________ __________ __________	You used some of the phrases for giving your opinion and agreeing / disagreeing, like __________ __________ __________ __________	You didn't use many phrases for giving your opinion and agreeing / disagreeing. You could use: __________ __________ __________ __________
You gave lots of good arguments.	You gave some good arguments.	You didn't give many arguments.
You always listened to your partner.	You sometimes listened to your partner.	Most of the time you didn't listen to your partner.
You did a great job.	You did OK.	You could do better.
My tips for you: __________ __________	My tips for you: __________ __________	My tips for you: __________ __________

Part A: The Montgomery Bus Boycott

Fill in the gaps.

1 In the 1950s, ______________ people didn't have the same rights as white people.

2 The ______________ said that black people had to go to schools for black people.

3 At the doctor's they had to sit in different ______________ ______________.

4 This separation of black and white people was called ____________________.

5 On buses, black people weren't allowed to sit ______ ______ ____________.
They had to sit at the back.

6 If the bus ______________ ___________, they had to give their seats to white people.

7 One day Rosa Parks didn't give her seat to a white man, so she was __________________ by the police.

8 After the arrest, black people ______________ to ______________ against segregation.

9 There was a bus ______________. Black people didn't use the buses for over a year and the bus __________________ lost lots of money.

10 So Rosa Parks is the "mother" of the Civil Rights ____________________.

Part B: Writing: Facts about ______________________________

1 *Pick one of the topics and collect all the information you can get (from Theme 3, the internet, ...). Take notes.*

A Montgomery, Alabama	**B** segregation	**C** Rosa Parks

2 *Use the notes to write a text about your topic. Structure your text by using a heading, an opening sentence, paragraphs (one for each piece of information on the topic), and a summarizing sentence.*

3 *Swap texts with different students. Use one feedback sheet for each text that you read.*

Feedback sheet for ____________________________________

	good	OK	not great	notes / correction
You found lots of information.				
Your text has a good structure:				
– a heading				
– a clear beginning				
– middle				
– end (summarizing sentence)				
You used paragraphs.				
Your spelling is correct.				
Your grammar is correct.				
You used the right vocabulary and time and linking words.				
You …				

Reading Log

Written on …	What happened?	How did the writer feel?	How did I feel?

1 A high school in the Deep South

Step 1: *Skim the article. What's the text about? (1 sentence):* ______________________________

Step 2: *Give the paragraphs headings.*

Step 3: *Mark the important words and phrases. But don't mark more than 20% of the text!*

Students say 'no more' to separate proms

Rochelle, Georgia – Prom night is special at any high school. But the Wilcox County High School prom last weekend was more than special. For the first time in the school's history, black and white students were celebrating prom together.

Many wonder how this is possible in 2013. But change has always come slowly to rural Wilcox County. Wilcox County High School was integrated in the 1970s, but racism didn't go away. It became hard to organize school events like prom and homecoming, so the school asked parents to organize these events privately. As a result segregated proms became the tradition.

Until now. This year a group of students decided to change things. The four girls – two of them black, two of them white – were frustrated. "We are all friends. It's just kind of not right that we can't go to prom together," one of them, Stephanie Sinnot, told a reporter. So they decided to organize their own integrated prom.

Some people were against their plan, but this didn't stop the students. The group's Facebook page attracted 24,000 fans. They collected enough money to pay for the room and the food. DJs from Texas and Atlanta offered to play music without pay. Over 400 black and white students bought tickets.

All who were at the prom agree that it was a huge success. Alexis Miller, a white student, said, "I feel like we're living Martin Luther King's dream." Many are already looking forward to 2014. They hope their school will finally make the integrated prom an official event in the school's calendar.

Step 4: *Look up words or phrases that you really need to know.*

Step 5: *Use your notes from steps 1 – 4. Write or say briefly what the text is about.*

Tip: *Look at the checklist below and check if your summary is OK or if you can improve it.*

2 Sharing summaries – A checklist

a) *Swap summaries with a partner. Read his or her summary and complete the checklist. Fill in: (☺ = very good; 😐 = OK; ☹ = not very good).*

b) *Now take turns telling your partner what you think.*

Extra: *Look at the summaries from other classmates and fill in the checklist for them.*

	My summary	My partner's summary	________'s summary	________'s summary
1st sentence: Start by saying what the text is about.				
Give the most important points (of each paragraph).				
Use your own words (don't copy from the text).				
Don't give too much detail – keep it short.				
Don't use direct speech.				
My comments and suggestions:				

Part 1: Part-time jobs for teens

1b) *What part-time jobs do the high school kids talk about? As you watch, take notes in the table.*

student	part-time job	Extra: What do they do with their money?
student 1		
student 2		
student 3		
student 4		
student 5		
student 6		

Part 2: On the job

Tick the right ending:

1 In her part-time job, Brady has to wear ...
a) a clean shirt **b)** a cap **c)** an apron **d)** a special jacket

2 Bark is …
a) the sound of a dog **b)** a bag for sweets **c)** made of sugar **d)** a thin piece of chocolate

3 Every Saturday Brady works …
a) 7 hours **b)** from 9 to 5 **c)** only in the morning **d)** 3 hours in the afternoon

4 In the past she used the money for …
a) new clothes **b)** books for school **c)** eating out with friends **d)** school trips (to Spain, Ireland)

5 In her job, Brady likes …
a) eating sweets **b)** talking to customers **c)** having a break **d)** filling up the glass cases

Part 3: Volunteering in Boston

Match the sentence halves.

1 Margaret Fuller was …
2 She lived …
3 Marcos works at the Margaret Fuller House ...
4 He helps the kids with …
5 The kids who come there are …
6 Sara volunteers …
7 They give food to people …
8 The people who come to the pantry …
9 Marcos enjoys his volunteer work …
10 By volunteering Sara has ...

a) … who need a little extra help.
b) … become more confident.
c) … a famous historical figure in the USA.
d) … have to bring their own bags.
e) … about 200 years ago.
f) … because it's great fun to help.
g) … three times a week.
h) … in the food pantry.
i) … snacks and homework.
j) … from 5 to 12 years old.

Part 4: Volunteering in New Orleans

1. *Use these phrases to discuss volunteering with a partner or in class.*

I would(n't) like to work for YRNO because …
I think … is a good thing, for example …
I think … is(n't) the right job for me, because …
If I worked for YRNO, I would …
The people who get help from the young volunteers surely feel …

In my opinion … / I think / feel that …
I (don't) agree. / I think you're right / wrong.
What do you think about …?
The problem is that …
I am (not) sure that …
Firstly, … / Secondly, … / Finally, …

2. *Now write a comment on volunteering. Would you like to volunteer? If yes, what kind of work would you like to do? What wouldn't you like to do and why?* (► SF 7B, SB-Seite 173)

1 REVISION Who was Jesse Owens? ► Unit 4, p. 95

(1) was named • (2) were used • (3) was opened • (4) was called • (5) was asked • (6) was known • (7) were organized • (8) were turned • (9) weren't allowed • (10) was told

(10 points)

☺	😐	☹
10–8	7–5	4–0

2 LANGUAGE *The adventures of Tom Sawyer* by Mark Twain ► Unit 4, p. 95

a) Mark Twain **had been** to many places during his work on a Mississippi steamboat, and he later **described** them in his books.
b) After Mark Twain **had written** *The Adventures of Tom Sawyer*, he **became** very famous.
c) In Twain's stories, Tom was a clever boy. One day, after his aunt **had told** him to paint the garden fence, he **made** his friends do the work for him.
d) After Tom and his friend Huck **had seen** a terrible crime, they **helped** an innocent friend to stay a free man.
e) Tom and his friends lived like pirates on an island. After some time they **found out** that everybody thought they **had died**.
f) After Tom and Huck **had discovered** a lot of money, they **became** very rich.

(12 points)

☺	😐	☹
12–10	9–6	5–0

3 WORDS Opposites ► Unit 4, p. 96

a) awesome – terrible • alive – dead • background – foreground • better – worse • exciting – boring • hard – easy • legal – illegal • quiet – noisy • rude – kind • single – married • sunny – rainy • true – false • useful – useless • usual – unusual

(14 points)

☺	😐	☹
14–12	11–7	6–0

4 WORDS Finding new words (compound nouns) ► Unit 4, p. 96

a) **4** loudspeaker • **5** dishwasher • **6** weekday • **7** waiting room • **8** north-west • **9** policeman • **10** snowball • **11** cotton fields • **12** fireworks

(9 points)

c) Individuelle Lösungen; 1 Punkt pro korrektem Satz.

(7 points)

☺	😐	☹
16–14	13–9	8–0

Start to make notes about the things A-I on page 98 in the first columns of the table.

Add what you find out about the things as you work through the unit (from diary entries, listening texts).

	Pictures	What is it? (You can guess!)	How old is it? Anything else?	What you find out later
A	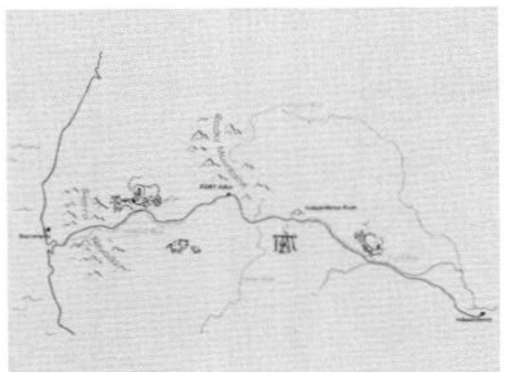	A map	It looks quite old I think it's American. It's a drawing ...	
B				
C				
D				

Illustrationen: Bild A © Tobias Dahmen, Utrecht; Bild B © Michael Fleischmann, Waldegg
Fotos: Shutterstock.com: Bild C © Thitisan; Bild D © Paul Matthew Photography

	Pictures	What is it? (You can guess!)	How old is it? Anything else?	What you find out later
E				
F				
G				
H				
I	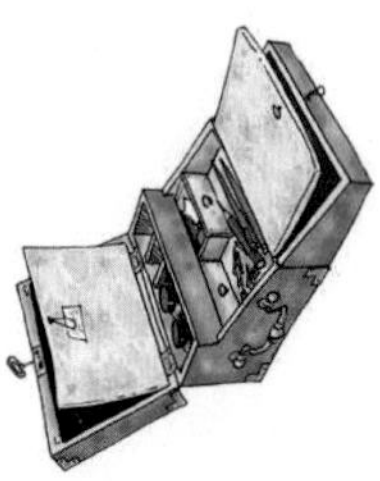			

Going West

Read the journal entries on pages 102 / 103 in your book. Complete the boxes under the timeline. Find / Mark the places Hannah writes about on the map. More help

1863 1864 1865 1866 1867 1868 1869 1870 1871

3rd April 1863:

10 April / May:

June:

1st–3rd July:

December:

June 1868:

summer 1869:

fall 1870:

fall 1871:

September 1866:

4th July 1866:

May 1866:

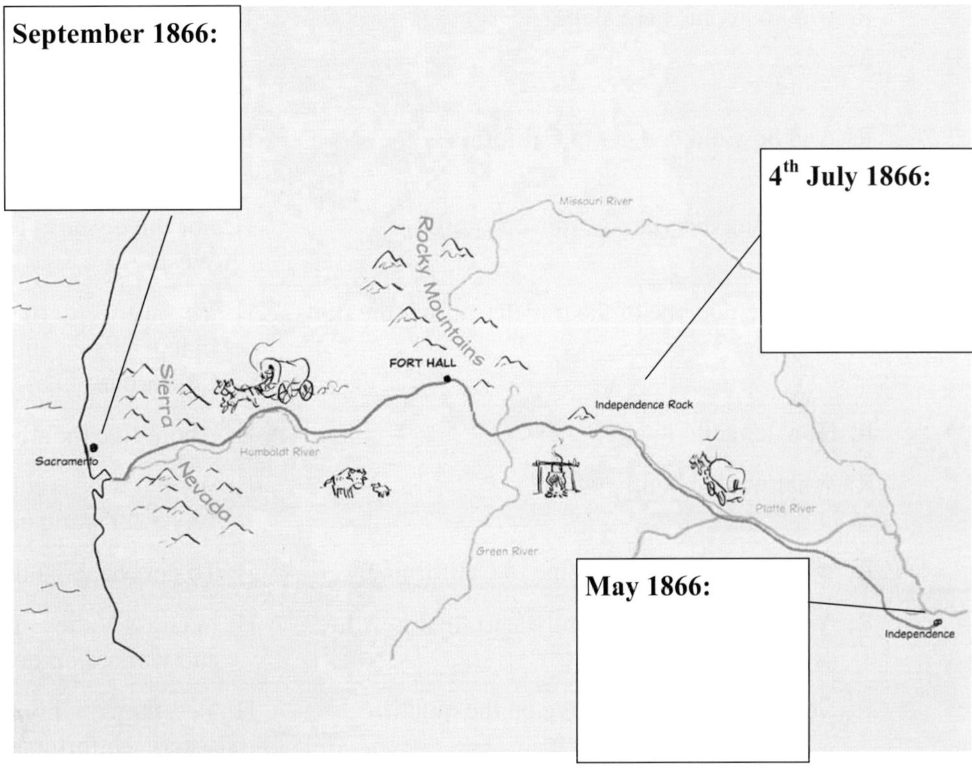

More help *Cut out and match the events below to the dates under the timeline.*
What else happened on the journey west? Add more information in the boxes on the right and match them to the right places on the map.

Hannah and her family take train from Plymouth to Liverpool	Hannah and her family leave Liverpool on the ship "Missouri" for about five weeks	They start their new life in New York (in a small apartment)	There is a big battle in Gettysburg: Tom is hurt	
Henry writes a letter to Hannah from Sacramento, CA	Hannah and her family start their journey to the west	They arrive in California	They live and work on their own ranch in Grass Valley, CA	
Hannah's little sister Rosie dies	Henry and Hannah get married, move to San Francisco, buy a little bakery	Jonathan Schwarz (Henry's and Hannah's son) is born	They celebrate Independence Day on the trail	

map © Tobias Dahmen, Utrecht

Role-play: Interviews – Hannah

Read the interview with a partner: one of you is the interviewer, the other one is Hannah. Then cut out the questions and answers, shuffle them and put the interview back together.

Reporter (R)	**Hannah (H)**
R: Hi, I'm Steven from the San Francisco Chronicle. What's your name?	H: I'm Hannah, Hannah Black.
R: Have you always lived here in San Francisco?	H: No, I haven't. I've been here for a few years with my husband Henry.
R: Where are you from?	H: I'm from Plymouth in England.
R: From England? When did you come to America?	H: In 1863.
R: Did you come here alone?	H: No, I didn't. I came here with my family, my mum and dad, my older brother Tom and my little sister Rosie.
R: And how did you get to California?	H: First we went by ship from England to New York.
R: How long did you live in New York?	H: For three years. Then we decided to move to the West.
R: So were you one of the travelers along the trails?	H: Yes, we were. In 1866 we started in Independence and walked all the way here to California.
R: How long did it take?	H: About five months.
R: What was the journey like?	H: Well, it was a really hard journey, but it was also very interesting and I learned a lot.
R: Why did your family come to California?	H: To get cheap land and start a farm here.
R: And where did your family start their new life?	H: In Grass Valley. There we built a nice little house and worked on our own ranch.
R: Does your family still live on the ranch?	H: Yes, they do, my mum and dad with my twin sisters. Unfortunately my sister Rosie died. My brother Tom became a deputy sheriff in Sacramento.
R: And how did you get here to San Francisco?	H: I had met Henry on the ship and met him again here in California.
R: Sounds like a real love story. Thanks for the interview, Hannah, and all the best for you and your family!	H: Thank you very much. It was nice talking to you.

Write your own questions and answers for Hannah here and add them to the interview above.

Role-play: Interviews – Henry

Read the interview with a partner: one of you is the interviewer, the other one is Henry. Then cut out the questions and answers, shuffle them and put the interview back together.

Reporter (R)	Henry (HB)
R: Hi, I'm Keira from the San Francisco Chronicle. What's your name?	HB: My name is Henry Black, but actually Heinrich Schwarz.
R: Heinrich Schwarz – that doesn't sound English.	HB: No, it isn't English. It's German. I'm from Germany, from Tübingen.
R: Who came with you to America?	HB: I came to America alone.
R: When did you get here?	HB: In 1863.
R: What was the journey across the ocean like?	HB: Sometimes it was very stormy and I was seasick, but when the weather was nice I enjoyed the time on deck.
R: How long did the journey take?	HB: About 5 weeks.
R: What did you do on the ship?	HB: We played cards, talked, sang songs and played music. I played the harmonica.
R: What was the best thing on the ship?	HB: I met Hannah, a really nice girl. Now we're married.
R: When did you come to California?	HB: Shortly after the arrival in New York I went to Sacramento. It was a long and difficult journey but it was hard to find a good job in New York, so I decided to go West.
R: To Sacramento? What did you do there?	HB: I got a job in a bakery.
R: Oh yes, I've seen you make German bread in your bakery. Where did you get the recipe?	HB: My mum gave me a cookbook when I left for America.
R: And you used it well. Your bread is fantastic! But one last thing that might be of special interest to our readers: How did you get together with Hannah again?	HB: I met her brother in Sacramento and he invited me to visit the family on the ranch. Well, Hannah and I hadn't forgotten each other since our time on the ship, and when we met again, we both fell in love … So we got married and now we're here in San Francisco.
R: Wow, that is just so romantic! Thanks for the interview, Henry, and good luck for your future!	HB: Thank you, I enjoyed telling you our story.

Write your own questions and answers for Henry here and add them to the interview above.

2 *Actions and feelings*
Look at Hannah's journal on pp. 102/103 and find actions and events that Hannah shares her feelings about.

what happens	how Hannah feels
Sometimes people play music and we dance.	That's fun.
Sometimes people sing sad songs.	

3 *Another point of view*
Look at the part of Hannah's journal on page 100 where she is writing about Henry. How do you think Henry's point of view is different from Hannah's?

Hannah's point of view	Henry's point of view
I've met a German boy – Heinrich. We call him ...	There's a nice English girl on the ship. Her name is ...
He's only 16 and he's going to America alone.	She's two years ... than me. She's travelling with ...
He plays the harmonica and ...	

© Michael Fleischmann, Waldegg

1. *Make notes about the first four holidays.*
2. *Match the pictures with the holidays.*
3. *Complete the table with notes on a holiday or festival in Germany / from your culture.*

Holiday/festival	**When is it?**	**What do they celebrate?**	**How do they celebrate?**	**What do you find interesting?**	**Would you like to celebrate it in Germany too? Why?**
Thanksgiving Day					
The Fourth of July, or Independence Day					
Martin Luther King Day					
Saint Patrick's Day					
Your holiday or festival: ______					

Shutterstock.com: I have a dream / MLK Day © Victor Brave; St. Patrick's Day © Milleflore Images; Thanksgiving turkey © Webspark; Independence Day fireworks © Igorij

Part A: The facts

Read the different texts and answer the following questions.

1 What are the names of the four high school grades?

___

2 Why do students walk to the next classroom in the five-minute breaks?

___

3 When do classes usually start and end?

___

4 Which electives can students take? Name five.

___

5 What do the letter grades A, B, C, D and F mean?

___

6 What do you think: why are basketball or swimming typical sports in winter?

___

Part B: What exchange students say

1. *What are the differences between your school and US high schools? Make notes in the table. Then compare with a partner.*

Facts	US high schools	My school
Size		
Grades		
School day		
Subjects		
Sports		
What else is special?		

2. *Imagine an American exchange student is coming to your school for a year.*

a) What will he / she enjoy at your school? Think of subjects / events / special activities / trips.

___

___

___

b) What should he / she bring? Which clothes / school things / photos / music could be useful?

___

___

___